上海市锦天城律师事务所
华东政法大学经济法律研究院 | 合作编写

FINANCE LAW REVIEW

金融法律评论

吴弘 主编

2022
上半年卷
总第14卷

法律出版社 LAW PRESS·CHINA
北京

图书在版编目(CIP)数据

金融法律评论.2022.上半年卷:总第14卷/吴弘主编.--北京:法律出版社,2023
ISBN 978-7-5197-7411-0

Ⅰ.①金… Ⅱ.①吴… Ⅲ.①金融法-中国-文集
Ⅳ.①D922.280.4-53

中国版本图书馆CIP数据核字(2022)第238062号

金融法律评论·2022上半年卷(总第14卷)
JINRONG FALÜ PINGLUN · 2022 SHANGBANNIAN JUAN
(ZONG DI-14JUAN)

吴 弘 主编

策划编辑 薛 晗 田 浩
责任编辑 薛 晗 田 浩
装帧设计 臧晓飞

出版发行 法律出版社
编辑统筹 法商出版分社
责任校对 晁明慧 王 皓
责任印制 胡晓雅
经 销 新华书店

开本 787毫米×1092毫米 1/16
印张 19.5 字数 407千
版本 2023年1月第1版
印次 2023年1月第1次印刷
印刷 唐山玺诚印务有限公司

地址:北京市丰台区莲花池西里7号(100073)
网址:www.lawpress.com.cn
投稿邮箱:info@lawpress.com.cn
举报盗版邮箱:jbwq@lawpress.com.cn

销售电话:010-83938349
客服电话:010-83938350
咨询电话:010-63939796

书号:ISBN 978-7-5197-7411-0
定价:82.00元

锦天城律师事务所简介

锦天城律师事务所成立于1999年，是一家提供一站式法律服务的大型综合性律师事务所，在核心业务领域（如资本市场、金融与信托、公司并购与重组、破产与清算、基础设施建设与房地产、国际贸易、跨境投资、反垄断反倾销、诉讼与仲裁、知识产权以及海事海商等）具备专业优势或行业领先优势。现有注册律师3000余名。

发轫于中国上海的锦天城，已在中国内地23个城市（北京、杭州、深圳、苏州、南京、成都、重庆、太原、青岛、厦门、天津、济南、合肥、郑州、福州、南昌、西安、广州、长春、武汉、乌鲁木齐、海南海口、长沙）及中国香港、英国伦敦、美国西雅图、新加坡、日本东京开设分所，并与香港史蒂文生黄律师事务所联营，与国际律师事务所鸿鹄（Bird & Bird LLP）建立战略合作关系。

华东政法大学经济法律研究院简介

华东政法大学经济法律研究院是由华东政法大学独立设立，集理论研究、科研成果转化与人才培养、社会服务于一体的科研机构。研究院以经济法律研究为特色，旨在突破单一专业瓶颈，实现法学与经济学、管理学的融合，密切联系政、产、学、研，强调理论研究的应用性、实践性与前瞻性，是一流的学术研究与交流平台、高层次的经济法律人才培养基地以及经济立法、政府决策、企业咨询的专业性法律智库。经多年建设，研究院先后被认定为上海市法学会重点研究基地、上海市普通高校人文社会科学重点研究基地。

研究院自成立以来，先后组织、策划、出版了“经济法文库”“经济法文集”“商事法文库”以及《经济法前沿问题》《中国商法评论》《公司法律评论》《金融法律评论》等系列性学术著作或年度刊物，创办了“经济法律高峰论坛”“公司法律论坛”“国资法律论坛”“能源法治论坛”等系列性品牌论坛，在学界和实务界具有广泛的影响力。

本出版物为上海市高水平地方高校（学科）建设出版物
华东政法大学新时代法学高水平成果出版资助项目

目　录 CONTENTS

地方金融监管立法

论作为地方金融立法目的之“金融服务经济社会”*

李有星　潘　政**

一、引言

“目的是全部法律的创造者”，正如德国著名法学家耶林在其法理学著作《法律：实现目的的手段》序言中指出的，法律并不像历史法学派认为的那样，是偶然地、无意识地、默默地产生的，而是根据人类想要实现的社会目的而有意识地制定的。[1]一般来说，目的是人在观念上事先形成的未来意欲达成的理想状态，它是人之行为的内在驱动力，需要通过改造客体的对象性实践活动来实现，正如康德所说：“由于那种决定渴望去行动的原则，是基于人的内心，而不是基于那渴望的对象，根据喜爱，渴望能力的活动便构成行动或不行动的力量。”[2]相比于任何人类的其他活动，作为人类理念的产物，法律更具有目的性，其本质就是追求一定的目的，实现特定的价值追求和文化理念。“在某些事上，它可能偏离靶心或

---

* 本文系国家社科基金重点项目“地方金融监管立法理论与实践研究”（19AFX020）、浙江省社科规划重点项目“促进数字金融平台健康发展法治保障研究”（21WZQH02Z）阶段性研究成果。

** 李有星，浙江大学光华法学院教授、博士生导师，中国法学会证券法学研究会副会长，浙江省法学会金融法研究会会长；潘政，浙江大学光华法学院博士研究生。

〔1〕［德］考夫曼、哈斯默尔主编：《当代法哲学和法律理论导论》，郑永流译，法律出版社2002年版，第166页。

〔2〕［德］康德：《法的形而上学原理——权利的科学》，沈叔平译，商务印书馆1991年版，第12页。

达到目标，但在其核心本质上，它是面向未来的，也是一种有意识的工作。”[1]因此，立法目的是立法者通过制定法律文本，意图有效地调控社会关系的内在动机，它既是法律创制也是法律实施的内在动因。[2]

在金融法领域，许多法学家和金融领域的专家都对金融立法目的做过系统性论述，如促进金融效率、保持金融安全、维护金融公平、保护金融消费者权益等，都被作为金融立法的目的提出过，形成了诸如金融法“三足定理”之类的理论体系[3]。近年来，理论界和实务界又提出将“金融服务经济社会”或者“金融服务实体经济”作为金融立法的新目的。依托各地的地方金融立法实践，“金融服务经济社会”作为立法目的，逐渐从纸面的会议决定、国家政策方向变成了现实的改革行动与法律实践。目前，全国有 15 个省、自治区、直辖市出台了金融领域的地方性法规，加上厦门市的经济特区法规，这 16 部地方金融立法文件均把金融安全中的“防范化解金融风险”、金融发展中的“促进地方金融健康发展”作为地方金融立法的核心目的。而山东、河北、四川、浙江、内蒙古、江西、江苏、湖北、北京、吉林、陕西、厦门等地也将“促进金融服务实体经济”类似的表述规定为地方金融的立法目的。然而，人们虽早已熟知“金融服务经济社会”或者“金融服务实体经济”的社会经济意义，但对其法律意义却缺乏足够的研究，尤其是作为地方金融之立法目的在理论和实践上仍然充满争议。例如，在《浙江省地方金融条例》的立法过程中曾就立法目的条款出现多次反复与抉择，在 2018 年 9 月公示的《浙江省地方金融条例（征求意见稿）》第 1 条中规定了“为了充分发挥金融服务经济社会的作用”的立法目的，此后的审议稿中删除了“金融服务经济社会”的表述，最后正式通过的《浙江省地方金融条例》则将“引导金融服务实体经济”“维护金融安全”“促进金融发展”并列为地方金融的三大立法目的。针对目的条款的争议与艰难抉择，恰恰反映出了我国当下地方金融立法在功能定位与制度取向方面的纠结，本文对作为地方金融立法目的之“金融服务经济社会”或者“金融服务实体经济”的理论审视，无疑对于今后我国地方金融立法具有重大的理论意义与现实意义。

二、金融安全与金融发展：地方金融立法的基本目的

在金融立法的历史演进中，维护金融安全和促进金融发展一直都是金融立法的两大基本目的。实际上，无论哪个国家、哪个具体的金融法部门，也无论学者如何论说，在立法目的条款和具体制度设计时，金融安全和金融发展都是立法过程中必须作出的、无法避免的决

〔1〕［英］保罗 · 维诺格拉多夫：《历史法学导论》，徐震宇译，中国政法大学出版社 2012 年版，第 150 页。

〔2〕刘风景：《立法目的条款之法理基础及表述技术》，载《法商研究》2013 年第 3 期。

〔3〕邢会强：《金融危机治乱循环与金融法的改进路径——金融法中“三足定理”的提出》，载《法学评论》2010 年第 5 期。

断，或采其一，或兼而有之。我国当前的地方金融立法也以维护金融安全、促进金融发展作为自身的核心立法目的与价值追求。

（一）金融安全

金融业作为一个风险外溢性很强的经济部门，对其安全性的强调，一直是金融立法的重点。金融是现代经济的重要组成部分，是为经济体系提供资金的“血液”，因此，金融安全与经济安全息息相关，关系到国民经济运行、企业运营和人民生活，可以说，金融正影响着现代经济社会生活的方方面面。金融市场发展是整个市场经济建设的重要组成部分，金融稳定是经济、社会稳定的重要基础。任何一个国家或地区经济的快速发展与金融业的稳健经营总是分不开的。[1]因此，根据金融法学界传统的观点，加强金融监管，防范金融风险，维护金融业的安全和稳定，是金融业健康发展的重要标志，维护金融安全和稳定，一直都是各国或地区金融法一致的价值追求，也是金融监管当局的重要目标。[2]更有学者认为，金融监管的根本目标就是实现金融安全，金融监管是金融安全的制度体现，金融监管的确立、强化、弱化等都是因紧密金融安全的需要而展开的。[3]

作为金融立法目的的金融安全，从总体上看包括金融财产的安全、金融制度和金融体系的稳定等核心要素。把握金融安全的内涵，可以从宏观、中观和微观三个角度切入：首先是宏观金融安全，即一国金融体系的整体安全，以不发生全国性、系统性风险为底线；其次是中观金融安全，即某一特定区域内的局部金融安全，这是地方金融立法的着力点，以防范和化解地区金融风险为要务；最后是微观金融安全，即单个金融机构的金融安全以及投资者、存款人、投保人等金融客户权益的安全。微观金融安全在金融安全中具有基础性作用，由于现代经济的金融化以及金融业与实体经济的深度融合，金融危机的连锁效应将会波及整个经济系统，某个重要金融机构的风险同时也是整个金融系统的风险，在现代社会化分工高度细密和发达的情况下，必然引起不良的连锁反应，导致整个金融业的恐慌，进而危及整个国民经济的健康发展。因此，理论上要求每一个金融机构都稳健经营，整个金融体系才可处于稳健经营状态。[4]

世界上最早的，具有现代意义的金融法，可以追溯到18世纪初英国颁布的《泡沫法》，该法旨在防止证券过度投机，其立法目的导向明显，就是为了维护金融安全和稳定、降低金融风险。可以说，金融法从诞生伊始，就与金融安全相伴。自金融行业发展的早期阶段，及至后来任何新的金融产品、金融业务的出现，最初都是缺乏相应的法律规范的。在当时国家治理能力尚未提升、资本主义自由放任思想盛行的情况下，金融行业，尤其是在货币、银

---

〔1〕 杨春平：《论金融安全与我国金融法体系完善》，载中国法学会商法学研究会2018年年会论文集。
〔2〕 冯果：《金融法的“三足定理”及中国金融法制的变革》，载《法学》2011年第9期。
〔3〕 周子衡：《金融管制的确立及其变革》，三联书店2005年版，第8页。
〔4〕 张忠军：《论金融法的安全观》，载《中国法学》2003年第4期。

行、证券领域，几乎是处于无政府状态，是完全自由的市场，缺乏专门性的金融立法，所谓的市场规范也基本上依靠自律管理。所以，投机充斥，欺诈行为层出不穷，典型的就是当时的美国证券市场，就几乎完全是一个投机市场。后来，在一次次金融危机、金融泡沫破灭面前，各国政府和人民才逐步认识到“看不见的手”的非完美性，开始了对金融活动予以立法、监管的法律实践。比如，20 世纪之前的美国一直都缺乏银行系统的统一法律规范，使得美国银行业一直处在混乱与无序的状态，直到 1907 年美国爆发全国性的银行危机，在挤兑风潮面前，银行体系瞬间崩溃、银行信用损失殆尽。危机过后，经过反思，美国国会才正式制定了《1913 年联邦储备法》，成立美国联邦储备体系，并逐步完善一系列银行金融市场的立法。因此我们可以说，在金融法产生之前，金融市场缺乏有针对性的法律，而金融法一经产生，金融安全就成了规范金融市场的首要目的。

（二）金融发展

我国地方金融立法实践中极其注重促进地方金融健康发展的立法目的。虽然现有立法在促进地方金融发展上存在着不同的立法模式，但是不可否认，地方金融发展是地方金融监管立法的重要立法目的。目前存在两种立法模式：第一种模式是专章规定地方金融发展的相关内容，包括《山东省地方金融条例》第三章“金融发展”、《四川省地方金融监督管理条例》第三章“服务与发展”、《浙江省地方金融条例》第四章“金融服务实体经济”、《广西壮族自治区地方金融监督管理条例》第四章“金融发展”、《内蒙古自治区地方金融监督管理条例》第五章“促进与发展”、《江西省地方金融监督管理条例》第五章“地方金融服务与发展”、《江苏省地方金融条例》第六章“金融发展和服务”、《湖北省地方金融条例》第三章“地方金融发展与服务实体经济”、《厦门经济特区地方金融条例》第二章“促进措施”；第二种模式虽然没有专章规定金融发展，但却在一些具体条文中体现了金融发展相关内容，包括《河北省地方金融监督管理条例》第 4 条要求推动金融服务实体经济，《天津市地方金融监督管理条例》第 7 条实施金融发展相关扶持政策，《上海市地方金融监督管理条例》第 7 条上海国际金融中心建设有关内容，《北京市地方金融监督管理条例》第 9 条鼓励金融创新发展，《吉林省地方金融监督管理条例》第 8 条引导地方金融组织为实体经济发展提供更多金融支持，《贵州省地方金融监督管理条例》第 7 条强化金融资源聚集、区域协同发展、金融政策扶持、金融组织体系建设、金融信用环境建设等内容。当然，无论具体模式如何，各地的规定有一点是共同的，即都以“促进地方金融健康发展”为立法目标之一。

然而，地方金融立法无疑从属于整个金融法体系。从宏观上看，金融法经历了“金融发展—金融危机—强化金融安全—克服危机”的历史进程，作为对金融危机的反思，金融法自诞生之日起，天然就以防范金融风险、维护金融安全和稳定为己任，那么“金融发展”又是如何成为金融法的立法目的的呢？西方发达国家的金融立法，都不以“金融发展”为立法目的。比如，美国的金融立法，虽然并未在法条上明确载明其立法目的，但是从其制度设计与相关内容也可以看出，其目的仍在维护金融安全。上文提到的美国《1913 年联邦储备法》就是成立美国联邦储备体系，而之后的《1933 年银行法案》创立了联邦存款保险制度，《1935 年银行法案》则授予美联储理事会扩大变更储备金的权力，管制为了购买证券而由银行和经纪人授权给客户信贷的权力，这些银行业立法的目的都是防范金融风险；我们所熟知的美国证券法，旨在通过加强信息披露，维护投资者权益，其目的还是指向维护证券市场的安全和稳定，防止出现过度的投机和证券欺诈。即便是奥巴马时期一直被热议的美国 JOBS 法案，虽在众筹豁免、持股人数、集资门户等方面作出了一系列的创新与突破，但这部法案的真正目的也并非指向“金融发展”，而是“通过改善新兴成长公司的公开融资环境，促进美国就业与经济增长”。这个目的，实际上可能更接近于我国地方金融立法中常见的“金融服务经济社会”或者“金融服务实体经济”。

金融发展作为金融法的立法目的，在金融体系成熟的西方发达国家的立法中是难以见到的。金融发展作为金融立法的目的，恰恰是出现在中国等金融业并不发达的发展中国家，其理论基础是爱德华·肖提出的“金融深化理论”以及林毅夫主张的“新阶段论”或“胚胎发育理论”。“金融深化理论”认为，金融体制和金融政策在经济发展中处于核心地位，后发的发展中国家想要在全球竞争中占据主动地位，使经济得到持续发展，就应放弃“金融抑制”政策，推行“金融自由化”或金融深化，发挥金融对经济增长的促进作用。〔1〕这就使推动金融发展作为现代化的目标，在中国这样的发展中国家得以提出并被广为接受。而“新阶段论”或“胚胎发育理论”在金融领域的应用则强调成熟金融市场的公共品属性，对于后发国家来说，实现现代化最大的困难无疑是“市场”这一基础公共品的缺失。因此，“新阶段论”或“胚胎发育理论”提出国家应当扮演建设和发展金融市场的“市场创造者”，将巨大的培育和发展金融市场的社会成本通过政府治理措施予以分散。〔2〕这就为国家制定法律，促进金融发展提供了强有力的理论依据。总之，金融发展作为市场主体本性追求的目标，本质上是无须国家立法予以规定的，但由于发展中国家市场经济体系不健全，政府经济治理能力较为落后，为了培育出成熟、健康的金融市场，国家必须承担起金融发展的治理责任，在金融立法中将“金融发展”作为立法目标予以明确。

三、地方金融立法目的的冲突与现实困境

从地方金融立法的目的角度看，总是离不开金融安全与金融发展，其背后是作为立法价值取向的“安全”与“效率”两大理念。金融安全与金融发展，在实践中总是被认为彼此

〔1〕［美］爱德华·肖：《经济发展中的金融深化》，邵伏军等译，上海格致出版社 2014 年版，第 13 页。
〔2〕Lin J Y, *New Structural Economics: A Framework for Rethinking Development and Policy*, World Bank Publications, 2012.

相互需要的，但是我们又不得不承认，它们之间也存在着相互矛盾的紧张关系，并进而影响着地方金融监督管理法律制度的构建。

（一）安全与效率价值理念的二律背反

历史经验表明，金融立法总是处于“治乱循环”之中，要么追求金融发展和效率，而忽略了金融安全，要么就过分强调金融安全，使得金融市场出现衰退，立法者一直在安全与效率之间犹豫不决。[1] 比如，20 世纪 30 年代，经济危机爆发之后，金融监管部门立刻进行了反思，出台了一系列旨在走出金融危机，维护金融安全的法律或法案，如《1933 年证券法》《1934 年证券交易法》《1933 年银行法》《1935 年银行法》等。这些立法虽未明文载明自身的目的，但是都从不同的角度改进了金融监管体系，形成了影响至今的金融行业分业经营、分业监管的原则，以及存款保险制度等，这些措施到现在都被认为是稳定金融市场、防范金融风险的基础，甚至会被认为过于强调安全而忽视了效率。因此，在金融监管制度从建构、完善到不断强化的过程中，就出现了制约金融发展的情况，金融机构要么忍受效率降低带来的利润下降，要么就打法律的“擦边球”，冒险开展金融创新。美国至 20 世纪 70 年代，在石油危机和经济“滞胀”的双重压力下，金融立法终于开始转向注重金融发展或金融效率。在新自由主义理论的支持下，金融立法开始逐渐放松对金融机构的严格管制，特别是放开了在利率、业务范围等方面的限制，以提高金融效率。美国在这一时期通过了放松银行管制的《金融服务现代化法》，取消了规定分业经营、分业监管的《1933 年银行法》。这一轮的放松管制放开监管，最终却导致了 2008 年金融危机。而各国在金融危机之后，又开始了新一轮的强化金融监管措施，金融安全重回金融立法的首要目的。比如，2010 年通过的《多德 - 弗兰克华尔街改革和消费者保护法》就期望设立一个“消费者金融保护局”来加强对金融机构的监管。但是近年来，美国经济逐步复苏，美国政府就开始推出新一轮放松监管，加强金融发展的改革，要求全面重新审核《多德 - 弗兰克华尔街改革和消费者保护法》。美国的金融立法历史大体反映了世界各国在金融发展和金融安全相互冲突情形下，对于金融立法目的的徘徊与困惑，但最终却只是原地画圈，走不出“金融危机—强调金融安全—克服危机—强调金融发展和效率—金融市场繁荣—金融危机”的治乱循环怪圈。[2]

实际上，立法目的在金融安全与金融发展间的反复深刻反映出金融安全和金融发展之间的紧张关系。金融安全，背后是安全的价值理念，它要求必须保证不出现突发的危及整个金融体系，乃至社会经济体系的事件，金融安全意味着秩序性。对金融安全的追求，源于金融业特有的高风险性和风险外溢性、传导性，金融业始终面临着巨大的系统性风险。金融法以金融体系的安全作为基本目的和价值取向，以是否符合一定的安全标准作为判断合法与违法

---

〔1〕 邢会强：《金融危机治乱循环与金融法的改进路径——金融法中“三足定理”的提出》，载《法学评论》2010 年第 5 期。

〔2〕 李喜莲、邢会强：《金融危机与金融监管》，载《法学杂志》2009 年第 5 期。

的标准。金融发展则与之完全不同，其背后的价值理念是效率。效率是市场经济发展的灵魂，这一点在金融领域尤为突出，金融领域花样繁多的金融创新，都是在效率的指挥下创造出来的。诚然，金融的发展离不开对效率的追求，但是金融作为天然与风险相伴的行业，其效率的提升，既意味着出现了金融创新，还意味着克服了原来资源配置不合理、效率低下的问题，同时也隐喻了新风险的诞生，相较于原来的风险，新的金融风险可能更为复杂，更不为人所知。因而，金融安全与金融发展存在着先天的矛盾。在地方金融监管实践中也明显存在金融发展与金融安全之间的矛盾关系。通过互联网技术的运用，类似“花呗”这样的网络小贷服务比之传统的、线下的小额贷款，可以更为便捷地服务客户，使得更多过去无法接触到金融或者为大型金融机构所抛弃的长尾用户也能够获得金融服务，这一点无疑是一个巨大的金融创新，也是网络小贷被视为实现普惠金融的重要途径。但是，金融创新的背后无疑蕴含着巨大的风险。互联网金融技术虽然能在一定程度上具有减少信息不对称的可能性，但互联网技术同样隔绝了人与人之间的真实联系，可能加重了信息不对称以及道德风险,[1]不受监管的金融创新更滋生了暴力催收、高利贷等违法违规行为。

因此，地方金融立法目的中的金融安全与金融发展存在着明显的矛盾与紧张关系，如果强调金融安全，必然要求对地方金融市场进行更为严格规制，“看不见的手”要发挥更大的作用，这就有可能导致地方金融市场主体的积极性和创造性受到束缚，同时增加交易成本，造成金融交易效率的降低；强调金融发展，或者说是金融效率，必然会弱化对于地方金融市场的监管和控制，此时，“看不见的手”就要发挥其主导作用。这就容易产生市场失灵的情况，导致地方金融市场主体滥用金融创新，还可能出现风险累积而引发的市场波动甚至崩溃，危及整个金融市场的安全与稳定。[2]

（二）地方政府监管与发展职能的内在冲突

中国地方政府的发展型特征决定了由地方政府承担金融监管、金融调控以及金融发展任务时会存在职能上的冲突。[3]由此便带来了一个老生常谈的问题，在地方金融立法中，面对地方政府及其地方金融监管部门有限的资源条件，如何平衡好地方金融监管与地方金融发展两大职能的履行，兼顾好金融安全与金融发展的立法目的。实际上，从目前的实践来看，在当前地方金融立法中地方政府监管与发展职能的内在冲突尚未得到有效解决，地方金融监管机构和监管行为的独立性、监管目标的矛盾，都在实际影响着监管效能的发挥。

在地方金融立法实践中，原先的金融办从政府挂靠部门逐步成为代表地方政府行使地方金融监管权的职能部门，并在原有“服务、规划、协调”职能基础上增加了“监管”方面的职能，甚至相较于之前金融办的“人少力微”和缺乏法律授权，改制后的地方金融监管局

---

〔1〕彭冰：《投资型众筹的法律逻辑》，北京大学出版社2017年版，第77页。
〔2〕冯果：《金融法的“三足定理”及中国金融法制的变革》，载《法学》2011年第9期。
〔3〕刘志伟：《论地方政府金融管理职能定位的转换》，载《北京理工大学学报（社会科学版）》2020年第3期。

在发展地方金融产业上有了更多权限和政府工具。比如，浙江省地方金融监管局内设新兴金融处（金融科技处），专门负责新兴金融产业专项规划并组织实施、引导新兴金融业规范发展，出台了《钱塘江金融港湾发展实施计划（2021～2025）》《浙江省新兴金融中心建设行动方案》等大量促进金融产业发展的政策文件。从各地出台的地方金融立法来看，金融服务和发展在地方金融监管条例中占重要篇幅，这有其现实需求与合理性。比如，“强监管、防风险、促发展”就是《上海市地方金融监督管理条例》的核心价值取向，体现了当前地方金融监管工作的主基调。[1]《浙江省地方金融条例》就专章规定了“金融服务实体经济发展”的内容。然而，正如上文所说，金融发展和金融监管本身就存在着强大的张力。在现有地方政府考核体系下，经济发展仍然是衡量地方官员政绩的重要指标，地方政府有更大的政绩动力去发展地方经济与金融产业，从而有意无意地忽视潜在的金融风险，降低金融监管要求。[2]即便是完成了从“办”到“局”的名称转变，地方金融监管局往往还是既要管招商又要管准入，既管优惠政策又要日常监督，容易缺位与越位并存，职责边界不清。在现有地方政府政绩考核机制的作用下，发展职能很容易会占上风，从而导致“监管竞次”“朝底竞争”的结果，地方政府和地方金融监管部门往往会忽视金融风险的防范。

四、金融服务实体经济：调和金融安全与金融发展的新视角

（一）化解金融安全与金融发展矛盾的理论尝试

长期以来，解决金融安全与金融发展间的紧张关系，一直是金融法学界孜孜不倦予以探求的目标。套用德国法学家耶林的话说，破解金融发展和金融安全间的矛盾难题，是金融法研究中的“好望角”，意义重大、无法回避，但却又万分棘手。有观点认为：“金融安全与金融效率存在冲突是难免的，处理上述目标之间冲突的方法有二：一是侧重于统筹兼顾，力求协调；二是侧重于权衡或选择，视经济环境的需要而突出重点。”[3]这实际上是循着拉德布鲁赫相对主义法哲学的路径进行探究，将这个难题的破解留待不同环境中的立法者，依靠他们的政治决断“相机抉择”。国内部分学者则沿着金融法“三足定理”的路径，引入金融公平作为二者的折中点，即金融监管和金融法要在金融效率、金融安全与金融公平之间求得某种平衡。而所谓的金融公平，即是对金融消费者的保护。[4]这也是目前金融法学界较为新颖的观点。但是，“三足定理”可能是不周延的，还有待完善：首先，金融公平是否可以成为

[1] 刘素楠：《上海市地方金融监管条例获通过，明确地方金融组织行为底线》，载 https://www.jiemian.com/article/4238572.html，最后访问日期：2021 年 4 月 30 日。

[2] 颜苏、王刚：《地方金融监管立法仍在路上》，载《中国金融》2019 年第 12 期。

[3] 张忠军：《论金融法的安全观》，载《中国法学》2003 年第 4 期。

[4] 邢会强：《国务院金融稳定发展委员会的目标定位与职能完善——以金融法中的“三足定理”为视角》，载《法学评论》2018 年第 3 期。

金融法的独特目的是值得考量的。因为法律，天然追求正义，而正义的首要内涵就是公平，亚里士多德讲的分配正义、矫正正义，转化到法律领域就是同等情况同等对待，不同情况差别对待，也是一个公平的问题，甚至在西方语言中，“法”的语义就基本等同于“正义”，进而也就具有“公平”的含义。将法律的普遍目的或者价值追求，引入金融法领域，很难说可以起到调和金融发展和金融安全的作用，因为金融“法”本身就在努力追求实现这一理念。其次，即便金融法意义上的公平与法律普遍意义上的公平存在差异，但是金融公平本身可能就很难被定义。为了保护投资者，而加强监管，为了让经济更具活力，让更多人受益，而放松金融监管，立法者选择金融发展或者金融安全的目的，都是以实现金融公平为表象的。某种意义上看，金融公平也许在不同时期，等同于金融安全，或者等同于金融发展，比如改革开放初期，面对计划经济时代的影响，金融市场化和金融发展可能就是金融法应当追求的“公平正义”，而如今人们则更为强调金融稳定和安全。最后，就是“三足定理”理论将金融公平具象化为了“金融消费者保护”，可是直至今日，学界恐怕还是没有形成对“金融消费者”的共识。金融消费者是什么，与投资者有何区别，金融领域的消费者是否一定处于弱势地位而需要特别保护等，这些问题都还待澄清。因此，立法目的作为金融法研究中的“好望角”恐怕还需要一代代金融法学界的“迪亚士”去努力探索。但是，我国地方金融监管立法实践中已经出现的“金融服务经济社会”或者“金融服务实体经济”，这一全新的立法目的表达，也许在某种意义上可以作为一个思考方向予以探寻。

（二）以金融服务实体经济调和金融安全与金融效率间的矛盾

“金融服务实体经济”或“金融服务经济社会”，成为金融立法宗旨的表达形式之一，在我国还是地方金融监管的立法实践走在了理论前面，许多地方性法规都将“金融服务实体经济”或“金融服务经济社会”作为自身的立法目的之一。例如，2016年通过的《山东省地方金融条例》第1条中，就规定“为了充分发挥金融服务经济社会的作用，促进金融发展，维护金融稳定，根据有关法律、行政法规，结合本省实际，制定本条例。”《上海市地方金融监督管理条例》第3条也强调地方金融监督管理工作应当坚持“服务实体经济、防控金融风险和深化金融改革的目标”。《浙江省地方金融条例》更是将“金融服务实体经济”相关内容独立成章。当然，在是否将“金融服务经济社会”或者“金融服务实体经济”纳入地方金融立法目的中，也有着不同的声音。比如，《河北省地方金融监督管理条例》第1条的立法目的条款就只有“防范和化解金融风险，维护金融安全，促进地方金融健康发展”的内容。

“金融服务实体经济”或“金融服务经济社会”，之所以能够作为调和金融安全和金融效率的第三维度，被我国许多地方金融立法所采纳，主要是受到中央的政策号召，而中央的政策追求，无疑是跟着经济形势走的。但是作为法律界的反思，这一立法宗旨，却可以提供全新的思路。“金融服务经济社会”之所以能够成为地方金融监管立法目的之一，主要是因为这一立法目标与金融的基本功能最为接近。在市场经济条件下，一切社会经济活动都是通过金融交易展开的，凡交易就需要有货币，货币有条件、跨时间、跨地域转移，就会出现金融，这就使得金融活动深入渗透经济社会的各个领域和各个层面。尽管金融活动形式各异、纷繁复杂，但是无论什么金融活动或产品，从根本上说，最终的作用只是资源配置中的媒介，金融可以发展出自身的独特目的和追求，但是从整个经济体系的角度看，金融的作用却别无其他。[1]因此，“金融服务实体经济”或“金融服务经济社会”，就是指金融要回归自我的社会定位，有效发挥其媒介资源配置的功能。[2]而所谓的更好地服务实体经济或经济社会，从其“正途”上讲，就是在控制风险的前提下，降低流通成本，提高资源配置效率。正如一张椅子，如果我们不从其作为提供人类休息的坐具这一基本功能出发，而只谈坚固和舒适的属性，那么就是舍本求末；同样地，如果离开了金融的基本功能，单纯追求促进金融发展或者维护金融安全，都将是“误入歧途”。这样，从功能主义的视角审视“金融服务实体经济”或“金融服务经济社会”的立法目的，就可以将传统的金融安全与金融发展两大立法目的串联起来，成为衡量金融发展和金融安全的参照。不仅如此，相较于金融消费者保护、公平正义等抽象的价值追求，“金融服务实体经济”或“金融服务经济社会”的立法宗旨实现程度更具实证性，在现实中可以通过资金流向等金融统计信息反映出来。例如，可以通过监测地方金融组织资金的来源与流向、市场利率的高低变化等监管指标，用一定的模型标准测算中小微企业市场融资成本，进一步评估金融服务实体经济立法目的的实现程度。总之，“金融服务实体经济”或“金融服务经济社会”作为地方金融监管立法目的之一，原则上可评估、可测量，可以用科学的事实认定代替艰难的价值抉择，是破解金融法领域金融安全与金融发展立法目的紧张关系的可行做法。

五、结语

立法目的是整部地方金融法律开宗明义的统领性条款，地方金融法律框架和具体内容的设计都是立法目的的具象化体现，可以说，立法目的条款直接决定着地方金融立法的品格、格调和水平[3]，是法律的“灵魂”所在。目前，金融服务经济社会、维护金融安全、促进金融发展已经构成了我国地方金融立法的三大基本目标。其中，“金融服务经济社会”或“金融服务实体经济”的立法目的，作为调和金融安全与金融发展传统立法目的的新维度，起始于国家的金融政策呼吁，并在地方金融立法中得到了普遍采用和发展，是地方金融领域

---

〔1〕 李有星、潘政、侯凌霄：《论数字金融的法治化建设——“数字金融法治建设的理论及实践”高端论坛综述》，载《法治研究》2019 年第 2 期。

〔2〕 中国社会科学院国家金融与发展实验室：《管理结构性减速过程中的金融风险》，社会科学文献出版社 2017 年版，第 1 ~18 页。

〔3〕 张越：《立法技术原理》，中国法制出版社 2020 年版，第 232 页。

最新的立法趋势。从含义上看，“金融服务经济社会”主要是指地方金融产业发挥其应有的资源媒介配置的作用，从而更好地将货币资金等社会资源运用到经济社会领域。“金融服务经济社会”的立法目的至少包含了两层理论内涵：一是从根本上看，金融业的收益来自实体经济，有效服务经济社会是金融安身立命之本，因此，金融的最终作用就是在资源配置中发挥媒介作用，除此之外并无他途〔1〕；二是金融作为一个独立的经济部门，又天然带有脱离其“资源配置”本质的发展倾向，在引导实体经济资源配置的过程中，金融虚拟经济的增长与虚拟经济利益的分配也开始成为其目的，金融不仅是媒介手段，自身也开始成为目的，出现大量金融衍生品、过度投机性行为等。可见，“金融服务经济社会”对于地方金融立法的重大意义在于促使地方金融行业重新回归金融的本质，调和金融作为媒介手段和目的间的矛盾关系。从维护整个经济体系健康发展的角度看，“金融服务经济社会”的立法目的也更具公共利益上的追求，其在地方金融监管立法目的体系中得以确立的事实，值得我们更加认真对待。

〔1〕 中国社会科学院国家金融与发展实验室：《管理结构性减速过程中的金融风险》，社会科学文献出版社2017 年版，第 2 页。

服务与监管并重促进地方经济高质量发展

——《陕西省地方金融条例》评述

强 力 赵 柯*

2022 年 3 月 24 日，陕西省第十三届人大常委会第三十二次会议表决通过了《陕西省地方金融条例》，该条例既是陕西省首部，也是西北地区第 1 部、全国第 16 部正式发布的地方性金融条例，于 7 月 1 日起施行。

金融是现代经济的核心，金融活，经济活；金融稳，经济稳。市场经济就是信用经济，也是法治经济。从一定意义上说，金融法是现代市场经济法律体系的核心。因而，准确理解和把握《陕西省地方金融条例》立法精神，对于推动陕西省地方金融健康发展，保障金融秩序稳定，从而促进经济高质量发展意义重大。

一、《陕西省地方金融条例》的总体评价

（一）总体评价

陕西省人大常委会坚持科学立法、民主立法、依法立法，该条例具有很强的针对性、适用性、可操作性，是一部高质量的地方性金融立法。《陕西省地方金融条例》的颁布，顺应了地方金融法治的新要求，为新时代更好地推动本省地方金融健康发展、强化地方金融监管，保障金融秩序稳定，提供了有力的法治保障，对促进经济高质量发展意义重大。

---

* 强力，西北政法大学经济法学院教授、中国法学会银行法学研究会副会长、陕西省法学会金融法学研究会会长；赵柯，西北政法大学博士研究生。

（二）内容亮点

1. 立法名称适当精准

目前，15 个省、自治区、直辖市和经济特区出台了关于地方金融的地方法规。其中，山东省、浙江省、江苏省、湖北省、厦门经济特区名称为《××地方金融条例》，北京市、上海市、河北省、广西壮族自治区、四川省、天津市、江西省、内蒙古自治区、吉林省、贵州省名称为《××地方金融监督管理条例》。故确定为《陕西省地方金融条例》是合适、准确的，既符合陕西省经济发展需要，也不违反上位法的规定，亦有其他省区市立法的先例支持[1]。

2. 立法目的科学合理

《陕西省地方金融条例》立足陕西经济社会发展需要，发展服务与监管稳定并重，以地方金融促进经济高质量发展。立法目的确定为促进地方金融发展和防范化解金融风险双重目标，具有科学性、先进性和合理性。

3. 结构完整逻辑清晰

该条例共 7 章，即总则、地方金融组织、发展服务、监督管理、风险防范处置、法律责任和附则。7 章中，总则、法律责任和附则 3 章是立法的常规部分。总则规定立法的宗旨、依据、指导思想和基本原则，地方金融管理体制、金融管理机制和管理保障的内容。主要内容是第二章、第三章、第四章、第五章，聚焦规定地方金融组织、金融发展与服务、金融监督管理、地方金融风险的防范和处置制度安排，内容充实、结构完整、安排合理。不同于其他省份的安排，该条例将“发展服务”一章放在“监督管理”之前，形成金融组织—发展服务—监督管理—风险防范与处置之递次演进，充分体现金融发展与监管并重的立法目的。

4. 内容充实制度切实

该条例 7 章 62 条，就条款数量而言，仅次于江苏条例 8 章 65 条，位居第二。而中国人民银行条例征求意见稿 5 章 40 条（2021 年 12 月 31 日），山东条例 6 章 58 条（2016 年 3 月 31 日），河北条例 6 章 44 条（2017 年 12 月 1 日），四川条例 6 章 45 条（2019 年 3 月 28 日），天津条例 6 章 44 条（2019 年 5 月 30 日），上海条例 6 章 43 条（2020 年 4 月 10 日），浙江条例 6 章 52 条（2020 年 5 月 15），广西条例 7 章 46 条（2020 年 12 月 1 日），内蒙古自治区条例 7 章 53 条（2020 年 9 月 23 日），厦门条例 6 章 56 条（2020 年 10 月 30 日），江西条例 7 章 54 条（2020 年 11 月 25 日），湖北条例 7 章 55 条（2021 年 4 月 2 日），北京条例 6 章 57 条（2021 年 4 月 16 日），吉林条例 6 章 51 条（2021 年 7 月 30 日），贵州条例 6 章 53 条（2021 年 9 月 29 日）。

《陕西省地方金融条例》规定的发展服务、监督管理、风险防范处置内容切时、切实。

---

〔1〕 强力：《〈陕西省地方金融条例〉出台对金融行业有哪些影响?》，载陕西省地方金融监督管理局网：http：//fsa. shaanxi. gov. cn/sy/dtyw/202204/t20220402_2216187. html，最后访问日期：2022 年 5 月 11 日。

“发展服务”一章安排了诸多促进金融发展的举措，并结合了最新的国家政策导向，如支持政府性融资担保机构发展、增强金融普惠性、乡村振兴金融服务、金融聚集、纠纷解决等内容；“监督管理”一章安排了“分级分类监管”，规定信息公示和经营异常名录制度；“风险防范处置”一章安排了应急预案、风险预警、防控措施、风险处置等相关制度。

5. 注重保护弱势权益

该条例为进一步加强对金融消费者和投资者权益保护，将“维护金融消费者、投资者的合法权益”写入立法目的，要求地方金融组织应当建立健全金融消费者、投资者适当性制度，如实、充分揭示金融产品和服务的风险。不得向金融消费者、投资者推介与其自身需求、风险承受能力等不相符的产品和服务；不得捆绑搭售产品、服务或者设置违反公平原则的交易条件，依法保障金融消费者、投资者的财产权、知情权和自主选择权等合法权益。地方金融组织应当加强对金融消费者、投资者的信息保护，依法采集并确保信息安全；发生或者可能发生信息泄露、篡改、丢失的，应当及时采取补救措施，按照规定告知金融消费者、投资者并向有关部门报告。

（三）价值意义

1. 填补陕西省地方金融立法空白

该条例是陕西省首次制定的地方金融领域的地方性法规，解决了地方金融组织身份不明、地方金融监管部门执法依据不足、执法手段缺乏等问题，该条例的出台填补了陕西省地方金融监管领域的制度空白。

2. 确立陕西地方金融工作体制与机制

该条例第 4 条、第 5 条明确了地方金融管理体制与工作机制，由省人民政府负责全省地方金融工作，建立健全地方金融监督管理体系，完善地方金融工作议事协调机制。同时，从制度层面建立了贯穿地方金融组织事前、事中、事后全过程的监管机制，由省地方金融监督管理部门负责全省地方金融组织的监督管理。

3. 明确地方金融组织法律地位与行为规范

该条例对地方金融组织的设立、规范与监管等工作进行了全面规范，提供了基本遵循，解决了地方金融组织身份不明的问题，明确地方金融组织的法律地位与行为规范。

4. 奠定陕西地方金融监管部门执法依据

该条例解决了地方金融监管部门执法依据不足、执法手段缺乏等问题，该条例的出台确保地方金融监管部门执法有据。

5. 提供促进陕西金融高质量发展法治保障

该条例的出台更有助于各级政府加强引导和落实责任，对于推动陕西建设地方金融体系，保障地方金融安全稳定，维护金融消费者和投资者合法权益，推动陕西金融更好服务实体经济，为陕西经济高质量发展提供有力支撑，意义重大。

二、《陕西省地方金融条例》的性质、地位与功能

（一）立法性质

《陕西省地方金融条例》的性质可以从不同角度加以观察：首先，就法律法规的效力位阶而言，与《中国人民银行法》《商业银行法》《证券法》《保险法》《票据法》《反洗钱法》等中央立法不同，作为地方立法，为地方人大立法权的具体实施，属于地方性法规。

其次，就法律文件的内容来看，与“分业经营、分业管理”金融体制下银行、保险、证券、期货、信托等金融各业分别立法不同，《陕西省地方金融条例》内容涵盖面宽，适用地方金融全体系，为陕西省地方综合性金融法规，具有统合性。

再次，法律规范所规制的重点与对象不同，该条例不是单纯的地方金融组织行为规范，涉及金融机构的业务行为以及地方金融监管部门的监管行为，不是单纯的主体法，或者行为法、业务法，而是全局法、综合法。

最后，从传统公私法的分野来看，该条例适用于全省行政区域内的地方金融组织及其业务活动，具有私法属性，但其中又蕴含地方金融发展服务、监督管理、风险防范处置等公法内容，因而兼具公私法的混合属性。

（二）功能定位

法的定位，是指特定法律法规在对应法律体系中的应然位置，是其与相近法律法规合理划分适用对象、适用范围、调整对象边界的合法、合理划分。科学的立法定位是搭建立法框架与设计立法制度的前提条件，立法定位对于法的结构确定起引导作用，为法的具体制度设计提供法理上的判断依据。就此而言，《陕西省地方金融条例》应定位为地方金融发展的“促进法”、“保障法”和“管理法”。

法的功能，是指通过法的制定、实施，运用作用于社会实践，而产生的社会后果，包括积极推进引导以及消极限制约束两大方面的影响。具体来讲，《陕西省地方金融条例》的功能集中在三个角度：

第一，公法功能。就传统金融公法体系而言，包括金融调控法、金融监管法以及金融稳定法三大部分，且基于金融市场的统一性属性，金融公法多采用央地分类分级立法模式。其中有关货币政策的制定实施、宏观审慎监管与系统性风险防控以及金融稳定与问题金融机构救助（所谓预防法、化解法、处置法）等多为中央立法；而商业担保、小额信贷、典当抵押、消费金融等，则多采用央地混合立法或者地方立法为主的立法模式。

第二，私法功能。就传统金融私法体系而言，金融私法包括金融机构主体法、金融行为法（具体可以分为业务行为与交易行为。前者在金融机构角度，可谓之“金融业务

法”[1]；而后者在市场角度，可谓之“金融商品交易法”）以及金融消费者保护法。上述主体法、行为法和消费者保护法的背景或者底色分别为公司法的特别法、合同法的特别法以及侵权责任法的特别法。

第三，经济法功能。《陕西省地方金融条例》内容涉及地方金融机构设立、展业等活动，包含行政法、经济法以及社会法的内容，兼具经济法、社会法的功能。

（三）条例功能的制度安排

《陕西省地方金融条例》不仅是地方金融规制法、监管法，也是地方金融发展法、稳定法。其具体功能体现在以下条文之中（如表 1）。

表 1　相关条文

序号	法律部门所属	功能	对应条款
1	发展法	促进法、服务法	条例第三章
2	规制法	主体法、行为法	条例第二章
3	监管法	机构法、措施法	条例第四章
4	保护法	消费者保护、投资者适当性	条例第 15 条
5	稳定法	预防法、化解法、处置法	条例第五章
6	责任法	法律责任、社会责任	条例第七章

三、《陕西省地方金融条例》的立法宗旨、依据、指导思想与基本原则

（一）立法宗旨与立法依据

该条例第一章总则安排了 7 条，包括立法宗旨、调整对象、基本原则、地方金融工作体制、宣导和检举。第 1 条规定立法宗旨和依据。“为了规范地方金融组织及其业务活动，加强地方金融监督管理，防范化解金融风险，维护区域金融稳定，保护金融消费者、投资者的合法权益，促进地方金融高质量发展，引导地方金融更好服务实体经济，根据有关法律、行政法规，结合本省实际，制定本条例。”

截至 2021 年 6 月底，陕西省登记注册的 7 类地方金融组织 779 家，注册资产规模 1477 亿元，全口径统计提供各类金融服务约 2185 亿元，为服务中小企业和“三农”，缓解融资难、融资贵问题发挥了积极作用[2]。伴随着机构数量、业务规模快速增长，对地方金融组织风险防范和规范发展提出更高要求。第五次全国金融工作会议也提出，地方政府要在坚持金融管理主要是中央事权的前提下，按照中央统一规则，强化地方监管责任和属地风险处置

---

〔1〕 强力：《金融法》，法律出版社 2004 年版，第 22 页。

〔2〕《关于〈陕西省地方金融条例（草案）〉的说明——2021 年 9 月 28 日在陕西省第十三届人民代表大会常务委员会第二十八次会议上》。

责任。《立法法》第 72 条第 1 款规定，省、自治区、直辖市的人民代表大会及其常务委员会根据本行政区域的具体情况和实际需要，在不同宪法、法律、行政法规相抵触的前提下，可以制定地方性法规。

该条例紧密围绕陕西省金融业态发展的具体情况和实际需求，突出陕西省地方金融发展特色，回应了现实发展和稳定的需要，符合党中央和国务院的金融发展战略和政策，借鉴了已制定该类法规的地区经验，确定以规范地方金融活动、加强监管、化解风险、促进发展、维护稳定、保护权益为立法宗旨和目标，具有先进性和合理性，亦遵循了地方立法的不抵触原则，立法依据充分。

（二）指导思想与基本原则

该条例第 3 条规定了立法的指导思想和基本原则，“地方金融工作应当坚持党的集中统一领导，发挥市场在金融资源配置中的决定性作用”。

基本原则为审慎监管原则和行为监管原则，审慎监管要求控制金融风险，就是要求地方金融组织合法、自主、稳健经营。行为监管属于微观层面的监管，行为监管也可深化理解为功能监管，最终的目的是维护地方金融稳定。

四、《陕西省地方金融条例》确立的主要制度

（一）地方金融管理体制与工作机制

《陕西省地方金融条例》第 4 条、第 5 条明确了建立权责统一，省、市、县三级联管的管理体制和统筹协调、分工协作的金融工作机制。在风险处置工作方面，进一步强化、细化了各级政府风险防范与处置的属地责任，建立机制完善、职责清晰、条块联动的风险防范与处置工作机制。还规定省人民政府金融工作议事协调机制，协调解决地方金融改革发展稳定和监督管理、风险防范处置工作中的重大问题。市、县人民政府建立健全金融风险防范和化解工作机制，落实属地责任。省地方金融监督管理部门负责全省地方金融组织的监督管理，组织协调有关部门做好防范化解和有效处置地方金融风险工作。市、县地方金融监管部门负责本行政区域内金融风险防范与处置的具体工作，并依照本条例规定承担地方金融组织监督管理的相关工作。

（二）地方金融管理保障监督

《陕西省地方金融条例》第 6 条规定了对金融知识的宣传教育。在现实中，大多数投资者包括有的金融从业者，对最基础的金融知识知之甚少，且金融营销多，普及教育少。社会公众金融素养的整体提升对金融行业的健康发展也至关重要，除依靠官方媒体外，广播、电视、报刊、网络等部门的配合也至关重要。

第 7 条规定了地方金融投诉举报机制。投诉和举报二者是不同的概念，根据 2019 年发布

的《市场监督管理投诉举报处理暂行办法》，投诉是指消费者为生活消费需要购买、使用商品或者接受服务，与经营者发生消费者权益争议，请求市场监督管理部门解决该争议的行为。举报是指自然人、法人或者其他组织向市场监督管理部门反映经营者涉嫌违反市场监督管理法律、法规、规章线索的行为。投诉对应适用行政调解程序处理，举报对应适用行政执法程序处理。该条在实践中应注意保护投诉人和举报人的个人隐私。

（三）地方金融组织及其行为规范

1. 地方金融组织的内涵与外延

《陕西省地方金融条例》将“地方金融组织”安排在第二章，足以说明其在地方金融体系中的重要地位。第二章第 8～17 条，共 10 条，规定了地方金融组织的设立、经营管理、消灭、行业协会等。体例安排与企业运行规律相一致，即组织、主体、活动、行为。主要内容包括：（1）地方金融组织的内涵与外延，即所谓“7＋4”和地方金融活动；（2）核准与登记、备案：名称、经营范围、属地争议；（3）经营行为规范：法人治理、审慎经营、风险管理、保护消费者、禁止行为、虚假宣传营销；（4）退出监督；（5）管理行业协会。

从广义体系看，地方金融应该包括地方金融组织和地方金融活动。地方金融组织主要是指2017 年第五次全国金融工作会议及中共中央2017 第23 号文件所确定“7＋4”类机构。所谓“7＋4”是 11 类从事地方金融业务的机构，“7”是指小额贷款公司、融资担保公司、区域性股权市场、典当行、融资租赁公司、商业保理公司和地方资产管理公司。“4”是投资公司、农民专业合作社、社会众筹机构和地方各类交易所。

根据中央顶层设计，按照“中央统一规则、地方实施监管，谁审批、谁监管、谁担责”的原则，国务院金融监督管理部门制定地方金融组织监管规则，对地方金融监督管理部门予以业务指导。地方政府负责具体实施监管和风险处置职责。

同时，地方政府承担地方法人金融机构的风险处置属地责任。对辖区内防范和处置非法集资工作负总责，维护属地金融稳定。

2. 地方金融组织设立、经营行为等规定

《陕西省地方金融条例》第二章对地方金融组织的主体和行为进行全面规制。规定了地方金融组织的设立，设立地方金融组织或者从事相关地方金融业务活动，应当按照法律、行政法规和国家有关规定，取得行政许可或者经批准取得经营资格，并且按照许可的区域和经营范围开展业务。“金融是特许行业，必须持牌经营”，不一定都需要行政许可，也可以是审批、批准、备案等，具体不同地方金融组织的许可形式有待规章进一步细化。规定了优化和规范地方金融组织的内部治理结构，地方金融组织建立并完善法人治理、信息披露等内部控制规范。还规定了地方金融组织的业务红线，禁止从事吸收存款、出借出租经营许可证等活动。规定了地方金融组织业务创新要在依法合规、风险可控的前提下进行，地方金融监督管理部门也应该有审慎包容的监管理念，在守住风险底线的前提下，支持金融创新。还有投资者适当性制度的规定，地方金融组织应当建立健全金融消费者、投资者适当性制度，如实、充分揭示金融产品和服务的风险。还规定了地方金融组织的退出机制。该条例鼓励地方建立行业协会等自主性的组织，发挥行业自律作用。

（四）地方政府金融发展与服务职责

《陕西省地方金融条例》第三章“发展与服务”共13条，主要规定地方金融服务实体经济的各项制度。规定地方政府要制定地方金融发展规划，统筹推进。推进金融支持重点行业、重点产业以及金融聚集区发展，支持绿色金融、普惠金融、科创金融、供应链金融。

要求各级政府及有关部门支持多层次资本市场建设。第27条规定，县级以上人民政府及其有关部门应当支持多层次资本市场发展，拓宽市场主体融资渠道，改善融资结构。建立健全企业直接融资服务机制，支持符合条件的企业依法通过上市挂牌、发行债券、资产证券化等方式扩大直接融资规模。该条是地方政府支持多层次资本市场发展的专项制度安排。该条给基金行业发展提供了广阔的空间。支持企业挂牌、上市，发行债券，资产证券化等，这就需要鼓励发展机构投资者和私募管理机构。为此，给包括基金行业在内的金融机构提供各种优惠条件和服务，如减免税、人才培养和引进等激励措施。

鼓励有条件的地区建立金融法庭，探索建立调解、仲裁、诉讼有序衔接的多元化金融纠纷解决机制，以促进金融纠纷的解决与执行，加快资金的融通，规定了有关部门依法为地方金融组织开展融资业务办理抵（质押）登记等提供便利服务，促进地方金融组织发展。

（五）审慎监管与风险管理（地方金融稳定）

《陕西省地方金融条例》第四章规定了地方金融监管，包括监管机构、监管职责和监管措施。明确地方金融监管部门根据地方金融组织的经营活动、风险和信用状况，实行分级分类动态监管原则，并且对现场检查、非现场检查、监管谈话、材料报送等监督检查方式进行了规定。例如，第31条明确了地方金融监督管理部门的执法权。同时要求，地方金融监管部门建立信息公示制度，将存在问题的地方金融组织列入经营异常名录；对于存在严重违法和失信行为的，有关部门依法对负有直接责任的董事、监事、实际控制人等实施联合信用惩戒。

《陕西省地方金融条例》第五章规定强化风险防范和处置，旨在建立金融风险防范和处置机制，包括风险防控、应急预案、风险预警、防控措施、地方法人金融机构、金融机构风险处置、互联网金融、属地处置。

需要各级金融监管部门和地方金融组织两部分配合完成。地方政府承担地方法人金融机构的风险处置属地责任。对辖区内防范和处置非法集资工作负总责，维护属地金融稳定。明确省政府金融工作议事协调机制统筹、协调防范化解重大金融风险和应对重大金融突发事件；各级政府编制本行政区域内金融风险应急预案；省人民政府应当建立金融风险监测预警平台，地方金融监督管理部门及有关行业主管部门应当加强对本行政区域、本行业违法违规金融活动和重大金融风险隐患的排查和监测预警，必要时可以组织专业机构和有关专家进行分析和评估。

《陕西省地方金融条例》规定要发挥国家有关地方议事协调机制和省政府金融工作议事协调机制作用，推动相关部门按照各自职责依法做好金融风险防范处置工作，并且采取多项措施防止金融风险扩大。地方法人金融机构应当依法开展金融业务活动，加强经营风险防控，并接受地方金融监督管理部门有关风险防范的指导。

五、《陕西省地方金融条例》与其他地方的金融立法比较

目前，各省市的条例在立法定位、目的、体例及内容等方面均存在一定程度的差异。

（一）立法目的

15 个省市中，已出台条例名称为“地方金融条例”的有 5 个，分别是山东省、浙江省、江苏省、湖北省和厦门经济特区；其他 10 个均为“地方金融监督管理条例”。在立法目的上，强调以充分发挥金融服务经济社会为基础，以规范地方金融组织及其业务活动，加强地方金融监督管理，防范化解金融风险，维护区域金融稳定，保护金融消费者、投资者的合法权益，促进地方金融高质量发展，引导地方金融更好服务实体经济为目的。有的省份则强调以加强金融监督管理为基础，更加注重立法对影响经济发展不规范行为的强制作用。

（二）体例结构

2021 年 12 月 31 日中国人民银行发布的《地方金融监督管理条例（草案征求意见稿）》章节顺序为：总则—地方金融组织的设立、变更和终止—监督管理和风险防范与处置—法律责任—附则。《陕西省地方金融条例》在体例上遵循这一逻辑结构，增加了发展服务内容，章节顺序为：总则—地方金融组织—发展服务—监督管理—风险防范处置—法律责任—附则。在中国人民银行发布《地方金融监督管理条例（草案征求意见稿）》之前，除总则和附则外，各省市条例的章节排序不一，如山东省是金融服务—金融发展—金融监管；河北省是地方金融服务经营—金融风险防范—监督管理；四川省是工作职责—地方金融组织—地方金融发展—地方金融风险防范；浙江省是金融产业促进与服务—地方金融活动规范—监督管理和金融风险防范与处置。各地条例篇章安排的不同也体现出地方政府对地方金融认识的差异性，在未来各省市的地方金融立法体例理应与中央的体例保持一致。

（三）内容安排

各省市关注的重点和需要解决的地方金融问题与各地的经济发展水平、地方金融发展特点等有关。例如，浙江省将金融服务与金融产业促进联系起来专门规定，与其地方金融产业化、发展速度快、金融业态复杂等特点紧密相关，这也体现了地方立法特色。除陕西省外，设置专章包含金融发展或服务实体经济内容的有 8 个，分别为山东省、四川省、浙江省、江西省、湖北省、江苏省、内蒙古自治区、广西壮族自治区。《陕西省地方金融条例》强调地

方金融发展服务与监管稳定并重，以期促进经济高质量发展。

六、《陕西省地方金融条例》的完善建议

虽然《陕西省地方金融条例》亮点较多，特点突出，但仍存在一些缺憾，需要进一步完善。

一是指导思想和基本原则应进一步科学化和明晰化。建议将第3条［指导思想与基本原则］修改为：第1款为指导思想，强调服务实体经济、防范和化解金融风险和深化改革开放，“地方金融工作坚持党的集中统一领导，坚持服务实体经济、防控金融风险和深化金融改革的目标，促进陕西经济高质量发展”。第2～4款为基本原则，强调发展、监管和稳定，“坚持统筹规划、协调发展原则，促进金融资源市场化配置”；“坚持审慎监管原则，促进地方金融机构合法、稳健经营”；“坚持行为监管原则，地方金融机构持牌经营，维护地方金融稳定”。

二是在地方金融议事协调工作机制条款中未明确规定设立陕西省地方金融稳定发展委员会。建议参照1997年第五次全国金融工作会议决定设立的国务院金融稳定发展委员会，设立陕西省地方金融稳定发展委员会，作为统筹协调陕西省金融稳定和发展改革的重大问题的议事协调机构。在地方上，设立地方金融稳定发展委员会，利于促发展抑或防风险，有利于纵向贯通、横向协同，统筹开展金融工作。地方金融稳定发展委员会的职能参照国务院的金融稳定发展委员会进行适当性调整，其组建、构成、协作、职能和常务单位的设置依然可以参考国务院金融稳定发展委员会的组织。

三是未规定金融监管机构的机构、人员和经费保障。建议增加一条“县级及以上地方人民政府应当加强地方金融监督管理机构和队伍建设，保障监督管理机构、人员和经费需要。本条例所称地方金融监督管理部门，是指县级及以上地方人民政府设立的地方金融监督管理局（金融工作办公室）或者承担相应监督管理职责的政府有关部门”。

四是进一步明确三对关系边界及其制度安排。即金融发展与稳定、服务与监管、央地分权的合理界限。建议充分发挥地方立法特点与优势，正视并利用地方金融立法与中央立法的差别性，在明确中央事权与地方事权界限，保持与上位法基本原则、规则制度设计一致性的同时，把握地方金融立法针对性强、较为灵活的特点，分别针对金融调控法、金融发展法、金融监管法以及金融稳定法的各自定位、性质与分工，针对相关法律的调整范围、规制方式、监督管理权利的分配等进行探索。例如，就金融调控法而言，货币政策、宏观审慎属中央事权，由中国人民银行具体行使，地方并无立法空间，但在金融发展法、金融监管法以及金融稳定法方面，则可以考虑地方性因素，通过地方金融立法，探索新形势下分业单行立法新思路，如按机构、行业、产品为横轴；以《中国人民银行法》《商业银行法》《证券法》

《票据法》《期货和衍生品法》《证券投资基金法》《保险法》《银行业监督管理法》等现行中央金融立法为纵轴，探索地方金融立法新路径，提升金融立法水平。

五是有关处罚条款设置应该更加合理。《陕西省地方金融条例》处罚条款的设置大都比照《银行业监督管理法》，但是地方金融组织相对银行存在相当大的不同，大部分地方金融组织并不具备吸收公众存款的资格，对地方金融组织违法行为的罚款数额过高，不利于促进地方金融组织的发展。为此，建议对按照过罚相当的原则对罚款幅度进行调整，做到处罚幅度与违法程度相适应。

六是在施行过程中，还应处理好与国务院《预防和处置非法集资条例》（2021 年 5 月 1 日起施行），以及将出台的《地方金融监督管理条例》的衔接与协调问题。具体操作层面的规范还需制定细则流程，检视、完善经营业务规则。

七、结语

金融是现代经济的核心，地方金融立法是我国金融立法体系的重要组成部分。《陕西省地方金融条例》的出台亮点突出，价值意义重大，为促进陕西省金融高质量发展提供了法治保障，但也有一些缺憾和需要思考、完善的地方。其中一些理论和制度问题依然存在争议。当然，徒法不足以自行，法贵在行。《陕西省地方金融条例》正式颁布，各级地方金融监管部门和金融机构，一方面应以施行为契机，紧紧围绕中心工作，立足自身职能，加快制定和梳理完善系列配套制度，特别是要坚持法贵在行原则；另一方面要守住不发生系统性风险的底线，深化金融领域改革，不断提升地方金融服务实体经济的水平，推进地方经济高质量发展。

我国金融“吹哨人”制度的法律完善

张继红　许　丽*

随着金融市场的纵深发展，金融违法违规行为的数量也迅速增长。虽然我国也设置了看似严密的金融监管网，但频发的金融欺诈、非法集资、虚假信息披露、内幕交易等案件严重损害了投资者的信心。受制于传统的监管手段和有限的监管资源，金融监管当局想要仅凭一己之力实现有效的监督，难免有些捉襟见肘。而以私主体为代表的社会力量的监督，为金融监管者提供了重要的辅助监督支持。2019 年 8 月，证监会对廖某某操纵市场案、江苏雅百特以及任某某信息披露违法等案件提供线索的举报人给予了不超过 30 万元奖励，迈出了 A 股市场“吹哨人”奖励的第一步。2021 年 7 月，中共中央、国务院印发《关于依法从严打击证券违法活动的意见》，其中明确提出“完善证券违法线索举报奖励制度，加强违法线索举报受理平台建设”，以增强证券执法能力。不仅在证券市场，在银行、保险以及其他金融领域建立“吹哨人”制度能够最大限度地提升金融监管的效率，有效降低监管信息不对称性问题，在风险和违法行为的及时发现和预警等方面上发挥积极作用。但是，我国金融“吹哨人”制度尚在建设之中，法律规定模糊、原则，无论实体还是程序方面仍存在些许空白，并未激发投资者、中介机构等市场参与者的“吹哨”热情，来自社会公众监督的效果并不明显。如何进行金融“吹哨人”制度的设计和完善，需要做进一步的深入研究。

* 张继红，上海政法学院教授、上海全球安全治理研究院研究员；许丽，华东师范大学法学院博士研究生。

一、"吹哨人"制度缘起及在金融领域的发展

"吹哨人"（whistleblower），即举报人、检举人、告发者或者揭弊人，源自英国警察发现有罪案发生时会吹哨子，以引起同僚以及民众的注意。对于"吹哨人"的定义，并无全球统一的说法，被广泛引用的是美国学者的定义，即指组织成员（现职或离职）对其雇主控制下的违法、违反道德规范或不正当情事，向有能力采取有效作为的人或组织加以揭发。[1]该定义特别强调组织成员的内部揭发，毕竟其具有专业背景并熟悉组织的内部运作，居于揭发举报的最有利位置。应该说，"吹哨人"古已有之，是组织内部透露有关该组织、行为或人员负面信息或不当行为的个人。[2]这里，负面信息涵盖与滥用权力、欺诈、管理不善、浪费、腐败、种族、性骚扰、健康、安全有关的内容。行为可能既包括非法的、疏忽的或者是不道德的，也包括组织或个人的犯罪活动或其他行为等。

（一）"吹哨人"制度的缘起

随着法律所调整社会关系日益复杂，公权机关难以通过一己之力实施有效的法律监督。"吹哨人"制度属于法律监督中的私人监督，以社会组织和公民为代表的私人力量的监督是法律监督体系不可或缺的重要组成部分。作为法律实施的重要一环，法律监督往往以国家有权机关的监督为主体，但只有将私主体监督有机结合，允许并鼓励社会力量对国家机关、企业等违法行为进行监督，才能构成协调、完整的法律监督体系。如果仅仅从道德层面鼓励监督行为而不提供稳定的保护和激励机制，这种私人监督也无法得到很好的存续和发展，必须通过法律规范来加以确认和保护。

在"吹哨人"制度的发展历程中，对违法行为的"吹哨"可以视为行政监督执法权在公共机关和私人之间的分配和共享。[3]事实上，监督的最初形态就是通过私人执行得以完成，警察等执法人员所具有的公共属性仅仅是在名义上赋予其而已。[4]如果需要提升监督执法的效率，一个切实可行的路径就是扩大监督主体的范围，补充更多的社会力量并给予私主体以一定的激励，将监督权在公权机关与私主体之间进行适度的分配通过法律的方式加以固化，

---

〔1〕 See Near，J. P.，and M. P. Miceli，Whistle-blowing：Myth and Reality，22 *Journal of Management* 3（1996），pp. 507 –526.

〔2〕 See Young J P.，*Whistle-Blowing!：Loyalty and Dissent in the Corporation*，Eds. by Alan F. Westin.（New York：McGraw-Hill Book Co. 1980. Pp. x，181. $12. 50.）Democracy，Authority and Alienation in Work：Workers' Participation in an American Corporation，By John F. Witte.，*Journal of Politics*，2009，44（2），pp. 627 –628.

〔3〕 李俊峰：《法律实施中的私人监督》，载《社会科学》2008 年第 6 期。

〔4〕 ［美］理查德·A. 波斯纳：《法律的经济分析》（下），蒋兆康译，中国大百科全书出版社 1997 年版，第 780 页。

以实现私主体从事监督活动的稳定预期，并能从执法效率的提高中获取利益。[1]应该说，“吹哨人”制度本身重点不在于激励和保护，而在于形成政府和“吹哨人”的监督共同体。

“吹哨人”制度一经产生，在揭发各领域违法行为、突发危险等方面就发挥了巨大的威力。上海“福喜过期肉事件”中，当事企业上海福喜食品有限公司是美国OSI集团控股的子公司，在产品质量上号称严格遵循国际标准，监管部门和供应商的多次巡检均未发现问题，而该事件最终因内部人的举报才得以曝光。2020年年初新冠肺炎在武汉爆发，也正是李文亮医生的勇敢“吹哨”，认为该不明病毒具有极强的传染性，提醒同学们的家人注意防范，将该新型病毒带来的危害及时曝光，才为后续针对新冠病毒的抗疫工作提供了宝贵的一手信息，守住了人民群众健康安全的底线。特殊时期，“吹哨人”制度不仅可以动员全社会力量，进一步降低监督成本，还能充分发挥事前的积极预警作用，让监管当局面对突发紧急事件有一定的缓冲和应对时间，将可能发生的损失及风险降至最低。

（二）“吹哨人”制度在金融监管领域的价值和意义

近些年来，随着互联网、大数据、云计算等技术在金融领域的融合与应用，在提升金融创新效率的同时也带来了风险和挑战。金融市场的违法行为本身就具有较强的隐蔽性和复杂性，P2P、股权众筹、民间借贷、融资租赁等快速发展和扩张，特别是游离于传统监管体系之外的影子银行等类金融机构已经成为金融监管的新压力源。互联网与金融深度融合的结果，是金融市场加剧复杂化及更加严重的信息不对称。2019年国内多个P2P平台爆雷，其原因之一就是金融监管当局作为外部公权力监督者，无法及时知悉这些新型领域及行业出现的风险和问题，传统金融监管模式很难及时、准确识别风险根源之所在。

金融“吹哨人”作为私人监督力量，在内部信息获取方面具有独特优势。一方面金融“吹哨人”能够及时发现金融违法行为弥补监管漏洞，发挥着非常重要的预警功能，真正实现防患于未然，在一定程度上缓解并克服金融监管所面临的信息困局。另一方面，通过“吹哨人”向监管当局提供金融机构的内部信息，能够有效减少其违法行为，培育金融道德伦理，进一步提升金融行业道德标准，毕竟一个合格的“吹哨人”不仅需要具备相应的专业能力和经验，还要有强烈的正义感和关心公共利益的意识。从成本效益角度考量，金融“吹哨人”的引入可以大大降低监管部门以及金融行业的运营成本，将部分金融监管职能授权给外部主体能够产生一定的效率优势。[2]与其投入资金和技术招募并培训更多的专职监管人员，不如通过直接引入外部监督人的模式以更低的成本实现更为复杂的监管目标，而金融监管当局只需要拿出一部分资金来激励这些“吹哨人”即可。“吹哨人”制度恰好缓解了传统金融监管成本畸高的困境，并通过

---

〔1〕 Mark A. Cohen，Paul H. Rubin，Private Enforcement of Public Policy，*Yale Journal on Regulation* 3，1985.

〔2〕 Anthony Heyes & Sandeep Kapur，An Economic Model of Whistle-Blower Policy，*The Journal of Law, Economics & Organization* 1，2008.

稳定的“吹哨”程序有效督促金融机构实现合法合规运营，引导行业自律管理正面效应的发挥。而且，金融“吹哨人”制度的引入还对违法者形成强大的震慑作用，以更低的监督成本实现了遏制金融违法违规行为的监管实效。

但是“吹哨人”制度并非完美无缺，也存在一定的风险。一方面，“吹哨人”制度特别是有奖“吹哨”机制的实施会导致举报投诉量的快速增加，给有限的监管资源带来挑战和压力。部分有心之人抱着中奖甚至恶意心态实施“吹哨”，核实和调查信息的真实性挤占了本就不足的监管资源，耗费大量的人力、物力及时间成本。另一方面，对“吹哨人”的保护还可能助长恶意失真的“吹哨”行为，特别在对“吹哨人”的额外保护下，即便存在举报不实的情形，金融机构也不敢随意惩戒“吹哨人”。一些别有用心之人，甚至借此虚构事实，将“吹哨”作为诋毁竞争对手的方式，而无辜背锅的金融机构或被举报的管理者即便最后得到清白，也会因迟到的正义损失信誉。显而易见，金融“吹哨人”制度是一把“双刃剑”，有其固有的制度优势及可能的风险，需要更细致的制度设计以趋利避害，最大程度上发挥其监督价值和作用。

二、域外金融“吹哨人”制度比较分析

美、英、日等国“吹哨人”制度，其本质上是为了鼓励公众参与监督管理，发动公众力量弥补行政监管不足的缺陷。聚焦在金融领域，主要涵盖保护和激励机制两大支柱，以及消除“吹哨人”制度可能带来的负面影响的约束机制等。

（一）“吹哨人”保护制度

最早的“吹哨人”保护机制，肇始于美国，其内容篇幅最多，既有适用于各领域和行业的一般性“吹哨人”保护规则，也有针对金融领域的特殊规则，毕竟完善的保护制度才是“吹哨人”敢于“吹哨”之根本。

早在 1863 年，美国亚伯拉罕 · 林肯总统颁布了《虚假申报法案》（The False Claims Act），试图阻止和惩罚那些向联邦军队提供不合格物资的无耻奸商。该法案创造了一种独特的公私合作关系，鼓励公民个人代表美国对任何欺诈联邦政府的人提起诉讼。1989 年《吹哨人保护法案》（The Whistleblower Protection Act），详细规定了对“吹哨人”个人信息、人身保护和就业三方面的保护，[1] 禁止对联邦雇员的报复条款，保护那些有理由认为自己的信息

---

〔1〕 一是人身保护。“吹哨人”出庭作证之前可以由官方提供 24 小时贴身保护一直到开庭完毕，庭审结束后也可以由政府提供条件，改换身份到另外的城市重新生活。法案规定，任何人揭发告密者的身份、职业、住家和工作地点，可被判 10 年监禁。二是就业保护。内部员工进行举报以后，雇主不能因此解雇他，且不能歧视。三是免责保护。“吹哨人”可免于刑事和民事责任，包括被采取纪律行动。与此同时，在美国有很多“全国吹哨者中心”这样的民间机构，并配备相关法律专家，为“吹哨人”提供咨询，全方位维护“吹哨人”的合法权益。

披露了“违反了法律、法规或条例、管理不当、严重浪费资金、滥用职权或对公众健康和安全构成具体重大威胁”的员工。除非在“法律明确禁止，且行政命令明确要求出于国防或外交事务的需要而保密”的情况下，信息披露者都受到保护。[1]2012 年《吹哨人保护增强法案》详细规定了如何对“吹哨人”进行保密，以及泄密后的惩罚措施等，具有较强的实操性。“吹哨人”的安全由马歇尔办公室、司法部执行局、联邦监狱局以及联邦总检察长办公室四个机构负责。即使“吹哨者”的举报并没有带来任何成果，“吹哨者”还是可以享有这项保护。[2]此外，《吹哨人保护法案》明确了侵害“吹哨人”权益的法律后果。[3]

在金融领域，为了打击内幕交易，美国于 2002 年通过了《萨班斯法案》，确立了证券领域的“吹哨人”制度，但由于缺乏完善奖励和保护机制，其实施效果并不理想。[4]2010 年 5 月，《多德－弗兰克法案》中的“吹哨人”计划正式落地，进一步扩大了举报范围，细化了保护程序规则。[5]该法明确了证券领域的反报复机制。“吹哨人”不会因“吹哨”行为而受到歧视性待遇，如直接或间接作出免职、停职、调职、调任、威胁、骚扰及其他歧视行为，或者以其他方式在雇佣期限和条件上施加不公平条款。如果“吹哨人”因“吹哨”而遭遇报复或歧视性待遇，有权向法院提起个人诉讼。除了“吹哨人”之外，美国证券交易委员会（SEC）也可以就报复行为对雇主提起诉讼，并于 2014 年首次提起反报复诉讼。[6]除了极少数法定例外情形，SEC 不得披露任何导致“吹哨人”身份泄露的信息。2017 年，美国商品期货交易委员会（CFTC）对“吹哨”规则进行了修改，主动向 SEC“吹哨人”规则看齐，强化了对“吹哨人”的反报复保护，并适当放宽了“吹哨人”的适格要求。[7]

为适应国际金融市场发展趋势，欧盟 2014 年《市场滥用条例》（Market Abuse Regulation）第 32 条引入“吹哨人”制度，要求成员国建立举报的接收机构，对“吹哨人”提供雇佣保护和保密措施，作为金融机构应该建立适当的举报内部流程。[8]同美国《吹哨人保护法案》一样，英国 1998 年《公共利益披露法案》也对“吹哨人”设定了完善的保护制

---

〔1〕 Whitaker, L. P., *The Whistleblower Protection Act: An overview* (*Congressional Research Service Report to Congress*), Washington, DC: Congressional Research Service, March 12, 2007.

〔2〕 郭雳：《证券违法活动检举人的激励与保护机制——美国的相关实践及启示》，载《江汉论坛》2016 年第 4 期。

〔3〕 对于泄露举报人个人信息的，最高可监禁 10 年；对于用人单位打击报复等行为，最高可监禁 15 年。举报人享有诉讼权利，法律禁止用人单位打击报复雇员、禁止不正当处分，并规定用人单位违反相关规定，雇员有权向法院提起诉讼。法院应当在规定时间内及时作出处理，以保障雇员的合法权益。

〔4〕 孙宝玲：《美国证券吹哨人制度改革展望与镜鉴》，载《证券市场导报》2021 年第 11 期。

〔5〕 李虹：《美国证券违法举报者“罚没款分成”机制及借鉴》，载《证券市场导报》2012 年第 12 期。

〔6〕 Rapp G. C., Mutiny by the Bounties? The Attempt to Reform Wall Street by the New Whistleblower Provisions of the Dodd-Frank Act, *BYU Law Review* 73, 2012, pp. 74－89.

〔7〕 陈建伟：《美国证券期货“吹哨人”制度变革及启示》，载《期货及衍生品法律评论》（第 2 卷），法律出版社 2020 年版，第 208～210 页。

〔8〕 孟飞：《英国金融吹哨者保护制度的新发展及其启示》，载《上海金融》2018 年第 5 期。

度，涵盖禁止不当解雇和不当处分，其中不当处分包括降职、降薪、变相处分、调岗等。[1]而且还明确规定，如果劳动合同中有禁止“吹哨”等类似条款，即使双方达成合意，该条款也无效。同时，该法为“吹哨人”提供了恢复职务、重新聘用以及提供经济补偿三种救济方式。2013 年，英国议会银行业标准委员会提出两项机制安排，要求银行应当建立内部渠道和机制允许员工进行举报，并设置一位高级管理人员负责内部举报事务，确保内部举报机制的有效性。[2]

对于“吹哨人”的保护，日本也通过一般法加以规定，当然也适用于金融领域。2013 年 7 月，日本内阁府消费者事务委员会发布《关于公益通报者保护的意见》，主要包括对违反禁止解雇内部举报人和不利对待内部举报人的企业进行制裁等内容，同时取消了对“举报事实”的限定，扩大举报内容的范围，并将举报对象扩大至高级管理人员、前雇员、业务合作伙伴以及分包商等，并放宽了向监管机构、主管部门以及外部第三方举报的要求。

（二）“吹哨人”奖励制度

从全球范围来看，是否为“吹哨人”提供物质奖励还存在不同认识，这与各国的国情和文化道德水平密切相关。[3]在倡导“吹哨人”奖励制度方面，以美国最为典型。“吹哨人”的举报奖励规则，通常分为三种标准：一是司法部门作为原告起诉违法企业，在司法部门接收到投诉、告发后的 60 日内进行调查，并将调查情况和是否起诉告知举报人，举报人可以取得赔偿金的 15% ~25% 作为奖励。二是在司法机关不起诉的情况下，“吹哨人”可以以“私人检察官”的身份调查起诉，但这种情况风险很大，理应获得更高的奖励，为赔偿额的 25% ~30% 。[4]三是对于证券行业欺诈或其他违规行为，美国国会授权 SEC 向提供高质量原始信息的适格个人提供货币奖励。2010 年《多德 - 弗兰克法案》在《证券交易法》中引入了第 21F 节“吹哨人奖励与保护”。其中明确规定，“吹哨人”自愿向 SEC 提供有关线索，并成功实施司法或执法制裁后，SEC 酌情决定对其奖励的金额。在罚款金额超过 100 万美元的情况下，给予“吹哨人”的奖励为罚款的 10% ~30% 。为了确保“吹哨人”奖金的及时发放，《多德 - 弗兰克法案》第 922 条设立了投资者保护基金，其来源为对违法者的罚款，“吹哨人”的奖金都由该基金支出。

此外，美国不仅仅是从物质层面来加强对“吹哨人”的保护，也从精神方面给予“吹哨人”支持。为了纪念“吹哨人”为美国所作出的巨大贡献，美国国会在 2013 年特意将每年

---

〔1〕 与之相类似，日本 2004 年《公益通报者保护法》几乎完全围绕“吹哨人”保护制度展开。该法规定了企业不能以员工公益通报为由将其解雇或解除派遣契约，也不得以其从事公益通报为由处以降职、减薪、训诫、调职、人事上的差别待遇等不利处分。

〔2〕 Lewis, Davis, Ten Years of Public Interest Disclosure Legislation in the UK: Are Whistleblowers Adequately Protected? *Journal of Business Ethics* 82 (2008), p. 497.

〔3〕 王贵松：《论公益性内部举报的制度设计》，载《法商研究》2014 年第 4 期。

〔4〕 陈有西：《美国的吹哨人法案》，载《浙江法制报》2005 年 12 月 28 日。

的7月31日定为“全国吹哨人日”。美国特意设定“全国吹哨人日”来激励更多的美国人民为公共利益揭露违法事实，倡导正确的价值观。

反观英国和德国，在是否为“吹哨人”提供物质奖励方面存在较大争议。尽管欧盟《市场滥用条例》要求成员国为“吹哨人”提供经济奖励，但英国和德国金融监管机构并未采纳这一做法。

（三）对“吹哨人”的约束与制约

为了限制“吹哨人”滥用吹哨制度，各国也做了一些限制性规定，主要集中在“吹哨人”的“吹哨”动机及“吹哨”积极要件上。

1. “吹哨”动机

英国《公益披露法》规定员工向不同的受理机关“吹哨”有不同层次的主观要求，但动机均需是基于“善意”（good faith）。尽管英国于2013年的《企业管理与改革法》中删除了善意这一要件，增加公益的判断标准，但该种公益性的评判标准本就是善意的一种体现。[1]而且，英国《公益披露法》还要求举报者对告发事实有“合理相信”，即对所认知的对象事实不一定要正确无误，却须有合理事由为据而认定其真实性。[2]

相反，美国的《吹哨人保护法案》规定，只要揭发人提供的信息自认为能够证明检举的违反法律、法规、条例的行为以及重大的管理失误、巨额资金浪费、滥用权力或可能对公共健康和安全造成危害的行为存在，就可获得该法的保护。应该说，美国对“吹哨人”动机态度经历了从严格要求到不再要求这一过程。最初，美国要求举报必须“明确、具体”是出于维护社会公义的动机，后来司法机关发现如果采取这一标准，“吹哨人”受保护的范围将会过于狭隘，于是美国取消了这一标准，不再将动机作为保护“吹哨人”的硬性因素。

2. 启动调查程序的积极要件

美国《吹哨人规则》规定了能够有效启动SEC调查程序的积极要件，即“吹哨人”应提交所谓的“原始信息”。只有该信息是“吹哨人”基于自身的独立认识或分析产生，如“吹哨人”利用自身的优势地位或特殊身份取得的信息或者虽然通过一般渠道获取信息但分析、推测出其中隐藏的其他信息，且SEC没有其他渠道可获得该信息，才能满足原始信息的构成要件。[3]其他如推测的信息、毫无根据的猜测等都不构成原始信息，由此降低了可能存在的恶意举报、诋毁竞争对手等问题。同样地，日本2004年《公益通报者保护法》第3条规定“吹哨人”外部“吹哨”的前提条件是“举报事实已经发生或者有充分理由相信举报

---

〔1〕 程挽华、杨戊龙：《英国、纽西兰、澳洲（维多利省）揭弊保护立法比较》，载《公益揭发——职场伦理新趋势》，台北，巨流图书股份有限公司2010年版，第147页。

〔2〕 李飞：《法律如何面对公益告发——法律与制度的框架性分析》，载《清华法学》2012年第1期。

〔3〕 Jones H.，The Dodd-Frank Whistleblower Program：An Analysis of the Proposed & Final Rules，*Am. U. Labor & Emp. LF.* 2011，131（2）.

事实即将发生”，从而制约举报人的恶意举报行为。

与此同时，为了避免对司法资源的浪费，《多德－弗兰克法案》通过设立诉讼时效制度加以限制，即“吹哨人”自侵害事件发生之日已经超过 6 年，或者“吹哨人”知道或者应当知道侵害事件发生之日已经超过 3 年丧失诉讼资格。

（四）“吹哨人”举报路径

对于谁可以成为“吹哨人”，美国并未做相应的限制。“吹哨人”可以是内部员工、高管等工作人员，也可以是其他不存在委托或者雇佣关系的自然人。从实践情况看，在金融领域成为“吹哨人”的往往是违规企业的现任或前任内部员工，也包括了曾经被欺诈的投资者，或者是同行或与违法者有私人关系的其他人。〔1〕通常情形下，法人及非法人组织、机构等不能成为“吹哨人”。在“吹哨”方式上，可以是实名举报，也可以匿名举报。在 OECD 成员国中，包括美国、德国、日本、澳大利亚等超过 59% 的国家都认可匿名举报的效力。在匿名举报的情形下，“吹哨人”申请奖励可由律师代理。

“吹哨”在路径的实现上包括两种，即内部“吹哨”与外部“吹哨”。内部“吹哨”是指员工将组织内部的违法行为或者不当情事遵循内部程序，向雇主内部有管理权限的机关予以揭发的行为。在内部受理机关的选择上，美国规定公众公司的审计委员会应设置内部沟通管道，作为员工内部“吹哨”的通道，担任公众公司审计委员会的成员皆为独立董事，保证其权利行使的专业性与独立性。日本《公益告发者保护法》则规定内部受理机关为劳务提供对象或者其所预订之受理者，包括监察人、内部稽核单位等企业专门设立的通报窗口、母公司、用人单位所雇用的法律顾问以及与用人单位关系良好的工会等，也包括由用人单位内部专设的负责内部通报的法务部门、业务监督部门。〔2〕

外部“吹哨”是指由内部员工向雇主之外的第三人，如行政机关、社会公众、媒体等予以爆料。这种外部程序有其存在的必要性，它能够弥补内部“吹哨”失灵下的不足，避免内部员工身份泄露的风险，同时又能产生极大的社会反响，及时、迅速地制止雇主的违法及不当行为。英国《公益披露法》将员工的内部“吹哨”作为首选的举报路径，实行员工外部“吹哨”将受到严格限制，即符合下列法定情形：内部“吹哨”未被处理、合理相信内部“吹哨”将受到雇主的打击报复、合理相信内部“吹哨”会导致证据被用人单位隐匿、毁灭的危险。日本《公益告发者保护法》以列举的方式规定了员工外部“吹哨”的成立条件，员工除了满足合理相信不当情事的真实性以外，还必须满足下列条件之一：（1）进行内部“吹哨”，会受到不利处分；（2）内部“吹哨”证据有被隐匿、毁灭、伪造等危险；（3）以契约形式约定员工不得进行内部“吹哨”、行政机关“吹哨”；（4）进行内部“吹哨”后于

〔1〕 曾斌：《美国证券吹哨人制度的最新情况及启示》，载《清华金融评论》2020 年第 7 期。

〔2〕 上村秀纪：公益通报者保护法，ジユリスト1274 号，2004 年，第 67 页；大内伸哉：プライアンスと内部告发，日本劳务研究会，2004 年，第 170 页。

20日内未进行调查或无正当理由被搁置；（5）员工个人生命、健康将发生紧迫危险。

三、我国金融“吹哨人”制度的完善思路

从历史发展沿革来看，我国“吹哨人”保护制度历经从无到有，再到逐步完善，目前已经形成关于“吹哨人”制度的基本法律框架。《宪法》第41条明确赋予了公民申诉、控告、检举的权利，要求国家机关应查清事实、负责处理，不得打击报复，公民因此受到的损失有权获得赔偿。现阶段，“吹哨人”制度广泛运用于食品药品、证券金融、贪污腐败、反垄断、劳工保护、安全生产等多个领域。[1]聚焦金融领域，早在2001年中国证监会《关于有奖举报证券期货诈骗和非法证券期货交易行为的通告》首次引入有奖举报制度。[2]2014年6月，证监会《证券期货违法违规行为举报工作暂行规定》（已失效，以下简称《暂行规定》）建构了证券市场“吹哨人”制度的基本框架。[3]2019年修订后的《证券法》以及2020年修订后的《暂行规定》对证券领域的举报制度进行了完善。其中，修订后的《暂行规定》特别扩大了举报事项，只要是证券期货法律法规明确禁止的各种违法违规行为都可以举报。2020年《防范和处置非法集资条例》对涉嫌非法集资行为设立了举报制度。刑法领域，《刑事诉讼法》《最高人民检察院关于保护公民举报权利的规定》《人民检察院举报工作规定》《最高人民检察院、公安部、财政部关于保护、奖励职务犯罪举报人的若干规定》规定了对举报人打击报复行为的刑事责任，以及被举报人构成犯罪时对举报人的奖励制度。

虽然我国“吹哨人”制度已经初具规模，金融领域的吹哨制度也做了相应的规范，然而立法层面与实践层面都存在一定不足，尤其体现在对金融“吹哨人”的保护、奖励及救济方面。

（一）建立金融“吹哨人”保护机制

“吹哨人”并非天生的英雄，原本只是普通人，也有担忧和畏惧，但是在公益和私利面前仍然选择挺身而出。对“吹哨人”的保护、救济、激励以及对打击报复人的惩罚等进行全

---

〔1〕 以食品药品领域为例，《食品安全法》《食品药品投诉举报管理办法》《食品药品违法行为举报奖励办法》《食品安全法实施条例》均规定了建立内部举报人奖励和保护制度。

〔2〕 该通告规定，凡提供证券期货诈骗和非法证券期货交易等线索，经所在地方政府及有关部门查证属实的，由受理举报的证券监管部门向举报人一次性发放奖金人民币不高于3000元；举报的证券期货诈骗和非法证券期货交易行为涉及金额较大、人员较广或影响较大的，一次性发放奖金人民币不高于20,000元；举报重大线索或有特殊贡献的，可给予重奖。

〔3〕《暂行规定》明确了证监会下设证券期货违法违规行为举报中心，负责受理、审查、提请调查、举报奖励等工作；举报人可选择实名或匿名举报方式；对于内幕交易、操纵市场、信息披露违法违规、欺诈发行等四种违法行为的实名举报加以奖励。其中，举报事实清楚、线索明确，经调查属实，已依法作出行政处罚且罚没款金额在10万元以上的，按罚没款金额的1%对举报人进行奖励；已依法移送司法机关后作出生效的有罪判决的，酌情给予奖励，奖励金额不超过10万元。

流程的规定，才能吸引更多的“吹哨人”勇于吹哨。[1]与域外相关制度比较，我国对于“吹哨人”的保护明显不充分，“吹哨人”受到人身威胁、打击报复的事件时有发生。虽然有规定要求相关工作人员、经办人员应当妥善保管举报材料，不得泄露举报人身份信息，但对工作人员违反上述规定需承担何种法律责任却语焉不详。同样，现有金融法律规范也未对“吹哨人”一旦遭遇打击报复应向何机关请求救济、如何补偿损失等做进一步明确规定。特别对于内部“吹哨人”而言，一旦信息泄露，遭遇降职、解聘、调离等报复性行为的风险会更高。因此，如何认定“吹哨人”被报复的行为目前在司法层面尚无定论，“吹哨人”维权也陷入困境。无后顾之忧、不被打击报复，是对“吹哨人”做到的最基本保护。如果对“吹哨人”保护不充分，不仅挫伤其再次“吹哨”的信心，也严重损害了其他潜在“吹哨人”的积极性。

第一，对于“吹哨人”直接保护。在举报后的一定时间内禁止用人单位因此解除劳动合同，不得对其进行停薪、降职、岗位变动、削减员工福利等实质性减损劳动者利益的行为，或者不得对“吹哨人”的生活进行打击报复、言语侮辱或歧视排斥对待；如有违反，则应追究用人单位责任，如情节严重，符合报复陷害罪的构成要件，可追究其刑事责任。

第二，依法追究泄露“吹哨人”信息的主体责任。鉴于我国立法在规定泄露当事人信息的责任人承担后果上留有空白，对于诸如“泄露告密者信息将依法追究法律责任”之类的模糊性规定，有必要从行政责任、刑事责任等层面设立责任机制，提高执法者的严格保密意识。一旦有关人员泄露姓名、住址等能够识别“吹哨人”身份信息的，将执行刚性的泄密追责制度，根据泄密程度课以相应的法律责任。

第三，畅通“吹哨人”救济渠道。“吹哨人”进行举报时最大的心理压力在于担心会受到被举报单位和个人的打击报复，“吹哨人”事后救济制度的目的在于通过对泄露信息、打击报复的人施以严厉制裁，以震慑潜在的违反规定者并补偿内部举报人因此遭受的损失。但是，目前金融领域的法律规范对此规定还稍显不足，并未明确哪些机构如何保护“吹哨人”的合法权益以及在其遭受打击报复权益受损后该寻求哪个具体部门的帮助。在今后的立法完善中，除了明确受理机构及救济程序，还可以参考英国《公共利益披露法案》设立临时救济机制。在因“吹哨”行为而遭受降职、降薪或解聘等不公正对待时，有权向指定部门申请临时救济。在后者审查初步证据时，可向相关金融机构发出复职、续聘等建议函，给予“吹哨人”以及时保护。

此外，在司法层面，鲜有企业内部员工在进行“吹哨”后对于用人单位的降职、降薪等不利待遇的作出提起诉讼的案件，即使有，员工胜诉的希望也十分渺茫。在判决劳动者败诉的判决理由中，法院的审理思路大多可总结为两点：一是用人单位在举证解雇员工存在失职

---

[1] 彭成义：《国外吹哨人保护制度及启示》，载《政治学研究》2019 年第 4 期。

行为或违反劳动纪律等方面具备充分、合理的理由和举证优势，而对于可能涉及的举报行为，往往并不做明确的说明，或者故意回避该问题；二是因为员工诉称其系举报用人单位不法行为而遭到报复，往往并无相关证据加以佐证，无法证明内部举报的“吹哨”行为与遭到解雇等报复行为之间存在因果关系。[1]“吹哨人”作为少数为公共利益挺身而出的人，理应在其因“吹哨”行为权益受损时为其提供完备的诉讼救济渠道。这里，笔者建议在仲裁及诉讼中实行“因果关系”举证责任倒置来减轻金融“吹哨人”的举证责任，即因为员工的“吹哨”行为所导致的解雇、降级、停职、恐吓、骚扰等一系列不利处分，只要员工提出初步证据举证责任即可倒置给用人单位一方，如果后者无法提出充足证据举证都可认定为报复行为。

（二）完善金融“吹哨人”奖励机制

如前所述，美国、英国、日本等国家对于吹哨行为采用物质与精神奖励等形式，奖金的发放也及时高效。以美国为例，SEC 给予了大多数“吹哨人”法定最高比例罚款数额 30% 或者接近 30% 的奖金奖励。根据 SEC 发布的投资者保护基金年度“吹哨人”项目报告，2019 财年支付“吹哨人”的总奖励数额为 1.41 亿美元，2020 财年“吹哨人”奖励总额达到 1.75 亿美元，其中单笔奖励超过 1.14 亿美元。同时，美国对“吹哨人”的奖励并不以罚金的实际缴纳为发放的必要条件，而是直接从证券投资者保护基金中加以划拨。反观我国，不仅总体“吹哨人”的奖励额度偏低，取得奖励还需满足相当苛刻的“内部知情人员提供重大线索并经查证属实”这一构成要件，难以实现应有的激励效果，也无法充分发挥私人监督的作用。虽然 2020 年修订后的《暂行规定》将举报奖励上限由原来的 30 万元提高至 60 万元，但与美国高达上亿美元的奖励相比，还是显得微不足道。客观来讲，“吹哨人”试图阻止的是一经发生就会对金融市场以及公众投资者造成巨大损失的违法行为，而取得的奖励数额与之严重不匹配，甚至还会倒逼“吹哨人”选择静默、无视违法行为的发生，毕竟如果缺少明确可预期的奖金回报，“吹哨人”不会选择以其事业、声誉、地位及安全等来冒险。

2019 年 9 月 12 日，《国务院关于加强和规范事中事后监管的指导意见》（国发〔2019〕18 号）已经明确要求建立“吹哨人”、内部举报人等制度，对举报严重违法违规行为和重大风险隐患的有功人员予以重奖和严格保护。金融“吹哨人”制度需要建立科学的激励机制，促使“吹哨人”主动、积极参与到后续行政机关证据的收集、挖掘，法庭作证、质证等过程中来，增加其参与程度，同时还可弥补举报者面临法律救济时必然面对的某些不确定性因素

---

〔1〕 在余某某与上海昊钰软件信息技术有限公司劳动合同纠纷一案中，余某某因被怀疑向相关部门“吹哨”用人单位的税务违法问题而遭到用人单位报复，在年终考核时被认定为不合格员工。余某某主动辞职并提出经济补偿金的诉讼请求，一审法院认为余某某提交的证据不足以证明公司对其的年终考核评定是报复行为，对其经济补偿金的请求不予支持。二审法院则回避了用人单位是不是报复员工，认定员工主动辞职无权要求用人单位支付经济补偿金。上海市普陀区人民法院民事判决书，（2011）普民一（民）初字第 4726 号以及上海市第二中级人民法院民事判决书，（2011）沪二中民三（民）终字第 1266 号。

带来的可能损失。[1]这里，“吹哨人”奖励机制的完善一方面应提升奖励金额，限定最低奖励数额而不设封顶额度，物质奖励作为促使“吹哨人”实施举报行为的重要考量因素之一，应将奖励额度提高到足以抵销其潜在监督成本的额度，才能形成有效的激励机制；另一方面，可以借鉴美国投资者保护基金的做法，专门设立金融“吹哨人”奖励基金，其主要资金源于行政处罚和刑事罚金的罚没收入，以保障“吹哨人”奖励资金的及时发放。

（三）明确金融“吹哨人”制约机制

事实上，金融“吹哨人”制度存在两项潜在成本：一是用于奖励“吹哨人”的奖金；二是监管机构需要审核海量冗余信息。[2]目前，我国金融领域的立法并未规定“吹哨人”的积极条件，即“吹哨人”提供什么程度的信息能够启动相应的调查程序。实践中，已经出现证监会等监管部门收到大量举报信息，但由于缺乏筛选机制，增加了受理“吹哨”的主管机关审查的负担，难以从中找出真正有用的线索。[3]部分“吹哨人”可能抱着“撞彩”心态实施举报，导致大量不准确或者无价值的举报信息，还有一些人仅依据主观臆断利用“吹哨”制度，甚至实施恶意举报以实现诋毁竞争对手或满足个人私欲的目的。由于各种毫无根据的举报信息泛滥，已经限制了金融监管当局有限的调查资源功能发挥。为了避免可能出现的行政不作为，监管部门还需将这些举报信息及时分发到一线执法人员手中，在一定程度上挤占了监督资源，导致原本应用于调查高质量信息和关键问题的执法力量被浪费。对于吹哨程序及启动调查的实质要件的规定缺失必然带来实践操作中的不确定性，减损了金融监管的效率。因此，有必要确立对“吹哨”行为的约束机制，围绕“吹哨”行为的正当性和动机进行具体规则的设计。现阶段，可以在《暂行规定》所采取的对举报账户限制性措施的基础上，[4]对于各种举报信息按照内容和举报的事项的严重性程度进行分类，并且还应细化信息价值含量的评价标准，如举报信息的相关度、被举报行为的社会危害性、监管当局调查取证的困难程度等，以判断举报信息内容的可靠性、完整性、真实性和客观性。然而需注意的是，对“吹哨”行为正当性的认定，不应人为设置过高、严苛的标准，只要善意“吹哨人”提出支持其举报内容的一定证据和理由，所涉举报事项真实或者部分真实，其“吹哨”行为就具有正当性。同时，只要所举报的行为是违法行为，“吹哨人”的举报的目的和动机就是合理的，带有公益性的。

（四）协调内外部“吹哨”路径

与英国、日本以及我国台湾地区选择内部举报优先的做法不同，美国、韩国设立了专门

---

〔1〕 李飞：《法律如何面对公益告发？——法理与制度的框架性分析》，载《清华法学》2012 年第 1 期。

〔2〕 仇晓光、杨硕：《证券举报人制度：价值源流、规则构成与启示》，载《社会科学战线》2016 年第 11 期。

〔3〕 根据美国证监会（SEC）统计，2015 年 SEC 接收到 14,000 份举报，结果只有 22 项获得奖励。See Securities，U. S. and Exchange Commission，Annual Report to Congress on the Dodd – Frank Whistleblower Program，2014.

〔4〕《暂行规定》第 22 条第 2 款规定，对于通过网络举报系统进行恶意举报、重复举报或者没有具体证据随意举报的，举报中心可以对举报账户采取限制措施。

机构受理“吹哨人”举报，并未对“吹哨”路径做过多限制。客观来说，选择内部举报优先的模式，是建立在良好有序的组织内部自我治理的基础之上。然而，无论是《商业银行法》《保险法》《地方金融监管条例（草案）》还是很多地方金融监管条例，均未要求金融机构或地方金融组织建立内部举报制度。仅在2019年修订后的《证券法》及2020年《防范和处置非法集资条例》中才明确举报制度，也并未采用内部举报优先的模式。[1]目前，金融机构也没有设立相关的内部举报机制，对外部举报也存在着举报部门不明确的问题。针对金融领域的“吹哨”行为，中国人民银行、证监会、银保监会等金融监管当局分别受理其各自领域金融违法违规行为的投诉举报。但到底向哪个部门举报，上述法律法规并未做进一步明确的规定。仅有《证券期货违法违规行为举报工作暂行规定》明确设立了“证券期货违法违规行为举报中心”，专门负责处理证券期货领域的稽查案件的调查线索的收集。笼统、模糊的规定一方面容易造成民众的误解，往往导致无从受理；另一方面又会出现相互推诿、扯皮等问题，难以落实“吹哨人”制度辅助监管的目标。这里，可以参考《食品药品投诉举报管理办法》（已失效）中关于全国开通统一的食品药品监督管理部门投诉举报电话“12331”的做法，建立一体化的投诉举报网络信息管理系统。笔者建议金融领域也可以设置全国统一的专门机构接待投诉举报，并建立处理金融领域举报信息的专门网络平台以方便“吹哨人”吹响金融安全之哨，接受任何组织、个人及金融机构内部人员的举报信息，并及时公布处理结果。

在“吹哨”方式上，《证券法》仅允许“吹哨人”实名举报的方式也值得反思。虽然有关于“吹哨人”相关信息的保密要求，但由于担心其本人或家人会被打击报复，即便当事人知悉相关违法行为的内部信息也会更倾向于选择匿名举报而非实名，毕竟后者的风险过高。虽然我国台湾地区“揭弊者保护法”采用严格的实名举报方式，但其背后的原因在于其企业以中小企业为主，其占比高达97%。而中小企业组织结构往往更为简单、人事关系也较大企业更为清晰。如果遭遇举报，想要找出谁是“吹哨者”并非难事。相较而言，我国金融机构基本是大企业为主，很多还为上市公司，内部结构相对复杂。加之，“吹哨人”所指向的违法违规行为涉嫌的金额都较大，举报的压力和风险不言而喻。虽然实名举报更有利于查清事件真实性，但完全限定实名举报会让大部分人望而却步。在后续立法中，应明确金融“吹哨”方式既可以是实名举报，也允许匿名举报。

同时，与美国采用实名举报与匿名举报并行奖金的领取方式相比，我国现行的奖金领取方式在制度设计上过多地考虑了财政资金的安全，防止奖金被私吞或冒领，因此大多设计为实名实地领取，有些地方甚至没有委托代领制度，“吹哨人”往往因为担心身份遭泄密而不

---

〔1〕《证券法》第176条规定，对涉嫌证券违法、违规行为，任何单位和个人有权向国务院证券监督管理机构举报。《防范和处置非法集资条例》第16条规定，对涉嫌非法集资行为，任何单位和个人有权向处置非法集资牵头部门或者其他有关部门举报。

去领取奖金。在互联网支付科技高度发达的今天，在规则设计上完全可以采用支付宝转账、微信转账、银行线上汇款或者委托律师等无须举报人亲自到场的领取方式，以消除金融“吹哨人”的后顾之忧。

总体而言，“吹哨”是宪法赋予公民言论自由的体现，在金融市场建立健全“吹哨人”制度不仅可以大大提升金融监管的效率，有效降低金融监管的行政成本，还能实现经济效益与社会效益的共赢目标。在立法思路上，对金融“吹哨人”制度的规定需要建立“吹哨”前的激励机制与程序要求、“吹哨”时的保护和约束机制以及“吹哨”后的救济机制，审慎并全面考虑“吹哨”全流程中的各种具体情形，让金融“吹哨人”真正成为金融监管当局的监督辅助人，成为我国金融监管体系的重要一环。

地方金融监管的统一立法问题

——《地方金融监督管理条例（草案征求意见稿）》研讨会综述

金震华　吕伟欣　张　冰*

2021年12月31日，中国人民银行发布《地方金融监督管理条例（草案征求意见稿）》（以下简称《地方金融监管条例》），并向社会公开征求意见。征求意见稿按照“中央统一规则、地方实施监管，谁审批、谁监管、谁担责”的原则，将地方各类金融业态纳入统一监管框架，强化地方金融风险防范化解和处置；明确了地方金融组织定义，地方金融组织的设立、变更和终止，监管规则和风险防范与处置及其法律责任。

为积极参与国家立法进程，反映市场需求与各方意见，促进金融健康发展，上海市法学会金融法研究会主办“《地方金融监督管理条例（草案征求意见稿）》研讨会”，于2022年1月9日召开，会议由金融法研究会互联网金融法律实务研究中心、金融法研究会科创金融法治研究中心联合上海律师协会银行业务研究委员会、上海市张江公证处、上海汉盛律师事务所共同承办。本次会议围绕地方金融监管立法的背景与重要意义、各地金融监管及其立法的实践经验、条例涉及各项制度的得失与完善，展开了热烈讨论，为《地方金融监管条例》立法的进一步优化提出建议，供有关机关决策参考。

一、《地方金融监管条例》的出台背景与意义

（一）地方金融监管的特殊性

有管理部门专家从价值与规则的角度，分析了《地方金融监管条例》特殊的

* 金震华，上海汉盛律师事务所高级合伙人；吕伟欣、张冰，上海汉盛律师事务所律师。

价值定位，即《地方金融监管条例》是具有强烈社会属性的经济立法。正如卡尔 · 拉伦茨所说："法学是一门探求法律问题之答案的学问，这种学问在法律判断中经常包含着价值判断，而价值判断不能以科学方法来审查，它只是判断者个人确信的表述。"所有的法律人包括立法者，在进行法律设计的时候，必须要做价值判断。在经济领域的立法是以效益为导向的，而社会领域的立法是以体现公平为导向的。比如，在外商投资领域给予外资的各种优惠，因为引进外资可以带来大量税收和就业，这些优惠并不违反 WTO 的国民待遇原则。国务院的《地方金融监管条例》因为属于具有强烈社会属性的经济立法，故其对公平价值的追求应超越效益导向，该立法的价值绝对不是简单鼓励金融创新。

在《地方金融监管条例》"立法目的"与"监管目标和原则"规定上，第 2 条中"避免干预地方金融组织自主经营和金融资源市场化配置"的规定，建议替换为"维护金融消费者和投资者合法权益"。对比上海市地方金融监管条例，《地方金融监管条例》目的条款和原则条款的规定相对较好，规范第一位、维护权益第二位、防范风险第三位、第四是健康发展，最后是推动国际金融中心建设。但是作为国家层面的立法没有出现"维护金融消费者和投资者合法权益"的表述，合法权益的保护是一个底线价值，应当成为国务院行政法规的原则和基本价值之一。目的条款和原则条款的重要性在于，首先，设定的是初心，到底是想做什么；其次，当规则没有明确规定时，具有漏洞填补作用，以及两个规则发生冲突时指引规则选择等作用。

鉴于地方金融组织规则监管存在特殊性，在《地方金融监管条例》中要把握好三对关系：（1）中央与地方的关系。全国人大法工委相关负责人在接受《法制日报》采访时强调："有关金融基本制度的事项……地方性法规不宜作出规定"，但国家上位法以及全国人大从未划定什么是金融基本制度，这就需要作价值判断以及合乎逻辑的规范解释。（2）主体与行为的关系。《地方金融监管条例》第 2 条规定："地方金融监督管理应当坚持审慎监管和行为监管并重……"建议改为"主体监管与行为监管并重"，因为这两者可以作为并列的被监管的对象。（3）规范与处罚的关系。《地方金融监管条例》存在规范粗疏、处罚力度过轻的问题。比如，第 20 条规定的"……将相关违法失信信息记入信用记录，并纳入全国信用信息共享平台"。根据国务院出台的规定，明确要求各主管部门以及地方人大以上机构可以确定哪些违法行为才记为失信行为人，并不是所有的违法行为都要记入。此外，《地方金融监管条例》对地方金融机构的处罚也较轻，严重不配比可能造成的较大风险。

有专家基于地方金融组织规则监管的特殊性强调要处理好以下几对关系：（1）法律规范与政策导向的关系。改革还在深化，百年未遇之变局还在变化中，要明确政策的导向，促进法律规范的落地。要有宣示性的规定，也要有具备可操作性的条款。比如在监管对象"7 + 4"中，《地方金融监管条例》规定的"4"较为模糊，且不应放在附则中，以及关于"地方各类交易场所"等概念未明确。（2）统一规范与地方特色的关系。全国统一规范是需要的，但是往往比较原则性，地方应根据各地差异制定落地的特色化规定。(3) 地方权力、义务及责任的平衡关系。目前监管状态是权力很小、义务较大、责任更大，这是不匹配的，不能仅要求地方负责风险处置，但却没有赋予相应权力。(4) 发展与监管的关系。单靠监管条例无法解决包括发展在内的全部地方金融问题，从这一点看目前的《地方金融监管条例》处理得比较好，没有大段规定“发展”的内容，原则性的规定可以有，但重点应放在监管上。(5) 普遍要求与施行细则的关系。目前《地方金融监管条例》的普遍意见是行为规范较少，主要是讲监管措施的，行为方面主要讲的是准入。为此需要大量的细则规定，但放到《地方金融监管条例》中会显得内容很杂，因此，可以在《地方金融监管条例》作为上位法的基础上，制定配套的细则。(6) 立法内容与立法技术的问题。有专家建议增加法律语言规范性等，比如，“业态”的表述会使得管理范围过宽；又如，关于“跨地展业”规定的表述可以更加明确。

（二）明确中央与地方金融监管权限的边界

有专家强调，《地方金融监管条例》和一般金融立法有所不同，需关注立法背景。在立法起草说明中明确指出，《地方金融监管条例》制定的必要性在于，地方政府要在坚持金融管理，主要是中央事权的前提下，按照中央统一规则，强化属地风险处置责任。在中共中央、国务院《关于新时代加快完善社会主义市场经济体制的意见》中也明确，依法依规界定中央和地方金融监管权责分工，强化地方政府属地金融监管职责和风险处置责任。这是《地方金融监管条例》在国家层面的制定背景。

2017 年以来，各地陆续成立了地方金融机构监督管理局，有些地方政府最初赋予金融监管的任务是扶持地方经济。地方金融管理是以监管稳定为主，还是促进经济发展为主，各地各有侧重，发展不同、治理水平也不同。《地方金融监管条例》规定，按照中央统一规则，地方实施监管，谁审批、谁监管、谁担责，将地方各类金融业纳入统一监管框架，强化地方金融风险防范和处置。但是，地方职责加强后，央地协调问题怎么解决并不明确。2017 年第五次全国金融工作会议召开以来，尽管在面上明确了权责，但是还需要相关配套措施出台和落地，很多细则规定需要牵头梳理。

结合资管新规来看《地方金融监管条例》，整个金融市场的监管逻辑具有一致性，用三句话总结就是：(1) 统一各地标准；(2) 中央规划、地方担责；(3) 全国业务中央批，地方业务地方批。在逻辑上，针对的是金融市场的监管套利问题，包括横向和纵向两个维度。在监管范围上，如果能把国家对新金融监管思路梳理清楚，就可以理解为什么监管范围是“7+4”；在监管思路上，就是要把金融活动全面纳入监管，对同类业务同类主体一视同仁。所以对新金融机构的监管态度，就是逐步向传统金融机构靠拢，纳入金融强监管的趋势。

有学者指出《地方金融监管条例》有三大特点：(1) 它是行政法规，法律层级较高。之前上海在进行地方立法的时候就遇到有没有设定行政许可权限的问题，现在由中国人民银行牵头起草、国务院出台的《地方金融监管条例》名正言顺地赋予了地方政府行政审批权；另外《地方金融监管条例》第 5 条规定了央地协调机制、第 6 条规定了跨区域协作，包括上海当时面临的将“需要中央部门和地方部门协调配合的工作”写进地方立法具有一定困难，现在在全国层面进行自上而下的规定则较为顺畅。（2）从《地方金融监管条例》第 4 条第 3 款来看，省级人民政府可将监督管理和风险防范处置的监管权授权给下级人民政府。上海在相应立法时曾经有“不得将监管权下放”的口径，导致实际立法存在纠结。此次立法进步之处在于，将监管权进行了细分，准入部分不能下放，但是日常监督管理和风险防范处置可以下放。（3）《地方金融监管条例》第 7 条规定“应当加强地方金融监督管理队伍建设”，对增加行政执法人员而言是一种积极导向。

（三）《地方金融监管条例》出台的必要性

专家坦言，《地方金融监管条例》的出台正值三大背景：（1）新发展格局。在百年巨变的双循环发展格局中，以内循环为主，对地方金融行业加强扶持；地方金融也应兼顾外循环，要有国际化眼光。（2）共同富裕。关于限制外地展业主要是资金洼地的问题，资金总是朝着可盈利、盈利多的地方移动，但是要考虑其他措施促进共同富裕。（3）贯彻党的十九届六中全会精神。对此，我们有强有力的执法保障。

在上述背景下《地方金融监管条例》出台的正面意义包括：（1）从全国层面解决了地方政府金融监管的法律地位问题。立法出台后，将有全国性的立法明确地方金融监管的法律地位，回应了社会关注的几项内容，包括准入方面的行政许可的权力、惩罚的权力。（2）贯彻了中央制定规则、地方负责执行的原则规定。2015 年开始就提出了该原则，现在被正式规定下来。（3）压实了地方的责任。一是金融监管，二是风险处置，重点关心风险处置，而且把风险处置的权力范围放大到超出地方金融监管的范围，目的就是压实责任。（4）把政策性文件上升为法律规范。（5）回应了地方立法的现实需求。包括权力赋予、线上监管机构的设立，以及地方为了落实《地方金融监管条例》，可以制定相关规则。

有学者指出：第一，需要正确理解《地方金融监管条例》在当前的目的与使命。从整体来看，《地方金融监管条例》的目的和使命在于落实 2017 年全国金融工作会议决议，即“在坚持金融管理主要是中央事权的前提下，按照中央统一规则，强化属地风险处置责任”。具体转化为《地方金融监管条例》第 1 条立法目的“加强地方金融监督管理，规范监管行为，防范化解区域性金融风险，促进地方金融健康发展”。地方金融主管部门一度担任的地方金融“服务、规划、协调”者身份需要向金融监管者进行转变。

第二，《地方金融监管条例》需要进一步明确地方金融监管部门的目标监管框架，除了审慎监管地方金融组织，更需要进一步明确受到监管的地方金融活动。《地方金融监管条例》第 2 条对地方金融监管部门职能设定采取了“审慎监管和行为监管并重”的原则。在这样一种目标监管框架之下，地方金融监管部门不仅要在纵向上负责对七类“地方金融组织”的审慎监管，包括市场准入、营业活动以及市场退出监管；更重要的是地方金融监管部门还需要负责地域性风险的横向化防范及处置工作，既包括对地方金融组织机构的风险防范与处置，也包括处置地方各类交易场所、开展信用互助的农民专业合作社、投资公司、社会众筹机构类机构的风险事件，以及各类“非法金融活动”引发的风险事件。可见，《地方金融监管条例》试图构建兜底式的行为监管机制，但仍然采取列举机构类型的方式来解释风险处置对象，而“非法金融活动”的表述也容易引发歧义，根源在于我国的金融监管机制在中央层面仍然是传统的机构监管模式，已无法应对日新月异的金融业态。

第三，《地方金融监管条例》需要进一步补充关于金融消费者/投资者保护的基本规则，真正落实“行为监管并重”的立法目的。根据金融监管的目标监管理论，金融消费者/投资者保护是金融行为监管目标的重要内容，我国“一行两会”也都专门设立了金融消费者/投资者保护局行使相应的保护职能。并且，对金融风险事件的防范与处置，金融消费者/投资者保护也是其核心工作之一。建议《地方金融监管条例》借鉴已有的金融监管地方条例法律文本，增加有关设置金融消费者/投资者纠纷解决机制、投资者适当性管理等基本内容，以妥善处理金融风险事件中的群体性纠纷。

有学者认为《地方金融监管条例》虽然还存在一定问题，但依然意义重大，首先确立了中央和地方双层金融监管体制的建立，同时也意味着地方金融监管体制正在向深化建设的阶段迈进，进入法治化、制度化、信息化的时代，未来地方金融监管也会发挥更大的作用。

二、《地方金融监管条例》存在的不足

（一）与上海地方金融监管立法的实施经验比较

上海浦东新区有关部门负责人从上海地方金融监管实践出发，指出《地方金融监管条例》尚存在的可改进之处：一是县、市一级的地方金融监管机构的立法权限、执法权限问题。迄今无论是国家层面还是上海市层面，这些权限主要还是放在省一级的地方金融监管机构，对市特别是县一级的地方金融监管机构来说规定得很含糊。原因在于一方面县一级的监管机构力量与专业性不够，另一方面可能因为金融属于中央的实权，不愿意放到省级以下。但实际情况是，金融风险的防范仅仅靠中央金融监管机构是不够的，需要省、市、县一级的地方金融监管机构的参与，共同执法。但是地方金融监管机构确实存在人手不够，以及没有相应的执法权的问题。以浦东新区举例，浦东新区金融工作局实际上是一个服务机构，从服务角度为在沪金融机构提供支持，谈不上专业性的引导、规划、引领，更谈不上事中事后的监管，没有这样的力量也没有相应的法律法规明确，因此，建议此次《地方金融监管条例》中可予以明确。二是监管范围上不要仅局限于对条例中明确的七类地方金融组织的监管。事实上，除了上述“7+4”的范围，还有其他金融方面发生问题也要去管理，职责上宁愿交叉

但不能有空白。

上海市有关单位专家介绍了本市七类地方金融组织的基本情况和行业的主要特点。重点介绍了自 2020 年 7 月 1 日《上海市地方金融监督管理条例》（以下简称《上海条例》）实施以来，市地方金融监管局在建机制、强监管、防风险和促发展四个方面的主要工作：第一，陆续出台了 6 类行业监管细则；第二，健全市区两级监管体制，持续优化“上海市地方金融监督管理信息平台”；第三，推动委局工作人员考录行政执法证，筹建局行政处罚委员会，出台《行政处罚操作规程》；第四，有关行业的促进扶持政策。最后，分析了近两年行政复议与行政诉讼案件增幅比，折射出监管人员配置不足的现实难点。

有人指出，《地方金融监管条例》解决了此前立法没有解决的两大工作难点：明确地方金融监管部门的行政许可权，明确先证后照；明确区级金融工作部门享有行政处罚权。结合两者的起草背景，提出四点意见：

第一，关于中央与地方金融监管权限划分的政策依据。从 2014 年国家意见到 2017 年第五次全国金融工作会议精神、党中央与国务院若干意见的出台背景，在国家政策文件和实务工作中始终遵循一个原则：吸收公众资金 + 诱发系统性风险的金融机构及其活动，由中央金融监管部门负责；不吸收公众资金 + 限定业务范围 + 风险外溢性较小的地方金融组织及其活动，由地方金融监管部门负责。

第二，关于地方金融组织的思考。《上海条例》结合实际，对“辖区内投资公司、开展信用互助的农民专业合作社、社会众筹机构、地方各类交易场所”作了特殊安排，“地方各类交易场所”由市人大让渡有关权力，允许按照现行市政府规章进行监管。此外，考虑中国人民银行正在起草《地方金融监管条例》，四类组织的法律定义宜由中央统一规定，因此《上海条例》不予明示，而在第 2 条第 3 款“法律、行政法规和国务院授权地方人民政府监督管理的具有金融属性的其他组织”予以替代。但是本次中国人民银行将四类组织放在第五章附则。与一般立法不同，四类组织没有界定法律概念而是阐述了禁止性行为。对此，在立法技术上存在瑕疵，且操作性上也会存在问题。金融立法往往是从正面清单去界定行为边界，但是四类组织是从行为底线或者负面清单表述，未来会导致具体执法部门没有工作边界，承担无限责任，在行政履职、行政诉讼或者行政复议上都将产生极大的不确定性。

第三，关于非法金融的性质认定及处置。《地方金融监管条例》第 37 条涉及程序性问题。“非法金融”的法律概念最早见于 1998 年《非法金融机构和非法金融业务活动取缔办法》（已失效，以下简称《取缔办法》），自 2021 年《防范和处置非法集资条例》施行后，《取缔办法》废止。《防范和处置非法集资条例》第 39 条规定了非法金融业务活动的处置程序及分工。中国人民银行《地方金融监管条例》要注意与同位阶法律制度的衔接。

第四，关于三个具体条款的建议。一是地方法人金融机构的风险处置责任问题。第 4 条第 2 款规定，“承担地方法人金融机构的风险处置属地责任，督促各类股东履行补充资本的义务”。地方法人金融机构一般是指相对于国家独资或国家控股的大型金融机构之外的规模小、门类多、彼此独立的多种中小型金融机构。它包括农村信用社、城市信用社、城市商业银行、农村商业银行、中小信托公司、中小金融租赁公司等。该立法背景来自包商银行公司治理中“形似而神不至”的问题，但是具有普遍适用性的法律条款明显是基于个案规则进行推导，则不合适，其既与现行金融立法有悖，也与当前央地监管及风险处置体制不符。二是禁止跨区域展业问题。第 11 条第 2 款规定：“地方金融组织应当坚持服务本地原则，在地方金融监督管理部门批准的区域范围内经营业务，原则上不得跨省级行政区域开展业务。地方金融组织跨省开展业务的规则由国务院或授权国务院金融监督管理部门制定。”从立法技术上讲没有问题，但是在实操方面存在很大问题。融资租赁、商业保理两类行业是具有典型的产融结合的业务属性，上海市两类行业自 20 世纪 80 年代展业之初就不受地域限制，以境内外展业为主。按照中国人民银行当前表述，如果中国银保监会没有及时出台配套监管细则，在过渡期内已开展跨区域展业的融资租赁、商业保理企业是否需要暂停展业？其商业行为的合法性如何予以保障？笔者认为，通过立法形式颠覆当前行业现状，立法者有必要审慎考量这个条款的法律价值和正当性问题。三是地方金融组织业务终止的问题。第 14 条第 1 款规定：“地方金融组织解散的，应当依法成立清算组进行清算，清算过程应当接受地方金融监督管理部门的监督。”这条立法背景源自《融资担保监督管理条例》第 11 条，《上海条例》起草中也曾经考虑过“监管部门介入清算监督”的类似表述，后来基于立法与实务两点考虑予以删除。法律层面，《公司法》第 183 条对清算有明确规定；实务层面，地方金融组织不吸收公众存款、风险外溢性较小，上海地方金融组织的头部特征明显，长尾的存量企业众多且业务量较小，不少是空壳僵尸企业。但是基于地方金融组织的牌照考虑，很多小企业无业务却不愿意退出，监管部门介入清算监督的必要性不大。

（二）监管依据缺失与立法上存在空白

有学者从行政法的视角出发指出了《地方金融监管条例》存在的问题。对照中央金融工作会议想要解决的问题，此次立法实际完成了部分任务，它解决了赋予地方金融监管机构监管职责的问题，但是未解决监管规则依据以及谁来监管的体制问题。

1. 监管规则依据问题。《地方金融监管条例》的法律属性，毫无疑问是行政法。行政法的基本原则是“职权法定、法律保留、法律优位、正当程序”。在过去，地方政府没有监管金融活动的职责和权力。针对这一问题，在法理上只能靠中央立法来解决，而不是靠地方政府自我授权。本次依靠国务院通过中央立法的方式来解决这个问题是好的，但也是远远不够的，还需要解决地方政府的监管规则依据是什么的问题，而这一问题同样不能够由地方解决。这属于法律保留事项，金融基本制度只能通过制定法律来解决，地方性法规、行政法规都不可以制定规则依据。什么是基本制度？目前达成的共识是关于金融业的准入条件、准入门槛的问题。把金融事务区分成国家事务和地方事务是否涉及金融的基本制度？其实金融就是金融，难以区分为国家金融和地方金融。中央金融会议要求压实地方的金融监管职责和任务，地方责任很强，马上制定了地方金融监管的条例，试图自我授权、自我监督金融事务。但是，从法律保留、法律优位来论证，这些自我授权都是不行的，或者只能解决一些枝节性的问题。最关键的是，作为行政法规，也不能涉及属于法律保留的金融基本法律制度问题。中央金融工作会议中要求“中央制定规则”，但规则还是没制定出来，地方履行金融管理职责的依据其实是不存在的，因此实践中也难以运作。一个可寻求的路径，是根据《立法法》第 9 条争取人大的授权，然后通过国务院在法律保留事项中作出规定。

2. 谁来监管的问题。中央金融和地方金融的界限在哪里？“7 + 4”中就没有中央金融事务吗？“7 + 4”以外就没有地方金融的事务了吗？是不能作这样的区分的。只能是完整的金融事务，中央政府监管哪些，地方政府监管哪些，这是监管分工的问题，而不能把金融本身进行区分，这是存在的最大问题。此外，此次条例基本不含关于行为失范的惩戒条款，目前都是对机构的处罚规定而不是对行为的处罚规定。但是金融活动是行为的，谁能从事，谁不能从事，从事要具备什么条件，这些金融行为的基本规则在条例中都没有体现出来。

对此，有专家指出当前《地方金融监管条例》无论是在宏观思路上还是微观的制度设计上，都存在亟须改进的地方。(1) 缺乏对于地方金融的性质、法律地位、范围和市场准入以及公司治理结构的规定。不宜直接规定“地方金融组织”，而应直接命名为“地方金融机构”。由于地方立法不能命名自己为“金融机构”，因而说自己是“金融组织”，但是国家层面的立法是可以明确的，相当于是一种省级许可的地方金融机构。这样的话，之后延伸出来的包括税收在内的所有制度，抵押、公证等各方面都是不一样的。范围最缺少的是民间借贷这一问题。如果按照中国人民银行的分法，正规的、地方金融的，余下都是非法金融的，那么民间借贷算什么？此外，市场准入和治理结构问题都一定要明晰。(2) 关于体制问题。按照我国传统，行政序列应该按照中央到地方有自己的机构，国务院可以设立国家层面的金融管理局或金融办，在行政事务的管理上垂直化，并且业务上由国家金融管理部门指导。这两个是不矛盾的，而现在有点不伦不类，国家金融委是协调中央层面的机构，没有经验来协调地方的。业务部门指导是不能替代行政部门指导的。(3) 关于风险处置的手段问题。措施的强度还比不上地方立法，政府的责任、企业的责任、股东的责任，并没有更有效地纳入。(4) 缺少市场化基因和条文的设计。强调风险是必要的，但是解决风险最好的方法就是发展。(5) 对普惠金融、数字金融、互联网金融的回避。目前互联网金融出现的问题是大量的欺诈所造成的行为后果，并不是互联网或者数字经济问题，这一块的规则是缺失的。(6) 对基层的问题没有回应。当前虽明确一线监管、属地承担责任，但没有在规则上体现如何提升基层的监管能力、队伍建设和指导能力，因此建议统一制定从中央到地方各个层面来各自履行自己权力的规范。

（三）其他不足

有专家认为，此次《地方金融监管条例》体现了一定的立法水平，可取之处在于条文中没有浪费笔墨去写金融发展或促进的内容，也未将投资者和金融消费者的保护界定为立法目标。这是值得肯定的，因为不同的立法要完成不同的任务，做好“减法”才是立法水平的体现。但是，也存在一些根本性问题：如“地方金融组织”这一各地方立法所创设并沿用的模糊概念，也出现在中央层面的法律文件中，间接对这类机构的经营进行了特别的限制。

有学者指出了《地方金融监管条例》存在五个方面的不足之处：（1）监管权的授权。从表述来看授权条款并不明确，规定授权时“应当确保下级人民政府具备相应监督管理能力”，那么这句话是否能作为行政机关进行授权的依据是不确定的，应该有正面表述的授权规定。（2）并没有列出具体的地方金融组织设立的标准，无法解决各地标准不一的问题，就七类机构都需要制定具体的审批条件。（3）关于跨区域展业。条例规定原则上不得跨区域展业，小贷、典当、地方资产管理等的出现具有区域性的特点，限制跨区域展业有道理，但是融资租赁和商业保理在出现的时候就没有区域性的限制。若条例的思路是“原则禁止 + 例外规定”，那么就需要由国务院或授权国务院金融监督管理部门尽快制定例外的配套文件。（4）既然条例规定了跨区域协作，那么也应明确同地区相关部门的职责与协作。《上海条例》中有很多宝贵的经验值得借鉴。《上海条例》最大限度动员了其他行政部门的力量，其第 5 条第 3 款规定，发改委、商务委、公安等在地方金融监管工作中也有相应的职责，且第 31 条重大风险事件应对中很细致地规定了公安、市场监管、网信、法院检察院等部门各自的职责。（5）处罚力度较一些地方条例的处罚力度更重，但是《上海条例》处罚规定更有人情味，比如主动及时赔偿金融消费者的损失的、主动消除或减轻违法行为后果的应当依法从轻或减轻处罚。

三、关于《地方金融监管条例》完善的相关建议

（一）关于地方金融监管权责匹配

有学者指出，首先需要对“中央统一规则、地方实施监管，谁审批、谁监管、谁担责”的原则进行落实，根据责任与权力相匹配的原则，需要赋予地方金融监管机构与责任相匹配的监管权力，以及相应的人、财、物、编制等实现职能的重要要件。其次，《地方金融监管条例》第 4 条规定“省级人民政府授权下级人民政府开展监督管理和风险防范处置工作的，应当确保下级人民政府具备相应监督管理能力”，但“应当确保下级人民政府具备相应监督管理能力”需要具体明确可以授权给下级部门的职权范围，以及配备相应的人、财、物和编制。另外，附则关于“四类机构”的表述使内涵和外延不明确，建议删除对“四类机构”的规定。

还有学者指出：（1）《地方金融监管条例》第 2 条中提到地方金融监督管理应当坚持审慎监管和行为监管并重，但两者的监管目标必然是存在不一致的，实践中很容易发生因防范

风险而忽视对金融消费者的保护，审慎监管和行为监管发生冲突时应当如何处理？需要进一步探索。（2）关于分级监管和监管权力之间的矛盾如何处理，金融市场领域的创新是自发的，但监管是抵制创新的。建议完善地方金融监管的措施：首先，《地方金融监管条例》第4条关于“省级人民政府授权下级人民政府开展监督管理和风险防范处置工作的，应当确保下级人民政府具备相应监督管理能力”的表述，是否可以视为对下级人民政府的授权呢？可采用“省级人民政府有权授权下级人民政府……”的正面表述。其次，《地方金融监管条例》第11条规定了关于地方金融组织设立的标准，但具体的标准实际上一句都没有写，所以各地地方金融监管部门可能存在不一致，要么需要在条例中增加，要么需要另行尽快制定条例进行规定。最后，为了地方金融监管机构更好行使职责，可以借鉴《上海条例》中动员很多其他政府部门的做法，明确规定公安、网信、司法等部门的职能，且该等部门可以跨区域协作。

有专业人员提出：（1）明确立法的目标，《地方金融监管条例》是立足规范地方金融组织的监管、赋予地方政府监管地方金融组织的权力，还是也要让地方政府承担更多地方金融机构的风险处置职责？《地方金融监管条例》中第4条提到的地方法人金融机构的风险处置属地责任需要明确，是否本地注册的持牌金融机构都在其中？如是，则地方政府的责任非常之重。（2）需要权责一致，确保可操作性和可行性。构建新的中央和地方金融监管分工，需要赋予地方政府对地方金融组织的监管职责，同时在人财物等资源上全面配套，避免形成无法操作的困境。（3）需要立法的专业性和实践性相结合，《地方金融监管条例》附则赋予了很多地方政府的职责，如果需要规定则很多应属于正文内容。此外，要求地方金融监督管理部门强化对投资公司的监管，投资公司不得违反国家金融管理规定，以许诺还本付息或给予其他投资回报等方式向不特定对象募集资金，不得公开传播募集资金信息，不得以任何形式从事须经批准的金融业务的规定，以及规定开展私募基金、各类金融产品代销、金融投资咨询等金融业务的投资公司，应按照国务院金融监督管理部门规定取得业务牌照或完成登记备案。无法取得业务牌照或完成登记备案的，地方金融监督管理部门应限期清理规范。此处，对投资公司的界定缺乏市场和法律共识，对地方金融监管部门的职责要求恐怕也过于具有挑战性。

（二）关于跨省展业规则的建议

有专业人员针对《地方金融监管条例》第11条第2款“原则上不得跨省展业”的规定，就限制融资租赁和保理公司跨省展业问题提出以下意见：（1）限制跨省展业将对融资租赁、保理行业严重打击。历史上，租赁保理行业在成立之初便是全国展业。在目前，大部分租赁保理公司也是全国展业、注册地主要集中在上海、天津、广东等地，同时大部分没有分支机构。以融资租赁公司为例，根据《2020年中国融资租赁行业研究报告》统计，广东、上海、天津是租赁公司注册的主要聚集地，约占全国租赁公司总数的70%；同时根据“零壹租赁智库”统计，93% 的融资租赁公司并未设有分支机构。若新规一旦实施，能通过银保监会审批全国展业的将只是少数头部公司，而异地设立分支机构面临设立条件高、成本高、当地业务量少难以支撑分支机构运营等一系列问题，而且实务中各租赁保理企业在异地设立分支机构确实也面临比较大的障碍。因此，大部分中小租赁保理公司无法通过设立分支机构来解决异地展业问题，势必面临经营困难甚至倒闭的风险。

（2）限制跨省展业不符合条例的立法目的。《地方金融监管条例》的制定是为加强地方金融监督管理，规范监督管理行为，防范和化解区域性金融风险，促进地方金融健康发展。然而禁止跨区展业将导致大量的租赁保理企业经营困难与倒闭风险，势必会引起连锁反应、区域性金融风险，从而影响地方经济发展。因此《地方金融监管条例》虽以防范和化解区域性金融风险为目的，但是该条规定从结果上而言却会加剧区域性金融风险。

（3）限制跨省展业不利于解决中小企业融资难的问题。厂商租赁、核心企业反向保理等供应链金融业务是解决中小企业融资难的利器，而其特点便是全国展业。如果禁止异地展业，将不利于解决异地中小企业融资难的问题，无法打通上海、天津、广东等地资金流向偏远地区企业的通道，进而阻碍普惠金融的发展、共同富裕的实现。

（4）限制跨省展业也与风险防控的实际情况不符。融资租赁、保理行业总体风险可控，目前来讲主要是对公业务，也不存在涉众集资风险，与网络小额贷款公司的对私业务，以及 P2P、私募基金的涉众吸收资金有大的区别，故在监管尺度上应当有所区别。

因此建议：（1）增加对租赁保理行业的例外规定。“原则上不得跨省级行政区域开展业务”，这为例外规定留下了空间。对融资租赁、保理行业，根据其行业特点、历史形成、法律性质允许其跨省展业。（2）增加异地展业行为监管的相关规则，对融资租赁、保理企业异地展业，业务发生地监管机构有相应监管权限，可以一定程度上解决租赁保理企业异地监管问题。（3）根据租赁保理法律性质，增加“融物”“融债”相应监管规则。融资租赁具有“融物”的特点，商业保理具有“融债”的特点，因此与其他金融工具相比具有明显的特殊性，这也是租赁保理两个行业的风险管控重点（而非区域管控）。（4）加重对涉个人客户（对私业务）的监管规则。

其他专家也认为，需考虑所谓地方金融组织的规范经历的历史背景的变迁。例如，对小贷、融资担保公司等地方金融组织在金融领域作用的认识在变化，从 10 年前的鼓励扶持金融创新到现在的处置风险隐患和发展并重；互联网金融在过去 10 年中的起伏；私募基金的发展和保理等行业的发展；以及金融数字化转型的日益深化及影响等。地方金融组织的跨区域展业的标准需要避免“一刀切”，未来制定具体规则时需要注意保理、融资租赁等行业具有自身特点。

有专业人员结合地方招商引资、IPO 的实务经验，认为跨区域经营限制的合理性在于可能存在地方留存税收的博弈，但是不如直接进行牌照类管理。此外，可明确“业务所在地”

的定义或者明确分支机构以及此类地方金融组织的审批流程。进行市场监管时应回归本源，究竟是加强对行为当中回归业务逻辑与法律逻辑的本源，还是让这些机构回归到服务中小企业的本源，这些不同的本源可能会存在经营中的矛盾。关于跨区域流动，目前存在的问题是可能监管主办部门在上海，但业务范围不在上海，对市场监管部门是有工作难度的，因此加强地方之间的联动非常重要。

有专家从金融开放的角度提出建议。目前《地方金融监管条例》体现的金融开放度是不够的，应该更多地考虑国际化背景。金融管理应该体现人文关怀和温度，我们考察过很多国外的金融，包括荷兰、比利时、卢森堡、英国等，它们的处罚主要是金融商事处罚先介入，这种方式降低了司法的人力成本、组织成本和时间成本。建议海南岛和上海应在整体监管条例大框架不变的情况下，取得自由制定监管条例的权限。有很多特别的问题可以在本地的条例中进行补充、完善、修改。

（三）关于协调处理相关规范之间的关系

有专家主要从处理好相关规范之间的关系上提出了完善条例的建议：（1）要正确地把握和认识《地方金融监管条例》的性质、定位和功能。中国人民银行起草的条例的定性是国务院有关地方金融监管的行政法规。行政法规就涉及相关法律、法规和部门法之间的关系问题。从狭义上来说，要正确处理《地方金融监管条例》和《防范和处置非法集资条例》的关系。从广义上来说，《地方金融监管条例》所规制的地方金融活动和《防范和处置非法集资条例》中所确认的地方人民政府有关查处非法集资活动的第一主体责任，两者之间是有联系的。就金融活动而言，无论是全国还是地方的，本质上就是两种，一个是合法的，另一个是非法的。而合法与非法，是就法律的界定而言的。在这一背景下，由于出台了《防范和处置非法集资条例》，既解决了地方人民政府的主体责任，又处理了地方金融监管部门的牵头单位的责任。因此，在地方金融部门的牵头责任中间，地方金融的发展问题和地方金融机构的监管问题就合并在一起了。《地方金融监管条例》提到了地方人民政府是非法集资金融活动监管的责任主体，因此要处理好两者关系。（2）要处理好《地方金融监管条例》与地方金融监管立法的关系。全国目前有 15 个省、市、自治区和经济特区制定了地方金融监管立法。这 15 个可以分为两类，一类名称为“地方金融监督管理条例”，另一类名称为“地方金融条例”。从内容来说，有严格界定范围。地方发展金融，就是发展和稳定这两方面的问题。通过监管实现稳定，通过服务实现发展。在健康有序发展过程中，间接地推动和促进发展。地方金融要发展，主要责任在中央政府。地方金融包括地方金融业态、地方金融环境和地方金融条件。（3）要明确地方金融监管的体制和协调机制。从《地方金融监管条例》来看，对于地方金融监管的体制和协调机制是有所触及的，但规定得还不够细，应当更为具体和明确。建议在立法中明确确定在省一级人民政府也建立类似于国务院的金融稳定发展委员会这样的机构。国务院设有金融稳定发展委员会，各省市区人民政府同样可以成立金融稳定发展委员会，从而实现上下一致。但是，各地市、各县的相关机构是缺失的，或者可能叫工作办或服务中心等，原因是没有法定的配置。应当在法律中确定下来，在省一级人民政府建立金融稳定发展委员会，地方金融监管局确定为省级监管部门，在各市县建立地方金融监管部门，以实现统一。例如，《防范和处置非法集资条例》明确规定了省级政府承担主体责任，到乡镇一级要建立完整的机构，由专人负责。

此外，关于地方金融组织的内涵和外延，从目前中央和地方的条例来看，没有明确表述。《地方金融监管条例》第 9 条规定，本条例所称地方金融组织，是指依法设立的小额贷款公司、融资担保公司、区域性股权市场、典当行、融资租赁公司、商业保理公司、地方资产管理公司以及法律、行政法规和国务院授权省级人民政府监督管理的从事地方金融业务的其他机构。没有从内涵上对地方金融组织进行界定。存在几种可行的划分标准：（1）注册地；（2）展业范围（地方还是全国）；（3）出资人或实际控制人（来自地方、全国各地或中央级的）。外延上可以用列举 + 概括（兜底）的方式，很难穷尽，但可以做到应列尽列。比如，七类机构是明确的，四类机构就是按照 1998 年的《非法金融机构和非法金融业务活动取缔办法》的思路从事相关金融活动叫作四类机构，但仅界定四类机构则会不周延，亦无法周延。

另有专家指出各地方出台的金融监管立法的协调问题。目前共出台了 15 部地方金融监管立法，其中关于地方金融组织的监管范围并不一致，各有特色。例如，除了七类机构，浙江还将民间融资服务企业纳入“地方金融组织”范畴；上海适用对象则是“具有金融属性的其他组织”，因此存在立法的协调和统一的问题。《地方金融监管条例》是否允许发挥地方立法的能动性？第 9 条是兜底性条款，兜底性表述为“法律、行政法规和国务院授权省级人民政府监管”，限制较为严格，并没有将地方性法规纳入其中。《地方金融监管条例》作为行政法规的效力级别高于地方性法规，需要考虑已有地方性立法对于地方金融组织界定不一致的问题。

（四）关于《地方金融监管条例》相关条款完善的建议

有立法部门专家从监管权的纵向配资与横向配置的角度分别出发，对《地方金融监管条例》具体条款的完善提出了建议。

在监管权的纵向配置上：（1）《地方金融监管条例》第 11 条第 2 款规定：“地方金融组织应当坚持服务本地原则，在地方金融监督管理部门批准的区域范围内经营业务，原则上不得跨省级行政区域开展业务。地方金融组织跨省开展业务的规则由国务院或授权国务院金融监督管理部门制定。”地方金融组织须在地方金融监督管理部门批准的区域范围内经营业务，但融资租赁、小贷、典当实际上可以超过属地的范围。（2）《地方金融监管条例》第 8 条规定：“本条例所称地方金融监督管理部门，是指县级及以上地方人民政府设立的地方金融监督管理局（金融工作办公室）或者承担相应监督管理职责的政府有关部门。”该条明确了监管权四级配置，纵向配置包括中央和地方的配置、省级与省以下的配置。中央和地方的配置方面，《地方金融监管条例》第 3 条规定了国务院金融监督管理部门负责制定地方金融组织的监督管理规则，并对地方金融监督管理部门监督管理和风险处置予以业务指导；《地方金融监管条例》第 39 条也规定了省、自治区、直辖市可以根据本条例制定监督管理地方金融组织的具体规定，报金融稳定发展委员会办公室备案。所以综合来看，并没有非常大的纵向监管配置的变化。省级和县市级方面的配置方面，《地方金融监管条例》第 7 条规定县级及以上地方人民政府应当加强地方金融监督管理队伍建设，提升监督管理人员的专业化水平，保障监督管理工作、人员和经费需要。《地方金融监管条例》第 4 条第 4 款还鼓励省级人民政府授权下级人民政府开展监督管理和风险防范处置工作，同时应当确保下级人民政府具备相应监督管理能力，但地方金融组织的审批权限不得下放。此外，《地方金融监管条例》第 11 条第 1 款规定设立区域性股权市场应当经省级人民政府公示，并报国务院证券监督管理机构备案。设立其他地方金融组织，应当经省级地方金融监督管理部门批准并颁发经营许可证，地方金融组织应当持经营许可证办理营业执照。可以看出整体基调是鼓励监管下放，省级仅保留许可证颁发、注销的相关事项，重要的行政强制及风险处置措施，其他均体现监管层下沉的趋势。

在监管权的横向配置上：（1）将商事登记作为监管权加以配置有问题，比如《地方金融监管条例》第 11 条第 1 款提到“建立地方市场监督管理部门和地方金融监督管理部门之间的会商机制，加强对单位和个人注册地方金融组织名称和经营范围等商事登记的管理”，但名称和经营范围等商事登记已经可以进行事前管理，意义不大；还有第 34 条“对投资公司的监督管理”仍然没有厘清投资公司的概念，投资公司是公司的天然功能，对投资公司的界定依旧存疑。（2）罚则中的监管权横向配置也没有处理好，《地方金融监管条例》第 25 条第 3 款规定：“违反本条例规定，未经批准在名称和经营范围中使用‘金融’……等字样及其他类似显示金融活动特征的字样的，由地方金融监督管理部门责令限期改正；逾期不改正的，处 5 万元以上 10 万元以下的罚款，有违法所得的，没收违法所得”，但前文并没有提出名称和经营范围需要批准，如果没有批准就不会登记了，放在罚则中有问题。《地方金融监管条例》第 27 条规定了关于违规跨省开展业务的处罚：“地方金融组织未经批准跨省级行政区域开展业务的，由住所地地方金融监督管理部门责令限期改正……”，但实际上住所地地方金融监督管理部门可能不仅不会处罚，反而可能更希望和鼓励金融机构到外地展业，由外地监管部门进行处罚可能性更高。（3）《地方金融监管条例》第 9 条关于监管对象的定义也没有明确，尤其是区域性股权市场和典当行的定义。（4）庞大的附则中需要关注第 36 条“四类机构的风险处置”：四类机构的风险防范、处置和处罚，参照本条例的有关规定执行，但并没有关于行为的规定，只有罚则没有行为的规制，那么违反了什么规定需要进行处罚呢？值得进一步探讨。

在监管工具的配置上，从事前、事中、事后维度须考虑以下事项：（1）在事前监管方面，《地方金融监管条例》第 11 条第 1 款规定："设立区域性股权市场应当经省级人民政府公示，并报国务院证券监督管理机构备案。"设立区域性股权市场按理应当更加严格，但只规定了公示和备案。《地方金融监管条例》第 26 条第 2 款规定："未按照本条例规定办理备案或者变更后的事项不符合相关行政许可条件的，由地方金融监督管理部门……"但从《地方金融监管条例》第 11 条第 3 款、第 13 条均可看出出任董监高的条件。但第 31 条对董监高任职的限制值得赞扬。（2）在事中监管方面，主要是对"地方金融组织"进行监管，但不限于"地方金融组织"，拓展至地方金融局履职各领域，重点在"风险处置"和"非法金融活动"。在风险处置的环节，何为"非法金融活动"尚未明确，对《地方金融监管条例》第 25 条、第 27 条、第 37 条的理解和适用存在矛盾。（3）在事后监管方面，地方金融监管部门将面临较大压力，如何从"开罚单"到"实质性地解决问题"值得期待。

有专家对以下内容提出完善建议：（1）关于地方监管职责。省级人民政府督促各类股东履行补充资本的义务，主要针对地方法人金融机构。地方法人金融机构和地方金融组织是做了区分的。这一点与现行《公司法》对于股东责任的有限性是明显冲突的，加重了股东出资责任，并且是"各类股东"，并没有强调是控股股东或实际控制人。无论大小股东一律加重出资义务的话，必须要有法律上的明确依据，而《地方金融监管条例》作为行政法规直接施加了这一义务，如何督促、谁来督促、以什么样的方式督促，都需明确义务来源。

（2）关于地方金融组织终止业务。一方面，地方金融监督管理部门没有必要监督清算过程。只需要"按照规定向地方金融监督管理部门提出书面报告，并提交资产状况证明以及债权债务处置方案等材料"，而无须全程监督，本身也是把更重的责任压给了地方。另一方面，《地方金融监管条例》第 14 条第 2 款的规定过于模糊，什么是超过 6 个月不再经营？可以联想到《商业银行法》第 23 条第 2 款规定，即商业银行及其分支机构自取得营业执照之日起无正当理由超过 6 个月未开业的，或者开业后自行停业连续 6 个月以上的，由国务院银行业监督管理机构吊销其经营许可证，并予以公告。对于商业银行连续停止业务 6 个月就要被吊销牌照，但地方金融组织与商业银行还是存在本质上的不同，如果比照《商业银行法》做类似规定并不妥当，也不周延。

（3）关于地方监管机构的权限。监督管理和风险防范与处置赋予了地方金融监管部门相应的监管权限及监管措施，对比上海相关立法中对于相关经营活动场所和设施是可以予以查封、扣押的监管权限，需进一步突破和扩大。《地方金融监管条例》第 16 条规定的"经批准查询账户信息和交易信息"是比较有亮点的地方，对监管权力进行了延展。此外，在第三章中建议补充"监管科技"相关内容，监管科技是科技与监管的有机结合，旨在利用技术提升监管合规。要在现场检查和非现场检查等传统方式基础上，增加监管科技相关规定，将现代信息技术运用于地方金融监管，以提升监管的效能。

（4）建议增加“地方金融组织的个人信息保护”相关内容。在目前 15 部地方金融监管立法中，仅厦门、江苏等省市地方金融监管立法中规定了“加强对金融消费者个人金融信息的保护”等相关内容。《个人信息保护法》已于 2021 年 11 月 1 日实施，作为专门性、综合性的个人保护基本法，并未细化到地方金融监管领域。2020 年，虽然中国人民银行制定了《金融消费者权益保护实施办法》，但是该实施办法的适用对象仅限于银行业金融机构和第三方支付机构，因此存在规制上的真空。目前对于地方金融组织的个人金融信息保护相对薄弱，缺失有针对性的规范措施。因此，建议增加“地方金融组织的个人信息保护”的相关内容，并明确地方金融监管部门对地方金融组织的个人信息保护具有监督职责。

新虚假陈述司法解释的理解与适用

新司法解释与债券承销商虚假陈述民事责任认定

吕志强 *

一、债券承销商虚假陈述民事责任的法律规定

（一）虚假陈述行为的主要规制条款

2003年出台的《最高人民法院关于审理证券市场因虚假陈述引发的民事赔偿案件的若干规定》（已失效，以下简称2003年《虚假陈述规定》）第四虚假陈述认定部分第17条规定了虚假陈述的概念，即虚假陈述包括虚假记载、误导性陈述、重大遗漏、不正当披露等四种情形，司法解释还对上述概念进行了明确界定[1]，同时规定了重大事件的认定范围，其规定应当结合1998年《证券法》第59条、第60条、第61条、第62条、第72条及相关规定的内容认定。因此，通常将上述四种信息披露违法违规行为统称为虚假陈述行为。2022年最高人民法院对2003年《虚假陈述规定》进行了修订（以下简称2022年《虚假陈述规定》），对上述虚假陈述概念进行了修订，将信息不当披露行为从虚假陈述的类型中剔除，并单列第5条规定"未按照规定披露信息的责任"，如构成虚假陈述行为的归入上

---

* 吕志强，华东政法大学经济法学博士。

〔1〕 参见2003年《虚假陈述规定》第17条规定，虚假记载，是指信息披露义务人在披露信息时，将不存在的事实在信息披露文件中予以记载的行为。误导性陈述，是指虚假陈述行为人在信息披露文件中或者通过媒体，作出使投资人对其投资行为发生错误判断并产生重大影响的陈述。重大遗漏，是指信息披露义务人在信息披露文件中，未将应当记载的事项完全或者部分予以记载。不正当披露，是指信息披露义务人未在适当期限内或者未以法定方式公开披露应当披露的信息。

述虚假记载、误导性陈述、重大遗漏等三种情形当中，修订后分类更加严谨。此外，新规对上述三种类型的概念根据理论和实践的发展进行了更加准确的界定。[1]

在上述证券市场虚假陈述案件中，因信息披露义务人涉及虚假陈述行为违法违规，承销商等中介机构同样构成虚假陈述行为，进而承担与发行人的连带责任，故也称之为债券承销商的虚假陈述行为。

（二）“首恶担责”与承销商虚假陈述责任的关系

1. “首恶担责”理念及制度体现

在我国上市公司中，“一股独大”的现象较为明显，控股股东、实际控制人不仅是直接或间接的上市公司投资人，更能够对上市公司的经营决策产生支配和控制的影响。实践中，控股股东、实际控制人等往往在欺诈发行、信息披露造假等案件中扮演重要角色，证券监管部门在对上市公司信息披露违法行为进行处罚时，也常见同时对于控股股东、实际控制人的处罚。因此，强化上市公司信息披露要求，需要扩大责任人员范围，加大责任追究力度，完善法律责任体系。因此，在立法、行政、司法方面均提出了“追首恶”的理念以及加大“首恶担责”的制度设计。

一是在刑事责任方面，《刑法修正案（十一）》对《刑法》第 160 条、第 161 条增加了控股股东、实际控制人的刑事责任追究，明确将控股股东、实际控制人组织、指使实施欺诈发行、信息披露造假，以及控股股东、实际控制人隐瞒相关事项导致公司披露虚假信息等行为纳入刑法规制范围，进一步完善了证券犯罪规定，提升了针对资本市场重大违规的处罚力度，提高了资本市场的违法违规成本，旨在进一步规范上市公司控股股东、实际控制人的信息披露行为，在刑事责任方面实现“追首恶”的目标。《关于依法从严打击证券违法活动的意见》提出，要加大对证券发行人控股股东、实际控制人、董事、监事、高级管理人员等有关责任人证券违法行为的追责力度。

二是在行政责任方面，《证券法》（2019 年修订）第 181 条规定，在发行人证券欺诈发行中，对组织、指使发行人从事前款违法行为的发行人的控股股东、实际控制人没收违法所得并处以一倍以下罚款，加大了了处罚力度，同时还增加了“组织”造假行为，加大了“首恶”的责任力度。中国人民银行会同国家发展和改革委和证监会于 2020 年 7 月联合发布《关于公司信用类债券违约处置有关事宜的通知》（以下简称《债券违约处置通知》），其中要求债券发行人及其相关人员承担债券兑付和信息披露方面的第一责任，债券服务机构等中

---

〔1〕 参见 2022 年《虚假陈述规定》第 4 条规定，信息披露义务人违反法律、行政法规、监管部门制定的规章和规范性文件关于信息披露的规定，在披露的信息中存在虚假记载、误导性陈述或者重大遗漏的，人民法院应当认定为虚假陈述。虚假记载，是指信息披露义务人披露的信息中对相关财务数据进行重大不实记载，或者对其他重要信息作出与真实情况不符的描述。误导性陈述，是指信息披露义务人披露的信息隐瞒了与之相关的部分重要事实，或者未及时披露相关更正、确认信息，致使已经披露的信息因不完整、不准确而具有误导性。重大遗漏，是指信息披露义务人违反关于信息披露的规定，对重大事件或者重要事项等应当披露的信息未予披露。

介机构的核查把关责任，从而倒逼债券发行人在债券发行及存续期环节切实做好债券兑付工作，保护债券持有人利益，发行人及其董监高、实际控制人不能通过剥离核心资产、关联交易、怠于履行偿债义务等方式进行恶意逃废债，蓄意损害债券持有人合法权益，损害债券市场乃至资本市场健康秩序。

三是在民事赔偿方面，2019 年《证券法》规定了控股股东、控制人、董监高、证券公司和服务机构均承担连带赔偿责任，发行人是信息披露的第一责任人，控股股东、实际控制人、董监高作为“内部人”，对欺诈发行、信息披露造假有“首恶”的责任。因此，发行人及上市公司的控股股东、实际控制人等“首恶”不仅仅将面临更高的行政罚款和针对投资者的民事赔偿，还将面临更为严厉的刑事法律责任。

2. “首恶担责”对中介机构法律责任追究的影响

要进一步厘清和处理好债券承销商中介机构责任与“首恶担责”的关系，优化制度设计，贯彻“首恶担责”的理念。在现行法律制度规定下，控股股东、实际控制人、董监高、证券公司和服务机构均承担与发行人的连带赔偿责任，但实践中在发行人几乎无力清偿或者接近或即将破产重组的状态时，受害投资者基于各连带责任主体民事赔偿能力的不同，积极向承销商中介机构等“大户”和“深口袋”行使求偿权，将导致实际承担责任与行为及过错程度的错配，有悖于“首恶担责”的理念。在“首恶担责”的理念贯彻下，应遵从债券承销商等中介机构的民事赔偿责任应该劣后于控股股东、实际控制人及董监高等主体和人员的一般原则。因此，需要从制度设计上进一步优化法律制度设计。

一是建立“首恶担责”的责任主体连带赔偿责任顺序。明确证券中介机构的赔偿责任劣后于发行人及其控股股东、实际控制人及相应的董监高责任人员（如有责任），防止赔偿责任由中介机构兜底化，不利于承销商等中介机构看门人机制建设以及压力向“首恶”进行传导和责任追究。

二是完善司法对证券民事诉讼的被告确定及补充机制。例如，证券监管部门对发行人、控股股东以及中介机构均进行了行政处罚，而投资者因知道或者大概率知道发行人的控股股东甚至发行人无力赔偿时，选择直接起诉“深口袋”证券中介机构而不再起诉发行人等相关主体，此时，司法应当按照前述的责任顺序追加其他责任主体一同列为被告，贯彻追究“首恶”理念。

三是优化完善赔偿责任大小确定原则。建议在司法解释中明确，司法应当根据数个责任主体的违法行为情节、主观过错程度及损失因果关系大小，明确判定相应的赔偿责任比例[1]。进一步确立债券承销商等中介机构非故意过错情况下的过错比例连带责任原则，避免随意扩大中介机构的连带责任范围，变相实质上让中介机构承担证券发行兜底法律责任。

---

〔1〕 王君晖：《民事赔偿先追“首恶”私募基金应持牌管理》，载 https：//www. sohu. com/a/453667390_115433，最后访问日期：2021 年 3 月 3 日。

四是有必要对中介机构的过错推定进行充分说理论证。少数法院予以概括性推定，即从发行人虚假陈述事实直接推定中介机构存在过错，对中介机构不存在过错的举证不予认定和回应。在 2022 年《虚假陈述规定》已经取消行政处罚前置程序的情况下，更需要司法部门充分论证中介机构的过错内容，方能回应市场和法律界争议。当然，认真对待中介机构过错的认定本身也是“首恶担责”理念的体现。

二、交易因果关系内生虚假陈述信息的重大性

（一）虚假陈述侵权行为的二重因果关系

因证券投资决策受宏观基本面、行业发展、公司自身情况、交投活跃度、市场量级等多种因素影响，虚假陈述案件的因果关系呈现出“间接、主观、轨迹模糊”[1]的特点，加大了因果关系的认定，而其认定方式方法以及具体的证明责任则直接影响了侵权赔偿责任的成立与否。英国著名侵权法学家富雷明（Fleming）教授认为，因果关系问题与侵权行为法中的其他问题相比，最困扰法院和学者。[2]国内学界普遍认为，证券虚假陈述侵权责任的因果关系包括交易上因果关系和损失上因果关系。[3]前者是前提，属于责任成立的定性问题，决定了投资者的债券损失与虚假陈述行为是否有关；后者是延伸，属于责任范围的定量问题，决定了该虚假陈述行为对于投资者损失的影响程度以及赔偿责任范围的大小，从而避免因果关系过度泛化或者其他非关键因素的影响使得侵权行为人承担不合理的赔偿责任。美国联邦最高法院也认为，一方面需要适当且有限度地扩大虚假陈述侵权责任范围至部分外部关联人，另一方面也要通过举证责任分配、程度设定等对因果关系、过错类型认定等责任要素上予以必要的限制。[4]2022 年《虚假陈述规定》正式细化了因果关系，明确分类为交易因果关系和损失因果关系，并分别规定了不同的抗辩事由，也是司法对侵权行为二重因果关系的认可。

（二）偿债能力影响及可行政处罚性共同决定了信息的重大性

通常，股票市场投资主要在于获得交易价差，反映在市场信息对股票价格造成的波动。而债券市场投资的目的主要在于希望能够保证本金安全的基础上获取借贷利息，更关注在债券到期后能够获取全部的本息兑付。在最广泛的层面上，关于公司债券交易所起作用的主流

---

〔1〕 翁晓健：《证券市场虚假陈述民事责任研究——美国证券法经验的反思与借鉴》，上海社会科学院出版社 2011 年版，第 107 页。

〔2〕 王泽鉴：《侵权行为法：基本理论 · 一般侵权行为》，中国政法大学出版社 2001 年版，第 257 页。

〔3〕 参见樊健：《我国证券市场虚假陈述交易上因果关系的新问题》，载《中外法学》2016 年第 6 期。

〔4〕 参见郭雳：《证券欺诈法律责任的边界，新近美国最高法院虚假陈述判例研究》，载《中外法学》2010 年第 4 期。

经济理论表明，它们的“信息不敏感”是一个关键特征[1]，其基本思想是，市场参与者经常准确地交易公司债券，是因为他们重视这样一个事实，即他们和他们的对手方并不关心试图识别工具的实际价值是否与当前交易价格不同。但陷入困境的发行人债券确是例外，它们不太可能对信息不敏感。因此，如果没有重大的风险事件，期间相对较小的债券价格波动对于投资者的投资决策影响甚微，反而是发行人债券偿付能力的变化更具有相关性。根据上述理论，如果某类信息有可能导致发行人的经营陷入困境或者对发行人的偿债能力造成重大影响，则会成为对债券交易的敏感信息，即该信息因符合“重大性”要件而构成虚假陈述信息，当然也成为认定虚假陈述侵权责任的基础。

结合现有法规及司法解释规定，债券虚假陈述信息的重大性标准可以从以下两个方面判断：一是虚假信息的可行政处罚性。2019 年《证券法》第 184 条称违反本法第 29 条规定的行为须要予以行政处罚，而对照第 29 条规定可以看出，其要求承销商核查发行募集文件，就是要保证募集文件不存在虚假陈述情形，因此，此处相对严重的虚假陈述信息对应的虚假陈述不法行为已足够达到行政处罚的程度。当然，根据监管实践，如果相关虚假陈述信息未达到重大性标准，行政监管部门一般不会对此违规行为采取行政处罚措施，取而代之的则为采取一般的行政监管措施或关注措施。因此，《全国法院民商事审判工作会议纪要》（以下简称《民商事审判会议纪要》）第 85 条[2]对虚假陈述行为中的重大性要件的认定再次进行了明确，即可能对投资者的投资决策具有重要影响的信息，应当认为已被行政处罚的虚假陈述具有违法行为的重大性，司法不予支持行政处罚决定不具有重大性的抗辩。在五洋债案件中，证监会已在行政处罚决定书中认定，发行人以虚假申报文件骗取公开发行公司债券核准，已构成欺诈发行，按照上述分析，相关虚假陈述信息已足以对投资者的债券投资决策产生重大影响，符合虚假陈述信息的重大性标准。

二是虚假信息对偿债能力的重大影响性。根据上述债券交易理论分析，一般性的虚假陈述的信息不会导致债券交易价格的大幅波动，而导致交易价格大幅变动的则应该是重大信息。2003 年《虚假陈述规定》第 17 条[3]在定义证券市场虚假陈述的概念时，将“重大事件”作为虚假陈述的标的，同时规定重大事件应当结合原《证券法》第 59 条等规定进行认

---

〔1〕 Merritt B. Fox, Lawrence R. Glosten and Gabriel V. Rauterberg, *The New Stock Market: Law Economics and Policy*, New York, Columbia university Press, 2019, p. 295.

〔2〕《民商事审判会议纪要》第 85 条规定：审判实践中，部分人民法院对重大性要件和信赖要件存在着混淆认识，以行政处罚认定的信息披露违法行为对投资者的交易决定没有影响为由否定违法行为的重大性，应当引起注意。重大性是指可能对投资者进行投资决策具有重要影响的信息，虚假陈述已经被监管部门行政处罚的，应当认为是具有重大性的违法行为。在案件审理过程中，对于一方提出的监管部门作出处罚决定的行为不具有重大性的抗辩，人民法院不予支持，同时应当向其释明，该抗辩并非民商事案件的审理范围，应当通过行政复议、行政诉讼加以解决。

〔3〕 2003 年《虚假陈述规定》第 17 条规定：证券市场虚假陈述是指信息披露义务人对重大事件作出违背事实真相的虚假记载、误导性陈述，或者在披露信息时发生重大遗漏、不正当披露信息的行为。

定。2019 年《证券法》第 81 条[1]首次规定了债券临时信息披露的重大事件，所谓重大事件即发生可能对上市交易公司债券的交易价格产生较大影响的事件，11 种情形涵盖股权结构或者生产经营状况、债券信用评级、重大资产处置、新增借款或者对外提供担保、重大损失、重大诉讼、仲裁及刑事案件、处置公司决定等类型。结合 2019 年《证券法》第 52 条内幕信息的规定，上述重大事件当然也属于内幕信息范围。笔者认为，上述列举的重大事件信息包括定性指标和定量指标，都足以对发行人偿债能力造成重大影响，部分定量指标中以直接处置或损失数额达净资产 10% 或新增负债或对外担保数额达净资产 20% 的界线比较妥当。因此，上述持续信息公开的重大事件可以直接认定为符合重大性标准。当然，上述重大事件的规定是在债券发行后的持续信息公开阶段。2019 年《证券法》第 29 条规定，承销商不得承销已发现存在虚假陈述的证券。法规并未规定承销商在债券发行前的尽职调查阶段的重大性信息，为了保持信息内容的同一性和实质性，笔者认为可以参照上述持续信息公开阶段的重大事件的认定标准予以认定。2022 年《虚假陈述规定》第 10 条[2]规定，直接明确虚假陈述的内容属于《证券法》第 81 条第 2 款规定的重大事件即符合信息内容重大性的认定，也印证了笔者上述观点。2022 年《虚假陈述规定》为了对应《证券法》第 81 条第 2 款的兜底条款，还规定了监管部门制定的规章和规范性文件中要求披露的重大事件或者重要事项。此外，其还规定了信息不具有重大性的抗辩理由，即虚假陈述未导致相关证券交易价格或者交易量明显变化，与上述债券交易理论相吻合。

需要说明的是，上述《证券法》以“可能对上市交易公司债券的交易价格产生较大影响”的事件来定义重大事件，与影响投资者投资决策判断的发行人偿债能力的判断会有所不同。公司债券市场交易价格影响因素较多，诸如市场交易活跃度、投资者人数、种类、持有目的等，可以看出虽然上述重大事件与影响偿债能力的因素具有很大重合性，但是可能适用上会有偏差，且理念上并不完全一致。因此，在债券信息虚假陈述与事实的偏离程度方面，

---

[1] 2019 年《证券法》第 81 条规定：发生可能对上市交易公司债券的交易价格产生较大影响的重大事件，投资者尚未得知时，公司应当立即将有关该重大事件的情况向国务院证券监督管理机构和证券交易场所报送临时报告，并予公告，说明事件的起因、目前的状态和可能产生的法律后果。前款所称重大事件包括：（一）公司股权结构或者生产经营状况发生重大变化；（二）公司债券信用评级发生变化；（三）公司重大资产抵押、质押、出售、转让、报废；（四）公司发生未能清偿到期债务的情况；（五）公司新增借款或者对外提供担保超过上年末净资产的百分之二十；（六）公司放弃债权或者财产超过上年末净资产的百分之十；（七）公司发生超过上年末净资产百分之十的重大损失；（八）公司分配股利，作出减资、合并、分立、解散及申请破产的决定，或者依法进入破产程序、被责令关闭；（九）涉及公司的重大诉讼、仲裁；（十）公司涉嫌犯罪被依法立案调查，公司的控股股东、实际控制人、董事、监事、高级管理人员涉嫌犯罪被依法采取强制措施；（十一）国务院证券监督管理机构规定的其他事项。

[2] 2022 年《虚假陈述规定》第 10 条规定：有下列情形之一的，人民法院应当认定虚假陈述的内容具有重大性：（一）虚假陈述的内容属于证券法第八十条第二款、第八十一条第二款规定的重大事件；（二）虚假陈述的内容属于监管部门制定的规章和规范性文件中要求披露的重大事件或者重要事项；（三）虚假陈述的实施、揭露或者更正导致相关证券的交易价格或者交易量产生明显的变化。前款第一项、第二项所列情形，被告提交证据足以证明虚假陈述并未导致相关证券交易价格或者交易量明显变化的，人民法院应当认定虚假陈述的内容不具有重大性。被告能够证明虚假陈述不具有重大性，并以此抗辩不应当承担民事责任的，人民法院应当予以支持。

应以更加务实且贴切的偿债能力标准进行“重大性”评判[1]。

（三）虚假陈述信息的重大性决定了交易上因果关系的成立

虚假陈述不法行为的重大性意味着虚假陈述行为对债券投资者的投资决策产生了重大影响，自然也就决定了承销商承担连带赔偿侵权责任交易上因果关系的成立。即一旦认为虚假陈述信息符合重大性标准，虚假陈述不法行为成立，司法应当认可该虚假陈述不法行为与投资者的投资损失具有交易上因果关系，从而承销商应当对投资者承担一定范围的赔偿责任。反之，当虚假陈述信息不符合重大性标准，即对投资者的债券投资决策不会产生重大影响，虚假陈述不法行为无法成立，当然不存在侵权行为。2003 年《虚假陈述规定》第 18 条、第 19 条借鉴市场欺诈理论，在交易因果关系的信赖认定上采取推定主义，但是隐含的前提是虚假陈述不法行为成立，即虚假陈述信息已达到重大性标准。虽然重大性及交易因果关系二者分属于侵权责任的侵权行为和因果关系两大构成要件，但 2022 年《虚假陈述规定》第三部分将两者列在同一部分规定，笔者认为其在制定时应是考虑了两者之间的关系，当然并不能相互替代。

需要讨论的是，虽然最高人民法院 2003 年《虚假陈述规定》认定虚假陈述不法行为必须以重大事件为前提，但根据《证券法》相关规定，除重大遗漏外，对于虚假记载、误导性陈述两类并未明确提及重大性要件。投资者在诉讼中可能提出即使该信息不重大，但若在投资时知悉遗漏的对外担保等事实后也不会再投资该债券，因此该信息与其投资损失有因果关系，承销商应该连带赔偿所有的投资本息损失。笔者认为，之所以限定在重大性的标准要件内，就是要一般性地客观评判该虚假陈述信息是否对所有理性的投资者的决策产生重大影响，继而评判与投资者的投资损失是否产生因果关系，不存在所谓的非重大性的虚假陈述信息对投资者的投资者决策产生非重大的但是一般性的影响的中间状态。当虚假陈述信息不符合重大性标准，即对投资者的债券投资决策不会产生重大影响，且客观上法官也无法准确判断某一非重大虚假陈述信息对众多投资者作出是否投资该债券决策的实际影响程度，则不应当认为该非重大虚假陈述信息与投资者的投资损失具有交易上因果关系。美国联邦最高法院也将虚假陈述信息的重大性作为交易上因果关系成立的要件之一，其认为只要原告能证明虚假陈述中的信息具有“重大性”、“已公开”、“有效市场交易”以及“在虚假陈述实施之后至信息被揭露之间交易”，即推定交易行为与虚假陈述之间存在共同的交易上因果关系。[2]因此，虚假陈述不法行为成立且其他要件同样构成，则承销商需要连带承担投资者一定的投资损失，至于投资损失的赔偿范围则取决于损失上因果关系的判断。

---

〔1〕 参见周卫青等：《债券违约情景下承销商虚假陈述民事责任及风险防范研究》，载《中国证券》2020 年第 4 期。

〔2〕 M. Todd Henderson，Adam C. Pritchard，From Basic to Halliburton，*Regulation*，Vol. 37，2014.

三、债券投资损失赔偿范围的决定因素

2019 年《证券法》第 85 条关于发行人承担赔偿责任的前提是虚假陈述行为导致了投资者证券交易损失的规定，当然包含了侵权行为损失因果关系的构成。笔者认为，发行人债券违约本质上是其债务偿还能力的下降甚至丧失，对于债券虚假陈述而言，债券投资者最关心的应该是虚假陈述信息给发行人债务偿还能力带来的负面影响。投资者是否因该虚假陈述信息遭受损失以及遭受损失的大小，与该信息是否对发行人债务偿还能力造成影响以及影响的程度是等同的。因此，在交易上因果关系成立的前提下，损失上因果关系就是要判断虚假陈述信息是否对债券发行人的债务偿还能力造成影响以及影响的程度，据此计算导致投资者的权益受损以及赔偿责任的大小。如上所述，如果相关虚假陈述的信息具有重大性，如财务数据存在重大造假、遗漏对外担保导致发行人对外清偿大额债务，显然会对投资者的投资决策产生重大影响，则可以判断该虚假陈述不法行为与投资者的损失具有交易上因果关系，但承销商因此承担投资者投资损失的范围要以上述虚假陈述信息对于发行人偿债能力的影响程度为基础。2022 年《虚假陈述规定》第 31 条〔1〕明确规定了损失因果关系，司法应当查明虚假陈述与原告损失之间的因果关系，以及导致原告损失的其他原因等案件基本事实，确定赔偿责任范围，即确定虚假陈述信息内容本身对投资者投资损失的影响大小，结合第 2 款抗辩事由来看，确定影响因子时应当排除他人操纵市场、证券市场风险、证券市场对特定事件的过度反应、上市公司内外部经营环境等其他异常因素。具体实践中，还要针对不同承销商出具信息披露文件不同的瑕疵情形，主要从信赖利益是否存在、信赖是否合理、不实报告对投资者的决策影响的大小以及投资者损失的具体情形加以仔细甄别，从而更符合市场公平理性的价值追求。〔2〕

四、重构债券承销商虚假陈述责任连带制度

（一）对过错连带责任制度的考察

1. 2022 年《虚假陈述规定》新变化

对于证券承销商而言，2022 年《虚假陈述规定》删除了原第 23 条第 1 款“承销商应当

〔1〕 2022 年《虚假陈述规定》第 31 条规定：人民法院应当查明虚假陈述与原告损失之间的因果关系，以及导致原告损失的其他原因等案件基本事实，确定赔偿责任范围。被告能够举证证明原告的损失部分或者全部是由他人操纵市场、证券市场的风险、证券市场对特定事件的过度反应、上市公司内外部经营环境等其他因素所导致的，对其关于相应减轻或者免除责任的抗辩，人民法院应当予以支持。

〔2〕 参见陈洁：《证券虚假陈述中审验机构连带责任的厘清与修正》，载《中国法学》2021 年第 6 期。

承担损失赔偿……但有证据证明无过错的，应予免责”的规定，对于其中律所等专业中介服务机构而言，2022 年《虚假陈述规定》删除了原第 24 条的规定。

2022 年《虚假陈述规定》删除了原“共同侵权”章节中承销商、证券服务机构等证券中介机构共同侵权负有连带责任的规定，并删除了 2003 年《虚假陈述规定》第 24 条关于中介服务机构的“就负有责任部分的承担赔偿责任”进行了差异化的安排。而是在 2022 年《虚假陈述规定》第 13 条直接区分了两种过错情形，即故意和重大过失（严重违反注意义务下的过失），其并未明确规定区分过错情形适用不同的责任形态。

笔者认为，因证券中介服务机构“负有部分责任的”的证券法来源基础（即 1998 年《证券法》第 161 条）已被 2005 年《证券法》以及现行《证券法》修改，因此直接删除了相关规定，从而使得承销商、证券中介服务机构均与《证券法》保持一致，未再予以区分不同的过错责任形态，均统一适用证券法下的过错连带责任，排除了司法实践中部分法院在《证券法》已修改的情况下继续援引 2003 年《虚假陈述规定》第 24 条判决部分中介机构承担部分比例责任适用的可能。如果说 2003 年《虚假陈述规定》还能够比较出其确定了故意与过失“两分法”的思路，则 2022 年《虚假陈述规定》相关条款难以再看出差异，其仅对过错情形进行了区分，这在《证券法》修改后再如此理解是不妥的。

2003 年《虚假陈述规定》第 27 条规定了承销商、中介服务机构与发行人主观故意而构成共同侵权下的连带责任的法理基础是原《民法通则》第 130 条，而原《民法通则》已被《民法典》的侵权责任体系所重构，虽然新司法解释未再规定共同侵权下的责任，但其制定司法解释的法律依据也开宗明义地提出了《民法典》也是其立法依据之一，笔者认为该司法解释的理解也当然在《证券法》和《民法典》规定的侵权责任规则框架体系内。因此，可以得出未来法院的司法判决不会再引用 2022 年《虚假陈述规定》来对中介机构的过错责任形态进行判决，而只能援引适用《证券法》以及《民法典》相关条款。而之前则有“中安科案”司法判决援引的 2003 年《虚假陈述规定》第 24 条，“华泽镍钴案”司法判决援引的 2003 年《虚假陈述规定》第 27 条。

总体来看，2022 年《虚假陈述规定》删除了与《证券法》不一致且可能引起歧义或误解的规定，但并未对近年来实践中突出的“比例连带责任”的争议予以回应，或提出新的解决规则。笔者认为，最高人民法院仍无法突破现行《证券法》第 85 条与第 163 条规定的中介机构连带责任的责任形态。比例连带责任规则未来在适用上仍会存在较大争议，等待实践和理论的检验。有学者认为，在《证券法》未修改的背景下，基于在先的判例，未来法院在审理证券虚假陈述类案件中仍将可能继续适用这一规则。

2. 考察结论

总结《民法典》、《证券法》、2022 年《虚假陈述规定》、《审理债券纠纷纪要》等立法和司法解释，对债券承销商虚假陈述侵权责任的承担大体包括两种意见。一是《证券法》规定的不区分过错状态的全部连带责任，包括承销商和其他中介服务机构；二是《民法典》、2003 年《虚假陈述规定》、《审理债券纠纷纪要》等文件主张的区分故意、过失等不同过错情况，分别确定其应当承担的法律责任，故意情形下承担连带责任，过失情形下就其负有责任的部分承担赔偿责任。承销商虽未明确提及过失情形下就负有责任部分承担赔偿责任，但相关规定与故意情形进行了差异化规定。但 2003 年《虚假陈述规定》上述责任认定条款的上位法基础《证券法》《民法典》等均发生了变化、修订完善，其效力也有待考察，且 2022 年《虚假陈述规定》直接删除了原区分故意、过失不同情形责任的规定。

在现有法律规范体系下，要科学妥善处理《证券法》与《民法典》以及相关司法解释的适用关系，不仅要综合考虑新的规定优于旧的规定、特别规定优于一般规定等基础性的法律冲突适用规则，更重要的是要厘清债券承销商等中介机构介入虚假陈述的不同侵权行为类型，进而寻求与其过错、原因力相适应的责任分担。[1]因此，笔者认为，我们应当尊重和承认《民法典》已对现行共同侵权责任体系进行修订完善，以及 2019 年《证券法》目前关于承销商、中介服务机构规定的虚假陈述全部连带责任的既有现实条件，如果法律规定存在不合理或者现行法律规定不明确的情况下，应当基于目前的资本市场执法环境对承销商的证券市场虚假陈述过错责任制度规则积极予以重构，避免导致运用法律解释论方法导致的法律适用和理解的混乱。

（二）承销商虚假陈述过错责任制度构建思路

1.《证券法》规定的"过错"责任形态

行为人主观上的过错，是证券民事责任的一般构成要件之一。行为人主观上的过错分为欺诈故意、重大过失以及轻微过失（或一般过失）三种形态。重大过失是指行为人不但未达到较高的注意程度，而且连一般的注意程度也未达到而致人损害。一般过失是指行为人虽未达到法律对某种行为的较高要求的注意程度但并未违背一般人应当注意和能够注意的行为规则而造成他人损失。[2]笔者认为，《证券法》中规定的债券承销商等中介机构过错侵权责任中的"过错"仅包括故意或重大过失两种形态，不包括轻微过失，即中介机构轻微过失的情形下不构成过错，从而无须承担虚假陈述的侵权责任。

我们可以从民法典及其他法律中找到法源，一是根据《民法典》第 1191 条规定，用人单位承担员工职务行为的侵权责任后，可以向有故意或者重大过失的工作人员追偿。二是根据《合伙企业法》第 57 条规定，合伙人因执业活动故意或者重大过失造成合伙企业债务，应当承担无限责任或者无限连带责任，而其他合伙人以出资份额为限承担责任。可以看出，一般来说，员工因职务行为而侵权，员工不会对外承担赔偿责任，对内也是法人在对外赔偿

〔1〕 参见陈洁：《证券虚假陈述中审验机构连带责任的厘清与修正》，载《中国法学》2021 年第 6 期。
〔2〕 马其家：《证券民事责任法律制度比较研究》，中国法制出版社 2010 版，第 10 页。

后可以向存在故意或重大过失的员工进行追偿，但也仅限员工存在故意或重大过失的情况下，《证券法》仅是将一般法上对内需要承担责任的故意或重大过失的情形对外进行了突破，但并不因对外突破承担责任的时候再将员工的轻微过失也扩大进来作为承担侵权责任的情形。

从国外立法例来看，依据《德国交易所法》第45条第1款，如果上市申请说明书不实陈述的责任人能够证明其不是明知或因重大过失而不知这些材料是不真实的或不完整的，则可以免于损害赔偿责任。德国法认为，责任人承担民事责任的标准是故意或重大过失，对轻微过失不承担责任。德国通说认为，证券具有显著的高风险、高收益特征，而过分的严格责任反而使得投资工具的收益风险不匹配，对资本市场有效运转不利。从法律政策角度分析，过分加重上市公司和其他义务人的责任，一方面会让银行等承销机构望而生畏，另外也会转嫁中介机构执行成本，提高承销费用并仍有投资者负担。是否必须使上市公司和其他义务人承担极其严格的责任，应该通过长期的实践和谨慎的研究而定，立法者不能简单地凭主观意志而随意加重当事人承担责任的过错标准。〔1〕

2022年《虚假陈述规定》第13条〔2〕新增了过错的两种形态，即故意或者明知存在虚假陈述而不予纠正，以及严重违反注意义务情形的过失情形。显然，新规也认为轻微过失不构成此种的过错形态。需要说明的是，该条第二种关于过失的规定具有一定歧义，第2款的规定为“行为人严重违反注意义务，对信息披露文件中虚假陈述的形成或者发布存在过失”。此处行为人严重违反注意义务对应的类型为“重大过失”，而不应对应笼统类型的“过失”，该条款前后规定略显不一致，司法解释试图将一般过失排除在“过错”的情形之外，但似乎又不想明确表达将其排除在外，或因美国《1933年证券法》将未勤勉尽责和欺诈两种情形予以分别规定而适用不同的条款，勤勉尽责的要求未达到就要负担过错责任，而不是严重过失情形下才承担过错责任；又或者立法者认为将《证券法》中的“过错”解释为“严重违反注意义务”及“故意或明知”两种类型，稍好于直接地将“轻微过失”（如明确仅规定故意和重大过失的情形下）排除在过错的范围之外。笔者认为，如立法者本意也是认为严重违反注意义务对应的类型为“重大过失”，应当直接予以阐释，而不能以考虑到“严重”与“重大”前后不甚匹配或一致而予以含蓄回避该问题。

2. 区分过错情形构建连带或按份责任制度

在民法法理上，“共同侵权以数人导致同一损害之发生为事实基础，以连带责任为效果特征”〔3〕。共同侵权行为的不同形态及呈现其中的过错要素与原因力，决定了承担责任的性

〔1〕 主力军：《德国〈交易所法〉关于上市公司的上市申请材料不实陈述之民事责任介绍》，载《比较法研究》2005年第6期。

〔2〕 2022年《虚假陈述规定》第13条规定：证券法第八十五条、第一百六十三条所称的过错，包括以下两种情形：（一）行为人故意制作、出具存在虚假陈述的信息披露文件，或者明知信息披露文件存在虚假陈述而不予指明、予以发布；（二）行为人严重违反注意义务，对信息披露文件中虚假陈述的形成或者发布存在过失。

〔3〕 叶金强：《解释论视野下的共同侵权》，载《交大法学》2014年第1期。

质与范围的差异。因而，对承销商介入虚假陈述侵权形态予以类型化区分是科学界定承销商连带责任的基本前提。根据上文分析，笔者将区分欺诈故意、重大过失两种过错形态来分析不同的责任形式。

第一种情形下，承销商与发行人之间存在串通欺诈的故意，则双方具有共同的意思表示，构成主观关联共同侵权行为〔1〕，按照《民法典》第 1168 条规定，构成共同侵权的双方应当对投资者的损失承担连带责任〔2〕，承销商可以与发行人按照共同侵权的责任大小分担侵权赔偿损失。

第二种情形是重大过失，承销商排除与发行人的串通欺诈，但存在重大过失，承销商与发行人并无共同意思表示，双方分别实施侵权行为，中介机构与发行人属于无意思联络的数人侵权。在证券信息披露活动中，承销商与发行人之间不存在任何的共同的行为安排，各自独立作出虚假陈述行为，但各自分别实施的虚假陈述行为直接或间接结合造成投资者受损的同一损害后果的，就是客观关联共同侵权行为〔3〕。在这种侵权行为类型中，承销商与发行人之间既没有共同故意也没有共同过失。根据《民法典》第 1171 条〔4〕、第 1172 条〔5〕，当造成同一损害且每个人的侵权行为都足以造成全部损害的，承销商与发行人也应当承担连带责任；当造成同一损害且都不足以造成全部损害的，视责任大小确定情形，各自承担相应的责任或平均承担责任，即承担按份责任。此处的“足以造成全部损害”系指从因果关系角度来观察，各行为与全部损害之间均可能存在因果关系，独立的单个侵权行为也有可能造成全部损害〔6〕。

笔者认为，上述分别实施充足原因足以造成全部损害的情形适用《民法典》第 1171 条规定，而适用第 1172 条规定的包括两种情况：一是发行人与债券承销商其中之一实施了充足原因且另一方未实施充足原因，二是双方均未实施充足原因。而在发行人与承销商的虚假陈述中，发行人是基础的最终的信息披露义务人和责任人，其应当对所有证券市场虚假陈述的内容负有初始的信息披露职责，理应认为其实施了充足原因，而债券承销商等中介机构一般未必足以导致损害的发生，实践中可以视具体情况而定，如果其实施的也是充足原因（虽

---

〔1〕 主观关联共同侵权行为是指行为人之间具有共同之意思联络或相互间对行为的共同目的有所认识，各行为人之共同行为形成一体的共同加害行为。参见王竹：《论客观关联共同侵权行为理论在中国侵权法上的确立》，载《南京大学法律评论》2010 年第 33 卷。

〔2〕《民法典》（侵权责任编）第 1168 条规定：二人以上共同实施侵权行为，造成他人损害的，应当承担连带责任。

〔3〕 客观关联共同侵权行为则是指数人所为不法侵害他人权利之行为，行为人之间并无共同之意思联络或相互间对行为的目的并无共同的认识，但在客观上共同造成被害人损害的加害行为。参见陈洁：《证券虚假陈述中审验机构连带责任的厘清与修正》，载《中国法学》2021 年第 6 期。

〔4〕《民法典》（侵权责任编）第 1171 条规定：二人以上分别实施侵权行为造成同一损害，每个人的侵权行为都足以造成全部损害的，行为人承担连带责任。

〔5〕《民法典》（侵权责任编）第 1172 条规定：二人以上分别实施侵权行为造成同一损害，能够确定责任大小的，各自承担相应的责任；难以确定责任大小的，平均承担责任。

〔6〕 参见全国人大常委会法制工作委员会民法室编：《〈中华人民共和国侵权责任法〉条文说明、立法理由及相关规定》，北京大学出版社 2010 年版，第 44 页。

然不常见，但不排除极端情形)，则适用《民法典》第1171条直接为连带责任，如果承销商实施的是非充足原因，则可以适用第1172条的按份责任。

不过，从维护资本市场诚信以及保护投资者利益考量，在应负责任范围内的连带责任能对审验机构形成更大威慑，更能促使审验机构谨慎核验发行人提供的信息、约束发行人的机会主义行为，进而提升证券市场的公平与效率。[1]依民商法理论，凡有过错者，无论为故意还是过失，行为人均应承担全部民事责任。但就共同虚假陈述来说，区分故意与过失具有特别重要的意义。[2]具体说来，就是在发行人与中介机构共同为虚假陈述情况下，如果中介机构主观上为故意，则其应与发行人就全部损害负一般的连带赔偿责任；如为过失，则按过失之严重与否承担补充的连带责任或按份责任。[3]因此，建议我国《证券法》及相关法律规范尽快构建更为科学更加精细的民事责任形态制度，在证券虚假陈述民事赔偿领域探索“以按份责任为原则，连带责任为补充”，根据各责任主体的过错程度以及原因力大小承担相应责任的完善路径，并对中介机构承担连带责任设定可操作性的最低比例要求，即只有超过一定责任比例的承销商才对发行人的虚假陈述承担全部连带赔偿责任，这也许是一种更为务实的考量而非纯理论的结论。在最高人民法院修改《虚假陈述规定》过程中，有意见认为，在中介机构仅存在过失的情况下，原则上中介机构不应就全部损失承担连带责任，可视情况要求中介机构仅就部分损失承担连带责任。[4]虽然2022年《虚假陈述规定》并未对该问题予以回应，但最高人民法院有可能在后续会通过指导案例的形式对此前部分法院中介机构承担部分连带责任的判决予以认可和阐释。

实际上，在《民法典》关于数人侵权责任制度出台前，也有认可数人侵权行为中数个侵权人承担部分连带责任的规定。《最高人民法院关于审理环境侵权责任纠纷案件适用法律若干问题的解释》(以下简称《环境侵权规定》) 第3条第3款[5]运用体系解释的方法，明确在这种特殊组合即原因力部分叠加的数人侵权行为中，实施侵权行为的数人应当就原因力重合部分承担连带责任。这一法律规则虽规定在环境侵权责任领域，不同于环境侵权的数人侵权系独立实施侵权行为的是，在证券侵权责任领域中介机构因为其未勤勉尽责导致的侵权责任是基于发行人侵权事实的基础上，其本身的侵权行为具有依附性、不独立性，但在后续

---

〔1〕 陈洁:《证券虚假陈述中审验机构连带责任的厘清与修正》，载《中国法学》2021年第6期。

〔2〕 叶林:《中国证券法》，中国审计出版社1999年版，第396页。

〔3〕 这实际上就是我国原《证券法》第202条之规定，当然这条规定在文字上有些问题。参见王利明:《我国证券法中民事责任制度的完善》，载《法学研究》2001年第4期；王晶:《〈证券法〉第161条连带责任之检讨》，载 http://www.chinalawinfo.com，最后访问日期:2022年9月28日。

〔4〕 丁宇翔:《证券发行中介机构虚假陈述的责任分析——以因果关系和过错为视角》，载《环球法律评论》2021年第6期。

〔5〕《环境侵权规定》第3条第3款规定:两个以上污染者分别实施污染行为造成同一损害，部分污染者的污染行为足以造成全部损害，部分污染者的污染行为只造成部分损害，被侵权人根据侵权责任法第十一条规定请求足以造成全部损害的污染者与其他污染者就共同造成的损害部分承担连带责任，并对全部损害承担责任的，人民法院应予支持。

《证券法》修订完善时仍然可以借鉴部分范围内连带的相关思路。当然，需要说明的是，上述《环境侵权规定》已经被生效实施的《民法典》规定替代，但不影响《证券法》在后续可以作特别规定。

表 1　承销商过错类型对应过错侵权责任承担制度

承销商过错类型	侵权行为类型	责任承担方式
故意	共同侵权	连带责任
重大过失	客观关联共同侵权：分别实施充足原因导致同一损害结果	连带责任
	客观关联共同侵权：未分别实施充足原因导致同一损害结果	按份责任原则，连带责任为例外（超过一定的份额比例）

3. 对过错类型中间接故意和过失的理解

对于 2003 年《虚假陈述规定》第 27 条所规定的因中介机构"知道或应当知道"而未纠正或出具保留意见而成立共同侵权行为宜谨慎予以理解，不是所有中介机构存在重大过失的情形均构成"明知"的情形。2022 年《虚假陈述规定》直接将过错区分为故意以及"严重违反注意义务，对信息披露文件中虚假陈述的形成或发布存在过失"两种类型，但实践中司法判决对于"严重违反注意义务"以及"应当知道"的界限判断仍较为模糊，因此对于故意中"应当知道"的情形的判决仍有进一步研究的必要。笔者认为，目前民法典体系下共同加害行为中"共同"一般应当具有共同故意。2003 年《虚假陈述规定》第 27 条[1]认为"知道或应当知道"与一方故意侵权行为构成《民法典》第 1168 条共同侵权行为条款，本意应指中介机构客观上"确系知道"或"确系应该知道"而不予纠正或者不出具保留意见的，但不宜做进一步的扩大理解，如将所有中介机构存在重大过失的情形都认为中介机构"知道或应当知道"而构成"明知"的情况。根据《审计侵权规定》第 5 条的规定[2]，注册会计师按照执业准则、规则应当知道的，人民法院应认定其明知。故意的过错类型可以分为直接故意、间接故意，间接故意是指应当知道虚假陈述却消极放任损害后果的发生，对"应当知道"需进行具体化的判断，而不是抽象意义上认定其未按照准则或者规则勤勉尽责以致于未

---

〔1〕 2003 年《虚假陈述规定》第 27 条规定：证券承销商、证券上市推荐人或者专业中介服务机构，知道或者应当知道发行人或者上市公司虚假陈述，而不予纠正或者不出具保留意见的，构成共同侵权，对投资人的损失承担连带责任。

〔2〕《审计侵权规定》第 5 条规定：注册会计师在审计业务活动中存在下列情形之一，出具不实报告并给利害关系人造成损失的，应当认定会计师事务所与被审计单位承担连带赔偿责任：（一）与被审计单位恶意串通；（二）明知被审计单位对重要事项的财务会计处理与国家有关规定相抵触，而不予指明；（三）明知被审计单位的财务会计处理会直接损害利害关系人的利益，而予以隐瞒或者作不实报告；（四）明知被审计单位的财务会计处理会导致利害关系人产生重大误解，而不予指明；（五）明知被审计单位的会计报表的重要事项有不实的内容，而不予指明；（六）被审计单位示意其作不实报告，而不予拒绝。对被审计单位有前款第（二）至（五）项所列行为，注册会计师按照执业准则、规则应当知道的，人民法院应认定其明知。

发现虚假陈述。实践中，中介机构可能因对疏忽大意或者能力不足等情况未能发现发行人的合同虚假或应收账款虚假等问题，涉及未按审慎程序或者严格执行尽职调查的程序性规范，未能勤勉尽责履行核查职责，视个案具体情况特别注意或普通注意义务相应存在重大过失或一般过失，但客观上中介机构确实未能发现或知晓发行人或上市公司存在虚假陈述，再比如即使按照相关执业规范、执业程序或流程也不能发现发行人财务造假或存在舞弊的（发行人存款银行出具虚假银行函证回函），如果此时统一扩大认定其为“知道或应当知道”，则不符合客观的实际情况，且直接视同为“故意侵权行为”而与故意侵权一方成立共同侵权行为，法律适用不够精细，对中介机构责任分配并不公平合理。当然，笔者也认为，一般情况下，如果根据一般的执业规则的理解（普通注意义务）都能认为该情形存在重大财务舞弊风险，中介机构都尚未能发现或进一步执业核查程序，则可以认定其“知道或应当知道”，其明知存在信息披露违法违规或者对投资者的利益具有重大损害但未予以纠正或出具保留意见的报告，则法律上可以将此种“明知”情形推定为故意，与故意侵权一方成立共同侵权行为，因而成立连带责任。故，对于间接故意与过失的判断较为复杂，总体而言还是要在证明标准上有所区别，如果某项证据是可以直接表明证券服务机构对某一虚假陈述事项是知情的却采取默许的态度，则可以认定为间接故意；若某项证据只是线索性的，需要证券服务机构保持必要的职业敏感性并采取进一步程序才能识别出虚假陈述事项，则更宜认定为过失。

在“华泽镍钴案”中，四川高院变更成都中院关于证券服务机构承担比例连带责任的认定，改判证券服务机构与上市公司承担完全的连带责任。“华泽镍钴案”中保荐机构根据准则和规则的要求自身就负有对相关资金流水开展独立核查的义务，而其对于上市公司体内子公司与其他主体发生的高频大额资金往来未尽到特别的关注义务，导致其完全未能发现相关的资金占用情况，显然具有重大过失。四川高院认为保荐机构与会计师事务所在按照准则和规则的要求履职尽责后，应当知道本案中上市公司会计报表等重要事项存在不实内容，其不予证明并出具不实报告，应当认定双方构成共同侵权行为，并承担完全的连带责任，2003 年《虚假陈述规定》第 27 条所规定的“共同侵权行为”，双方应当承担连带责任，即全部的承担连带责任。但笔者认为，四川高院改判中介机构承担完全连带责任，完全可以直接适用《证券法》第 163 条的规定，且相关争议仅是对于连带责任的“全部或部分连带”的文义理解不同。除非四川高院认为，其明显可以推出，上述情形下保荐机构的重大过失情形明显同时符合“知道或应当知道”而构成“明知”的证据要求，否则不宜使用更高的证据标准，即不宜援引 2003 年《虚假陈述规定》第 27 条及其上位法《民法典》第 1168 条共同侵权的规定。此外，根据上文分析，原《民法通则》及《人身损害赔偿解释》所构建的多数人侵权行为规范体系已为《民法典》所重构，故不宜以 2003 年《虚假陈述规定》第 27 条之规定作为认定证券服务机构承担连带责任的法律依据。[1]

4. 中介机构与发行人之间连带后内部追偿问题

中介机构承担的多数人侵权责任形态对外表现为连带责任，对内则为按份责任。在因故意或过失而承担全部或部分连带责任之后，同样存在各责任人内部追偿的问题。追偿时确定责任大小的依据既有因果关系比较，也有过错程度比较。[2]根据上述分析，在承销商等中介机构与发行人承担虚假陈述按份责任的情形下，因按份责任为终局责任，侵权行为人实际上承担了自己责任，因此，其不应当再向发行人及其实际控制人进行追偿。

而需要讨论的是，在中介机构与发行人共同故意串通侵权的情况下，以及分别实施了充足原因导致损害后果后，或者在超过一定过错比例由按份责任提升到连带责任等由此承担连带责任成立后，部分或全部连带责任方之间还存在内部追偿的问题。"ST 中安"案二审判决等多个虚假陈述判决，并未明确中介机构承担"比例连带责任"后能否向发行人或上市公司进行追偿。中介机构是否能够就其已承担的赔偿责任向发行人或上市公司进行全部追偿，以及如何进行追偿，尚需在后续追偿案件的审理中，结合各方履职与过错情况加以合理分配。有观点认为，中介机构承担责任后是否可向发行人或上市公司追偿，应当考虑其责任的性质问题。中介机构根据《证券法》的要求负有保证其出具的专业报告不存在虚假记载、误导性陈述及重大遗漏的义务，其未能勤勉尽责的不作为行为虽然不会直接导致投资者损害后果的发生，但其为上市公司证券侵权行为客观上创造了条件，此种未尽法定义务的不作为行为符合一般侵权行为的构成要件，其所承担的责任在性质上属于自己责任，原则上也不应与上市公司存在追偿关系。[3]

但笔者认为，一是在《民法典》规定发行人与中介机构双方本身承担独立责任的情况下，《证券法》进行了特殊规定，规定双方需要承担连带责任。传统民法的共同侵权行为理论向"关联共同说"的逐步发展，反映在责任的区隔上，就是共同侵权行为与客观关联共同侵权行为分别承担连带责任与不真正连带责任。史尚宽先生指出："有无目的之共同，为连带债务与不真正连带债务根本区别之所在。"[4]与连带责任相较，不真正连带责任是指多数行为人违反法定义务，或者不同的行为人基于不同的行为造成同一内容的损害，各行为人对受害人负全部赔偿责任，并因行为人之一的履行而使全体责任人的责任归于消灭的侵权责任形态。[5]因此，《证券法》规制的是承销商等中介机构与委托人之间的客观关联共同侵权行

[1] 汪哲：《案例视角下证券服务机构责任形式分析》，载 https：//new. qq. com/rain/a/20210706A04HS900，最后访问日期：2022 年 2 月 10 日。

[2] 参见最高人民法院民法典贯彻实施工作领导小组主编：《中华人民共和国民法典总责编理解与适用》（下），人民法院出版社 2020 年版，第 890 页。

[3] 汪哲：《案例视角下证券服务机构责任形式分析》，载 https：//new. qq. com/rain/a/20210706A04HS900，最后访问日期：2022 年 2 月 10 日。

[4] 史尚宽：《债法总论》，中国政法大学出版社 2000 年版，第 673 页。

[5] 参见杨立新：《侵权法论》（第 3 版），人民法院出版社 2005 年版，第 638 页。

为，由此承销商承担的连带责任性质上属于不真正连带责任。按照上述分析，承销商等中介机构承担的侵权行为具有不独立性、依附性，如果未有发行人根本的财务造假等虚假陈述行为，则中介机构的过错侵权责任也无从谈起，也不存在重大过失或轻微过失的问题。只有在上市公司已经存在虚假陈述行为基础侵权事实的情况下，承销商等中介机构违背所承担法定信托义务，未能勤勉尽责履职核查，客观上未能阻止发行人侵权行为的发生，才承担连带责任；而不是因其自身行为直接导致损害投资者的权益。因此，发行人对信息披露的质量负有直接责任，是证券虚假陈述侵权行为的最终责任人。承销商承担对投资者损失赔偿的连带责任系中间责任，不是最终责任，承销商在承担了损害赔偿责任之后应有权向最终责任人即发行人行使全额的追偿权。[1]此外，鉴于不真正连带责任的责任追偿的单向性，由于发行人是最终责任人，其向投资者承担赔偿责任后，不能以承销商有过错为由再向承销商进行追偿，而承销商的过错如果是因为委托人的故意隐瞒或欺骗造成的，承销商可以向发行人进行追偿。综上，除非在承销商存在与发行人串通故意的情况下，承销商应当承担其独立责任，不能向发行人进行全部追偿（超过共同侵权责任承担部分依然可以追偿），否则在重大过失的情况下，应当允许承销商在先行赔偿投资者后再向发行人进行内部追偿。

二是2019年《证券法》第93条[2]为保护投资者而创设了先行赔付制度，股票或债券融资欺诈发行、虚假陈述等重大违法情况下，承销商等中介机构均面临着先行赔付的可能性，此时中介机构的责任大小尚未明确，而中介机构为了履行保护投资者的义务进行先行赔付，如果后续不能向发行人进行内部追偿，券商等中介机构主动进行先行赔付的意愿将大大降低，则该机制将有很小的适用空间，实施效果达不到该机制设计的初衷，也不利于保护投资者的利益。另外，该条明确规定，发行人因欺诈发行、虚假陈述或者其他重大违法行为给投资者造成损失的，相关的证券公司可以委托投资者保护机构，就赔偿事宜与受到损失的投资者达成协议，予以先行赔付。先行赔付后，可以依法向发行人以及其他连带责任人追偿。笔者认为，该条规定了证券公司在未有责任或者一定侵权责任的情况下，均享有向发行人及其他连带责任人追偿的权利。

三是《民法典》第178条规定，二人以上依法承担连带责任的，权利人有权请求部分或者全部连带责任人承担责任。连带责任人的责任份额根据各自责任大小确定；难以确定责任大小的，平均承担责任。实际承担责任超过自己责任份额的连带责任人，有权向其他连带责任人追偿。该条为连带责任情形下连带责任人内部追偿提供了法理依据。在承销商等中介机构承担连带责任时，中介机构与发行人、承销商与其他中介机构之间的具体连带责任的比例

---

〔1〕 参见杨立新：《论不真正连带责任类型体系及规则》，载《当代法学》2012年第3期。

〔2〕 2019年《证券法》第93条规定：发行人因欺诈发行、虚假陈述或者其他重大违法行为给投资者造成损失的，发行人的控股股东、实际控制人、相关的证券公司可以委托投资者保护机构，就赔偿事宜与受到损失的投资者达成协议，予以先行赔付。先行赔付后，可以依法向发行人以及其他连带责任人追偿。

并未明确规定，虽然笔者主张根据中介机构的过错比例判决其承担相应的连带责任，但是实践中司法判决的连带责任比例可能超过中介机构本身应当承担的责任比例，两者比例并不一定严格对应，当司法判决承销商连带责任的比例超过其应当承担的责任时，承销商在赔付投资者后依法享有对发行人或其他连带责任方的追偿权。2022 年《虚假陈述规定》第 23 条〔1〕规定了一般承担连带责任的当事人之间的责任分担与追偿，原则上按照《民法典》第 178 条的规定处理，但在发行人的控股股东、实际控制人组织、指使发行人实施虚假陈述的情况下，发行人赔付后可以向其控股股东、实际控制人全部追偿。〔2〕

四是虚假陈述的最主要获益人是上市公司，允许中介机构承担责任后可以向发行人追偿，也有利于实现追“首恶”的目的。如果不允许中介机构在承担责任后可以向发行人追偿，发行人反而因其根本的侵权违法行为获得债券募集资金或股票发行融资资金的巨额不当得利。当然一般在发行人风险情况爆发后，企业多数可能已因经营不善或者挪用资金等原因而濒临破产边缘，无法向投资者进行侵权损害赔偿，以及对承销商的连带追偿进行赔付。但也可能在极端情况下，发行人拒绝向投资者兑付资金或支付侵权损害赔偿，甚至拒绝执行司法判决结果，此时若不规定中介机构可以向发行人进行内部追偿，则形成了保护发行人不当得利或者对承销商等中介机构施加过大责任的情况，不利于债券或股票发行资本市场良好秩序的生成和塑造。同时，也不符合“过错与责任相适应”原则。

综上所述，笔者认为，首先中介机构在承担连带责任后可以向发行人或上市公司进行超过其责任范围的部分进行追偿。至于具体追偿比例的确定，首选要遵从“连带责任人的责任份额根据各自责任大小确定”的原则。一是中介机构与发行人串通故意侵权，如共同蓄意向投资者进行虚假陈述从而获益，则要视双方的故意侵权的责任比例判断责任大小，确定后进行追偿，因中介机构存在共同侵权故意，因此客观上不存在完全追偿的情况。二是中介机构不存在故意串通侵权的情况下，笔者认为，发行人是基于故意侵权承担侵权赔偿责任，中介机构是基于过错承担连带责任，在判决中介机构按照其过错比例承担过错连带责任的情况下，中介机构依法按照过错责任赔付后，可以扣除其获得的中介费用后全部向发行人进行追偿。在债券承销虚假陈述情况下，债券发行人向投资者发行债券筹集资金归于公司财产，承销商因提供承销服务取得一定比例的承销费。当然在承销商承担连带责任的情况下，因债券融资资产在扣除承销费等中介费用后均归发行人所得，承销商可以就连带赔偿金额超出其承

〔1〕 2022 年《虚假陈述规定》第 23 条规定：承担连带责任的当事人之间的责任分担与追偿，按照民法典第一百七十八条的规定处理，但本规定第二十条第二款规定的情形除外。保荐机构、承销机构等责任主体以存在约定为由，请求发行人或者其控股股东、实际控制人补偿其因虚假陈述所承担的赔偿责任的，人民法院不予支持。

〔2〕 2022 年《虚假陈述规定》第 20 条规定：发行人的控股股东、实际控制人组织、指使发行人实施虚假陈述，致使原告在证券交易中遭受损失的，原告起诉请求直接判令该控股股东、实际控制人依照本规定赔偿损失的，人民法院应当予以支持。控股股东、实际控制人组织、指使发行人实施虚假陈述，发行人在承担赔偿责任后要求该控股股东、实际控制人赔偿实际支付的赔偿款、合理的律师费、诉讼费用等损失的，人民法院应当予以支持。

销费用等所得的部分向发行人进行追偿。

值得注意的是，2022年《虚假陈述规定》第23条新增规定了连带责任人之间的责任分担与追偿依照《民法典》第178条的规则，但同时在第2款规定了保荐机构、承销机构等责任主体不得以约定为由，要求发行人或者其控股股东、实际控制人补偿其因虚假陈述所承担的赔偿责任。笔者认为，该条规定本意应该是，承销商、保荐人应该依照《民法典》等相关法律依法承担具有相应过错的自己责任份额，而不能以与发行人或者其控股股东、实际控制人的书面约定为由，要求其补偿全部的赔偿责任，完全杜绝其应当承担的执业风险和监管规范成本，但实际承担责任超过自己责任份额的承销商、保荐人依然有权向发行人或者其控股股东、实际控制人等其他连带责任人进行追偿。也有观点认为，在“门槛”和“深度”未明确区分的前提下，这一规则对于当前复杂的不同形态的比例责任下的责任分担和追偿问题似乎并不解渴。

控股股东与实际控制人的虚假陈述民事责任

王吉学　张　斌　等*

最高人民法院于2022年1月21日发布的《关于审理证券市场虚假陈述侵权民事赔偿案件的若干规定》（以下简称2022年《虚假陈述规定》），沿袭了2019年修订的《中华人民共和国证券法》（以下简称2019年《证券法》）“追首恶”的立法思路，将发行人的控股股东、实际控制人明确列为证券虚假陈述纠纷中的责任主体，意在使“首恶”真正承担起应有的法律责任。本文拟从追责控股股东、实际控制人的必要性、民事案例的演变、他山之石、我国现行责任体系及存在的问题等角度，提出完善追究控股股东、实际控制人民事责任的初步想法。

一、追究控股股东、实际控制人民事责任的必要性分析——基于证券违法行为的实证研究

何谓控股股东、实际控制人？法律、法规、规范性文件对其的定义存在一些差别[1]，中国证监会2022年1月最新修订的《上市公司章程指引》所作的定义为：控股股东，是指其持有的普通股（含表决权恢复的优先股）占公司股本总额50%以上的股东；持有股份的比例虽然不足50%，但依其持有的股份所享有的表

---

* 王吉学，国泰君安证券公司法律部总经理；张斌，国泰君安证券公司法律部法律合规团队负责人；参与撰写的团队成员还有陶俊辉、曹晗、陈超、邓波、周杰、羊侃等。

〔1〕 张园园、罗培新：《上市公司控股股东实际控制人违法行为的监管实践与制度完善》，载《证券法苑》2017年第22卷。

决权已足以对股东大会的决议产生重大影响的股东。实际控制人，是指虽不是公司的股东，但通过投资关系、协议或者其他安排，能够实际支配公司行为的人。[1]

我们针对证券监管部门（含证监会与地方证监局）、沪深证券交易所 2017～2021 年对上市公司采取行政处罚或自律监管措施[2]的案例作了统计归纳，具体情况如表 1 所示：

表 1　总体数量情况

行政处罚或自律监管措施	年份	上市公司相关数量统计/家	控股股东、实际控制人相关数量统计/家	占比/%
监管部门行政处罚与沪深交易所自律监管措施	2021	262	109	41.6
	2020	278	92	33.09
	2019	207	135	65.21
	2018	183	105	57.37
	2017	117	76	64.95

根据上述统计数据，可以发现如下特点：

1. 上市公司被行政处罚与自律监管措施数量，近 5 年呈现不断上升的趋势，特别是 2020 年达到了阶段性顶点。

2. 控股股东、实际控制人被行政处罚与自律监管措施数量，在 2017～2019 年逐年增加，2020 年有了显著的下降，2021 年又有重新抬头的趋势。

3. 控股股东、实际控制人被行政处罚与自律监管措施数量在上市公司被行政处罚与自律监管措施数量中的占比，2017～2019 年均超过 50%，2020 年骤减至 33.09%，2021 年又上升为 41.6%。

之所以出现上述特点，我们认为：

其一，在 2017～2019 年，我国证券市场存在严重的控股股东、实际控制人证券违法行为，这与当时的法律环境与监管环境有较大关系，譬如罚款上限普遍不高于 50 万元；民事追责情形不多且不健全等；控股股东、实际控制人的违法成本较低，而违法收益远超违法成本，使得他们具有违法的动力。

其二，2020 年 3 月 1 日，2019 年《证券法》开始实施，该法与后续出台的配套规定，加大了对控股股东、实际控制人的打击力度，给予控股股东、实际控制人较大震慑，故在

---

〔1〕 详见《上市公司章程指引》第 193 条。

〔2〕 行政处罚信息根据中国证监会官网与 36 个派出机构“行政处罚”中查询整理。自律监管措施根据上海证券交易所及深圳证券交易所“监管信息公开”中“监管措施与自律监管措施”查询整理，网址分别为：http：//www. sse. com. cn/disclosure/credibility/supervision/measures/， http：//www. szse. cn/disclosure/supervision/measure/measure/index. html。

2020 年，他们的证券违法行为有所收敛。

其三，2021 年，由于针对控股股东、实际控制人的政策利空相对出尽，而我国国情体制造成的上市公司特别是民营上市公司股权相对集中的情况并未根本改变，控股股东、实际控制人固有的逐利性造成该年的证券违法行为数量与占比重新抬头。（见表 2）

表 2　违法行为类型情况　　单位：家

违法行为类型/年度	2017 年	2018 年	2019 年	2020 年	2021 年
信息披露问题（包括披露不准确、不真实、不及时等）	74	88	104	61	59
违规占用上市公司资金	1	12	40	42	68
违规担保	0	5	32	22	22
虚假记载、虚增利润、虚构交易等	1	36	27	10	16
其他情形	0	0	22	7	11
总计	76	141	225	142	176

注：其他情形包括违反定增等承诺、违规减持、违规使用募集资金、年报被出具无法表示意见或否定意见等情形。另须说明，由于一个行政处罚或自律监管措施可能包含两个或两个以上违法行为，所以年度的违法行为数量加总可能出现超过年度行政处罚与自律监管措施数量的情况。

根据表 2，我们可以得出如下结论：

1. 信息披露问题仍是行政处罚与自律监管措施的重灾区

信息披露问题主要包括信息披露不准确、不真实、不及时等情形。根据以上统计数据，控股股东、实际控制人的行政违法行为仍主要集中在信息披露领域，处罚依据主要是有关信息披露的法律条文。由此可见，鉴于上市公司控股股东、实际控制人在治理过程中疏于信息披露工作的规范性，监管部门及交易所为保障投资者知情权，在对上市公司的监管上，持续保持着高压态势。考虑到我国“穿透式”责任承担的监管特征，《证券法》和《上市公司信息披露管理办法》规定了上市公司应当进行信息披露的法定情形，同时明确了控股股东、实际控制人亦应当对信息披露的真实性、准确性、完整性、及时性负责。此外，我们欣喜地看到，自 2020 年开始，此类违法行为有较大幅度下降，说明控股股东、实际控制人在信息披露方面的法律合规意识有所提高。

2. 违规占用上市公司资金现象逐年增长，2021 年到达了顶峰

自 2019 年开始，控股股东、实际控制人违规占用上市公司资金现象呈现突发增长趋势，2021 年已超过信息披露问题，成为证券违法行为之首。这种发展趋势可能是因为：受近些年经济增速放缓、融资环境收紧等多重因素叠加影响，部分上市公司控股股东、实际控制人出现资金流动性危机，为了解决自身的债务问题，利用控股股东、实际控制人优势地位，违规占用上市公司资金。

3. 违规担保数量近三年呈下降趋势

违规担保通常与违规占用上市公司资金并用，是控股股东、实际控制人将上市公司作为“提款机”的惯用手段，但两者近三年呈现的趋势刚好相反，主要源于该时期我国陆续出台了《全国法院民商事审判工作会议纪要》《民法典》《最高人民法院关于适用〈中华人民共和国民法典〉有关担保制度的解释》等规定，对上市公司对外担保的程序、效力等方面做了严格规定，在客观上加大了控股股东、实际控制人违规担保的难度。

4. 因虚假记载、虚增利润、虚构交易等被行政处罚与自律监管措施的数量变化较大

该等违法行为类型往往涉及财务造假，是打击证券违法行为的重要目标。实践中，控股股东、实际控制人为了达到股票发行或债券发行的财务标准，往往通过操纵发行人进行财务造假，以粉饰报表，造假手段具备很强隐蔽性，很多时候是在发行人爆雷之后（如债券违约、第三方举报等）通过倒查才能发现。此类行政处罚与处分数量每年不定，但危害性巨大。

通过上述实证分析，得出如下结论：就总体而言，控股股东、实际控制人的证券违法行为在2019年到达顶点，随着2020年《证券法》的施行，2020年有所回落，2021年又出现了抬头之势。具体而言，各种类型证券违法行为趋势有所不同，但数量仍属不少。因此，在行政问责的同时，有必要通过民事追责来增加控股股东、实际控制人的违法成本，通过震慑来净化证券市场环境，保护投资者合法权益。

二、控股股东、实际控制人在证券虚假陈述纠纷中的案例研究

通过对我国证券虚假陈述纠纷诸多案例的梳理，我们认为，关于控股股东、实际控制人的案例演变大致可以分为三个阶段：

（一）2013年之前的状况：相关案件少，未见承担责任的案例

之所以选择2013年作为临界点，是因为2013年12月25日，国务院办公厅颁布了《关于进一步加强资本市场中小投资者合法权益保护工作的意见》（以下简称《国办九条》），该意见明确指出：“对上市公司违法行为负有责任的控股股东及实际控制人，应当主动、依法将其持有的公司股权及其他资产用于赔偿中小投资者”，这体现了政府层面高度重视控股股东、实际控制人在证券违法中的法律责任，自此，“追首恶”成为全市场的共识。而在这之前，证券虚假陈述纠纷中，发行人几乎成为责任承担的唯一主体，起诉控股股东、实际控制人的案件十分鲜见，且未出现其承担民事责任的案例。这与该阶段虚假陈述起诉率低、案件少有很大关系，有学者曾对此做过专门研究，结果表明，在2002～2011年期间，符合前置条

件的各类处罚共计253件，但真正起诉的仅有65件，占比25.7%。[1]

目前可查的是“大庆联谊案”，申银万国证券股份有限公司在陈丽华等23名投资者诉大庆联谊石化股份有限公司、申银万国证券股份有限公司虚假陈述侵权赔偿纠纷案中承担连带责任之后，向大庆联谊石化股份有限公司及其控股股东大庆联谊石油化工总厂提出追偿之诉，2005年黑龙江省高级人民法院作出终审判决，只支持了针对发行人的部分诉求，并未支持针对控股股东的诉求。[2]

该阶段，由于我国证券市场刚刚起步，立法、执法与司法水平尚有欠缺，譬如1995年《证券法》并未规定控股股东、实际控制人的赔偿责任，虽然2003年《关于审理证券市场虚假陈述侵权民事赔偿案件的若干规定》（以下简称为2003年《虚假陈述规定》）与2005年修订的《证券法》增加了控股股东、实际控制人赔偿责任的规定，但有别于发行人董事、监事、高级管理人员与各中介机构的过错推定原则，需要由投资者举证证明控股股东、实际控制人存在过错，这显然增加了投资者的诉累；此外，由于该阶段退市机制不健全，“壳资源”具有较高价值，发行人即使东窗事发，也可以通过重组等方式继续经营，从而具备较高的赔付能力。因此，投资者综合上述原因，为了推动案件进程，往往不愿意将控股股东、实际控制人列为共同被告。

（二）2013~2020年的状况：相关案件有所增多，承担责任与不承担责任的案例并行

《国办九条》的颁布，让市场更多关注控股股东、实际控制人在证券违法过程中可能存在的恶劣行径，而立法、执法、司法的跟进，加大了对“首恶“的打击力度，譬如，科创板注册制的推出，强化了控股股东、实际控制人的义务与责任；证券监管部门、沪深交易所对于控股股东、实际控制人的行政处罚与自律监管措施数量大幅增加；《最高人民法院关于为设立科创板并试点注册制改革提供司法保障的若干意见》，明确要求“发行人的控股股东、实际控制人指使发行人从事欺诈发行、虚假陈述的，依法判令控股股东、实际控制人直接向投资者承担民事赔偿责任”。此外，中证中小投资者服务中心作为投资者保护机构，积极参与“追首恶”的证券支持诉讼。在此背景下，将控股股东、实际控制人列为共同被告的证券虚假陈述案件有所增多，控股股东、实际控制人承担赔偿责任的案例时有出现。

例如，在高鹏诉代某、周成某、大连大福控股股份有限公司（以下简称大福控股）证券虚假陈述纠纷（该案为证券支持诉讼）中，辽宁省高级人民法院终审认为，案涉行政处罚决定中认定，大福控股实际控制人、时任董事长代某是大福控股三项违法行为的直接负责主管人员，财务总监周成某是大福控股为大显集团提供担保1.4亿元出具3亿元转账支票、募集资金4.59亿元质押担保两项信息披露违法行为的其他直接责任人员。据此，代某、周成某

[1] 黄辉：《中国证券虚假陈述民事赔偿制度实证分析与政策建议》，载《证券法苑》2013年第9卷。
[2] 详见黑龙江省高级人民法院民事判决书，（2007）黑商终字第194号。

与大福控股构成案涉共同虚假陈述，应对高鹏的损失承担连带赔偿责任。[1]

值得一提的是，该阶段在非诉领域出现了控股股东、实际控制人承担先行赔付第一案（目前也是唯一案），即2014年深圳海联讯科技股份有限公司（以下简称海联讯）财务造假案被曝光后，海联讯4名控股股东章某、孔某、邢文某、杨德某出资2亿元设立“海联讯虚假陈述事件投资者利益补偿专项基金”，用于赔偿公众投资者因海联讯虚假陈述所遭受的损失。与海联讯4名控股股东达成和解的投资者约1万人，投资者获赔近9000万元。应当说，控股股东主动出资运用市场机制补偿投资者符合《国办九条》提倡的“主动赔偿”要求，在当时的资本市场产生了积极的正面引导和示范效应，为进一步探索证券市场民事责任主体主动赔偿机制的常态化积累了宝贵的经验。

不过，该阶段由于立法与司法对于控股股东、实际控制人民事责任的归责原则仍然是过错原则，诉讼前置程序的要求导致未受行政处罚或刑事裁判的控股股东、实际控制人无法作为被告被法院立案受理，加上证券虚假陈述纠纷的内容太过复杂，各地法院对此类诉讼的审理标准并不统一，因此也出现不少未被支持的案例。

例如，在陈某某诉黄石东贝机电集团有限责任公司（系上市公司“东贝股份”的控股股东，以下简称东贝集团）证券虚假陈述纠纷中，武汉市中级人民法院一审（一审判决已生效）认为，东贝集团未披露或未如实披露关联关系以及关联交易的行为，也未披露相关持股信息，构成证券市场虚假陈述行为，但该行为未对原告的投资行为产生影响，不具有重大性。原告买入“东贝股份”股票并持有，且期间上证综合指数发生了突发的、大幅的波动，存在系统性风险因素，虚假陈述行为与原告的投资行为及损失没有因果关系，故未支持原告诉求[2]。

（三）2020年之后的状况：相关案件逐渐增多，且承担责任的案例居多

2020年3月1日，2019年《证券法》正式实施，该法较大篇幅地增加了控股股东、实际控制人的义务与责任规定，除了加大行政处罚力度外，对控股股东、实际控制人民事责任影响重大的规定包括归责原则修改为过错推定原则，欺诈发行下的股份回购义务，证券纠纷代表诉讼制度等。之后，相关配套法规、司法解释与文件陆续出台，包括《全国法院审理债券纠纷案件座谈会纪要》《最高人民法院关于证券纠纷代表人诉讼若干问题的规定》《刑法修正案（十一）》《关于依法从严打击证券违法活动的意见》等，它们与本次2022年《虚假陈述规定》形成全方位民事追责体系，彻底取消了诉讼前置程序，为投资者追究控股股东、实际控制人民事责任提供了便利条件与有利的司法环境，相关案件逐渐增多，而且控股股东、实际控制人承担责任的案例越来越多。

---

〔1〕 详见辽宁省高级人民法院民事判决书，(2019) 辽民终814号。

〔2〕 详见湖北省武汉市中级人民法院民事判决书，(2016) 鄂01民初5645号。

例如，轰动全市场的证券特别代表人诉讼第一案——“康美案”，2021 年 11 月，广州市中级人民法院一审（一审判决已生效）认为，马某某作为康美药业股份有限公司（以下简称康美药业）董事长、总经理和实际控制人，组织安排相关人员将上市公司资金转移到其控制的关联方，且未在定期报告中披露相关情况；为掩盖上市公司资金被关联方长期占用、虚构公司经营业绩等违法事实，组织策划康美药业相关人员通过虚增营业收入、虚增货币资金等方式实施财务造假。许某某作为康美药业副董事长、副总经理和实际控制人，是主管会计工作的负责人，与马某某共同组织安排相关人员将上市公司资金转移到其控制的关联方，且知悉马某某组织相关人员实施财务造假。故两人须承担连带赔偿责任〔1〕。

而依据 2022 年《虚假陈述规定》出判的第一案也已花落深圳市中级人民法院，在何某诉赵某、杨某及东方金钰股份有限公司（以下简称东方金钰）证券虚假陈述纠纷中，深圳市中级人民法院认为，赵某作为东方金钰占比超过 50% 的实际控制人、董事长、总裁，在 2016 年 12 月至 2018 年 5 月期间，授意、指挥、指使副总裁杨某等人，通过虚构营业收入、利润总额和应收账款等方式实施诱多型虚假陈述违法违规行为，诱使投资者何某高位买入东方金钰股票，并造成其损失。法院对该案虚假陈述的重大性、交易因果关系、损失因果关系以及第一责任主体等作分析后，依法判决赵某作为第一责任主体赔偿投资者的损失。〔2〕

综上，我国在证券虚假陈述纠纷中对控股股东、实际控制人的民事追责走过了三个阶段，随着立法、执法、司法的完善，相应的案件日益增多，在震慑作恶控股股东、实际控制人的同时，为投资者提供了更充分的保护。尽管如此，我们还是应当看到，现实情况下，证券虚假陈述纠纷中，投资者起诉控股股东、实际控制人的案件比例还是少数〔3〕，这与我国尚未形成完善的民事追责体系具有很大关系。

三、美国关于控股股东、实际控制人民事责任的相关规定与实践

美国证券法律存在“controlling persons”即“控制人”的称谓，这与我国控股股东、实际控制人的说法比较类似。由于美国证券法采取“成文法 + 判例法”模式，关于控制人民事责任的规定散见于《1933 年证券法》、《1934 年证券交易法》、Rule405、《1995 年私人证券诉讼改革法》等成文规则中，并配以权威案例的指导。

---

〔1〕 详见广东省广州市中级人民法院民事判决书，（2020）粤 01 民初 2171 号。

〔2〕 参见《追首恶，零容忍：深圳中院依照新司法解释判决全国首宗证券虚假陈述案件》，载 https://m.thepaper.cn/baijiahao_16531167，最后访问日期：2022 年 4 月 20 日。

〔3〕 以笔者所在公司的案件为例，没有一起证券虚假陈述案件涉及控股股东、实际控制人。了解相关同行得知，在其所在公司的案件中也属于少数。

（一）成文法相关规定

《1933 年证券法》第 15 节系“控制人的责任”的专节，其 a 条款[1]规定，任何通过股权、代理机构或其他途径行使，或者根据协议或谅解或因这种关系与一个或更多其他人通过股权、代理机构或其他途径控制那些根据第 11 节或第 12 节[2]应负有责任的任何人的人，同样也应与这些被控制人在同等程度上共同地或分别地承担法律责任。如果控制人能够证明他不知道或者没有理由相信被控制人会进行违法行为，则可以被免除责任。

《1934 年证券交易法》第 20 节系“控制人及违法协助、教唆者的责任”的专节，其 a 条款规定，如果某人因违反本章或按本章制定的法规应负责任，直接或间接控制该人的人也应该和被控制人共同及各自地承担责任。除非该控制人是善意的，并且没有直接或间接诱导构成违法行为或诉讼理由的行为。

《1933 年证券法》与《1934 年证券交易法》都对控制人责任作了规定，区别在于，《1933 年证券法》规定的责任仅限于违反该法第 11 节、第 12 节的行为，而《1934 年证券交易法》关于控制人责任的规定不受以上限制，其范围包括证券交易明确规定和默示的赔偿。

《1933 年证券法》与《1934 年证券交易法》均未对“控制”一词进行解释。根据 Rule405，美国证券交易委员会将“控制”定义为“直接或间接拥有指导或影响管理和决策权力”，该定义成为美国法院普遍认同的标准。例如，正如一家上诉法院陈述，当被告“拥有直接或间接控制或影响公司决策的必要权力”时，控制权就成立了。

随着长期实践的发展，《1933 年证券法》连带责任的严格规定逐渐受到质疑。《1995 年证券私人诉讼改革法案》对连带责任予以限制，明确除非被告是故意违反证券法律，否则应根据错误程度承担相当比例的按份赔偿责任，即被告在轻率放任情况下例外地承担比例责任[3]，“每一被告将按照其在所有被告过错（不管如何界定或计算）中的份额，对所有被告行为造成的全部损失的一定份额负法律责任”。[4]但是应注意，为平衡投资者利益保护，《1995 年证券私人诉讼改革法案》在以下两种情况下要求仅有过失的有清偿能力的被告对无清偿能力的被告的责任份额承担连带责任：第一，原告属于小额索赔者，即个人净财富不足 20 万美元，且判决确认的损害赔偿超过了其净财富的 10%；第二，非小额索赔者的情形下，有清偿能力的被告也应当对无清偿能力的被告应偿付的份额承担连带责任，但其总额

---

[1] 该节 b 条款为后续增补，主要规定协助、教唆者的内容，我们认为此不同于我国控股股东、实际控制人。

[2] 美国《1933 年证券法》第 11 节、第 12 节主要规定了证券虚假陈述诉讼中的被告范围。

[3] 郭雳：《证券欺诈法律责任的边界——新近美国最高法院虚假陈述判例研究》，载《中外法学》2010 年第 4 期。

[4] 郭雳：《证券市场中介机构的法律职责配置》，载《南京农业大学学报（社会科学版）》2011 年第 1 期。

不得超过自身按过错比例应承担的赔偿责任的 50%。[1]

（二）相关案例及法官思路

美国关于证券虚假陈述的案例更多是针对内部人与中介机构的，而关于控制人的案例比较少，承担民事责任的判例十分鲜见，这跟美国的国情存在较大关系（后续将述及）。但在一些涉及起诉控制人的案例中，我们仍然可以看出法官的审理思路。

在 Aldridge 诉 A. T. Cross Corp.[2]一案中，法院认为作为被告的信托公司，虽然它控股发行人，且有权选举 2/3 的董事，但这些并不足以说明其作为控制人就应当赔偿，因为它没有"直接控制公司的管理和运营"。除非有证据证明控制人积极参与了公司的决策过程，否则不能追究控制人的责任。

在 Worldcom，Inc. Sec. Litig.[3]一案中，法院驳回了针对一家控股公司的控制人指控，指出"没有任何案例或权威支持母子公司关系就是操纵控制权的充分依据"这一论点。事实上，"母公司和其子公司被视为法律上不同的实体"，这是公司法的一个公认原则。

在 Hollinger 诉 Titan Capital Corp. 一案中，第九巡回法院全体法官指出：《1934 年证券交易法》第 20 节 a 条款规定，如果"控制人"是善意的，没有直接或间接地诱导违法行为，其可以豁免责任。控制人通过提供存在善意的抗辩，法院认为能够避免承担不理想的结果。

综上，根据美国成文法与案例实践，我们能够得出控制人承担证券虚假陈述民事责任的基本脉络：首先，控制人可以成为证券虚假陈述纠纷的责任主体；其次，在符合主观故意、滥用控制权导致产生虚假陈述重大事件、交易因果关系、损失因果关系等条件下，控制人将承担连带赔偿责任；最后，对控制人适用过错推定原则与举证责任倒置。

"他山之石，可以攻玉"，实际上，在证券虚假陈述民事追责方面（包括控股股东、实际控制人方面）我国已借鉴了不少域外的先进经验。诸如民事责任的承担主体、违法行为的重大性要求、归责原则（无过错责任和推定过错责任）、交易因果关系、损失因果关系、实际损失范围等，均借鉴了美国的大部分做法。

但是，法律规则是建立在经济基础之上的上层建筑，国情不同、证券市场发展阶段不一致，这要求我们必须将域外经验与中国实际紧密结合起来。根据实证分析，我国证券市场出现的发行人违法违规情况，相当比例均与控股股东、实际控制人违法操控发行人有关。相比发达国家，我国控股股东、实际控制人滥用控制权的情况尤为严重，这与公司治理结构[4]有很大关系：以美国为代表的发达国家，上市公司股权分散，内部人代理问题比较严重，所

---

[1] 朱慈蕴、陈彦晶：《评注册会计师对第三人的民事责任——围绕会计界与法律界的观点冲突展开》，载《法学评论》2007 年第 4 期。

[2] 284 F. 3d 72，35（1st Cir. 2002）

[3] Nos. 02 Civ. 3288（DLC），03 Civ. 0890，2004 U. S. Dist. LEXIS 8661（S. D. N. Y. May 18，2004）

[4] 姜鹏飞：《两大公司治理模式的差异与成因》，载《法制博览》2014 年第 10 期。

以投资者保护主要是对管理层的监管。以我国为代表的新兴经济体国家，上市公司股权集中度高，大股东利用选聘管理层的职权和易于掌握公司内部信息的优势，谋求私利，损害中小股东利益。所以在我国，投资者保护除了缓解管理层引起的内部人代理问题、强调中介机构看门人责任外，还包括监管大股东滥用控制权的问题。[1]

因此，在借鉴美国先进经验的同时，我国必须根据自身实际，探索适合我国的控股股东、实际控制人民事追责体系。

四、我国控股股东、实际控制人民事责任研究兼完善建议

2022 年《虚假陈述规定》吸收了这些年立法、执法、司法的先进做法与经验，为投资者在证券虚假陈述纠纷中追责控股股东、实际控制人奠定了坚实基础。其中比较重要的制度或机制如下：

其一，相较 2003 年《虚假陈述规定》，2022 年《虚假陈述规定》第 20 条第 1 款明确规定，发行人的控股股东、实际控制人组织、指使发行人实施虚假陈述，致使原告在证券交易中遭受损失的，投资者有权直接起诉控股股东、实际控制人。

其二，前置程序彻底取消，过往案例中因为控股股东、实际控制人未受行政处罚或刑事裁判而被法院不予受理或者驳回起诉的现象将大为减少，此类纠纷将大概率进入实体审理阶段。

其三，针对普通投资者的过错推定原则与举证责任倒置机制，大大减轻了普通投资者的举证义务，有利于推动针对普通投资者将包括控股股东、实际控制人在内的众多责任主体列为共同被告。

其四，证券纠纷代表人诉讼制度，在减少投资者诉讼成本的同时，让更多专业机构、专业人士进入证券虚假陈述纠纷领域，让作恶的控股股东、实际控制人为自己的违法行为承担应有的法律责任。

当然，在盛赞 2022 年《虚假陈述规定》的同时，我们也要看到不足。以下就我国控股股东、实际控制人民事责任体系的梳理及当前存在的问题，尝试提供完善建议。

（一）责任主体：应知悉控股股东、实际控制人的两种特殊情形，避免选错诉讼对象

1. 特殊情形一：并非所有的发行人均有控股股东、实际控制人

参照《上海证券交易所科创板股票上市规则》第 4.1.6 条关于“控制”的认定，无实际控制人指一般同时满足以下情形：（1）不存在单一股东单独持股或股东及一致行动人合计持

---

〔1〕 湘财证券课题组：《IPO 注册制下发行人与中介机构虚假陈述民事责任研究》，载《证券市场导报》2021 年第 4 期。

股超过 50% 的情形；（2）不存在能够决定董事会半数以上成员任免的主体；（3）不存在能够对公司股东大会或董事会的决议产生重大影响的主体；（4）不存在能够实际支配或者决定公司的重大经营决策、重要人事任命等事项的主体。

基于上述情形，在实践中，可能出现以下情况：

（1）无控股股东和实际控制人。股权分散型股权结构：单一股东持股比例低于 30%，普遍持股比例较低。例如，中天国际，第一大股东持股 17%，第二大股东持股 15.76%，其他股东持股比例均不到 5%。

股权制衡型股权结构：前几名股东持股比例接近，且无任一股东持股比例超过 50%。例如，南微医学，第一大股东持股 32.15%，第二大股东持股 30.18%。

（2）有控股股东，无实际控制人。发行人虽然有控股股东，但其控股股东的股权结构分散，导致无法认定最终实际控制人。因此，在发行人不存在控股股东、实际控制人的情况下，投资者将无法将其列入诉讼对象，正所谓“皮之不存，毛将焉附”。

2. 特殊情形二：有些控股股东、实际控制人，同时在发行人处兼任董监高

实践中比较常见作为控股股东、实际控制人的自然人在发行人处担任董事长、总经理、董秘、财务总监等职务的情况，这在民营上市公司中尤甚。如本文之前提及的大福控股案、康美案、东方金钰案均属此种情形。

对于此类情形，我们关注到，在行政处罚或自律监管措施方面，监管部门或沪深交易所通常会区分他们在证券违法行为中的身份、行为性质及作用等要素，以确定以何种方式进行行政处罚或自律监管措施，避免不合理的双罚，正如我们所作的实证研究，分析对象就是针对控股股东、实际控制人违法行为的行政处罚或自律监管措施，而他们作为董监高从事的证券违法行为，则不在本文讨论范围之内。因此，投资者在起诉过程中，也应当予以区分，如果涉及他们仅以董监高身份从事证券违法行为的，则不宜将其作为控股股东、实际控制人列入诉讼对象，否则在初步举证环节、对方抗辩环节（后面将述及）等方面均会给自身带来诸多不利。

（二）责任构成：应区分不同责任主体的职责边界，真正实现责任承担与过错相适应

控股股东、实际控制人证券虚假陈述民事责任构成需满足侵权责任四要素，即违法行为要件、过错要件、损失要件、因果关系要件。由于损失要件、因果关系要件跟其他责任主体的差异不大，且有专家学者做过大量研究，故本文不再赘述。以下就违法行为要件与过错要件进行探讨。

1. 违法行为要件

首先我们需要分析控股股东、实际控制人对发行人存在何种义务。我国《公司法》规定，股东应当遵守法律、行政法规和公司章程，依法行使股东权利，不得滥用股东权利损害公司或者其他股东的利益；不得滥用公司法人独立地位和股东有限责任损害公司债权人的利

益。[1]公司的控股股东、实际控制人、董事、监事、高级管理人员不得利用其关联关系损害公司利益。[2]如违反前述义务，将承担赔偿责任。《上市公司章程指引》规定，公司的控股股东、实际控制人不得利用其关联关系损害公司利益。违反规定给公司造成损失的，应当承担赔偿责任。公司控股股东及实际控制人对公司和公司社会公众股股东负有诚信义务。控股股东应严格依法行使出资人的权利，控股股东不得利用利润分配、资产重组、对外投资、资金占用、借款担保等方式损害公司和社会公众股股东的合法权益，不得利用其控制地位损害公司和社会公众股股东的利益。[3]在信息披露领域，控股股东、实际控制人本身也可能是信息披露义务人，2019 年《证券法》规定，公司的控股股东或者实际控制人对重大事件的发生、进展产生较大影响的，应当及时将其知悉的有关情况书面告知公司，并配合公司履行信息披露义务。[4]由上可知，控股股东、实际控制人履行的是诚信义务，有别于董事、高级管理人员的注意义务与忠实义务。注意义务要求董事、高级管理人员以管理自身事务的方式积极参与公司的经营管理，而控股股东、实际控制人除了信息披露等方面存在主动义务，更多还是不作为义务。概括而言，就是不得利用控制权做出有损发行人与其他相关主体利益的行为。

控股股东、实际控制人一旦违反前述义务，则构成了违法行为。在证券虚假陈述纠纷中，结合 2019 年《证券法》与 2022 年《虚假陈述规定》的相关内容，违法行为主要体现为组织、指使发行人从事证券违法活动。那何谓“组织、指使”?《信息披露违法行为行政责任认定规则》对“指使”做了列举式说明：控股股东、实际控制人直接授意、指挥从事信息披露违法行为，或者隐瞒应当披露信息、不告知应当披露信息的，应当认定控股股东、实际控制人指使从事信息披露违法行为。[5]除此之外，尚无法律法规确定具体的定义或标准。我们认为，“组织、指使”应当是控股股东、实际控制人作为牵头人，利用其控制权，操纵了涉及发行人包括但不限于利润分配、资产重组、对外投资、资金占用、借款担保等内容的行为，损害了发行人和社会公众股股东的利益，且在信息披露方面操纵发行人，导致存在虚假记载、误导性陈述或者重大遗漏情形。

2. 过错要件

2019 年《证券法》将控股股东、实际控制人的归责原则修订为过错推定原则。2022 年《虚假陈述规定》则对“过错”作了进一步解释，认为包括以下两种情形：其一，行为人故意制作、出具存在虚假陈述的信息披露文件，或者明知信息披露文件存在虚假陈述而不予指明、予以发布；其二，行为人严重违反注意义务，对信息披露文件中虚假陈述的形成或者发

[1] 详见《公司法》第 20 条。
[2] 详见《公司法》第 21 条。
[3] 详见《上市公司章程指引》(2022 年) 第 40 条。
[4] 详见 2019 年《证券法》第 80 条。
[5] 详见《信息披露违法行为行政责任认定规则》第 18 条。

布存在过失。这么解释的原因考虑了三方面因素：

首先，从体系解释的角度，2019 年《证券法》第 85 条突破了传统民法关于职务行为免于对外承担个人责任的原则，其规范意旨在于以连带责任的方式为受害人提供更为充分的保护。但考虑《民法典》第 1191 条规定，发行人及承销保荐机构的工作人员因职务行为承担个人责任的前提是故意或重大过失，因此宜把 2019 年《证券法》第 85 条的过错认定为故意或重大过失。

其次，从比较法的角度，从立法例看，美国证券法所称的过错（scienter）概念，包括欺诈的故意（intent to deceive，manipulate，or defraud）和重大过失（recklessness），只有故意欺诈、明知虚假陈述具有误导投资者的危险仍然放任，以及罔顾事实的重大过失行为，才能构成证券法上的过错，程度较轻的过失不能产生巨额的民事赔偿责任，以免产生信息披露的寒蝉效应，以及对企业招揽和保持管理人才队伍产生不利影响。这一立场，为德国、日本及我国台湾地区所采纳。

最后，从一贯的司法传统看，在审判工作中，将二级市场虚假陈述侵权的过错理解为故意和重大过失两种形式，在司法解释和司法政策中均有体现，如《关于审理涉及会计师事务所在审计业务活动中民事侵权赔偿案件的若干规定》。[1]

2022 年《虚假陈述规定》第 14 ~ 19 条，分别对董监高等内部人、独立董事、承销保荐机构、证券服务机构的过错审查及免责抗辩理由进行了规定，特别明确了独立董事、承销保荐机构、会计师事务所的免责情形。但对于控股股东、实际控制人的过错审查及免责抗辩理由未有述及。我们认为，一方面，与相关案例少未引起足够重视有关；另一方面，控股股东、实际控制人作为首恶，普遍认为其应当承担比其他责任主体更重的抗辩要求。关于控股股东、实际控制人的过错认定，因为其在从事证券违法行为时具有很强的目的性，结合“组织、指使”违法行为，通常系其故意为之，一般不会存在过失情形。

综上，控股股东、实际控制人在行为要件、过错要件方面均有自己的特点，故其在证券虚假陈述纠纷的抗辩方式上也不同于其他责任主体。行为要件方面，其必须证明并未组织、指使发行人从事证券违法活动，不存在隐瞒重大性信息的行为；过错要件方面，其必须证明主观上不具有相关故意。这反映在抗辩环节也各不相同，董监高、中介机构侧重于勤勉尽责方面的抗辩，而控股股东、实际控制人则侧重于履行诚信义务方面的抗辩。

须强调，我们认为控股股东、实际控制人一旦被认定存在过错，则应当与发行人承担全部连带责任，这种责任承担比例应高于其他责任主体。理由在于：其一，其本身具备凌驾于其他责任主体的地位，譬如董监高的选派、资本运作中中介机构的选聘等，其是作恶的首犯。其二，就资本运作中的尽职调查而言，其与控制的发行人是尽职调查信息的主要来源

〔1〕 林文学、付金联、周伦军：《〈关于审理证券市场虚假陈述侵权民事赔偿案件的若干规定〉的理解与适用》，载《人民司法》2022 年第 7 期。

方，而中介机构是尽职调查信息的整理加工方，中介机构虽然具有勤勉尽责要求，但如果主要信息来源方刻意作假，由于当前尽职调查手段相对有限（如社会诚信体系尚不完善，被调查单位和个人没有法定配合义务等）、缺乏全面的尽职调查渠道（如发行人涉诉、涉仲裁的调查，仲裁由于私密性特点，中介机构很难主动获知；在审案件，因未上传裁判文书网，也很难获知），因此，中介机构很可能已穷尽调查手段，仍无法发现信息的虚假性。实践中，还出现过控股股东、实际控制人指使相关人员私刻公章、拦截替换函证或者指令商业银行、供应商、客户配合造假的情况。此种情况下，发行人往往沦为控股股东、实际控制人作恶的工具，因此“追首恶”是处理此类案件的重中之重。

（三）审判能力：适当加快审理速度，提高审判能力，缓释被告越多审理周期越长的问题

证券虚假陈述案件的审理周期通常非常漫长，以至于很多原告无法支撑下去。产生的原因很多，譬如涉案材料多、审理技术难度大、案件数量多[1]，甚至法院的故意拖延等[2]。从周期来看，投资者需要闯过立案关、审理关、执行关等环节。

立案环节，2022年《虚假陈述规定》虽然彻底取消了前置程序，但要求投资者在立案时需提交“信息披露义务人实施虚假陈述的相关证据”与“因虚假陈述进行交易的凭证及投资损失等相关证据”，[3]在发行人与控股股东、实际控制人未被处罚[4]或自律监管措施的情况下，投资者想要提供前述证据存在很大难度。而且2022年《虚假陈述规定》并未规定相关证据的立案审核标准[5]，极可能产生各地法院执行不同标准的情况。因此，建议最高人民法院能够适时针对相关标准予以明确或作列举式说明，方便操作；同时也有利于从源头防止部分投资者滥诉，挤占有限司法资源的现象。

审理环节，存在被告越多审理周期越长的现象，根据被告惯常的应对策略，通常会在案件受理之后针对管辖权提出异议、申请延期举证、申请调查取证、申请追加当事人等，这会导致案件审理进程不断延后。而且此类案件涉案材料繁多、对法官专业性要求高，即使进入实体审理阶段，往往需要耗费法官大量时间，加之法官手头上还有大量其他案件需要审理，更加剧了此类案件的审理周期。出于减少部分发达地区法院案件压力的考虑，2022年《虚假陈述规定》将此类案件的管辖法院一般性规定为“发行人住所地的省、自治区、直辖市人民政府所在的市、计划单列市和经济特区中级人民法院或者专门人民法院”，但这又带来新的问题，即这些法院法官的专业性问题。从目前公开渠道可见的案例裁判文书来看，裁判质量

[1] 此类案件具有群发性特点。
[2] 黄辉：《中国证券虚假陈述民事赔偿制度实证分析与政策建议》，载《证券法苑》2013年第9卷。
[3] 详见2022年《虚假陈述规定》第2条。
[4] 处罚包括行政处罚与行政监管措施。
[5] 虽然我国现在实行的是立案登记制，但立案过程中对材料的形式审核还是存在与必要的。

参差不齐，而且在发行人所在地适格法院管辖，是否会产生地方保护主义的问题，也是今后需要面对的问题。因此，建议做好以下工作：其一，加强专业法官队伍建设，提高法官的专业审判能力。目前上海、北京已成立专门的金融法院，不少法院也成立了专门的金融庭，鼓励其加强与证券行业相关机构与人员的交流沟通，同时建立专家咨询制度和专业人士担任人民陪审员的专门机制〔1〕，以满足专业高效处理此类纠纷的要求。其二，我国虽然是大陆法系国家，但证券活动发展与变动很快，单靠成文法规制，容易出现滞后问题。因此我们可以学习美国经验，通过权威案例对证券虚假陈述纠纷中的焦点问题进行说理，鼓励法院系统推出更多的指导性案例、示范判决。同时推进“类案同判”建设，针对办案人员出于故意或者重大过失导致案件处理错误的情形，切实落实错案责任追究制。其三，加强与证券监管部门的交流协作。譬如 2022 年 1 月，最高人民法院与中国证监会联合颁布《关于适用〈最高人民法院关于审理证券市场虚假陈述侵权民事赔偿案件的若干规定〉有关问题的通知》规定，人民法院和中国证监会有关部门或者派出机构在调查收集证据时要加强协调配合，以有利于监管部门履行监管职责与人民法院查明民事案件事实；案件审理过程中，人民法院可以就诉争虚假陈述行为违反信息披露义务规定情况、对证券交易价格的影响、损失计算等专业问题征求中国证监会或者相关派出机构、证券交易场所、证券业自律管理组织、投资者保护机构等单位的意见；取消前置程序后，人民法院要根据辖区内的实际情况，在法律规定的范围内积极开展专家咨询和专业人士担任人民陪审员的探索，中国证监会派出机构和有关部门要做好相关专家、专业人士担任人民陪审员的推荐等配合工作。此类交流协作有利于证券虚假陈述纠纷的专业化审理。其四，鼓励证券仲裁，相对诉讼。仲裁具有私密性、一裁终局等优势，2021 年 7 月颁布的《关于依法从严打击证券违法活动的意见》呼吁开展证券行业仲裁制度试点；2021 年 10 月，中国证监会与司法部联合颁布《关于依法开展证券期货行业仲裁试点的意见》，推动和支持投资者与证券期货侵权行为人通过事前或事后达成仲裁条款的形式，通过仲裁方式来解决此类纠纷；2021 年 11 月 1 日，全国首个证券仲裁中心——中国（深圳）证券仲裁中心在深圳成立。根据笔者了解，目前多地正在筹办证券仲裁中心，且不少市场主体的投行合同文本里均优先选择仲裁作为纠纷解决的方式。

执行环节，有别于早期主要以发行人作为被告，近些年普遍还将董监高、中介机构列为共同被告，在后两者承担连带责任的情况下，因为赔付能力相对有保障，因此执行工作并不存在难度。但是，如果后两者不承担责任或者承担比例连带责任的情况下，可能造成总体赔付能力无法全部覆盖损失的问题。例如，“中安科案”，上海市高级人民法院终审判决发行人中安科股份有限公司（以下简称中安科公司）对投资者损失承担赔偿责任，被收购标的中安消技术有限公司（以下简称中安消公司）承担全部连带责任，而独立财务顾问承担 25% 范

---

〔1〕 详见中共中央办公厅、国务院办公厅 2021 年联合颁布的《关于依法从严打击证券违法活动的意见》二（十二）。

围内的连带责任，会计师事务所承担15%范围内的连带责任〔1〕。因涉及群发性案件，进入执行程序，可能会面临以下问题：其一，谁先支付的问题，赔偿主体往往会考虑自己先行支付后续难以追偿的问题，而不愿意率先支付，从而造成支付僵局；其二，如果中安科公司与中安消公司缺乏支付能力，即使独立财务顾问与会计师事务所支付了赔偿款项，投资者的损失也无法全部获得赔偿，执行将遥遥无期。对于第一个问题，为避免后续追偿诉累，鼓励各赔偿主体在保证投资者执行债权不受损的前提下自行协商支付比例；如果无法协商，则法院可以根据投资者的执行申请，依法执行，以提高执行效率。对于第二个问题，鼓励投资者在起诉时，就把控股股东、实际控制人列为共同被告，一旦胜诉，自然增加了赔付能力。

（四）后续追偿：完善其他责任主体对控股股东、实际控制人的追偿规定

《民法典》规定，连带责任下，权利人有权选择部分或全部连带责任人承担责任，而实际承担责任超过自己责任份额的连带责任人，有权向其他连带责任人追偿。〔2〕就证券虚假陈述纠纷而言，至少存在以下针对控股股东、实际控制人追偿的情形：

其一，发行人的追偿。虚假陈述是以发行人的名义做出的，发行人与虚假陈述行为有直观的联系，〔3〕而且法律对发行人实行无过错责任的归责原则。因此，一旦满足虚假陈述重大性要求，发行人首当其冲。故为了避免发行人遭受“二次伤害”，切实保护投资者的利益，2022年《虚假陈述规定》明确控股股东、实际控制人组织、指使发行人实施虚假陈述，发行人在承担赔偿责任后要求该控股股东、实际控制人赔偿实际支付的赔偿款、合理的律师费、诉讼费用等损失的，人民法院应当予以支持。〔4〕

其二，中介机构的追偿。在证券发行中，所有的虚假陈述行为都是在发行人及其控股股东、实际控制人的主导下，分别或共同与中介机构实施的；发行人及其控股股东、实际控制人（有时仅仅是发行人的控股股东、实际控制人）才是真正的“问题制造者”，中介机构在承担全部或部分连带责任后，可以根据过错程度和原因力，向发行人的控股股东、实际控制人进行追偿。〔5〕根据2022年《虚假陈述规定》，承担连带责任的当事人之间的责任分担与追偿，按照《民法典》第178条的规定处理；为了防止保荐机构、承销机构等责任主体降低履职标准或者与发行人及其控股股东、实际控制人共谋，2022年《虚假陈述规定》还规定保荐机构、承销机构等责任主体以存在约定为由，要求发行人及其控股股东、实际控制人补偿其因虚假陈述所承担的赔偿责任的，人民法院不予支持。〔6〕由于规定得比较原则，尚缺乏配

〔1〕详见上海市高级人民法院民事判决书，(2020）沪民终666号。

〔2〕详见《民法典》第178条。

〔3〕刘青青：《证券市场虚假陈述中控股股东的连带责任》，载《经济论坛》2004年第4期。

〔4〕详见2022年《虚假陈述规定》第20条。

〔5〕丁宇翔：《证券发行中介机构虚假陈述的责任分析——以因果关系和过错为视角》，载《环球法律评论》2020年第6期。

〔6〕详见2022年《虚假陈述规定》第22条。

套法则，目前关于中介机构提起追偿之诉的案例非常少，我们可知的是“欣泰电气案”中，保荐机构在先行赔付后，向发行人、控股股东、董监高、会计师事务所、律师事务所等 26 名被告提出追偿之诉，该案于 2021 年 9 月由北京第二中级人民法院受理。[1] 我们认为，根据《民法典》第 178 条第 2 款规定，连带责任人的责任份额根据各自责任大小确定；难以确定责任大小的，平均承担责任。因此，在此类追偿诉讼中，应考虑中介机构在证券虚假陈述中的过错程度与原因力，同时考虑中介机构违反的是特别注意义务还是普通注意义务，以此推出：中介机构在存在重大过失且违反普通注意义务的情况下，仅就造成的损失承担最低比例的担责比例；在存在重大过失且违反特别注意义务的情况下，则就造成的损失所承担的责任比例高于前者；在存在故意的情况下，将根据在共谋中角色，承担不高于控股股东、实际控制人的担责比例。

当然，站在投资者的角度，我们鼓励其起诉之时就将控股股东、实际控制人列为共同被告甚至第一被告。这样，一方面，可以提高责任主体的整体赔付能力；另一方面，发行人在虚假陈述揭露后，很可能因为行政处罚以及风险应对而元气大伤，而投资者也将承受股价下跌的损失。如果发行人在虚假陈述纠纷中自行承担全部责任，那无异于受到二次伤害，放任首恶置身事外最终伤害的还是投资者自己。

〔1〕 参见《兴业证券起诉“欣泰电气欺诈发行”连带责任人》，载 https：//m. 10jqka. com. cn/600585441. html，最后访问日期：2022 年 4 月 23 日。

中介机构虚假陈述民事责任承担的症结剖析

江翔宇 *

最高人民法院对2003年2月1日实施的《最高人民法院关于审理证券市场因虚假陈述引发的民事赔偿案件的若干规定》（以下简称2003年《虚假陈述规定》）进行了系统性的修改和完善，并于2022年1月21日颁布《最高人民法院关于审理证券市场虚假陈述侵权民事赔偿案件的若干规定》（以下简称2022年《虚假陈述规定》）。2022年《虚假陈述规定》全面总结了2003年《虚假陈述规定》实施以来的市场发展、立法演变和审判工作中面临的疑难问题，根据《民法典》和2019年《证券法》等相关规定，进一步细化和明确了证券市场虚假陈述侵权民事赔偿责任的构成要件及追究机制等主要内容。

目前对证券虚假陈述的责任是违约责任还是侵权责任的争论，在实践中已基本形成共识，通说认为证券虚假陈述属于侵权责任的范畴，因此研究证券中虚假陈述的民事责任不仅涉及证券法，也涉及民事侵权领域的规定。然而，由于证券市场中虚假陈述的侵权主体的复杂性和侵权行为的多样性，不同侵权主体之间如何划分和承担证券虚假陈述的侵权责任仍然是一个充满纷争的焦点问题。尤其在“五洋债”“中安科”“康美药业”等证券虚假陈述案件中，法院判决中介机构〔1〕在一定比例内与发行人承担连带责任更是再次引发公众的讨论：中介机构在证券

---

* 江翔宇，上海市协力律师事务所高级合伙人，法学博士。感谢上海对外经贸大学法学院郗立军副教授、实习律师张玉燕等对本文的贡献。

〔1〕 本文中的中介机构包括证券公司、会计师事务所、律师事务所等保荐承销机构和证券服务机构。

虚假陈述侵权中承担比例连带责任的法理基础是什么？这一责任究竟属于多数人侵权中的连带责任还是按份责任？中介机构承担责任后能否向最终责任人发行人或者其他故意实施证券虚假陈述的行为人追偿？证券公司独立财务顾问角色下责任承担的一定特殊性等？本文从证券法和民法典两条脉络出发，通过对中介机构在证券虚假陈述侵权中的主观过错的类型化讨论，尝试对中介机构民事责任中的焦点问题作出回答。

一、中介机构虚假陈述侵权责任的规范与司法实践

中介机构作为证券交易的“看门人”，其出具的审计报告、资产评估报告或者法律意见书等专业性报告对广大投资者作出的投资决策具有显著的导向作用和直接影响。根据《证券法》第 85 条和第 163 条之规定，中介机构制作、出具的文件有虚假记载、误导性陈述或者重大遗漏的，原则上和发行人对投资者的损失共同承担连带责任，除非中介机构能够证明自己没有过错。根据 2003 年《关于审理证券市场因虚假陈述引发的民事赔偿案件的若干规定》（已失效，以下简称 2003 年《虚假陈述规定》）第 27 条〔1〕规定，中介服务机构在主观为“知道或者应当知道”者承担虚假陈述的连带责任。在 2020 年最高人民法院关于印发《全国法院审理债券纠纷案件座谈会纪要》的通知（以下简称《债券纪要》）中，仍然贯彻中介机构与发行人承担连带责任的追责路径，但对中介机构注意义务和应负责任的范围进一步限缩到工作范围和专业领域，并且强调区分故意和过失等不同的情况，分别确定其应当承担的法律责任〔2〕。

2022 年修订后的《关于审理证券市场因虚假陈述引发的民事赔偿案件的若干规定》（以下简称 2022 年《虚假陈述规定》）第 13 条、第 17～19 条及第 23 条对中介机构承担连带责任的过错证明及责任追偿作出进一步规定。根据 2022 年《虚假陈述规定》的规定，证券法第 85 条及第 163 条所称的过错包括故意和严重违反注意义务的过失〔3〕，法院根据法律、行政法规、监管部门制定的规章和规范性文件、相关行业执业规范的要求结合中介机构提供的底稿资料进行过错判断，承担连带责任的当事人之间的责任分担与追偿，按照《民法典》第 178 条的规定处理〔4〕。

---

〔1〕 2003 年《虚假陈述规定》第 27 条规定：证券承销商、证券上市推荐人或者专业中介服务机构，知道或者应当知道发行人或者上市公司虚假陈述，而不予纠正或者不出具保留意见的，构成共同侵权，对投资人的损失承担连带责任。

〔2〕 详见《全国法院审理债券纠纷案件座谈会纪要》第 31 条。

〔3〕 2022 年《虚假陈述规定》第 13 条规定：证券法第八十五条、第一百六十三条所称的过错，包括以下两种情形：（一）行为人故意制作、出具存在虚假陈述的信息披露文件，或者明知信息披露文件存在虚假陈述而不予指明、予以发布；（二）行为人严重违反注意义务，对信息披露文件中虚假陈述的形成或者发布存在过失。

〔4〕 2022 年《虚假陈述规定》第 23 条规定：承担连带责任的当事人之间的责任分担与追偿，按照民法典第一百七十八条的规定处理，但本规定第二十条第二款规定的情形除外。保荐机构、承销机构等责任主体以存在约定为由，请求发行人或者其控股股东、实际控制人补偿其因虚假陈述所承担的赔偿责任的，人民法院不予支持。

当中介机构存在证券虚假陈述侵权行为、具有主观过错且侵权行为与投资者的损失之间有因果关系时，[1] 证券法及其系列法规搭建的体系中坚持了中介机构系连带责任人的主体地位，一般理解《证券法》第 85 条和第 163 条规定的中介机构连带责任是全额连带责任。根据 2022 年《虚假陈述规定》第 23 条的解释，连带责任人之间根据《民法典》第 178 条的规定处理。而《民法典》第 178 条规定，二人以上依法承担连带责任的，权利人有权请求部分或者全部连带责任人承担责任。连带责任人的责任份额根据各自责任大小确定；难以确定责任大小的，平均承担责任。实际承担责任超过自己责任份额的连带责任人，有权向其他连带责任人追偿。因此，若根据《证券法》和 2022 年《虚假陈述规定》，连带责任下各侵权行为人的责任承担路径见图 1。

图 1　责任承担路径之一

但是，在近两年司法实践中，也出现了不同责任形式的判决。例如，“保千里”案件中东北证券、立信会计师事务所、银信评估公司作为证券中介服务机构被深圳中院判决对投资者承担补充赔偿责任；而在“中安科”“五洋债”“康美药业”等案件中，法院并未按照全额连带责任的原则进行判决，而是创设了所谓的比例连带责任，对比例的不同理解导致各侵权行为人的责任承担路径大致见图 2。

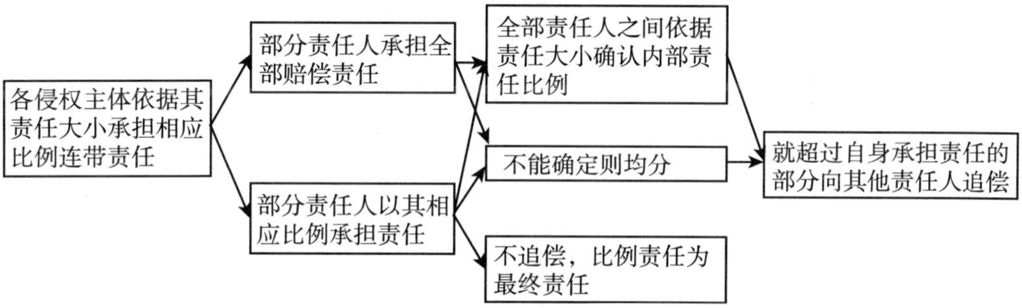

图 2　责任承担路径之二

二、中介机构在证券虚假陈述中连带责任之分析

（一）《民法典》侵权责任编关于多人侵权连带责任的规定

在《民法典》的视域下，多数人侵权在责任效果上包括连带责任、按份责任、补充责任

〔1〕 唐晓雪：《对债券欺诈发行中介机构连带赔偿责任的初步探讨——以“五洋债”欺诈发行案为例》，载《清华金融评论》2021 年第 4 期。

等，在责任构成上又包括共同侵权、共同危险行为、无意思联络的数人侵权等。[1]

《民法典》侵权责任编第1168条和第1171条明确了在共同实施侵权行为和分别实施足以造成全部损害结果的侵权行为时适用连带责任。除此之外，根据《民法典》第178条第3款之规定，连带责任仅限于法律规定或者当事人约定这两类情形。

因此，在证券虚假陈述案件中，明确构成连带责任的场景为：一是中介机构共同故意的，则构成《民法典》第1168条规定的共同侵权，每一主体均要对全部损害结果承担连带赔偿责任；二是中介机构是过失并构成数人侵权中的分别实施充足原因侵权行为的，适用第1171条连带责任规定；三是法律规定或合同有明确约定的情况。

（二）中介机构承担“比例连带责任”的合理性

虽然《证券法》第85条和第163条规定中介机构和发行人之间就损害后果承担连带责任，但是明显在数人侵权中的全额连带责任以“全有全无”方式适用，导致部分可责难性程度较小的被告承担过重的责任，存在缺陷和弹性不足。

证券虚假陈述侵权责任中，如果中介机构和发行人或实控人存在意思联络，即共同故意实施了虚假陈述行为，则无论是适用《证券法》或者是《民法典》侵权责任编中的有关规定，中介机构都要承担虚假陈述的连带责任，在此情形下无争议。[2]但是，现实中此种情形并不多见，中介机构作为证券市场中的“看门人”，其职责是在各自的专业领域对发行人文件进行核查和验证。中介机构在证券虚假陈述侵权中往往表现为未尽到勤勉尽责义务而产生的过失侵权，此时虽然和发行人故意实施证券虚假陈述行为不同，但是中介机构在证券发行过程中所完成的每一项中间服务工作，都和证券发行的整个过程都紧密相连，每一项工作都为证券发行起到必要的辅助作用，此时各个行为人之间对证券虚假陈述所造成的损害结果一并负责。[3]在此种情况下，如果要求中介机构与发行人承担连带责任虽然便于保障投资人的利益，但是也造成了中介机构过错大小和责任范围不相匹配的失衡。此种情况更符合民法上无意思联络的数人侵权中的分别实施非充足原因侵权行为，由中介机构承担全额连带责任似乎有失合理性。

为了平衡中介机构在证券虚假陈述侵权中的过错和责任，我国在司法实践中逐渐形成了让中介机构在一定比例范围内和发行人承担连带责任的趋势，对现有立法有所突破。有学者认为连带赔偿责任本身并不局限于全额连带赔偿，部分连带赔偿责任也是法律所认可的一种

---

〔1〕张平华：《〈民法典〉多数人侵权体系及相关法律适用问题》，载《东南学术》2020年第5期。

〔2〕也有观点认为除共同故意外，共同过失也可构成共同侵权。如王泽鉴教授认为：“连带责任的基础是共同侵权行为，每一个行为人的行为都是同一个损害结果发生的共同原因。”共同侵权行为分为主观的意思联络的共同加害行为和客观的行为关联共同加害行为。具有主观意思联络的共同加害行为是共同侵权的典型行为，但是各行为人主观上是否有意思联络并非共同侵权的必要条件，在客观上数人的不法行为具备了“行为关联共同”时，也足以成立共同侵权。

〔3〕丁宇翔：《证券发行中介机构虚假陈述的责任分析——以因果关系和过错为视角》，载《环球法律评论》2021年第6期。

责任形式，故判决结果中采用的“比例连带责任”实际上是部分连带赔偿责任在司法实践上的表达方式。[1]所谓的部分连带责任是指在数人侵权的情形中，部分行为人对全部的损害承担责任，而部分行为人对部分责任承担连带责任。[2]部分行为人在自己的过错范围内对外承担连带责任，这一责任效果的划分体现了侵权法体系中“责罚相当”的内涵。部分连带责任的法理基础虽然来自共同侵权行为的客观行为关联说，但是部分连带责任对整体责任的承担是以“违法性差异”进行划分，即各行为人具有同等程度的违法性时构成全部连带；违法性有差异的场合中，违法性程度小的行为人只对部分损害承担连带责任。[3]

数人侵权情况可以作进一步的区分，即（1）所有行为人的行为均可以造成全部损害结果；（2）各行为人均只能造成部分损害结果；（3）部分行为人可以造成全部损害结果，部分行为人仅能造成部分损害结果。第一种适用《民法典》第1171条的场景，即无意思联络的数人侵权中的分别实施非充足原因侵权行为，承担连带责任。至于第二种和第三种情况中仅能造成部分损害结果的行为人承担何种责任，“中安科”“五洋债”“康美药业”等案件的审判实践作出了比例连带责任的判决，这种判决是一种进步，但如构成无意思联络的数人侵权中的分别实施非充足原因侵权行为，是否按照《民法典》第1172条规定承担按份责任更为合理，是否存在比例连带责任和按份责任各自适用的不同具体场景，而使得两种责任形式均有实践意义。

从法律后果来说，连带责任下，中介机构有权向发行人或者其控股股东、实际控制人或其他中介机构追偿；按份责任下，中介机构不得再向发行人或者其控股股东、实际控制人或其他中介机构追偿，二者法律后果的不同，影响着证券虚假陈述责任纠纷中责任主体赔偿和投资者获偿的可能性。我国证券法以投资者保护为价值取向，因此证券法以连带责任的方式要求虚假陈述责任纠纷中责任主体对投资者连带承担赔偿责任，按份责任在我国证券法体系下暂无适用空间。

（三）中介机构责任承担的分析路径

基于现有立法，同时考虑合理性和实操情况，综合中介机构主观过错程度以及行为的原因力等因素，本文就中介机构责任承担提出以下分析路径：

一是中介机构的虚假陈述行为构成共同侵权的情况，构成《民法典》第1168条规定的共同侵权，每一主体均要对全部损害结果承担连带赔偿责任。

二是中介机构是重大过失并构成数人侵权中的分别实施充足原因侵权行为的，即每个中介机构的行为均足以造成全部损害结果，适用《民法典》第1171条连带责任规定。

---

〔1〕 杨荣宽：《连带与比例：证券虚假陈述视域下会计师事务所的“看门”责任》，载《中国总会计师》2021年第10期。

〔2〕 傅远泓：《论“部分连带”责任效果的类型化及适用》，载《民商法论丛》2020年第2期。

〔3〕 杨立新：《网络平台提供者的附条件不真正连带责任与部分连带责任》，载《法律科学》2015年第1期。

三是中介机构是重大过失，同时部分行为人造成全部损害结果，部分行为人仅造成部分损害结果的情况，对于仅造成部分损害结果的中介机构适用比例连带责任，中介机构就其过错承担相应的连带责任赔偿。但是在其对外承担相应责任（中间责任）后，其可向发行人或者其控股股东、实际控制人或其他中介机构追偿，此为与按份责任之区别。从司法实践来看，如“康美药业案”一审判决指出“本案诉讼裁判的范围为各被告应当向原告承担的责任问题，至于各承担连带责任的被告之间的责任分担与追偿，不在本案裁判范围之内，各方如承担实际赔付责任后可另行解决”，似支持中介机构追偿避免承担最终责任。

四是中介机构重大过失并构成无意思联络的数人侵权中的分别实施非充足原因侵权行为的，可适用《民法典》第 1172 条规定的按份责任规定原则，与上述比例连带责任的情况相区分，按照按份责任追究中介机构责任的思路。

实践中上述路径三和路径四中比例连带责任和按份责任适用具体场景如何区分有待进一步研究，因为两种责任适用的情况如前所述很相似，区别在于责任后果有区别，前者可以追偿，后者不可追偿，是否确有必要区分有待进一步的场景寻找，如果在一些特定场景下中介机构存在严重过错的，例如担任并购重组业务的独立财务顾问的证券公司受上市公司委托对投资项目尽职调查未发现重大风险导致上市公司虚假陈述的，这种情况下上市公司可能就非实质意义的“首恶”，而中介机构责任相对于 IPO 和再融资业务中券商的承销保荐角色在过错责任上会大很多，在上市公司作为信息披露义务人和中介机构的关系上可能存在相反的过错对比。此时如果按照比例连带责任的一般理解则未必合理，因为此时如果为比例连带责任，则意味着中介机构还可以向上市公司追偿，显然不合理，而由中介机构承担适当比例的按份责任比较合理。但是，按份责任在中介机构偿付能力有限时对投资者保护或有不利。对此笔者认为，一般的比例连带责任的理解即“在《证券法》下，发行人才是信息披露义务的最终责任主体，中介服务机构等其他责任主体存在过错是对公众投资者，中介服务机构等其他责任主体可以向发行人追偿，发行人不得向前述主体追偿的认识”可能需要深化和调整，在类似上述场景下，应当允许“双向追偿”。对于上述路径四，因为证券法将上市公司视为信息披露义务人，承担虚假陈述的无过错责任。因此，在将其与中介机构适用按份责任存在现行法律障碍时，更多是理论探讨，就其进一步理论上的建议是可以按份责任 + 补充责任，即对上述场景下发行人和中介机构承担按份责任，同时发行人对中介机构的责任部分还承担补充责任。

此外连带责任下中介机构责任比例大小和计算依据很重要，不宜以投资者的损失额作为依据，而宜以中介机构收取的费用为基础予以惩罚性的赔偿，这样既实现了惩罚中介机构的目的，同时又避免惩罚过重失衡的问题。

无论比例连带责任还是按份责任 + 补充责任的安排，与现行证券法均有一定冲突，需要对现行证券法扩大解释，但是这实质上是立法本身的瑕疵问题，司法解释如果直接突破似有失对法律的尊重。在未来的个案实践中责任认定上是否可能在裁判文书中通过以某种形式变通实现实质的公平值得期待。

三、证券公司担任独立财务顾问角色责任承担的特殊性

根据证券法，上市公司作为信息披露义务人，对外承担严格责任即无过错责任，中介机构作为连带责任人对投资者承担连带赔偿责任。此外，根据《关于审理证券市场虚假陈述侵权民事赔偿案件的若干规定》第20条第1款，在一般意义的“首恶”即上市公司的董事、经理、财务负责人等核心高管团队外，原告起诉请求直接判令相关控股股东、实际控制人依照本规定赔偿损失的，人民法院应当予以支持，免却嗣后追偿诉讼的诉累。同时，为进一步明确“首恶”的责任，第2款明确上市公司承担责任后，有权向负有责任的控股股东、实际控制人追偿上市公司实际承担的赔偿责任和诉讼成本，以进一步压实组织、指使造假的控股股东和实际控制人责任。而在上市公司重大资产重组中，交易对方掌握与标的公司有关的真实信息，如果发生财务造假，交易对方应当是始作俑者，也属于“首恶”的范畴，因此，该规定第21条规定，公司重大资产重组的交易对方所提供的信息不符合真实、准确、完整的要求，导致公司披露的相关信息存在虚假陈述，原告起诉请求判令该交易对方与发行人等责任主体赔偿由此导致的损失的，人民法院应当予以支持。

在虚假陈述案件中，中介机构显然不是“首恶”。上市公司及其相关责任人对投资者承担民事赔偿责任后，上市公司一般并不存在对中介机构追偿的可能。但是可能需要中介机构注意的是，在上市公司亦为过失且上市公司与中介机构存在同样程度的主观过错的情况下，对中介机构主要是证券公司，也存在被上市公司追偿的一定可能性，而其后果则根据中介机构在不同业务场景中的职能作用而可能存在不同答案。

（一）证券公司投行业务中的保荐人与财务顾问角色职能区分

证券公司作为中介机构参与上市公司投融资业务活动，其往往因业务场景的不同而扮演不同角色，在公司证券首发上市（IPO）、上市公司再融资业务中，证券公司作为保荐人履行保荐职责；在上市公司并购重组业务中，证券公司作为收购人或被收购上市公司的财务顾问提供出具专业意见等服务。在证券虚假陈述责任纠纷中，证券公司承担连带责任的情形可能是发行人首发上市或再融资业务，也可能是上市公司并购重组业务。《证券法》《首次公开发行股票并上市管理办法》《上市公司证券发行管理办法》《上市公司重大资产重组管理办法》等法律法规对保荐人与财务顾问在不同业务场景下的具体职责作出了较为细致的规定，但就保荐人与财务顾问作为中介机构的主要职能概括，《上市公司并购重组财务顾问业务管理办法》及《证券发行上市保荐业务管理办法》则从主体出发进行规定。从法规可以看出，保荐人与财务顾问在尽职履责的过程中，二者的工作事项较为相似，皆要求其对发行人/收购项目进行尽职调查，全面评估风险，辅导委托人/发行人，帮助委托人/发行人完成并购重组/

发行上市，同时项目完成后还应根据项目类型履行 1 ~ 3 个会计年度的持续督导义务。但是，保荐人与财务顾问的职责方向也存在不同，保荐人因承担着尽职推荐证券的义务，更为关注发行人整体的发展历史及未来前景，而财务顾问作为受托人要求其帮助完成并购重组，更为关注并购重组行为本身的情况与风险，这也是财务顾问专业意见与发行保荐书、上市保荐书内容不相同的原因。

此外，在保荐人角色履职下，上市公司信息披露的来源系上市公司自身，而非保荐人，保荐人的履职也有赖于上市公司的信息提供。但是在财务顾问角色下，上市公司信息披露在个别情况下可能依赖于其委托的券商财务顾问对并购重组尽调义务履行之情况。上市公司重大收购等项目，一般涉及金额较大，交易结构复杂，项目期限短。对绝大多数项目即上市公司或实控人主导控制的项目，券商作为独立财务顾问与上市公司相比也属于信息弱势地位；但是对于确为上市公司委托券商且券商承担相对主动自主角色的项目，券商作为独立财务顾问对项目端的尽职调查和建议对上市公司的决定或具有较大影响，如果此种情况下券商未发现重大风险或有明显不勤勉尽责之情况，导致项目出现问题，进而导致上市公司决策失误和虚假陈述，上市公司某种程度也是“受害者”之一，券商作为独立财务顾问此时也是受害者。这也是在一些虚假陈述案件中上市公司与券商对立甚至意欲追究券商赔偿责任的原因之一。

（二）职能区分对责任承担的影响

保荐人或财务顾问是否可能存在被发行人或上市公司追偿的问题，核心是发行人或上市公司对保荐人或财务顾问的工作是否存在合理信赖，以及双方协议对责任承担是否有约定（通常此协议的约定都较为原则，不会就责任承担具体规定）。

在证券发行上市的场景下，发行人是否成功发行上市实质上并不依赖于保荐人的工作内容，发行人自身经营状况是否符合法定发行上市条件才决定了其是否成功发行上市，保荐人的职能作用为帮助投资人识别并推荐符合法定发行上市条件的公司，对保荐人工作内容具有合理信赖的主体为市场投资者。然而，区别于保荐人角色，财务顾问作为并购重组当事人的受托人，接受委托提供尽职调查并出具专业意见，帮助委托人分析并购重组相关活动所涉及风险并提出对策和建议，且设计并购重组方案，如果是前述非上市公司主导控制的项目活动，券商的角色相对更为自主。这种情况下，可能会被认为委托人及市场投资者对其工作内容具有合理信赖，上市公司在对投资者承担了赔偿责任后，也有向未勤勉尽责履职的证券公司追究赔偿责任的一定合理性。

因此，在证券虚假陈述纠纷中，投资者作为被侵权人，判断证券公司对投资者是否应承担赔偿责任的标准是统一的，即中介机构是否依照法律、行政法规、监管部门制定的规章和规范性文件的要求勤勉尽责。而在上述证券公司与上市公司之间的追偿问题上，我们认为证券公司是否应对上市公司承担赔偿责任的判断标准依据其角色职能而可能有所差异，需要考虑上市公司是否对证券公司工作内容具有合理信赖的因素，但是首先要明确证券公司本质上还是“看门人”或财务顾问角色，并非上市公司决策的实际决定者，除非是故意行为，否则不应承担“首恶”或“帮凶”的责任。

从证券公司角度，建议注意独立财务顾问业务具有的特殊性，对其相对大于IPO业务中承销保荐角色的工作难度、在一定情况下较大的责任和风险有清晰的认识，加强业务承揽和承做全流程的内控。

四、结语

因证券法中仅笼统规定了中介机构在证券虚假陈述侵权需要和发行人承担连带责任，但对于中介机构主观故意和过失对连带责任范围的影响、对过失标准的判定以及内部如何进行追偿等问题并没有进一步的规定。鉴于近年来证券市场虚假陈述侵权频发，单纯的让中介机构和发行人承担连带责任已经不足以应对复杂的侵权乱象，反而有可能引发证券市场的滥诉和中介机构的崩盘。为中介机构在证券发行中能真正发挥“看门人”的作用，亟待探索出中介机构在虚假陈述侵权中承担与己方过错相当责任的具体法律解决路径。

《新虚假陈述司法解释》理解与应用研讨会综述

金融法研究会

2022年1月，最高人民法院颁布最新修订的《关于审理证券市场虚假陈述侵权民事赔偿案件的若干规定》（以下简称《新虚假陈述司法解释》），引起法学法律界高度重视。由上海市法学会金融法研究会主办、上海财经大学法学院协办、上海协力律师事务所承办的“《新虚假陈述司法解释》理解与应用研讨会”，于2022年1月29日在上海举行。会议采取线下与线上结合方式，来自国内金融和法律领域的知名专家学者、实务工作者100余人参加论坛研讨。研讨会由上海市协力律师事务所合伙人江翔宇博士主持，上海市法学会金融法研究会副会长、上海财经大学法学院院长宋晓燕教授致开幕辞，上海市法学会金融法研究会会长、华东政法大学吴弘教授做会议总结，约20余位专家学者、实务工作者作发言。会议结合近年引起广泛关注的“五洋债案”“中安科案”“康美药业案”“乐视案”等，就《新虚假陈述司法解释》的案件管辖、行为认定、重大性标准、过错程度、因果关系、损失确定，以及中介机构勤勉尽责标准、责任承担等理解适用的焦点问题进行了热烈的讨论。

一、《新虚假陈述司法解释》的适用范围

有观点认为，《新虚假陈述司法解释》适用范围从沪深京三大交易所扩展到相关区域性股权交易市场及相关交易。《新虚假陈述司法解释》没有特别指出股票还是债券还是证券类产品。对银行间债券市场留了空隙，同《全国法院审理债券纠

纷案件座谈会纪要》(以下简称《债券座谈会纪要》)规定联动。有观点认为，银行间债券市场能不能适用最高人民法院《新虚假陈述司法解释》，行政监管部门是有分歧的，证监会态度是可适用的；但中国人民银行和银保监会的答记者问认为司法需要等待行政层面功能监管的改革突破。从理论上来说这和功能监管的原则是背离的。

有观点认为，《新虚假陈述司法解释》未区分证券是否公开发行，即非公开发行的证券也适用《新虚假陈述司法解释》的规定，原有针对非公开发行中机构投资者或专业投资者的抗辩思路也将发生重大改变。有观点认为，《新虚假陈述司法解释》应进一步明确适用范围，尤其是场外交易及特定类型标的。首先，《新虚假陈述司法解释》第 1 条开宗明义，规定适用范围为在证券交易场所发行、交易证券过程中实施虚假陈述引发的侵权民事赔偿案件。因此，考虑到银行间市场属于场外市场，银行间债券市场发行的债券似乎直接被排除在《新虚假陈述司法解释》适用范围外。按照这个角度理解，非金融企业债务融资工具等银行间债券市场发生的虚假陈述也不属于适用范围，只得继续适用《债券座谈会纪要》，因此重新造成了交易所债和银行间债、企业债法律适用不统一的局面，无疑再次对债券市场法律适用带来挑战，尤其是《债券座谈会纪要》在通知中将“统一法律适用”作为发布目的。其次，大宗交易和协议转让也因属于场外交易未被纳入适用范围。但从 2003 年至今，大宗交易和协议转让的交易规则实质上已经发生了很大改变，比如，盘后定价大宗交易的价格完全依赖于二级市场的证券价格，成交双方在交易之前、交易中很有可能是互不知晓的，不会通过“面对面”协商来确定交易价格。即便是存在投资者之间沟通价格的协议大宗交易，也是由投资者各方根据市场信息(包括可能存在的虚假陈述)达成的。若将上述类型属于场外交易为由直接排除适用，并不符合法律应平等保护投资者的基本原则，毕竟同样是因为信息披露义务人的虚假陈述行为而进行交易的；再者，关于“证券”的范围，《证券法》第 2 条第 2 款明确股票、公司债券、存托凭证和国务院依法认定的其他证券为列明的证券类型，但对于《证券法》第 2 条第 3 款中列明的也直接或者参照适用《证券法》的特定类型标的，如政府债券、证券投资基金份额，以及资产支持证券、资产管理产品，这类标的是否适用的问题，《新虚假陈述司法解释》在修订征求意见过程中虽予以讨论，但仍无定论，这给司法实践也带来了一定不确定性，建议在立法层面予以明确。

有观点认为，《新虚假陈述司法解释》规定了要适用于证券交易所发行交易证券过程中实施的虚假陈述。虚假陈述所依据的欺诈市场理论的前提是公开市场和有效市场，与交易相关的信息需要真实、准确、完整的披露有关，被披露的信息会通过市场的有效性进行广泛传播，并且以价格波动的方式得到体现。也就是说虚假陈述司法解释仅仅应该适用的侵害对象是依赖证券市场公开信息或者交易价格进行交易决策的不特定的投资人，被纳入进来的一对一的交易模式过往一般是不认定为虚假陈述的，而《新虚假陈述司法解释》却认定为虚假陈述，可能会引起新的争议。有观点认为，目前《新虚假陈述司法解释》贯彻了旧司法解释的整个理论，对私募债怎样适用是值得考虑的，一是因为这部分市场不太充分，二是私募债针对的是合格机构投资者，风险鉴别与承受能力均与普通投资者有较大区别。

二、行政前置程序的取消

有观点认为，《新虚假陈述司法解释》明确取消前置程序，从举证而言对于投资者是减轻了负担还是增加负担需留待市场检验。虽然采用过错推定减轻了原告的举证责任，但对于损失的因果关系，还是需要举证。对此，有些观点认为应该引进专家认证，法院未来在实践中怎么去应对是一个值得讨论的问题。有观点认为，废止前置条件到底好不好尚不确定。实际上它是双刃剑，取消前置条件方便了投资者扩大起诉范围和对象，但可能会导致滥诉，增加上市公司讼累和投资者的成本；不取消前置条件，限制了投资者部分权益，但也减轻了投资者的举证成本，因此未来有待实践观察。

有观点认为，取消前置程序最大的问题是如何证明虚假陈述存在的事实，除非有比较权威的媒体报道、证监会或者相关监管部门的处罚或者监管措施，否则很难证明。有观点认为，前置程序彻底取消，将使券商等中介机构面临可能出现的大量诉讼。当然，之前前置程序的存在具有特定历史背景与一定合理性，取消行政处罚前置程序很难称得上是业界共识。但是从顶层逻辑上来看，取消行政处罚前置程序可真正发挥私人执法的作用。对虚假陈述的处置不仅仅需要立法层面进行明确，还有赖于金融司法与监管系统的配合，这可能涉及金融司法中“政策性法院”的问题。有观点认为，前置程序的取消让中介机构面临着滥诉的风险，投资者举证能力有限的情况下，法院审理就会面临谁实际承担举证责任以及对相关事实认定的问题，如果法院缺乏该能力，最终又将与证监会建立工作机制，最终还是要以行政认定为前提条件，使证监会增加工作量。

三、重大性认定标准

有观点认为，《新虚假陈述司法解释》的重大的进步是对重大性判断提出了实质性要求，也作出了对虚假陈述内容是否具有重大性的规定，这对原告、被告两方面的权利都相对完备地进行了保护。有观点认为，《新虚假陈述司法解释》带来的问题是证明虚假陈述的重大性，这将是未来诉讼中一个非常重要的争议问题。《新虚假陈述司法解释》关于重大性要件证明的规定提到，如果原告提供了被告或者信息披露义务人违反了法律规定或者证监会规章或者规范性文件所规定的信息披露事项，则推定这个事项具有重大性，这个时候由被告来证明该披露没有引发证券价格的变动。如果投资者不能提供前述两项证据材料，投资者可以证明其起诉的虚假陈述行为在发生或者揭示之后公司的价格发生了明显变化，而这个时候被告可以反驳。现在的问题是，重大性的判断标准基本上都是以证券价格波动来证明。股价的变动有多因素性，有市场风险、行业风险、企业经营风险、虚假陈述等。我们目前在损失计算时会引入专家证人，但是在前置程序取消、重大性要件如此重要的情况下，很有可能会将专家证人的引入时间提前到诉讼的一开始来证明虚假陈述行为具有或者不具有重大性。目前的做法基本上都是由法院来委托，或者说原被告双方共同指定专家证人来证明损失的存在。笔者认为，未来虚假陈述司法实践中比较期待出现的情况是原被告双方都会采用专家证人的方式来证明自己的主张，因为将来普通诉讼可能会越来越少，此时双方的对抗力会显著地增加，原告更有动力请专家证人来证明自身的主张。总而言之，前置程序取消之后，重大性肯定是诉讼争议的焦点。重大性直接关系到被告是不是需要承担责任，或者原告能不能获得赔偿。司法解释采用了两种做法，即如果被告违反法定披露事项，则推定信息其具有重大性，被告可以对此进行反驳；如果原告不能提供证据证明被告违反法定披露事项，就需要再提供股价波动的证据来证明被诉虚假陈述行为具有重大性。原被告怎样去排除其他因素证明是虚假陈述引起了股价波动是很难的，这就需要引入专家证人来证明。专家通常会采用事件分析法来证明，事件分析法会采用非常复杂的金融方法，所以对专家的需求会增加，这可能是一个新型的诉讼需求。

还有观点认为，前置程序取消之后，更加着眼于重大性的认定。以前行政处罚基本可认定重大性，这是由特定的时代背景所造成的。取消前置程序后，目前来看，重大的处理上采取了价格敏感机制，这是从欺诈市场理论出发的。但是司法解释比起债券市场明显更重视股票市场，这种价格敏感性在债券市场运用可能会存在一定问题，因为债券的价格可能涉及更多因素，它的价格敏感性的测试会更为复杂，或者说因果关系更为多变。基于债券市场与股票市场的差异性，以股票虚假陈述案件为制度模型的虚假陈述制度可能需要进一步完善。有观点认为，《新虚假陈述司法解释》第 13 条对《证券法》第 85 条和第 163 条的过错进行明确规定，从字面上看，要求严重违反注意义务才构成该条定义下的过失，因此该定义是否仅包含重大过失，而不包含违反注意义务程度不严重的一般过失，以及如果仅为一般过失是否以及如何承担责任的问题。在审判实践当中是会碰到非常具体的问题，是不是可以通过进一步精确的措辞来对其进行修正。《新虚假陈述司法解释》从内容和影响层面规定认定虚假陈述内容重大性的标准，内容层面要求虚假陈述内容等于证券法相关规定以及章程规范性文件当中规定的重大事件，影响层面要求虚假陈述内容导致证券的交易价格或者交易量产生明显的变化，还从反面规定被告能够证明虚假陈述不具有重大性的，被告不承担虚假陈述的民事责任。《新虚假陈述司法解释》取消行政处罚前置程序后，法院要自行判断是否具有重大性，被告如果能证明虚假陈述不具有重大性，则无需承担民事责任。这个除了与《全国法院民商事审判工作会议纪要》的规定存在冲突之外，与投资人以后基于行政处罚主张虚假陈述行为具有重大性，而被告能够证明虚假陈述不具有重大性的情形也存在冲突。

有观点指出，《新虚假陈述司法解释》存在法院重大性判定难、投资者取证难的问题。为了解决此问题，最高人民法院和证监会在《新虚假陈述司法解释》发布的同时，发布了《关于适用最高人民法院管理审理证券市场虚假陈述侵权民事赔偿案件的若干规定有关问题的通知》，作出了相应的衔接性安排，以便在前置程序取消的情况下，降低投资者举证难度，畅通投资者救济的诉讼途径。具体到实践中，如何在现有的法律框架下，确保证监会以及派出机构对法院的调查取证、意见征求、担任人民陪审员等细节落实，构建和完善专家证人制度，还有赖于进一步的细化和探索。

四、追首恶与中介机构责任

有观点指出，根据调研，近几年上市公司受到监管处罚 50% 以上的都是由实控人造成的，所以实际控制人在上市公司或者发起人造假或者虚假陈述过程中承担着比较重要的角色，这一次把追首恶放进《新虚假陈述司法解释》，与这几年的严格监管是相联系的。

有观点认为，《新虚假陈述司法解释》遵循了证监会一直在强调的“首恶担责，帮凶必究”的原则，针对了现实生活中出现的“首恶脱责”现象。“首恶脱责”有各种各样的原因，如地方保护主义、法院维稳的压力，但首恶担责的原则要坚持。对帮凶也不能让其逃之夭夭。其他相关主体连带责任是对外的，对外先对投资者承担责任，之后对内追偿要准确分担责任，特别是要落实“首恶担责”。

有观点认为，信息披露义务人以外的主体责任承担是问题之一，对于责任主体以及相应的过错认定，也是这次讨论当中的一个比较重点的问题。在后续的安排中，是否真的能够达到惩首恶的目的。在过错认定当中，如果对券商注意义务的规定加重了他的义务，那么其他的中介机构是否要像会计师事务所一样查底稿去证明尽到相应义务，这也是在司法当中需要进一步去关注的问题。“中安科案”在一审和二审时，券商的抗辩是估值是银信评估的责任，财务顾问关注的是定价，估值有问题不能证明负责定价的中介机构未勤勉尽责。这涉及一个问题：中介机构相互之间的信赖问题。总体上笔者不大认同券商的观点，合理信赖并不等于直接照搬盲目信赖。财务顾问的规范要求券商进行必要的审慎核查，这在《新虚假陈述司法解释》中也一样。这个案件还构成上市公司发行股份购买资产，规定要求必须关注购买资产的估值分析及定价的公允性。从整个过程来看，券商没有尽到勤勉尽责，合理信赖不能等于盲目信赖。

有观点认为，在虚假陈述案件中，券商有很多苦衷，一方面其没有作假的动力，行政处罚立案对券商的业务开展影响特别大，券商就不能再接任何业务，也不能申报相关业务，所以对券商的业务冲击是很大的；另一方面券商的尽职调查手段相对有限，受限于社会诚信体系并不健全，券商在尽职调查过程中，需要通过发行人联系与函证供应商、销售客户、开户银行等第三方，但一些第三方在其中承担着非常不好的角色，如出具虚假函证等。

有观点认为，保荐人持续督导阶段的责任与发行上市阶段的责任应有所区别。持续督导报告不具有司法解释规定的虚假陈述重大性的特征。根据法律法规规定的保荐机构职责，保荐人持续督导阶段的责任远远小于发行上市阶段。实践中，券商做持续督导是不收费的，除非有重大的事项或紧急情况，一般也只是现场审检。我们的观点是保荐人的持续督导阶段的责任要远远小于发行阶段和上市阶段，在司法审判中应有所区别。只要保荐人能够提供证据证明符合了法律法规规定的保荐人职责，就应该认定是没有过错的。保荐人出具的持续督导报告不包含任何股票投资价值信息，正常的投资者没有理由依据持续督导报告进行投资，保荐人的持续督导报告与投资者的交易决策之间不存在交易因果关系。所以，持续督导期间券商作为被告的话，不应当承担民事赔偿责任。

五、信息披露问题

有观点认为，《新虚假陈述司法解释》第 6 条中安全港的三个例外，可以简单总结为：充分提示风险、合理编制基础、及时更正变化。考虑到《新虚假陈述司法解释》刚刚出来，在未来几年甚至十几年时间里面应该也不会有太大的变动。在理论上，我们当然可以进一步去研究这样一种规定，它在立法论上是不是还有哪些不足和缺陷，以及需要怎么样去完善。但更重要的是立足于《新虚假陈述司法解释》的规定去解释现实案例。以中安科案件为验证，会发现其完美地契合安全港的三个例外：中安消技术是否充分提示了风险？银信评估的编制基础是否合理？券商出具的财务顾问报告是否及时更正变化？相关证据显示，这三点都没做到。有观点认为，《新虚假陈述司法解释》第 6 条列明了三个排外条件，相关的上市公司就会按照法律的规定来做一些预测性的信息，这样势必会出现一些上市公司为了做高股价或者其他的一些目的来进行比较夸大的预测。

有观点认为，《新虚假陈述司法解释》第 21 条规定交易重大资产重组过程中交易对手发布相关的虚假信息导致上市公司进行虚假陈述的问题，上市公司要承担相关的责任。如果在重大资产重组的过程中，过错方并不是上市公司，而是交易对手，那么上市公司要不要先行对投资人进行赔付是一个问题。此外，民法典规定职务行为实际上是由单位来承担，在单位承担之后，员工如果有重大过失再由单位来对他追责。法规规定直接责任人直接对外承担责任的问题也是一个值得考虑的问题。毕竟个人的承担能力有限，并且虚假陈述的相关金额较大，员工如果只是进行了签名，要他承担相关的连带责任，是不是具有合理性是存疑的。

六、管辖与时效问题

有观点认为，诉讼管辖向发行人所在地集中比原来的司法解释更明确。《新虚假陈述司法解释》第 3 条第 1 款规定的特别代表人诉讼管辖规定和代表人诉讼司法解释联动，第 3 条的第 2 款规定地方法院可以确定其他中级法院，实际上在证券案件既有民事赔偿案件又有破产清算和破产重整案件的情况下，实际上还是由中级法院指定基层法院。有观点认为，虚假陈述的案件由发行人所在地中级法院管辖，而券商很多业务是在全国各地开展的，虚假陈述的案件涉及的当事人较多、金额也较大、法律关系复杂、过错认定的主观性较强、所以对法官的专业性要求很大，有些地区法院可能存在着一些法官在此领域专业性欠缺的问题。另外，一些发行人在部分地区可能是当地的纳税大户，案件在审理过程中存在地方保护主义的可能。为此，后续券商可能在募集说明书、招股说明书以及重组并购文件里面增加仲裁条款。还有观点认为，《新虚假陈述司法解释》更为明确具体，但是对证券虚假陈述案件能不能适用仲裁没有明确。2021 年证监会与司法部发布的开展证券期货行业仲裁试点的意见里，明确规定证券虚假陈述是仲裁案件的受理范围。实践中，确实存在私募债券虚假陈述案件，个别法院以募集说明书约定仲裁机构管辖为由，直接裁定驳回起诉。但是是否所有虚假陈述的案子都可以约定仲裁，是存有疑问的。

有观点认为，《新虚假陈述司法解释》专章对诉讼时效作出规定，创造性地提出了诉讼时效以揭露日和更正日为准，存在可能诉讼时效还没开始就已经结束的问题。聂建军认为，上海金融法院一般以基准日来作为诉讼时效的截止时间，也即 3 年以后，现在以揭露日作为诉讼时效的起算点的合理性是有所欠缺的。从侵权行为法的角度，应该是侵权行为终止或者发展到一定的阶段才会起算诉讼时效，并且诉讼时效制度一般来讲是对于原告做有利解释，而《新虚假陈述司法解释》对投资人做了最不利的时间缩短。马晨光认为，从实务的角度来讲，以往有很多投资人，由于自身行权能力有限，或者说专业能力有限以及诉讼成本的考虑，会等行政处罚。如果不以行政处罚作为前置条件，存在司法解释一开始实施就存在已经过了诉讼时效的可能性。关于这个问题应该进行前后划断，新法不能溯及过往，这在《新虚假陈述司法解释》中，并没有得到有效体现。

七、关于过错的类别

有观点指出，在《新虚假陈述司法解释》之前，新证券法关于券商等中介机构的民事责任规定主要在《证券法》第 85 条和第 163 条，适用的是过错推定原则，但这种过错推定不分故意、重大过失、一般过失和轻微过失。《新虚假陈述司法解释》明确规定过错是指故意和严重违反注意义务的重大过失。按照文义解释，对中介机构一般、轻微的过失不一定会追究民事责任，这也反映了法理上要求的责任与过错相当的原则。

有观点认为，中介机构证券虚假陈述侵权责任问题，首先，区分责任成立与责任范围。《证券法》第 163 条规定中介机构承担连带赔偿责任，除非中介机构能够证明自己没有过错。

关于过错的理解，《新虚假陈述司法解释》第 13 条、第 18 条、第 19 条从正反两个方面来进行了规定，第 13 条把《证券法》第 163 条中介机构的过错分成两种情形——故意和过失；第 18 条要求以证券服务机构工作范围和专业领域作为客观判断过失或者故意的标准，注意义务应该是专家责任的标准，行为严重违反注意义务一般来讲就是重大过失，这实际上排除了一般过失和轻微过失。在责任的范围判断标准中，所谓的一定比例连带责任实际上也是在自己责任范围之内去承担责任的，承担的是部分责任，这个判断标准在《新虚假陈述司法解释》第 31 条中也有类似规定，在《债券座谈会纪要》中也要求将责任承担与过错程度相结合来判断责任范围。美国有一个证券私人诉讼改革方案，其中法官大体上也是采纳的比例连带责任。这次《新虚假陈述司法解释》对于中介机构侵权责任的成立、责任的范围以及减免事由，做了很好的规定。其次，中介机构担责后对内追偿的问题，《新虚假陈述司法解释》第 23 条规定承担连带责任的当事人之间的责任分担、追偿可以适用《民法典》第 178 条的规定处理。但是没有明确如果中介机构是故意或者过失的，怎么去追偿以及能不能相互追偿的问题。

有观点提到过错认定与前置程序的关系。《证券法》第 85 条和第 163 条中虚假陈述涉及以下几个主体：信息披露义务人（发行人）、控股股东、实际控制人、董监高以及直接责任人员（内部人）、中介机构（外围人）。发行人承担的是无过错责任，也即不论他是否具有过错，只要信息披露失去真实性就要承担责任，而内部人和外围人全部采用过错推定责任，所以证券法中关心的就是“没有过错”。所称的过错是指故意和过失，但是什么叫没有过错，《新虚假陈述司法解释》第 14 ~ 19 条作了讨论，无过错从逻辑上来讲应该是穷尽列举并逐项排除的，但这些条款没有统一的逻辑。而“故意”是没法用民事证明责任来处理的，之前有一些案例中“故意”都是依赖行政监管的处罚或者是刑事程序的认定，光凭律师是没法证明的；“过失”实际上也是没有办法证明的。《新虚假陈述司法解释》第 16 ~ 19 条，实际上要证明“我已经勤勉尽责”，但其属于一种推定，“已经勤勉尽责”等于没有过失。《新虚假陈述司法解释》第 4 条、第 16 条、第 18 条、第 19 条在叙述“勤勉尽责”的标准时，实际上都是依照法律、行政法规、监管部门制定的规章和规范性文件以及相关职业规范的要求，如第 16 条第 2 款是监管部门制定的规范和规范性文件，第 17 条是监管部门制定的规范和规范性文件、行业职业规范要求，第 19 条是职业准则，这些实际上是行政处罚的标准，所以行政前置程序仍然事实上存在。

有观点认为，《新虚假陈述司法解释》第 17 条确定了理性人和信赖专家意见的原则，但是其中没有包含《债券座谈会纪要》规定的承销机构客观上无法发现虚假陈述行为的情形。此外，《债券座谈会纪要》第 31 条规定判断服务机构的过错时也会考虑职业道德，所以职业道德也是判断服务机构责任标准，这一点并没有在《新虚假陈述司法解释》中体现。中介机构更多还是围绕着勤勉尽责义务来进行过错判断，但是关于勤勉尽责义务如何界定，除了司法解释之外，可能会依赖于个案判断。

另有观点认为，《新虚假陈述司法解释》在过失前面加了界定——严重违反注意义务，即一些轻微、一般的过失被排除在外。对于中介机构履职而言，虽然规定只要能证明勤勉尽职即可，但是现实中监管规则有的原则有的详细，从事后倒查的角度很难说一点问题都没有，司法解释比较客观，从长远看也有利于资本市场发展。此外，某些个案在监管机构已经介入且没有对中介机构处罚情况下，法院在判断中介机构是否严重违反注意义务时，要考虑监管机构认定情况。对会计师事务所而言，《新虚假陈述司法解释》对其责任并没有作出明确规定，但是 2007 年有关司法解释中对会计师事务所的责任类型作出了明确规定，包括故意情况下的连带责任以及过失情况下的补充赔偿责任；注册会计师过错类型须结合审计底稿等相关证据，根据会计师的具体违法行为进行认定。如果仅依据行政处罚，泛泛地认定注册会计师根据准则推定其应当知道，要求承担推定故意的责任，这是缺乏事实基础的。有观点也认为，取消前置程序会增加中介机构的诉讼，所以对中介机构不是利好。而关于中介机构是否承担责任的问题，在实践中中介机构工作底稿内容繁多，要想找工作底稿的缺陷是很容易的，所以目前对中介机构责任仍不够明确，需要实践加以检验。对不同的中介机构需根据专业领域加以区分，如法律意见书引用来自会计师或评估机构的数据，出现问题后如何承担责任也需要进一步完善。“一刀切”不利于整个中介行业的发展，长此以往，会计师事务所或者律师事务所承接项目的意愿就会降低，不利于市场健康发展。

八、关于比例连带责任

有观点认为，《新虚假陈述司法解释》没有明确比例连带责任，希望后续能通过司法解释理解与适用或者指导案例的方式进一步确认。一概判定中介机构承担连带责任是与立法本意相冲突的，不利于资本市场的稳定。建议通过一定方式，合理区分发行人与各中介机构的责任大小。有观点认为，《证券法》第 85 条、第 163 条仅规定发行人的“内部人士”以及“外部人士”不能证明自己没有过错情形下承担连带责任，司法实践结合过错程度创设了比例连带责任，导致了广泛的讨论。比例连带责任是为了弥补现有法律规定在实践中可能不公平适用而进行的创新。《新虚假陈述司法解释》对此并未作出规定，一是避免与法律产生冲突，二是为法院灵活适用法律规定留下空间。对于比例连带责任对应中介机构的收费多少还是对应中介机构的过错程度，显然对应中介机构过错程度的合理性要强于对应中介机构的收费多少，只是实践中相关案例的标的额较大，即便按照较少的责任比例仍然有“较大”的责任承担，才引起各界反应。

有观点指出，现行证券法中有关连带责任立法本身存在瑕疵，司法解释如果直接突破有失对法律的尊重，因此尽管一度传出《新虚假陈述司法解释》草案对比例连带责任有安排，但是并未体现在最终定稿中。中介机构责任承担在司法实践中或可形成以下分析路径：一是中介机构构成共同故意的情况，构成《民法典》第 1168 条规定的共同侵权，每一主体均要对全部损害结果承担连带赔偿责任。二是数个中介机构是过失并构成数人侵权中的分别实施充足原因侵权行为的，即每个中介机构的行为足以造成全部损害结果，适用《民法典》第 1171 条连带责任规定。三是数个中介机构是过失，同时部分行为人造成全部损害结果，部分行为人仅造成部分损害结果的情况，对于仅造成部分损害结果的中介机构适用比例连带责任，中介机构就其过错承担相应的连带责任赔偿，但是在其对外承担相应责任（中间责任）后，其可向发行人或者其控股股东、实际控制人或其他中介机构追偿，此为与按份责任之区别。例如，康美药业案件一审判决即支持中介机构追偿，避免承担最终责任。四是中介机构过失并构成无意思联络的数人侵权中分别实施非充足原因侵权行为的，可以适用《民法典》第 1172 条规定的按份责任规定原则，与上述比例连带责任的情况相区分，按照按份责任追究中介机构责任的思路。但是实践中比例连带责任和按份责任适用具体场景如何区分有待进一步研究，初步认为，如果在一些特定场景下中介机构存在严重过错，上市公司可能就非实质意义的“首恶”，此时如果按照比例连带责任则未必合理，意味着中介机构还可以向上市公司追偿，而由中介机构承担适当比例的按份责任比较合理。当然按份责任下的责任比例大小和计算依据很重要，不宜按照投资者的损失额作为依据，而宜以中介机构收取的费用为基础予以惩罚性的赔偿。

专家认为，比例连带责任没有得到《新虚假陈述司法解释》确认，意味着比例连带责任在理论和立法上都存在问题，今后并不能广泛采用，而要非常谨慎地探索。从法理上来讲，比例连带责任无法与按份责任明确区别；比例连带责任的初衷是好的，为中介机构减轻责任，承担责任以后还可以去追首恶，但是真正实现追首恶亦很困难。《证券法》第 163 条的中介机构连带责任，按照字面理解，中介机构自己做错了事情，必须与发行人承担连带责任，除非证明自己没有过错，而过错本身没有分程度，就又回到了如何证明勤勉尽责的问题，这本质上是立法存在的缺陷，所以今后修改证券法的时候应当重点修改。《新虚假陈述司法解释》的一个重大突破就是界定需追责的过错层级，即故意或重大过失，有积极意义，也有很强的专业精神。

九、因果关系的问题

专家认为，《新虚假陈述司法解释》明确提出交易的因果关系要件及判断规则。《新虚假陈述司法解释》明确地区分了损失因果关系和交易因果关系两个概念，随着市场的细分，交易因果关系在证券市场案件中愈发重要，在债券虚假陈述案件以及特殊交易背景的股票案件当中尤为如此，所以这是一个重大的进步。有学者认为，司法解释其实是立法性的文件，只不过是由司法部门颁布制定的。作为立法性文件去处理民事侵权，尤其是涉及过错因果关系判定等问题会有客观上的难度，难度在于法院要处理的问题有些标准化不一，因果关系的判定用事无巨细的成文规则来体现是很难的。司法解释希望去解决处于模棱两可的问题，这些问题很难用事前的成文规则来涵盖。用司法解释去解决所有的问题是不现实的，很多问题与其去规定，还不如留白。有人认为，关于交易因果关系和中介机构责任承担的问题，也是司法实践遇到的难题，很多法院混淆了中介机构的责任承担。众所周知，证券虚假陈述案中券商作为被告的核心就是交易因果关系，虽然新规中对交易因果关系作出了明确的定义，并为被告罗列了几种抗辩理由，但《新虚假陈述司法解释》未对不同责任主体与投资者损失之间的因果关系进行区分。如果上市公司有多个虚假陈述行为，并且有些虚假陈述行为的实施日可能在其他证券服务机构揭露日之前，并且其他证券服务机构仅仅在实施日和揭露日之间实施了虚假陈述行为（满足重大性），这种情况下，很多法院一概而论地要求证券服务机构与上市公司一起承担整个虚假陈述期间投资者的损失，对于证券服务机构是有失公允的。《新虚假陈述司法解释》第 8 条规定，信息披露义务人实施多个相互独立的虚假陈述的，人民法院应当分别认定其揭露日。按照我们的理解，每个责任主体实施的也是一个相当独立的虚假陈述，人民法院在审理这种情况的案件时，对不同的证券服务机构，应该按照其对应的虚假陈述期间（其对应的实施日到虚假陈述揭露日）判决其承担相应责任，否则不满足规定中有关交易因果关系的定义。有观点指出，第 31 条提到如果是操纵市场风险或者经营环境以及其他非虚假陈述因素导致的损失，可以提减轻或者免除责任。最能体现的就是债券虚假陈述的案子，由于该类案件主要缘起债券违约，而债券虚假陈述和债券违约之间，或者与发行人的偿债能力之间有多大关系，是很需要实践去甄别的，如果不加以甄别可能会产生不公平的情况。

十、相关概念的界定

有观点认为，《新虚假陈述司法解释》除了对虚假陈述作出定义（虚假记载/误导性陈述/重大遗漏）以外，还应引入诱空型虚假陈述、预测性信息中的虚假陈述和重大资产重组中的虚假陈述等，使得投资者可诉范围扩大。之前由于各种原因，证监会处罚的诱空型虚假陈述较少，而诱空型虚假陈述民事赔偿案件更少，不超过总数的 2% 。另有观点认为，《新虚假陈述司法解释》将一些新概念纳入虚假陈述，但定义没有明确，如信息诱空和诱多的认定，司法解释应给出判断标准，对诱多诱空结合当年及以前年度财务信息做整体判断。另外，财务信息具有时效性，涉及投资者对财务信息信赖的合理性，投资者本身不会基于 2020 年以及 2022 年的财务趋势变动作出决策，所以不存在合理的信赖。资本市场本身是瞬息万变的，信息在很短的时间内就能够被市场消化，并反映在股价上。如果法院选取过长的考察期限，得出虚假陈述行为对股价造成扭曲的结论，与实际情况不符。

（执笔　江翔宇）

金融稳定立法问题

金融稳定立法中的多元政策导向与制度设计

——《金融稳定法（草案征求意见稿）》评价及建议

王　立*

近年来我国金融行业风波不断，金融稳定成为国家安全战略中必不可少的重大议题。P2P行业被全面取缔，私募股权众筹从萌芽到不了了之，互联网大厂金融业务遭受严监管，明天系、安邦系、海航系等超大型集团公司被接管处置。地缘政治、中美博弈等对中国金融市场、中概股也造成了重大冲击。2022年4月6日公布的《金融稳定法（草案征求意见稿）》（以下简称《草案》）沉淀了多年金融监管整治的经验总结，将原来分散在《中国人民银行法》《商业银行法》《证券法》《保险法》等法律中的单体局部监管制度整合为系统性全局性的风险防范、化解与处置体系。但《草案》无论在原则理念还是具体制度上都有所欠缺。作为中国整体金融市场的稳定器，《金融稳定法》不能仅囿于某一具体政策导向或部门立法，而是应当秉承多元价值，高屋建瓴，全方位构建顶层设计。本文并非《草案》条文的全面梳理，只提炼其中几组核心关系，尝试梳理其背后的基本逻辑，并提出初步建议。

一、金融稳定立法中的宏观审慎与风险处置

（一）金融稳定立法应贯彻宏观审慎原则

宏观审慎应作为《金融稳定法》的核心内容，贯穿整部法律。金融体系可能

---

* 王立，经济法学博士、杭州师范大学教师。

天然内生不稳定性[1]，欲保证金融市场稳定，宏观审慎政策必须干预其中[2]。在传统金融规制理论中，中国人民银行运用货币政策工具进行宏观调控，各监管机构运用审慎监管工具开展微观规制，相互各有分工。但在 2008 年次贷危机后，理论界发现在货币政策和微观审慎监管之间有一个防范系统性风险的逻辑链空白：从宏观角度看，传统货币政策主要是盯物价稳定，但即使 CPI 基本稳定，金融市场、资产价格的波动也可能很大，价格稳定并不等于金融稳定；从微观角度看，传统金融监管的核心是保持个体机构的稳健，但个体稳健不等于整体稳健，金融规则的顺周期性、个体风险的传染性还可能加剧整体的不稳定，产生系统性风险。之前各方面关注微观金融监管比较多，忽视了宏观审慎政策的重要性。由于缺乏从宏观、逆周期的视角采取有效措施，忽略了风险的跨部门传播，导致金融体系和市场剧烈波动，成为触发 2008 年金融危机的重要原因。完善宏观审慎政策框架是反思危机教训、改革金融监管体制的"集大成者"，也是推进新一轮金融监管体制改革的重中之重。可以说，宏观审慎政策专为金融稳定而生，能够有效地抑制金融体系的脆弱性[3]。

正确理解货币政策、宏观审慎政策、微观审慎监管与金融稳定之间的关系，对理顺金融稳定立法的底层逻辑至关重要。首先，金融稳定是整体目标，货币政策、宏观审慎政策与微观审慎监管都是实现这个目标的工具。前两项工具由中国人民银行依法运用，后一项工具由银保监会、证监会等监管机构实施。其次，货币政策主要针对泛指的物价、面向所有市场进行流动性管理，稳定物价以促进经济增长；宏观审慎政策主要针对金融市场资产价格进行调控，维护金融体系的整体稳定，核心在于控制金融体系或特定市场、部门的杠杆水平；微观审慎监管则侧重于个体金融机构的运营风险防控。换言之，货币政策主要锚定经济周期，宏观审慎政策主要锚定金融周期[4]，微观审慎监管则盯牢金融机构行为。最后，宏观审慎政策尽管渗透至金融稳定的事前、事中、事后的全方位各环节，但其更加关注系统性金融风险的事前防范和事中化解。一个稳定的金融体系仅具有良好的危机时吸收损失能力远远不够，还需要宏观审慎政策控制金融市场繁荣时期的过度增长。[5]宏观审慎政策对系统性风险进行的早期干预，可以预防对金融投资者造成的巨额损失与社会救助成本。[6]金融风险处置环节（特别是在系统性危机情况下）同样需要贯彻宏观审慎政

---

[1] Minsky, H. P., The Financial Instability Hypothesis: A Restatement, Thames Papers in Political Economy, North East London Polytechnic, 1978. MinskyH. P., The Financial Instability Hypothesis, NBER Working Paper No. 74, 1992.

[2] 刘莹、彭玉磊：《金融风险与宏观审慎政策——2018 年岭南宏观经济学研讨会综述》，载《经济研究》2019 年第 2 期。

[3] Neanidis, K. C., Volatile Capital Flows and Economic Growth: The Role of Banking Supervision, Journal of Financial Stability, No. 4, June 2019.

[4] 李拉亚：《双支柱调控框架的新目标制研究》，载《管理世界》2020 年第 10 期。

[5] Shin, H. S., Macroprudential Policies beyond Basel Ⅲ, BISPapers, 2011.

[6] 高田甜、陈晨：《基于金融消费者保护视角的英国金融监管改革研究》，载《经济社会体制比较》2013 年第 3 期。

策，金融风险处置需要解决的不只是一家金融机构的处置问题，而是需要用更为全局的眼光来看待并处理多家金融机构的危机。[1]因此，宏观审慎渗透了事前、事中、事后金融稳定全生命周期，是制度理念的全新构建。

（二）金融稳定立法中的宏观审慎框架性安排

就整体而言，目前《草案》的关注重心仍是微观审慎，仅有少量条款体现了宏观审慎的基本思想或政策原则。例如，《草案》第二章“金融风险防范”第17条中提到中国人民银行会同有关部门建立覆盖主要金融机构、金融市场、金融基础设施和金融活动的宏观审慎政策框架、治理机制和基本制度，运用宏观审慎政策工具，防范系统性金融风险。又如，《草案》第13条从“不得违规放大杠杆”的角度对宏观审慎予以规定：“金融机构的股东应当以自有资金出资，国家另有规定的，从其规定；金融机构的股东不得虚假出资、循环注资、抽逃资本，不得违规占用金融机构资金。”安邦系、海航系的操作即为该条规定的循环出资、抽逃资本，包商银行案中违规占用金融机构资金更是触目惊心。这些操作的共同本质是利用虚假、违规的和变相的资本金实现快速的扩张，最终导致了高杠杆、资金链断裂爆发危机。该条的禁止行为即是从宏观审慎角度对“无序、违规加杠杆”予以规制。只是，这些零星条款并未贯穿全法形成逻辑体系。

《金融稳定法》应同时关注微观审慎与宏观审慎。宏观审慎政策与微观审慎监管并非替代关系，而是相互补充。[2]两者协同配合，不可偏废。笔者认为，应大幅度提升宏观审慎在《金融稳定法》中的比重。首先，仅将宏观审慎政策作为第二章“金融风险防范”下的金融风险防范工具之一是不够的，起码应在总则中专设一个条款将宏观审慎作为一项基本原则予以强调。其次，从第二章、第三章（金融风险防范、化解）和第四章（金融风险处置）的条款数也能明显看出，整个《草案》体现出了“重处置、轻防范”的倾向。这种倾向可能是不得已而为之，毕竟目前对宏观审慎政策的学术研究和实践探索远未成熟。但如果这是《草案》起草者下意识的立法倾向，那么就必须加以纠偏。加重宏观审慎的篇幅，势在必行。

（三）金融稳定立法中的宏观审慎具体制度设置

除在《金融稳定法》总则中增加宏观审慎原则外，还需在后续章节设置宏观审慎政策的具体制度安排。我国宏观调控政策的实践发展已有初步成果，《金融稳定法》需原则性吸收这些成果。次贷危机后，发达国家央行普遍着重铺开宏观审慎实践，中国人民银行亦于2011年正式引入差别准备金动态调整机制。2015年年末中国人民银行将差别准备金动态调整机制升级为金融机构宏观审慎评估体系（MPA），并不断完善（如2017年将表外理财纳入MPA

---

〔1〕 伏军：《危机银行处置：原理、制度与方法》，法律出版社2018年版，第226页。

〔2〕 张晓燕、党莹莹、武竞伟：《宏观审慎政策与微观审慎监管的协同性研究》，载《宏观经济研究》2022年第4期。

的广义信贷考核指标范围，2019 年对服务县域的农村商业银行是否将降准资金全部用于发放民营企业和小微企业贷款纳入 MPA 考核等）。2021 年年末中国人民银行发布的《宏观审慎政策指引（试行）》是目前宏观审慎研究的集大成者。

在宏观审慎政策体系中，宏观审慎政策工具的设置尤为重要。金融系统性风险主要来自跨时间和跨空间两个维度，宏观审慎政策也分别针对时间和空间来设计工具。所谓跨时间的金融系统性风险，是指现在融资过度、杠杆过高，导致将来金融爆雷，因此宏观审慎政策工具就相应通过对资本水平、杠杆率等提出动态的逆周期要求，以平抑金融周期波动。所谓跨空间的金融系统性风险，是指单个金融机构、局部金融市场风险通过各个风险传导形成系统性破坏，因此宏观审慎政策工具就相应通过识别和提高关键节点（系统重要性机构，SIFI）的流动性和资本要求、规模和业务限制、杠杆率和风险敞口规制等方法，切断不同机构和市场之间的传染。简言之，时间维度的宏观审慎政策工具着眼于降杠杆、逆周期，空间维度的宏观审慎政策工具着眼于控节点、防传染。[1]

2021 年 12 月 31 日中国人民银行发布的《宏观审慎政策指引（试行）》明确了两大维度九大类的宏观审慎工具。在中国人民银行“双支柱”框架中，货币政策调控框架早已明晰。相比之下，宏观审慎政策调控框架并不明确。《宏观审慎政策指引（试行）》划分了宏观审慎政策可包含的主要工具，制定了工具启用、校准和调整流程。其中，时间维度的工具主要包括资本管理工具、流动性管理工具、资产负债管理工具、金融市场交易行为工具、跨境资本流动管理工具，结构维度的工具主要包括特定机构附加监管规定、金融基础设施管理工具、跨市场金融产品管理工具、风险处置等阻断风险传染的管理工具。笔者认为，这个工具框架应该体现在《金融稳定法》中，哪怕只是进行相对抽象的规定。

从上述宏观审慎政策工具的框架性描述可以看出，宏观审慎政策的着力点和表现方式与已有的金融机构微观审慎监管要求相似。但二者在定位和具体要求上仍有较大差别。《宏观审慎政策指引（试行）》对此有准确说明，宏观审慎政策会运用一些与微观审慎监管类似的工具，如对资本、流动性、杠杆等提出要求，但两类工具的视角、针对的问题和采取的调控方式不同，可以相互补充，而不是替代。宏观审慎政策工具用于防范系统性金融风险，主要是在既有微观审慎监管要求之上提出附加要求，以提高金融体系应对顺周期波动和防范风险传染的能力。美国学者认为，导致 2008 年金融危机的重要原因是金融市场具有前所未有的复杂性（complexity）和关联性。复杂性让市场参与者可以从事过度金融投机和监管套利，导致系统性风险增加。[2]宏观审慎政策的核心是全系统视角。微观审慎政策存在“合成谬

---

〔1〕 巴曙松、王璟怡、杜婧：《从微观审慎到宏观审慎：危机下的银行监管启示》，载《国际金融研究》2010 年第 5 期。

〔2〕 Saule T. Omarova, License to Deal Mandatory Approval of Complex Financial Products, 90 Wash. U. L. Rev. 63 (2012).

误”，即有的活动对于机构个体而言合适，但共同作用于全系统可能会产生或加剧金融稳定性问题。[1]微观审慎不等于宏观审慎。[2]在《金融稳定法》立法过程中，应当对每一个涉及微观审慎的条款带着宏观审慎的视角去重新审视并修改完善。

二、金融稳定立法中的市场化保障基金与政府救助

（一）作为市场化、法治化救助方案的金融稳定保障基金

金融稳定保障基金是《草案》最引人瞩目的新制度，这种市场化的救助方案与政府救助之间的关系值得深入研究。设立金融稳定保障基金或类似功能的组织机构，是2008年次贷危机后各国处置金融风险的普遍做法。例如，美国在次贷危机后根据《多德-弗兰克法》建立的金融稳定监督委员会及有序清算机制和清算基金，欧盟在欧债危机爆发后建立的单一处置机制及单一处置基金，德国根据《金融市场稳定法》建立的金融市场稳定基金，以及英国的特别处置机制等。[3]

理解金融稳定保障基金，须明确几个基本要点。首先，金融稳定保障基金是跨市场“压舱石”。从宏观角度看，仅有各个子金融市场的行业保障基金，无法有效防范系统性金融风险、促进金融稳定。因此《草案》规定要建立综合性、跨市场的金融稳定保障基金。其次，金融稳定保障基金的设立将使得国务院金融稳定发展委员会（以下简称金融委）从职责上逐步走向实体化。金融委于2017年7月第五次全国金融工作会议宣布设立，同年11月正式成立并召开第一次全体会议，定性为国务院统筹协调金融稳定和改革发展重大问题的议事协调机构，并将办公室设立在中国人民银行金融稳定局，履行金融稳定职责。近年来的实践，金融委在机构设置上名义为中国人民银行上级国务院机构，但与中国人民银行金融稳定局的关系暧昧，且名为协调机构、职责广泛却没有什么法定事权，因此在实际履职过程中存在感较低。《草案》第29条规定，国家建立金融稳定保障基金，由国家金融稳定发展统筹协调机制统筹管理，作为应对重大金融风险的后备资金。也就是说，金融稳定保障基金设立后，将由金融委统筹管理。这是实打实的职权，对金融委实体化意义重大。《草案》第39条赋予的金融委“问责权”，也对金融委发挥“监管者的监管者”作用充实了弹药库。最后，不能孤立看待和适用金融稳定保障基金，应当从“多元金融治理”的理念出发，强调多元协同机制。《草案》第4条强调，维护金融稳定要按照“市场化、法治化”原则处置金融风险。结合后

---

〔1〕 王擎：《宏观审慎知难行艰——读〈系统性风险、危机与宏观审慎监管〉》，载《中国金融》2017年第7期。

〔2〕 周小川：《金融政策对金融危机的响应——宏观审慎政策框架的形成背景、内在逻辑和主要内容》，载《金融研究》2011年第1期。

〔3〕 闫衍等：《金融稳定保障基金的国际经验》，载《中国金融》2022年第7期。

续多个条款，我们可以看出《草案》希望能整合金融机构、主要股东、实际控制人、市场化资金、行业保障基金、地方公共资源、金融稳定保障基金、中国人民银行再贷款等多元处置资金来源有序、协同处置金融风险。多元协同治理机制尤为重要，有必要对此展开分析，厘清金融稳定保障基金与其他金融风险处置工具的关系。

（二）金融稳定保障基金与最后贷款人职责

金融机构的风险处置与普通工商企业的风险处置有所不同，原则上前者的风险处置原则是“尽可能救活”，而后者是“能救则救，不能救或不应该救则淘汰”。其理由是金融机构汇集了社会大众的资金，若任其倒闭，会影响到社会公众利益、进而影响社会稳定。例如，美国历史上在 1893 年金融恐慌中有 500 多家银行倒闭，给整个金融体系和实体经济造成了严重后果。在 1907 年恐慌中，尽管倒闭的银行数量大为减少，但是所倒闭的单个银行规模变大。[1] 自多次危机后，国会开始考虑建立一个政府机构来应对金融恐慌。最终，在又遭遇金融恐慌的 1914 年，中央银行（美联储）成立。可以说美国国会在 20 世纪初决定成立中央银行，主要是出于金融稳定的考虑。1913 年《联邦储备法案》（Federal Reserve Act）中规定新成立的美联储有两项任务：一是行使最后贷款人职能，努力缓解银行体系每隔几年就要经历的恐慌；二是管理金本位制，取消金本位制对币值的严格限定，避免利率和其他宏观经济指标的大幅波动。后者即为央行的货币政策，这是经济常态下的宏观调控。可是一旦进入危机时期，第一项职能就显得非常重要：发生金融危机时其他手段穷尽，央行要起到定海神针的作用，出资给陷入危机的金融机构助其渡过难关。

然而央行在行使最后贷款人职能时会陷入两难：如果不出手，某些银行或非银行金融机构就会倒闭，社会公众利益就得不到保障，引起社会恐慌，即所谓“大而不能倒”（too big to fail）[2]；如果出手，这次的金融危机有可能被解决，但问题是所有的金融机构随之会产生一种逆向的“道德风险”（moral hazard）[3]——金融机构们会想，既然央行或政府在金融机构陷入危机时会出手挽救，那不论如何折腾反正不会倒闭，于是金融机构的行为就会更加不注重风险防范，从而导致更多、更广泛的危机。面对金融机构救助面对的这种两难，《草案》第 4 条明确在金融稳定的原则条款中写入了“防范道德风险”。

《经济学人》传奇总编白芝浩（Walter Bagehot，1860 ~ 1877 在任）在名著《伦巴第街》中提出了一个原则：在金融危机时，银行应当慷慨放贷，但只放给经营稳健、拥有优质抵押品的公司，而且要设置足够高的、能吓走非急用钱者的利率。后人称之为“白芝浩原则”，并被引用作为央行判断是否行使最后贷款人职能的标准。可这个标准其实非常模糊。如在

---

［1］ 王健：《还原真实的美联储》，浙江大学出版社 2013 年版，第 89 页。

［2］ Gary Stern and Ron Feldman，Too Big to Fail：The Hazards of Bank Bailouts，The Brookings Institution Press（2004），Chapter2.

［3］ Larisa Dragomir，European Prudential Banking Regulation and Supervision，Routledge（2012），p. 30.

2008 年次贷危机的初期，美联储救了贝尔斯登，却没有救雷曼兄弟。这两家实际上都是行为鲁莽的“坏小孩”，为何一个要救，另一个就放任其破产？且雷曼兄弟破产后影响极坏，导致恶性连锁反应，美联储反而又不得不出手为其后的其他各家金融机构挡风遮雨了。窃以为，凭借人类的理性和智慧，根本无法制定出合理标准来判断金融危急时央行是否应当出手最后贷款。所有的历史经验说明，救还是不救，实际上都是择机操作或是形势所迫。最好的办法，是“不让央行出手”，将金融风险处置终结于央行门口。存款保险等行业保障基金就是试图将金融风险处置前移的制度工具。可这些行业保障基金说到底，仍然是局部金融市场的风险处置工具，对于整体的金融市场系统性风险处置，还需要更加综合的政策工具。于是金融稳定保障基金应运而生。

金融稳定保障基金与中国人民银行最后贷款人职责的关系需在《金融稳定法》中加以明确。首先，金融稳定保障基金比中国人民银行最后贷款人职责具有更强的市场属性。《草案》第 29 条第 2 款规定：“金融稳定保障基金由向金融机构、金融基础设施等主体筹集的资金以及国务院规定的其他资金组成。”言下之意，金融稳定保障基金与其他行业保障基金一样，其资金来源主要是金融市场中的各类主体，有较强的市场属性。金融稳定保障基金整体上坚持了取于市场、用于市场的原则。估计将来对金融稳定保障基金的缴纳，各类金融机构应该是依据自身中国人民银行金融机构评级结果、各行业的重要性与稳健性等情况进行。具体怎么缴，可授权国务院具体规定。其次，金融稳定保障基金的使用在中国人民银行最后贷款职责之前，非到万不得已不得动用中国人民银行再贷款等公共资金。《草案》第 29 条第 3 款规定：“必要时，中国人民银行再贷款等公共资金可用于为金融稳定保障基金提供流动性支持，金融稳定保障基金应当以处置所得、收益和行业收费等偿还。”这里的“再贷款”指的就是中国人民银行最后贷款人职责。“必要时”三字，充分表明了在金融处置的资金使用顺位上，中国人民银行最后贷款人职责排在金融稳定保障基金之后。只是“必要时”这三字实在是不像法言法语，建议《草案》在进一步修订时明确中国人民银行再贷款的使用条件和范围。减少金融机构在金融风险处置中对公权力的依赖，将金融风险处置环节前移，是金融稳定保障基金的使命。

（三）金融稳定保障基金与行业保障基金

我国目前已建立相对完整的行业保障基金体系，包括存款保险基金、保险保障基金、信托业保障基金、流动性互助基金、证券投资者保护基金、期货投资者保障基金。这些行业保障基金，基本上涵盖了金融行业的所有子部门。值得注意的是，《草案》第 7 条、第 34 条等条款的表述，是将存款保险基金与其他行业保障基金并列，似乎强调了存款保险基金的特殊性，或者认为存款保险基金不属于行业保障基金的范畴。笔者认为，存款保险基金虽然有其特殊性，在境外某些国家和地区甚至被当做一种跨市场维稳政策工具来使用，但从本质上来说，其仍只是行业保障基金之一，存款保险基金与行业保障基金是从属关系，而非并列关系。建议《草案》在表述上对此进行相应修订。

金融稳定保障基金与行业保障基金有诸多相似之处，但同样有诸多不同点。对金融稳定保障基金与行业保障基金的关系，应做准确理解。第一，金融稳定保障基金是在行业救助与中国人民银行履行最后贷款人职责之间构筑一道新的风险防线，金融稳定保障基金将和行业保障基金、金融机构自身内控一起，成为构建我国金融安全网、健全中国特色金融稳定保障体系的防火墙。《草案》最大的亮点是“自救为本”（目前的金融风险处置实践是以行政权力介入为本，多受诟病），且多种金融处置工具有序分层运行、协同配合。根据《草案》第 24 条、第 28 条等规定，金融风险处置是有顺序要求的：股东、实际控制人自救—市场化资金并购重组—行业保障基金—地方公共资源—金融稳定保障基金—中国人民银行再贷款等公共资金。这个顺序与前文所述一致，目的是尽量减少金融机构在金融风险处置中对公权力的依赖。第二，金融稳定保障基金应主要用于系统性的金融风险处置。相对于行业保障基金，金融稳定保障基金设立的目的是用于具有系统隐患的重大风险处置，覆盖范围更广，跨行业属性更为突出。对于不会外溢的局部市场、单一市场风险不应动用金融稳定保障基金，而应运用行业保障基金来处置金融风险。近年来，内外形势的不稳定不确定因素明显增加，且超出了常规风险处置手段的能力范畴。例如，中美博弈对中概股市场的冲击，疫情加剧对金融市场的冲击，地产、城投等严监管造成的冲击等等，这些都存在系统性隐患，可以动用金融稳定保障基金。具体的判断标准，中国人民银行《宏观审慎政策指引（试行）》中已有相应规定。第三，与行业机构属性较强的行业保障基金相比，金融稳定保障基金更关注区域风险，侧重于防范和化解局部区域信用收缩、债务危机等引致的区域性金融风险，避免区域性金融风险不断蔓延成全国性金融风险。〔1〕第四，金融稳定保障基金的防范化解对象不再局限于金融体系内，也即会把危及金融机构、金融市场、金融基础设施的特定风险纳入进来，以避免特定领域的风险冲击到金融体系，最终演变成全域金融风险。《草案》第 12 条、第 14 条等条款体现了这种思维方式，规定“参与金融市场融资非金融企业”（如房地产企业等）也要纳入金融风险防范。第五，稍有疑惑的是，根据《草案》第 34 条，存保基金和其他行业保障基金可受金融管理部门指定担任接管组织或者实施清算、采取相关风险处置措施，但金融稳定保障基金没有相应的条款被赋予同等权限。那么金融稳定保障基金有没有接管、清算等权限呢？《草案》总则中的第 7 条，也只对存保基金和其他行业保障基金作出规定，并未一并规范金融稳定保障基金。同样都是“保障基金”，但显然《草案》对它们亲疏有别。

〔1〕 毛小柒：《如何理解〈金融稳定法（征求意见稿）〉?》，载 https：//mp. weixin. qq. com/s/HLQvN2_K1gwJKYWstuKPjQ，最后访问日期：2022 年 6 月 25 日。

三、金融稳定立法中的金融风险处置与金融机构破产

（一）《金融稳定法》与《企业破产法》的协同修法

金融风险处置与破产程序的衔接体现了行政权与司法权的复杂关系，也是金融稳定立法中的难点。《草案》尽管给出了一整套金融机构风险处置的程序和工具，但由于缺乏与《企业破产法》修订的协调，多有错位之处。后续的金融稳定立法应邀请更多的破产法专家、实务人士展开深入研究，《金融稳定法》的起草与《企业破产法》的修订应齐头并进、协调一致。

近年来，越来越多的金融机构风险积聚爆雷，监管采用了庭外重组、解散清算、破产清算、破产重整等多种风险化解方案。例如，锦州银行、恒丰银行的庭外重组，网信证券破产重整，包商银行破产清算，以及安邦集团的解散清算等。[1]然而这些金融机构的市场退出实践，总体上并没有相应的具体法律依据，属于摸着石头过河。目前仅有的法律依据为《企业破产法》第134条的笼统授权，商业银行、证券公司、保险公司等金融机构有本法第2条规定情形的，国务院金融监督管理机构可以向人民法院提出对该金融机构进行重整或者破产清算的申请。国务院金融监督管理机构依法对出现重大经营风险的金融机构采取接管、托管等措施的，可以向人民法院申请中止以该金融机构为被告或者被执行人的民事诉讼程序或者执行程序。金融机构实施破产的，国务院可以依据本法和其他有关法律的规定制定实施办法。

《草案》为金融机构退出市场提供了重要法律依据，用最大的篇幅（第四章）描述了金融机构风险处置的整体框架。该框架与破产程序多有类似。例如，《草案》第34条中的存保基金、行业保障基金作为接管或清算组织，地位和职责与破产管理人接近。又如，《草案》第36条规定的集中管辖、第37条规定的“三中止”、机构混同时的合并处置，都与破产程序中的集中管辖、终止效果、合并破产等制度安排类似。只是其中一些描述有些模糊，特别是金融风险处置行政程序与破产程序的关系问题。

第一，根据《草案》第23条的规定，破产仅为多种风险处置方式之一，与重组、接管、托管、撤销并列。但根据《企业破产法》及《草案》的第四章第四节“司法衔接”的相关表述，实际上区分了重组、接管等金融风险行政处置方式与破产司法处置方式，两者为并列关系（而非包含与被包含关系），并将金融风险行政处置列在了破产司法处置之前（《草案》

---

〔1〕 季诺等：《危机的金融机构，稳定的金融体系——破产法视野下的〈金融稳定法〉简析》，载 https：//mp. weixin. qq. com/s/Dupog4Og\ _muvHTEJRyXAiQ，最后访问日期：2022年6月25日。

第 33 条隐含此意，但未明说）。笔者认为，行政处置与司法处置不能混为一谈[1]。金融风险行政处置往往首先要考虑金融系统稳定、公共利益保护等宏观层面的问题，但司法上的破产程序关注的是私人主体（包括债权人、债务人及投资人等）之间的利益平衡，甚少直接考虑企业破产对社会影响的外部性。[2]《草案》第 23 条的表述应加以修正，破产程序应从金融风险处置行政程序概念下摘出来，单条规定。

第二，除《草案》第四章的首条（第 23 条）在总体上提及申请破产属于金融风险处置方式之一外，后续条款基本未提及金融风险处置与破产程序的关系。《草案》第 24 条在规定各类主体的金融风险处置"责任分工"时，并未将法院列入金融风险处置的责任主体。这再一次说明，《草案》第四章实际上只聚焦了金融风险的行政处置程序（最多规定了该行政处置程序与一般民事诉讼执行程序的关系），并未考虑作为司法程序的破产处置程序衔接。运用司法破产程序对行政处置中的行政监管机构进行适当约束，防止行政机关自由裁量权的过度扩张，实有必要。[3]

第三，在破产实践中，"府院联动"是非常重要的制度安排，对破产程序的梳理推进具有重要意义。但《草案》的金融风险处置并未提及"府院联动"，而是单纯强调行政机关的职责。这种片面的制度设计，可能在实践中遇到重重障碍。

第四，在《企业破产法》修订过程中，有学者提出应增加金融机构破产处置的相关内容，并做专章规定。这个观点颇有争议。笔者认为，金融分业经营的各个行业差异巨大，想要提炼统一的破产处置规则比较困难，因此在目前的《企业破产法》修订中写入金融机构破产处置专章的可能性较小。欧盟、英国早期多用破产法来处理金融机构处置问题，2008 年之后都开始转向行政处置程序，在《企业破产法》中立专章不符合国际趋势[4]。因此，需要在《金融稳定法》构建金融风险行政处置与破产程序协同的法律框架、体制、规则、机制，并对《企业破产法》第 113 条、第 134 条进行相应修改。[5]这可能是相对现实的方案。

---

〔1〕在比较法视野中，根据金融风险处置是否包含作为司法程序的破产程序，各国对"处置程序"（resolution procedure）概念有着不同的理解。例如，欧盟《2014 年银行复苏与处置指引》中所列明的危机银行处置措施仅包括业务出售、过渡银行、资产剥离、债转股等行政处置方式，而美国《联邦存款保险法案》下的"迅速纠正措施"（prompt corrective action）则包括了早期限制措施、接管与处置以及破产清算等所有程序。参见 Directive 2014/59/EU Bank Recovery and Resolution Directive：Establishing A Framework for the Recovery and Resolution of Credit Institutions and Investment Firms，Article 37. 2.；12 U. S. C. 1831o（c）.

〔2〕伏军：《危机银行处置：原理、制度与方法》，法律出版社 2018 年版，第 22、31 页。

〔3〕贺雪喆、陈斌彬：《金融机构破产对现行〈企业破产法〉适用的挑战及因应》，载《南方金融》2021 年第 1 期。

〔4〕美国金融机构的处置与破产，不适用《美国破产法》（Bankruptcy Code）第 7 章、第 11 章规定的破产清算及重整程序，而是适用《联邦存款保险法案》等特别立法。英国《2009 年银行法》一改过去银行处置适用普通《破产法》的传统，专门设立了银行处置的专门程序和清算程序。参见伏军：《危机银行处置：原理、制度与方法》，法律出版社 2018 年版，第 20 页。

〔5〕王裴民：《金融机构破产综合立法的体系研究》，载《中国政法大学学报》2021 年第 4 期。

（二）金融风险处置与破产程序中的股东与债权人

金融风险处置与破产程序中的股东与债权人法律地位有重大区别，这些区别大到需要《金融稳定法》与《企业破产法》进行系统性协调的程度。

第一，金融风险处置中的股东承担准无限责任，而破产程序中的股东只承担有限责任。《草案》第24条规定，被处置金融机构及其主要股东、实际控制人承担风险处置的主体责任，损失由被处置金融机构的股东依法吸收。《草案》第28条要求被处置金融机构的主要股东和实际控制人按照恢复与处置计划或者监管承诺补充资本，对金融风险负有责任的股东、实际控制人对被处置金融机构实施救助。而在《企业破产法》中，不论是何种股东或实际控制人都按照商法的一般原则承担有限责任，除非基于法人格的滥用而刺破面纱。《草案》的这种设定借鉴了美国的控股股东加重原则（又称“力量源泉”原则）。该原则由美联储最早提出[1]，经由Y条例的修订及一系列的司法判例演进，于2010年《华尔街改革与消费者保护法案》正式确立。《华尔街改革与消费者保护法案》对《联邦存款保险公司法案》进行了修订，增设第38A“力量源泉”（Source of Strength）一节，银行控股公司（Bank Holding Company，BHC）应当承担子银行“力量源泉”的义务与职责，在银行出现财务危机时，应向其提供资金援助或其他类型的资产作为支持。[2]申言之，《金融稳定法》作为特别法，与一般商法规则中商事主体的股东承担有限责任不同，金融风险行政处置程序中的金融机构股东承担的是准无限责任。

对于这种安排，笔者持怀疑态度。控股股东加重责任尽管在美国得到了确认，但其正当性仍有诸多争议，不同国家与地区的立法选择也不尽相同。核心问题在于，这种安排破坏了公司法上股东有限责任与公司法人独立人格的一般预期。在已经有存款保险、资产购买、公共资源救助等多项金融风险处置措施的情况下，还有没有必要通过牺牲公司法制度基石来维护“大而不能倒”的不合理预期，是值得怀疑的。同时，这种安排也不利于引入新的投资者对陷入危机的金融机构进行市场化重组重整。更重要的是，在已经有公司法人人格否认制度可以让滥用控制地位的金融机构股东承担加重责任的情况下，还有没有必要扩大责任主体范围，让那些没有滥用其控制地位的股东们也承担加重责任？况且，《草案》与美国控股股东责任加重原则不同，扩大加重责任主体范围至“主要股东”。而“主要股东”并非法律概念，《草案》也未对此概念作界定。只是在2014年7月19日中国银监会颁布的《商业银行公司治理指引》（已失效）中第9条规定，“主要股东”是指“能够直接或间接共同持有或控制商业银行百分之五以上股份或表决权以及对商业银行决策有重大影响的股东。”这一界定将那些虽持有一定银行股份（超过5%），却对银行决策没有影响力的机构或个人也纳入

---

〔1〕 Adam B. Ashcraft, Are Bank Holding Companies a Source of Strength to Their Banking Subsidiaries? Federal Reserve Bank of New York Staff Reports, No. 189, June 2004.

〔2〕 12 U. S. C. 1831o－1, Section 38A.

加重责任主体之内。就原理而言，之所以要求某些特殊股东承担加重责任，是由于这些特殊股东能够控制银行的管理与经营活动并从中获益。《草案》及相关规定的责任主体范围界定显然过于宽泛了，对那些对金融机构没有控制力的股东显然责任过重。

同时还需注意到《草案》中的一些基本概念用法比较随意，可能导致金融稳定立法与破产程序之间的股东或实控人责任承担冲突。一是《草案》第 23 条的规定，破产仅为多种风险处置方式之一，与重组、接管、托管、撤销并列，为包含和被包含的关系。那么《金融稳定法》下作为金融风险处置程序的破产程序中的股东“准无限责任”和《企业破产法》下的破产程序中的股东“有限责任”，在法律适用上就会产生冲突。二是《草案》第 12 条、第 14 条等对金融稳定保障基金的防范化解对象不再局限于金融体系内，也会将那些“参与金融市场融资非金融企业”（如房地产企业等）纳入金融风险防范与化解。那么，在金融风险处置阶段对股东的准无限责任，是否也适用于相关的非金融企业股东，还是说仅限于金融机构股东？换言之，这些相关的非金融企业股东是严格按照《公司法》《企业破产法》的规定承担有限责任，还是要依照《金融稳定法》金融风险处置的规定承担准无限责任？从《草案》的文义来看，似乎是前者。三是对比《草案》第 24 条和第 28 条，在金融风险处置程序中不同的股东、实际控制人需承担不同责任：其一“主要股东和实际控制人”依照生前遗嘱承担补充资本的责任（本质上是合同义务、风险分担，而非因过错而承担违法责任），其二“负有责任的股东、实际控制人”对被处置金融机构实施救助（此为因过错而承担的违法责任）。这两项责任的法律性质有着本质区别，如果后续有诉讼纠纷，可能会产生竞合。

第二，金融风险处置中的股东会被减记股权，而破产程序中的股东只是被劣后清偿。《草案》第 30 条、第 32 条规定，国务院金融管理部门可以依法进行股权、债权减记。减记规则为：按股权、次级债权、普通债权的顺序依次实施；股东在被处置金融机构中的财产权益不足以弥补被处置金融机构资产损失，且该股东拒绝追加出资或者追加出资仍不足以弥补资产损失的，应当全额减记股权。股权减记是全新的提法，有助于金融风险处置程序的顺利推进。实践中，有些股东倚仗对金融机构的法定控制地位来阻挠金融风险处置进程。对其进行股权减记，不失为一种高效的处置措施。只是其背后的法理依据，可能还需要细细琢磨。另外还需考虑的一个问题是，股权减记等是强制性的，还是像破产法一样需要利益相关者的决议？该问题的答案并不明确。

第三，在《草案》的框架下，有多个条款强调要保护债权人利益，此时债权人身份为被保护对象；但同时《草案》也规定金融风险处置程序中的“债权人债权”是有可能被减记的，此时债权人身份为风险承担人。而在《企业破产法》中，债权人仅为被保护对象。两种程序下的角色冲突不可不察。笔者的疑问是，《金融稳定法》下的债权人为何既是风险承担人，又是被保护对象？《金融稳定法》下作为金融风险处置程序的破产中的债权人保护和《企业破产法》下的债权人保护可能存在法律适用上的冲突，法理根基也不牢靠。

第四，《草案》第 33 条明确债权人和相关利益主体通过风险处置所得不低于“破产清算所得”，这类似于破产重整程序中的“绝对优先原则”。但金融风险行政处置在先、破产清算在后，在金融风险行政处置程序中，如何确定在后程序确定的清算所得？破产清算程序需要考量破产撤销、破产别除、破产抵消、破产取回等复杂情形，管理人也会依情形决定某些特定合同是否继续履行，这些都会导致“破产清算所得”的不确定性。显然，该条要求其实是一个悖论，操作性存疑。该条同时又规定，债权人和相关利益主体通过风险处置所得低于破产清算所得情形下，可向风险处置实施机关提起复议；对复议结果不服的，可以向人民法院提起诉讼，请求获得补偿。由于前述“破产清算所得”的不确定性，该复议是否必须要等到破产清算方案出台后才能提起？对这种复议的救济是民事诉讼还是行政法上的救济？若是行政法上的救济，如何进行补偿？谁是补偿主体？是否足额补偿？答案都不甚明确。

（三）金融风险处置程序与破产程序衔接的特殊问题

金融风险处置与破产程序本身都十分复杂，是对各方利益进行不同价值导向的复杂博弈。但正是价值取向的不同，导致两者在制度设计上各有倾斜。这种各有倾斜分别看来没什么问题，然而一旦金融风险行政处置程序失败转而进入破产程序，这种制度上的倾斜差异就可能会变成程序衔接上的困境。起码有三个关键问题值得进一步探讨。

第一，金融风险处置“整体转移”与破产撤销的关系。《草案》第 30 条、第 31 条规定，金融处置部门可以“向第三方机构转移被处置金融机构的部分或者全部业务、资产和负债”，该转移可以采取公告方式通知债权人以及相关利益主体，于公告发布时生效。这种“金融资产整体转移”的处置方式，确为实践中金融风险处置的通行做法。但问题是，这种“金融资产整体转移”本质上是一种无偿转让财产的行为，会对债权人整体利益产生影响。若进入破产程序，管理人可依《破产法》第 31 条之规定予以破产撤销。这两个程序之间应如何衔接？这种衔接安排应当写入《金融稳定法》，还是《企业破产法》？就《金融稳定法》与《企业破产法》的位阶、效力、发布时间、规制范围而言，很难说《金融稳定法》是《企业破产法》的特别法。两者间的适用问题需要专门条款加以说明。

第二，金融风险处置与破产重整中的外部投资者引入。如前所述，《草案》第 24 条、第 28 条等规定了金融风险处置顺序，依次为股东、实际控制人自救—市场化资金并购重组—行业保障基金—地方公共资源—金融稳定保障基金—中国人民银行再贷款等公共资金。换言之，金融处置风险应先由金融机构自救纾困、市场化重组取得资金，如果还无法化解风险，才可引入存款保险基金或行业保障基金获得救助，直至适用中国人民银行等公共资金。实际上，在这些程序都穷尽后，还有一个破产程序作为最后处置环节。理论上，在这些环节中，会有两次外部投资者的引入：一是金融风险行政处置程序中的市场化资金并购重组，二是破产重整中外部投资者的招募。对于这些需引入外部资金的破产重整案件而言，基于先市场救助后公共救助的原则，存款保险、行业保障基金等后顺位金融风险处置资金是否无法在第一时间使用？还是说，这两种“引入市场化资金”不是同一个程序和性质，可以引入两次？另外，近年实践中发展火热的破产预重整制度也同样会引入外部投资者，这又是一个程序衔接难题。

第三，金融风险行政处置程序与破产程序中的临时中止权。在某些金融交易（特别是期货、衍生品合约）中往往会约定某些违约条件或破产情形出现时，合约可以经通知终止或自动提前终止、然后直接进行轧差结算。其本质是保障在危险情形出现时，相关利益主体可以顺利进行净额结算。这是一个被称为“终止净额结算”（close-out netting）的合约安排。终止净额结算可以避免破产带来的风险，并增加资金的流动性。[1]但这种合约安排会遇到几个法律障碍：一是在多笔期货、衍生品合约中，有部分合约会被净额结算、部分没有，有部分结算资产会被法院通过个案执行程序强制执行，而另一部分结算资产由于不涉及该个案而没有被强制执行，导致无法进行多边完整轧差；二是一旦进入破产程序，所有的合同约定都会被暂停，包括“终止净额结算”的约定也会被暂行，继续履行还是解除合同，由破产管理人说了算（《企业破产法》第 18 条）；三是即便“净额结算”在进入破产程序之前顺利完成，但由于破产撤销权（《企业破产法》第 32 条）的存在，使得这个在临界期内的个别清偿行为会被破产管理人撤销。为解决这些法律障碍、增强终止净额结算的可预期性，2022 年 4 月 20 日新出台的《期货和衍生品法》做了如下安排：一是承认“主协议交易”（ISDA / NAFMII / SAC）的法律效力，将主协议、补充协议与各子协议视为统一的“单一协议”，防止司法机关、破产管理人对衍生品合约拣选履行（《期货和衍生品法》第 32 条）；二是确认了终止净额结算的破产豁免，即依法进行的净额结算、集中结算，不因交易任何一方依法进入破产程序而中止、无效或者撤销（《期货和衍生品法》第 35 条、第 37 条、第 43 条）。以上制度的确立，意味着中国将成为干净的净额结算管辖区，中国律师可以出具“干净的净额结算意见”，论证终止净额结算机制在中国法域内具有强确定性。

然而，《草案》第 30 条规定国务院金融管理部门实施金融风险处置的，经主要负责人批准，可以暂停合格金融交易的终止净额结算。该条规定又一次将《期货和衍生品法》排除的破产程序不确定性，以《金融稳定法》的路径凸显出来。该条款引起了期货和衍生品市场的广泛关注。

笔者认为，终止净额结算并非在所有情况下都是有利于市场的，在危机时期对此加以限制有一定合理性。[2]但《草案》第 30 条的规定过于笼统，应对这种“暂停”附加相应的时间、条件等限制。在比较法视野中，为了平衡合同权利保护与处置程序有效进行之间的这种矛盾，美国金融稳定理事会在《金融机构有效处置框架核心要求》中设计了一套详细的规

---

〔1〕 王裴民：《金融机构破产综合立法的体系研究》，载《中国政法大学学报》2021 年第 4 期。

〔2〕 巫文勇、张崟：《国家干预视角下金融机构破产安全港保护制度规则和边界》，载《江西社会科学》2021 年第 1 期。

范。该文件要求，处置机构应有权暂时中止金融合同当事人提前终止合同或解除合同的权利行使，临时中止权（temporary stay）。但是，处置机构这种中止权的行使，也应受到必要的制约和限制。根据金融稳定理事会的要求，处置机构中止权的行使，应当符合以下原则：（1）中止权的行使应当有严格的时间限制（如不超过2个工作日）；（2）中止权的行使应充分保证金融合同的完整性并为合同相对方提供法律上的确定性、可预期性；（3）中止权不适用于金融机构出现合同违约行为（如违反支付、交付或担保义务等）的情形，此种情况下，相对方有权立即行使合同解除权。此外，处置机构可以自行决定是否行使这权力，或者根据法律规定自动行使，任何情况下，立法均应明确启动的时间及届满的时间。[1]实际上，我国《商业银行法（修改建议稿）》第95条也对商业银行接管程序中的终止净额结算暂停制度进行了规定，且附加了“暂停期限最长为2个工作日”的限制。《金融稳定法》中也同样应该对终止净额结算的暂停附加相应限制。

---

〔1〕 Financial Stability Board，Key Attributes of Effective Resolution Regimes for Financial Institutions，Annex V.

美国有序清算机制对我国金融稳定立法的启示

杨德森 *

一、有序清算机制一般理论

（一）定义

各国金融稳定工作的基本内容围绕着金融系统性风险展开，具体包括金融风险识别监测、风险评估、风险防范化解、风险处置四部分。金融风险处置是金融稳定主管部门（主要各国央行）运用其职权和资源，对陷入生存危机的问题金融机构进行救助使其恢复正常经营，或对于丧失可持续发展能力的金融机构进行清算，使其有序退出金融市场。无论是恢复正常经营还是有序退出市场，二者的目的都是将单个金融机构的风险限制在一定范围之内，避免外溢到整个金融系统，造成更大的负面影响。因此，风险处置工作内在要求有序、有效。

作为有序退出市场的具体方法或流程，有序清算和有序破产的概念由来已久。1997 年亚洲金融危机之后国际社会认识到，由于缺少有序且有效的破产程序，债权人在危机期间没法获得合理稳定的预期，这将收紧其未来提供信贷资源的意愿，从而很大程度上会加剧经济和金融危机。因此，在 1999 年国际货币基金组织法律部组织各国破产法专家共同起草了《有序有效破产程序的关键问题》[1]，报告中就率先

---

* 杨德森，华东政法大学经济法学博士，原为金融稳定机构工作人员。

〔1〕 International Monetary Fund Legal Department：Orderly & EffectiveInsolvency ProceduresKey Issues，https：//www. imf. org/external/pubs/ft/orderly/index. htm.

提出了有序清算的概念。

经过多次危机的洗礼，有序清算机制概念深入人心。作为有序处置金融风险机制的一种，有序清算机制主要适用于具有系统重要性的大型复杂金融机构的有序市场退出。该机制通过让大型复杂金融机构股东和无担保债权人在适当情况下吸收损失、设立过桥机构和专项救助基金、中止某些金融合约权利、设定不同类型破产债权受偿等级等措施，高效处置出现破产风险或生存危机的金融机构的资产负债，最大限度保存该金融机构剩余市场价值，维护该金融机构（或其子公司）正常运营，达到既可以让该金融机构退出市场，又不中断金融服务功能、影响金融系统稳定或造成纳税人损失的目的。该机制一般与保护存款人、保单持有人和散户投资者的机制和安排相互配合。

（二）有序清算机制核心要素

在2007~2008年金融危机之后，二十国集团达成金融改革的一些共识，并依托金融稳定委员会（Financial Stability Board，FSB）推进这些改革措施。共识之一就是为了处置“太大而不能倒”的金融机构，必须建立对于此类金融机构的有效处置制度。为此，FSB在2019年5月发布了《金融机构有效处置制度关键要素》报告〔1〕。为了各国当局能够以有序的方式处置失败的金融机构，限制对经济活动的总体影响、避免公共资金遭受损失，该报告列出了以下六个方面的关键要素，这些要素也是有序清算机制应该具备的核心要素。

1. 法律框架和体制安排

金融机构的处置应由具有明确法定目标的行政处置机构进行，包括追求金融稳定和金融机构关键职能连续性的行政处置机构。处置制度应使当局能够在金融机构不再可行、没有办法恢复生存能力的合理前景时进行干预，要在金融机构进入资产负债表破产之前实施。

2. 处置权力和工具〔2〕

处置机构应拥有广泛的工具和权力，以确保其关键功能的连续性，从而管理金融机构的失败。

3. 法律保障

由于处置行动可能会干扰合同、法定或宪法权利，因此关键要素规定了一些法律保障措施。特别是，“没有比破产境况更糟”的保障措施在处置中保护金融机构的债权人和股东，方法是确保必要时通过赔偿使他们的损失不会大于金融机构被清算时的损失。

4. 资金

关键要素的主要动机是处置制度应提供选择，以便当局不受依赖公共资金或救助的限

〔1〕 Key Attributes of Effective Resolution Regimesfor Financial Institutions，https：//www. fsb. org/wp-content/uploads/r_141015. pdf.

〔2〕 包括：未经股东或债权人同意，转让所有权或资产、权利和负债，以实现出售全部或部分失败的金融机构，将金融机构的关键职能转移给临时桥梁机构或将不良资产转让给管理工具；减记无担保负债或将其转换为股权，以吸收损失或提供资金；对金融合同下的提前终止权利施加临时中止；清算全部或部分金融机构，及时支付或转移受保存款，并及时获得客户资金和资产。

制。因此，应提供私人资助的处置资金来源。如果在处置中使用公共资金，就应该有机制从被处置公司及其债权人或更广泛的金融部门收回这些资金。还应作出安排，确保被处置公司可获得临时流动资金。

5. 恢复和处置计划及可处置性〔1〕

认识到准备工作是有效处置的基础，关键要素要求维护恢复和处置计划，并定期更新所有可能遭遇失败的系统重要性金融机构名单。

6. 跨界合作和信息共享

由于许多金融机构在多个司法管辖区运营，因此关键要素包含许多支持跨境合作和信息共享的条款〔2〕。

二、美国 OLA 介绍

（一）OLA 出现的背景

美国是 2007 ~ 2008 年金融危机的发源地，2008 年一些被认为“大而不能倒”的金融机构，如贝尔斯登、雷曼兄弟、房地美、房利美、花旗集团、美国银行、美国国际集团等陷入财务困境。美国政府试图向其中的一些机构提供救助资金来保住它们，但是贝尔斯登、雷曼兄弟最后仍申请破产，雷曼兄弟的破产成为美国有史以来最大的根据《美国破产法》第 11 章审理的破产案。鉴于这些金融机构的失败，美国国会认为有必要建立一个机制，为这些大型复杂金融机构提供有效清算，消除未来政府救助它们的可能性。因此，在《多德 - 弗兰克法》第二编（Title II）规定了 OLA。

（二）OLA 的核心内容

1. 启动 OLA 的条件

第一，OLA 只能适用于四类金融公司（以下统称为“受规制金融公司或金融公司”）：一是银行控股公司；二是由美联储依法监管的非银行金融机构；三是主要从事金融业务的公司，来自金融业务的收入要大于合并总收入的 85%；四是除存款类机构和保险公司以外的前三类公司的子公司。

---

〔1〕 包括：由金融机构制定的恢复计划应制定可靠的选择，以便在一系列特殊和整个市场的压力情景中恢复财务或运营稳健性。处置计划由当局利用金融机构提供的信息制定，规定了处置策略和工具以及实施该策略的详细行动计划。用于评估处置方案策略可行性的可处置性评估是处置方案规划过程的固有部分。当局应有权要求金融机构采取措施，解决其可处置性障碍。

〔2〕 包括：为规划或执行处置办法的目的，跨界信息交流不应有任何障碍，但须有适当的保密安排。

全球系统重要性金融机构（G-SIFI）维持涉及母国和主要东道国当局的危机管理小组，作为协调和信息共享的论坛。由于并非所有 G-SIFI 东道国当局都包括在 CMG 中，因此母国当局还应与 G-SIFI 在当地系统性运营的司法管辖区（“非 CMG 母国”）的授权机构建立合作安排。

国家法律框架应提供明确和及时的程序，使针对外国金融机构的当地资产或负债的外国解决措施具有法律效力。

第二，金融公司必须经过美联储理事会多数理事、联邦存款保险公司（Federal Deposit Insurance Corporation，FDIC）多数董事、证券交易委员会（Securities and Exchange Commission，SEC）或商品交易委员会（Commodity Exchange Commission，CEC）多数委员等金融监管机构向财政部长作出书面建议，认定为：该金融公司存在违约行为或者违约风险；该金融公司的倒闭及根据法律对其进行的处置将对美国金融稳定产生严重的负面影响；没有可行的私营部门替代方案可以防止金融公司违约；考虑到依第二编规定采取的任何行动都可能对美国金融稳定产生影响，而采取的行动对金融公司的债权人、交易对手、股东和其他市场参与者的债权或者利益的影响是适当的；根据第二编第 5384 条将避免或者减轻这类不利影响，同时考虑到该行动在减轻对金融体系的潜在不利影响方面的有效性、财政一般性基金的成本以及增加金融公司债权人、交易对手和股东过度承担风险的可能性；联邦监管机构已经责令金融公司转换其所有受监管约束的可转换债务工具。

第三，财政部长在跟总统协商后，作出任命 FDIC 作为该金融公司的接管人启动 OLA 的决定，并通知该金融公司；如果该金融公司的董事会默许，则视为同意 FDIC 作为接管人，FDIC 开始接管；如果董事会不同意，则财政部长向哥伦比亚特区的地方法院申请委任 FDIC 作为接管人。

第四，地方法院举行听证会，要在 24 小时内作出裁定，否则财政部对于 FDIC 的委任自动生效；如果法院认可财政部长的决定不是“任意的和反复无常”的，则发出法院令授权 FDIC 作为接管人；如果法院认为财政部长的决定是任意的或反复无常的，则给予财政部长修改和重新提交申请书的机会。对于地方法院的判决可以上诉到哥伦比亚特区的上诉法院，上诉法院要判断金融公司是否有违约风险，是否财政部长的决定是任意的或反复无常的，而作出判决。该判决还可以继续上诉到最高法院，最高法院也要在 30 日内给出判决。

第五，FDIC 成为正式的接管人之后，将控制金融公司的所有资产负债和业务经营。

2. 单点进入策略

单点进入策略（single point of entry policy，SPOE）是在处置大型复杂金融机构时，只接管其在美国的最顶层控股母公司。因为在美国一般采取母子公司这样的股权架构，由母公司持有子公司的权益、对外负债，而金融类子公司则专司运营和提供金融服务。采取 SPOE 策略，可以将处置带来的负面影响最大限度限制在较小范围，在处置时保证金融类子公司的运营不受干扰并能到期偿还债务，从而避免多重的竞争性破产对金融体系的破坏。

SPOE 策略下，控股母公司的大部分资产包括对运营子公司的股权都将被转移到 FDIC 设立的过桥公司中，而股东和大多数无担保债权人的破产财产请求权将留在被接管的母公司中。这样过桥公司的资产负债表得以加强，可以更便于过桥公司在市场中获得私人融资。即使过桥公司无法短时间内获得私人融资，《多德－弗兰克法》授权 FDIC 可向财政部定向发行债务，将发债所得存入有效清算基金（Orderly Liquidation Fund，OLF），FDIC 可以向过桥公司提供 OLF 贷款。FDIC 也可以向私人部门提供给过桥公司的贷款出具担保。

3. FDIC 作为接管人的职权职责

作为接管人，FDIC 主要承担以下职责：

一是组建过桥公司，转让或出售被接管金融公司（以下简称被接管人）的资产。

二是厘定各种费用和债权，对违约债权进行估值，排定受偿顺序。

三是依法行使被接管人之前签订的某些合同（如服务合同、合格金融合同[1]）的合同权利或法定权力，如拒付对价和损害赔偿，否认或中止某些合格金融合同效力，继续执行某些担保合同等。

四是依法撤销被接管人自接管之日起过去 2 年内的某些具有欺诈性或者优惠性的权益转让、义务承担的行为，接受或驳回某些债权人主张的债权抵消主张、行使债务担保权的主张。

五是视情况向财政部申请发债，设立 OLF，并利用 OLF 为过桥公司提供短期流动性支持，制定向 OLF 的强制还款计划，并向财政部偿还借款。[2]

六是依法追回对被接管人陷入危机负有责任的董事、高管的薪酬并开除这些董事、高管，为过桥公司选任新的董事、高管。

七是与美联储理事会、SEC、CFTC、联邦贸易委员会以及对应的外国金融监管机构协商处置过程中的具体监管事宜，共享处置信息。

八是进行行业评估，如果认为有必要，启动对于适格金融公司[3]或者合并总资产大于 500 亿美元的非适格金融公司的风险评估，对于资产越大、风险越高的金融公司定级为适用更高的费率。

4. 有效清算基金

OLF 是财政部设立但由 FDIC 负责管理的专项基金，用以支持过桥公司的短期流动性需求，以及用来支付有序清算过程中产生的费用，支付 FDIC 向财政部发行债务的本金和利息，以及 FDIC 行使处置权力的行政费用。OLF 与存款保险基金虽然都由 FDIC 管理，但是二者相互独立，也不允许 FDIC 将二者混同。OLF 相当于政府提供给被接管人或过桥公司的一笔专项贷款：一方面，OLF 在处置过程中起到“付款箱”作用，一定程度上与作为接管人的 FDIC 财务上实现隔离；另一方面，虽然是政府出资的付款箱，但是 OLF 最后还是要通过处置中获得的收益等方式得到优先清偿，避免由纳税人承担救助成本。

OLF 事前不累积资金，在 FDIC 被任命为接管人之后，处置过程中产生资金需求时，由

[1] 合格金融合同（Qualified Financial Contract，QFC）是指任何证券合同、商品合同、远期合同、回购协议、掉期协议，以及 FDIC 通过法规、决议或命令确定的符合合格金融合同法律意图的任何协议。

[2] 一般 FDIC 在 5 年内就向财政部归还发债的全部本金和利息。

[3] 适格金融公司是指合并总资产不低于 500 亿美元的银行控股公司以及受美联储理事会监管的非银行金融机构。

FDIC 代表 OLF 按照财政部长确定的收益率、金额、期限等条件申请向财政部发行债券募资，并将所有发债募集的资金注入 OLF。其中，向财政部发债的收益率等于同期限国债收益率加上风险溢价，风险溢价要高于市场上同期限的美国公司债与国债的平均信用利差，相当于把 OLF 看作一家比一般美国公司信用风险略高的公司。OLF 发债上限不得超过 FDIC 被任命为接管人之日起 30 天内被接管人最新一期会计报表中合并总资产的 10%，也不得超过被任命为接管人 30 天后被接管人重新评估后的合并总资产的 90%。

OLF 的资金支出主要是用于向第三方付款和向过桥公司提供流动性支持或担保。OLF 资金收入一是来自于被借款人或过桥公司按照还款计划归还的贷款和利息；二是来自于 FDIC 对适格金融机构进行风险评估后收费的款项；三是财政部长认可后，FDIC 将 OLF 中闲置的资金用于投资期限合适的美国国债，获得的国债利息和出售国债后的收益。

5. 风险评估

为了在最长 5 年内清偿为充实 OLF 而向财政部发行的债券，FDIC 如果认为有必要，可启动对于适格金融公司或者合并总资产大于 500 亿美元的非适格金融公司的风险评估，并基于这些风险评估收取一定费用，这些费用将用于偿还为充实 OLF 而向财政部的负债。评估应采取风险矩阵法，并考虑以下因素：

一是普遍影响金融公司的（周期性）经济状况；

二是金融公司作为参保存款机构、证券投资者保护公司成员、信用合作社、保险公司身份，根据存款保险法、证券投资者保护法律以及各州的相关法律对以及这些金融公司及其关联公司进行评估后的结果；

三是金融公司对于金融体系带来的风险，以及金融公司在多大程度上会受益于 OLA，以及应考虑的具体因素[1]；

四是 FDIC 和美联储理事会认为适当的其他风险相关因素。

FDIC 对于资产越大、风险越高的金融公司可适用更高的费率。

（三）OLA 的最新演变

《多德 - 弗兰克法》是在奥巴马政府时期出台的，而特朗普成为美国总统后在 2017 年 2 月颁布了一项行政命令，规定了美国金融监管体系改革的七项“核心原则”，包括防止纳税人出资救助金融机构和道德风险等。2017 年 4 月，特朗普又发布了一份备忘录，指示财政部长审查 OLA，根据七项核心原则提出改革 OLA 的建议，并审查是否应该在《美国破产法》

---

〔1〕 具体因素包括：金融公司及其关联方的资产数量、种类和集中度；金融公司及其关联方活动；金融公司及其关联方的市场份额；金融公司的杠杆率；经济困境引发突然的流动性需求的潜在可能；金融公司对其他交易对手的付款义务的金额、期限、波动性和稳定性；金融公司负债的金额、期限、波动性、稳定性以及对短期资金的依赖程度；金融公司资金来源的稳定性和多样性；金融公司作为家庭、企业、州和地方政府信贷来源和金融体系流动性来源的重要性；金融公司管理客户资产的规模、客户分散程度；金融公司及其关联公司的负债金额、类别和集中度。

中增加一个第 14 章来处理金融公司的破产。

美财政部在 2018 年 2 月提交了《OLA 和破产改革》报告[1]。在报告中，财政部承认 OLA 的存在的确可能会鼓励金融公司的股东、债权人和交易对手股东承担风险，尤其是 FDIC 可以通过向财政部发债来筹措 OLF 进行清算。虽然 OLF 资金损失可以由对其他适格金融公司的风险评估收费来弥补，但是纳税人的钱仍处于风险状态之中。如果 OLA 提供了这种隐形的政府背书，就会削弱市场纪律并鼓励过度冒险。

该报告还提出了其他需要进行改革的地方：首先，OLA 赋予 FDIC 过多的自由裁量权，可能产生区别待遇；其次，赋予过桥公司过多优势，尤其是免税的地位，扭曲了市场竞争；最后，虽然有 SPOE 策略，但 OLA 的处置策略还不够清晰。

针对以上存在的问题，美财政部的报告建议：

1. 在《美国破产法》中新增第 14 章，完善金融公司破产程序

首先，需要针对大型复杂金融机构的处置设计《美国破产法》新规定。处置从事衍生品和短期贷款业务的大型金融机构，现有破产法规定的程序过于冗长，无法在不承担挤兑风险的情况下处置金融公司，而这将会在重组前侵蚀公司的剩余价值。因此，新的第 14 章有必要针对大型复杂金融机构设计新的破产流程。

其次，新的第 14 章还应提供清晰和可预测的损失分配规则。问题金融机构的某些债务应只能“留在”问题金融机构，而不能转移给过桥公司。这些留下的债务包括所有股东对问题金融机构的债权以及“资本结构债券”持有人的债权，以此鼓励和加强市场纪律。

最后，新的第 14 章允许美联储、OCC、SEC、CFTC、FDIC 等金融监管机构和财政部长对破产案件的任何问题提出意见和建议，补充破产法院的专业认知。而且如果满足某些明确定义的条件，某个金融监管机构也可以直接向法院申请启动破产案件，这就避免了问题金融机构存在顽固的董事会拒绝申请破产，导致错过最佳的处置时机。

2. 对现有的 OLA 进行重大改革

如果加强金融公司破产制度是治本，那么对 OLA 本身进行改革就是治标。这种对现有 OLA 的改革主要集中在以下方面：

一是提供明确公正管理的规则。具体包括限制 FDIC 过大的自由裁量权，规定破产法院来裁决针对被接管人的索赔，取消过桥公司的免税地位，进一步明确启动 OLA 程序的标准（例如，原来的条件之一是可能具有违约危险，可进一步界定为未来 90 天内可能有违约危险）。

二是维护市场纪律加强纳税人保护。具体包括限制向 OLF 提供融资的期限，利用 OLF 进行担保和 OLF 贷款利率溢价来倒逼过桥公司依赖私人市场提供的流动性；要求 FDIC 在有担保的基础上放贷，加快行业范围支持 OLF 的评估。

---

[1] US Treasury Department: Orderly Liquidation Authority and Bankruptcy Reform, https://home.treasury.gov/sites/default/files/2018-02/OLA_REPORT.pdf.

三是加强司法审查，以便对启动 OLA 进行更强力的检查，尽可能限制使用 OLA 的可能。原来的 OLA 中对于财政部长任命接管人的决定，其中涉及各种条件的判断留给司法审查时间太短，导致法院成为了橡皮图章。改革后的 OLA 要对于审查时间和流程进行强化。

三、美国 OLA 对我国金融稳定法立法的启示

2022 年 4 月，我国《金融稳定法（草案征求意见稿）》（以下简称《草案》）已经正式公布。《草案》第四章规定了金融风险处置工作机制、处置资金来源、处置措施和工具、司法衔接等内容，其中部分行政风险处置的制度内容接近美国的 OLA。因此，美国的 OLA 制度及其最新改革对于中国的金融稳定立法就存在一定借鉴价值。美国 OLA 制度主要有以下可借鉴之处。

（一）OLA 确有必要，但应与破产程序互斥，作为最后的应急选择

首先，应正确认识 OLA 的性质，以及 OLA 与破产程序的关系。美国 OLA 以问题金融机构实现有序市场退出为目的，因此在实现市场退出这一点上，美国 OLA 与破产程序是平行的“二选一”关系。但如果风险处置目标是以维持问题金融机构继续经营，则没有适用 OLA 的可能。实践中，无论是美国 OLA，还是我国对于问题金融机构的风险处置，其过程中往往都存在重组、托管、接管行为，但并不能因此将重组、托管、接管等具体处置行为简单地与 OLA 混为一谈。

其次，从历次重大金融危机的经验来看，OFA 制度有必要且合理的存在理由。因为大型复杂金融机构如果用普通破产程序处置，一方面，破产流程复杂、时间周期长，容易错过救助的最佳时机，导致问题金融机构剩余价值大大损伤或者对金融体系造成更持续的负面影响；另一方面，对金融机构破产临界点、金融机构资产负债的重组模式、金融标准化合约执行效力等具体问题的判断处理，既需要拥有金融专业知识和监管经验，还需要有能力协调不同行业、地域、国内外的具体监管机构共享信息和形成一致立场，这往往超出了法院的能力范围。

最后，美国最新立法及监管改革倾向将 OLA 列为最后的应急选项，而不是第一选择。因为一旦给予金融机构在市场退出方面的优待，尤其是借助公共资金对其救助纾困，就会助长金融机构道德风险，过度追求冒险行为，反而更加容易导致金融系统不稳定，扭曲市场和不当增加纳税人负担。这将背离市场经济精神，使市场自身的约束机制失效。

（二）OLA 规则明确且公正，给予市场主体更明确的预期

金融机构风险处置能够实现有序、降低对于金融体系的负面影响，关键之一在于尽可能保持信息透明，让债权人、交易对手以及其他市场主体可以合理预期处置过程和结果，并据此作出判断决策。美国 OLA 制度改革的改革方向之一就是致力于此。我国金融机构风险处

置之前往往是由金融监管机构主导，对外披露的信息极少，某种程度上更容易让市场主体误认为问题金融机构由国家“兜底”，助长了道德风险。因此，未来金融稳定相关立法可借鉴美国经验，提高处置规则的透明度，更好地引导市场主体预期。

（三）OLF 基金市场化运作，降低金融市场道德风险

美国的 OLF 基金虽然是由财政部设立，主要资金源于向财政部发债后的注资。但是该基金与 FDIC 实现资金隔离，在资金使用上按市场原则要求足额担保和给予回报，以处置问题金融机构的剩余财产作为第一还款来源，在发行债务和资产保值增值过程中依据公开市场中普通公司类债券的收益率来定价，无一不体现了“市场化运作”的原则。这有利于实现市场化方式提供救助资金，避免由纳税人负担风险处置。

四、对我国金融稳定后续立法的建议

（一）厘清《金融稳定法》中规定的各种处置流程与破产程序的关系

《草案》第 23 条规定，“为处置金融风险，处置部门可以依法实施促成重组、接管、托管、撤销或者申请破产，实现被处置金融机构恢复正常经营或者平稳有序退出”。第 23 条将重组、接管、托管、撤销或者申请破产进行并列式的列举，但在这条规定中，很难判断出作为手段的重组、接管、托管等行为与作为目的的“恢复正常经营”是不是严格一一对应的关系，重组、接管、托管等行为是否也可以对应于“平稳有序退出”目的。这样导致没法判断“重组、接管、托管”与“撤销或者申请破产”是不是“互斥关系”，进而会影响市场主体预期和判断问题金融机构处置的结果究竟是生是死。而在这种情况下，市场主体往往会进行悲观的假设，预期问题金融机构会被破产和撤销，这可能会刺激市场主体为了保护自己的债权竞相挤兑金融机构的流动性（即使问题金融机构本可以通过维持正常的交易度过困难时期），反而会产生一种“预期自我实现”的效果。

对此建议，按照系统性风险与负面冲击程度、救助可能性两个维度，将处置流程划分为非退出处置流程、有序清算处置流程和破产流程三类风险处置流程，并按照启动条件适用不同的流程。

只要是救助可能性大的金融机构，无论系统性风险与负面冲击大小，都采用重组、托管和接管等方式实施“非退出处置流程”；如果是系统性风险与负面冲击大、救助可能性小的金融机构，可采取接管加撤销的方式实施“有序清算处置流程”；如果是系统性风险与负面冲击小、救助可能性小的金融机构，可直接进入“破产流程”处置。

（二）以风险处置流程为主线进一步明确各方权利义务

《草案》第四章包括“工作机制”、“资金来源”、“处置措施和工具”和“司法衔接”四节。这四节的内容虽然照顾到了风险处置工作的横向剖面，但并没有规定风险处置流程主要环

节这个纵向剖面。这可能导致的后果，一是无法让人合理判断风险处置工作当前所处状态、下一环节如何衔接和可能的结果；二是在每个重要的节点上，问题金融机构、负责处置的专业管理机构、监管机构、法院以及其他利益相关方的实体权利义务和程序权利义务也不够清晰。

为了提高规则可预期性，建议后续立法修改可按照处置工作流程为主线，将处置制度中的各方权利义务在流程中加以补充规定：明确非退出处置流程、有序清算处置流程和破产流程各自定义和边界，尤其是明确三者之间如何实现“互斥性”；针对每一类处置流程，明确规定有权启动该流程的权利主体，流程启动条件以及配套的具体考虑因素，针对启动决定相对人或第三方的救济方式；明确规定每一类处置流程启动后（破产程序除外，主要沿用企业破产法），构成处置流程的主要环节，各环节中处置机构（专业托管人、接管人或金融监管机构）的职权职责，可动用的处置措施或工具等；规定退出某一处置流程的例外情形，例如，非退出处置流程中发现重大风险隐患或者问题金融机构瞒报误报，导致金融机构即使经救助也无法正常经营的，应立即终止非退出处置流程。

（三）按照市场化运作原则设计金融稳定保障基金

《草案》第29条规定，金融稳定保障基金由向金融机构、金融基础设施等主体筹集的资金以及国务院规定的其他资金组成。必要时，中国人民银行再贷款等公共资金可用于为金融稳定保障基金提供流动性支持，金融稳定保障基金应当以处置所得、收益和行业收费等偿还。并授权由国务院规定金融稳定保障基金筹集、管理和使用的具体办法。

从第29条规定可以看出：首先，金融稳定保障基金除了向金融机构、金融基础设施等行业主体收费的资金，还包括国务院规定的其他资金；其次，中国人民银行对该基金的流动性支持，并不是无偿的，需要通过处置所得、收益和行业收费等偿还。

借鉴美国的经验，笔者建议应在第29条增加“金融稳定保障基金应采取市场化原则运作”的规定，未来以国务院制定法规形式进一步细化规定：

一是金融稳定保障基金的收入应全部来自于金融行业：初始资金可参照存款保险基金和美国OLF的经验，通过向全行业的所有类型的系统重要性金融机构进行风险评估收费来获取，后续资金靠处置问题金融机构所得和收益；允许金融稳定保障基金在必要时向其他金融机构或者人民银行发行债券补充资金，债券按照政策性金融机构相同期限的债券收益率定价。

二是明确金融稳定保障基金支出仅用于系统重要性金融机构的风险处置。金融稳定保障基金来自于对系统重要性金融机构的风险评估收费，因此应“取之于民、用之于民”。此举也可以将金融稳定保障基金与存款保险基金、证券投资者保护基金、保险保障基金等行业保障基金相互区分，实现分工配合。

三是金融稳定保障基金的使用应采取市场化运作、保障其安全性。例如，向问题金融机构借出的资金，一般应要求其或者第三方提供担保；无担保借款应规定高优先级受偿或者不超过一定额度。

《金融稳定法（草案征求意见稿）》研讨会综述

陆　瑶　王福琳 *

2022 年 4 月 6 日，中国人民银行发布《金融稳定法（草案征求意见稿）》（以下简称《草案》），并向社会公开征求意见。由上海市法学会金融法研究会主办的“《金融稳定法（草案征求意见稿）》立法研讨会”，于 2022 年 4 月 27 日在线上成功举行，得到全国金融法理论界与实务界的专家、学者的鼎力支持。与会者围绕金融稳定法的出台背景与重要意义、立法存在的不足及其完善展开了热烈研讨，积极为金融稳定法立法的进一步优化献计献策。

一、《草案》的三大亮点

上海市法学会金融法研究会会长吴弘指出，《金融稳定法》兼具及时性、必要性与重要性。一方面，国际国内面临百年未遇的深刻变化，金融稳定面临挑战。经济下行期较长，资本市场跌宕起伏，上海疫情与俄乌战争的负面影响叠加，逆全球化势头上扬，风险增加。另一方面，2022 年 2 月 25 日中共中央政治局召开会议强调，要强化对金融工作的集中统一领导，坚定不移走好中国特色金融发展之路，要强化金融风险防控，坚决维护金融稳定大局。2022 年《政府工作报告》也指出，防范化解重大风险，继续按照稳定大局、统筹协调、分类施策、精准拆弹的基本方针，做好经济金融领域风险防范和处置工作。压实地方属地责任、部门

---

* 陆瑶、王福琳，华东政法大学经济法硕士研究生。

监管责任和企业主体责任，加强风险预警、防控机制和能力建设，设立金融稳定保障基金，发挥存款保险制度和行业保障基金的作用，运用市场化、法治化方式化解风险隐患，有效应对外部冲击，牢牢守住不发生系统性风险的底线。3月16日国务院金融稳定发展委员会召开专题会议，强调凡是对资本市场产生重大影响的政策，应事先与金融管理部门协调，保持政策预期的稳定和一致性。

在这样的背景下，《草案》的出台，引起了各界的广泛关注、高度关心。《草案》出台的意义可称为“三大亮点”。

（一）确立了国家金融稳定发展统筹协调机制

《草案》第5条规定，国家金融稳定发展统筹协调机制负责统筹金融稳定和改革发展，研究维护金融稳定重大政策，指挥开展重大金融风险防范、化解和处置工作。涉及金融稳定和改革发展的重大问题和事项报党中央、国务院决定。国家金融稳定发展统筹协调机制办公室承担日常工作，成员单位按照职责分工依法履行金融风险防范化解处置责任，落实国家金融稳定发展统筹协调机制议定事项。

西北政法大学教授强力指出，2015年的第五次金融工作会议之后，当年11月就成立了金融委，定位主要三个方面，一是研究国家金融稳定发展的重大方针政策，二是协调货币政策、金融政策、财政政策和产业政策的关系，三是强化金融监管和金融安全的发展稳定的权威性，以及建立问责机制。国务院金融稳定委员会虽已设置，但尚无上位法确定其法定地位，这次《草案》把金融稳定发展统筹协调机制确定下来，就是为金融委定位。次贷危机之后，国家提出对金融活动的实施全域监管、全流程监管，就是实行持牌经营、持牌管理、持牌监管，《草案》第10条明确规定了设立金融机构，经营金融业务活动必须要取得许可证，确立预防机制，完善公司治理，同时规定一些紧急的应急化解措施，与社会的稳定和安全结合起来。

（二）建立了金融稳定保障基金制度

专家指出，金融稳定保障基金制度具备专门性，可以有力应对重大金融风险。《草案》第29条规定，国家建立金融稳定保障基金，由国家金融稳定发展统筹协调机制统筹管理，作为应对重大金融风险的后备资金。金融稳定保障基金由向金融机构、金融基础设施等主体筹集的资金以及国务院规定的其他资金组成。必要时，中国人民银行再贷款等公共资金可用于为金融稳定保障基金提供流动性支持，金融稳定保障基金应当以处置所得、收益和行业收费等偿还。金融稳定保障基金筹集、管理和使用的具体办法，由国务院规定。

（三）压实了各类主体的金融稳定的责任

专家指出，《草案》构成了金融稳定的主体体系，金融机构内控与自救是本位，行业的稳定基金、保障基金、行业保障基金是第二层级；地方政府风险处置是第三层级，《草案》明确省级政府承担属地责任，并且规定了类似监管措施的风险处置措施；最后在国务院金融稳定发展协调机制的基础上，设立国家金融保障及稳定基金作为国家级的屏障。有观点认为，《草案》在健全国家金融稳定发展统筹协调机制背景下，对监管部门、地方政府、金融机构及其主要股东和实际控制人，以及三大基金等主体责任以不同的条款予以了压实。另外，在风险防范、风险化解、风险处置的层面，也结合压实主体责任，予以展开落实。

二、《草案》需进一步处理好的“五大关系”

（一）金融稳定与金融安全的关系

强力指出，金融稳定法的立法目的强调的是金融安全，《国家安全法》第 22 条就规定国家建立金融宏观审慎管理和金融风险防范、处置机制，加强金融基础设施和基础能力建设，防范和化解系统性、区域性金融风险，防范和抵御外部金融风险的冲击；第五次金融工作会议讲了金融安全是国家安全的重要组成部分。金融稳定法恰好就是从金融法的纵向发展线条而来的，是系统性的。金融稳定法的性质，其实就是金融风险管理法，包括了金融风险的预防，再到风险的化解，最后是风险的处置，这是一条线。

虽然我国也在朝着综合化、混合化的模式发展，但在分业经营和监管模式下的法律，依然是独立的、单体的、分散的。金融风险管理都体现在金融分业下的各部门法中，如银行法、证券法、保险法都有涉及审慎管理、法律合规、风险控制，微观上各个金融机构都需要健全内部控制和风险管理措施，宏观上货币政策需要与宏观审慎相结合。因为 2008 年次贷危机告诉我们，金融机构的风险具有很强的外溢性、传染性、破坏性、损害性。归根结底，分业模式下的各部门各司其职就是各守疆土，但是对于跨机构、跨行业、跨部门、跨地域甚至跨国境的风险就会显然无能为力。化解重大风险或系统性金融风险，就需要构建跨机构、跨市场、跨领域的防范、化解和处置风险的机制，金融稳定法的功能就在于此。

（二）金融稳定和金融风险防控的关系

上海农商银行总法律顾问杨贵院指出，《金融稳定法》是一部安全大法。金融稳定涉及社会稳定，也与金融安全密切相关，从目前的国际国内形势看金融安全比金融稳定更加的迫切。《金融稳定法》也是风险大法，《草案》对风险的表述更多，有 93 处提及了风险，只有 7 个条款没有直接提到风险。银行都是靠风险经营生存的，银行实务中，风险和风险事件是作为两个概念来使用的，只有风险事件是损失的可能。《金融稳定法》里对风险的分类有金融风险、道德风险、单体局部风险、区域金融风险、行业金融风险、重大金融风险、系统性金融风险、系统性全局风险等，这种分类可能逻辑上不周延。现规定系统金融风险主要由中国人民银行进行化解，重大金融风险由国务院的金融稳定协调机制来进行化解，给人感觉好像重大风险比系统性风险还要重大。金融稳定法是金融大法。根据金融稳定法规定的内容来看，该法不亚于中国人民银行法的层级。

（三）金融稳定与金融发展的关系

强力指出，金融的发展必须有创新，国家强调创新驱动，新发展理念里面有创新，金融供给侧改革需要市场、机构、产品等大量创新，而创新似乎天然地与稳定相背离，二者存在张力。创新和风险之间的关系要处理好。金融发展并促进实体经济发展是根本宗旨，金融稳定或金融风险管理不应妨碍金融创新发展，否则立法目的就走偏了，要通过发展实现稳定，通过稳定来促进发展。

（四）金融稳定与金融调控的关系

专家认为，中国人民银行的两大基本职能，一个是货币政策的制定执行，另一个是维护金融稳定，现在加上了金融监管协调与宏观审慎。那就需要处理好金融稳定与货币政策、宏观调控之间的关系。

蚂蚁集团合规与公共事务部高级合规专家杨德森博士认为，金融稳定形成了微观审慎和宏观审慎之间的配合，把审慎监管指标不达标作为启动早期纠正和监管措施的前提。原先中国人民银行没办法直接处罚金融机构，没法说监管指标不达标而违反了宏观调控的导向，但现在中国人民银行可以启动早期纠正，与监管机构形成政策的组合拳。而且中国人民银行做宏观审慎抓手效力更强。中国人民银行曾公布《宏观审慎政策指引》，这次立法明确中国人民银行牵头宏观审慎管理的职权，增强权威性风险化解，对金融安全网的审慎监管、存款保险、最后贷款人三个有机部分的平衡排布，避免中国人民银行过多动用再贷款救助道德风险高的机构。

（五）境内金融稳定与跨境金融稳定的关系

华东政法大学经济法学院何颖副教授指出，金融稳定法要完善金融信息安全制度。《草案》第 9 条规定要依法依规去披露金融风险，禁止单位和个人编造传播有关金融风险误导信息和虚假信息。在信息时代，金融科技不断地创新和发展，还需要关注威胁金融稳定的潜在问题，如金融信息出境的问题。

上海政法学院张继红教授认为，涉及跨境问题只有第 27 条和第 47 条，第 27 条是跨境处置合作的原则性规定，即按照对等互利的原则开展监管信息的共享和合作，建议添加防范风险的跨境传播细化规定。第 47 条规定境外金融基础设施在境内设立分支机构，参照适用本法，实际上也是一个属地管辖原则的体现。可以补充国际层面按照双边或者是多边的协定，而非现在的“对维护稳定制度另有安排的，按照相关安排来执行”，避免政策性的语言直接入法而减损法律权威性。以存款保险制度为例，几乎所有的国家都不对本国或本地银行的境外分行提供存款保险，而是由境外分行所在国家或地区提供存款保险。在欧盟地区仅有德国将赔偿范围拓展到欧盟以外的其他国家。如果是缺乏统一的规则，也没有国与国之间的双边或者多边协定，一旦海外分行发生了危机，那么东道国与母国之间的监管机构在应对危机时的矛盾冲突就是不可避免的，因此，建议境内与境外的金融风险的防范处置能够有规则上的衔接。

三、《草案》具体制度设计的“七个协调”

（一）政策与法律的协调

同济大学法学院刘春彦副教授以政策法律化面临的挑战为视角，对《金融稳定法》的立法逻辑与立法技术进行了研究。认为金融稳定法的立法是把原有分散的政策、制度集中梳理、归纳、提升，政策法律化面临的问题就是语言表达抽象化、模糊化，如法条中的“单体局部不稳定、系统全局不稳定”是否可以采取列举的方式说明。存款保险条例可不可以变成法？美国的存款保险公司是有对问题金融机构的介入权的，这需要法律赋权。金融稳定法还是金融不稳定处置法？金融稳定要有描述性的概念，分行业、分地区、分区域尽可能给出量化的指标，以便监管机构、地方政府早期预警。判断地方的金融风险也要明确标准，以便地方政府对可能影响区域稳定的金融风险采取措施。

（二）一般法与特别法的协调

有学者指出，立法说明中将金融稳定法定为“特别法”是不合理的。如果金融稳定法是特别法，那什么是它的一般法？不是宪法，亦不能是民商法、行政法。金融稳定法的地位应该高于中国人民银行法。目前已有存款保险制度、保险保障基金制度、信托保障基金制度、证券保障基金制度等应该是金融稳定法的下位法、特别法。

（三）稳定法与监管法的协调

强力指出，金融稳定法的防范化解处置风险实际上都与监管职能有关，怎样有机地划分清楚需要协调。金融集资本身是泛社会化的，各种的集资活动与产业活动紧密联系，如何把合法的与非法的区分开来，就需要与打击非法集资的监管规则相衔接。在金融风险的处置属地责任方面，需要与地方金融监管规范协调，明确央地分工。金融突发事件可能引发更广泛的社会面风险，有必要与应急管理法协调，监管机构与应急管理机构职责权限相衔接。

（四）金融稳定法与企业破产法的协调

杭州师范大学王立副教授认为，金融稳定法的立法有必要邀请更多的破产法专家展开更多的交叉领域的研究，协同立法。系统性金融风险的处理，必然涉及单个“爆雷”的“拆除”。风险处置包含市场退出，但两者价值取向不同。风险处置主要着眼于切断风险的效果，实现该效果的方式就是借助负外部性的解决和破产的预防。而企业破产法意义上的市场退出主要追求价值最大化、公平清偿。《企业破产法》规定，“国务院金融监督管理机构可以向人民法院提出对该金融机构进行重整或者破产清算的申请”，过于原则性，留下了诸多疑问，如金融机构破产是必须要由监管机构提出，还是允许机构自行提出？就实质而言，破产清算与破产重整极其相同，合并风险处置跟合并破产程序十分近似。《草案》关于破产的规定过少。

关于金融风险处置与破产程序中的股东。破产程序中的股东承担“有限责任”，而金融风险处置中的股东承担“准无限责任”。破产程序中的股东只是劣后清偿，而金融风险处置中的股东会被减记股权。股权减记是强制性的，还是像企业破产法规定需要利益相关者的决议？在股权被减记为零之后，原股东的法律地位是什么？

关于金融风险处置与破产程序中的债权人。在《草案》的框架下，金融风险处置程序中的债权人债权有可能被减记。债权人变为既是风险承担人，又是被保护对象。金融稳定法的债权人保护与企业破产法的债权人保护，在法律适用上似有冲突。《草案》第 33 条明确债权人和相关利益主体通过风险处置所得不低于破产清算所得，这类似于破产重整程序中的绝对优先原则。但金融风险行政处置在先，破产清算在后，在金融风险处置程序中，如何得知在后程序确定的清算所得？

关于金融风险处置与破产撤销。《草案》第 30 条、第 31 条规定，金融风险处置部门可以“向第三方机构转移被处置金融机构的部分或者全部业务、资产和负债”，该转移可以采取公告方式通知债权人以及相关利益主体，于公告发布时生效。这种“金融资产整体转移”的处置方式，确为实践中金融风险处置的通行做法。但这种“金融资产整体转移”本质上会对债权人整体利益产生影响。若进入破产程序，管理人可依《企业破产法》第 31 条之规定予以破产撤销。这就需要法律制度的协同。

关于金融风险处置与破产重整中的外部投资者引入。根据《草案》，金融风险处置顺序为：自救（股东、实际控制人）—市场化资金（并购重组）—行业保障基金—地方公共资源救助—金融稳定保障基金—中国人民银行再贷款等公共资金—破产程序。实践中，破产重整常引入外部市场化资金进行企业重组，这样的话，“引入市场化资金”是否会应用两次？

关于金融风险处置与破产清偿顺位。《金融稳定法》应对金融机构破产顺位统一安排，且应“保护金融消费者特殊权益”。关于金融机构破产安全港保护制度。金融衍生品的“破产约定条款”常常包括终止净额结算（close-out netting），这与《企业破产法》上管理人的合同履行选择权（第 18 条）、撤销权（第 31 条）、抵销权密切相关，亟待协同规定。

（五）风险防范制度与风险处置制度的协调

张继红认为，《草案》事前风险防范措施不足。如第 12 ~ 14 条，从股东的准入到自有资金的出资，再到股息分配等，都强调了对主要股东和实控人的规制，认为风险防范主要是从内部实控人入手。这种思路源于包商银行、恒丰银行、锦州银行等处置实践。这三个问题银行中，包商银行大量资金是被大股东明天系违法违规占用，出现了严重的信用危机；恒丰银行主要是治理薄弱，连续两任董事长都存在违法违纪问题；而锦州银行的股权高度分散，内部人控制严重。仅看着三家银行问题，就会过于聚焦控股股东、实控人，忽略其他风险的预警和监测。

从金融稳定的目标和原则来看，需要从金融风险的源头控制，未雨绸缪、打早打小。尽管第 22 条、第 23 条有早期干预原则，但需要细化，并补充完善早期纠正机制。未雨绸缪比亡羊补牢的成本会更低，效果会更好。早期纠正机制具备重要意义，美国《联邦存款保险公司改进法案》在 1991 年就建立了早期纠正机制，以资本的根本不足作为触发条件。FDIC 可以要求限期自救，而不必等到完全耗尽资本，达到资不抵债的破产临界点。巴塞尔银行监管委员会以及国际存款保险机构协会在 2014 年 11 月通过的新版《有效存款保险核心原则》以及《有效存款保险核心原则合规评估方法指引》中也体现了提前检查和及时干预。早期干预是国际共识。

要强化存款保险机构的监管职责，根据 2015 年《存款保险条例》第 16 条，存款保险基金管理机构不仅仅是一个“付款箱”，而是有监管职责的，存款保险基金管理机构与人民银行、银保监会共同作为监管者，特别在风险的早期预防方面应当发挥自己应有的作用。但比较遗憾的是《草案》的第 22 条，没有在《存款保险条例》的基础上，进一步强化存款保险机构的监管职责，而仅仅规定如果投保机构没有按照要求改进的，存款保险基金管理机构可以提高保费，这样就倒退了。建议赋予存款保险基金管理机构在早期风险防范和处置的方面的相应监管职责。早期矫治措施以监管指标的异常波动作为信号，可以进一步细化，赋予存款保险机构发出早期矫正通知书的权力，积极开展风险预警，降低处置成本。

杨德森认为，《草案》风险防范阶段吸收了在整顿金融体系当中的一些经验。包括强调持牌经营、金融机构公司治理中大股东和内部人操控的问题、不当分红派息、股权代持、关联交易等，还增加了传播虚假信息。风险处置阶段将各个行业保障基金置于金融安全网下层，将金融保障基金置于金融安全网上层；对一般性风险处置和重大风险处置作了区别，以及主体责任分工。

（六）原则规范与操作规范的协调

上海财经大学法学院院长宋晓燕教授指出，目前《草案》的风险处置资金来源不够明确、处置顺序不够清晰，风险处置工具不够充足。相比较国外这方面的细致乃至于精致规则，《草案》的表述原则性过强。实际控制人、主要股东、负责任的股东在《草案》当中没有给出定义，实际操作中就会出现不一样的界定，法律适用上就会存在差异。这会造成金融营商环境的信誉问题。

杨德森认为，金融稳定工作实务操作的最大问题就是监管协调，包括中央监管机构的协调，中央与地方金融当局的协调，还包括与财政等部门的协调。把协调问题以及解决方案上升到立法层次值得认可，但由协调机制进行统筹是否会减损中国人民银行的主导作用？中国人民银行的角色应该保持一定的超然性、独立性，以便站在更高的视角去解决系统性问题，这还需在立法中进一步明确。实操中很多实际工作是由金融委领导展开的，协调机制与金融委之间的配合关系也应该在立法里明确。

杨贵院建议在激励与惩罚规则上具体化，西方国家合规体系涉及问责的重要特点就是重罚，事关中国金融业稳定的大是大非，也要有重罚。《草案》还存在激励不足的问题，可以为表现优良的金融机构提供权益或绿色通道，从而实现正向引导与反向规制的结合。张继红也强调，如果问责的力度仅仅是约谈、内部通报、责令作出书面检查，可能难以有效约束，不起到任何实质性的作用，无法体现压实各方责任。

（七）已有制度与新创制度的协调

同济大学上海国际知识产权学院倪受彬教授认为，金融稳定法可借鉴吸收美国对金融风险处置决策后评估的做法。美国在次贷危机时，非常关注挽救金融机构的全过程审计，包括决策及效果的评价，持有股份变现、亏损部分的法定安排，以及责任的追究。我国《草案》尚缺乏这部分内容。

目前，金融稳定法只关注了财务风险，没有关注非财务风险，如气候变化对抵押资产包括保险风险的增加，所对应的金融稳定风险是切实存在的。中国人民银行在绿色金融领域已经做了大量的工作，但是这次立法没有吸收相关成果。G20 杭州峰会之后，中国和英国的央行牵头做了央行与监管机构绿色金融网络（NGFS），这几年都发表了气候风险和稳定的白皮书，中国人民银行 2022 年和 2021 年做了大量的关于金融稳定减碳的专业工具。立法应该反映这一重要工作成果。

绿色金融法制建设

区域性促进绿色金融发展立法研究

——以上海浦东为例

吴 弘 等*

一、区域性促进绿色金融发展立法的必要性与可行性

（一）区域性绿色金融立法[1]的必要性

绿色金融是落实中央部署加快实现“双碳”目标的需求。我国要在2030年实现碳达峰、2060年实现碳中和的承诺。中共中央、国务院发布了《关于完整准确全面贯彻新发展理念做好碳达峰碳中和工作的意见》，提出要“积极发展绿色金融。有序推进绿色低碳金融产品和服务开发，研究设立国家低碳转型基金，建立健全绿色金融标准体系。”[2]国务院印发的《2030年前碳达峰行动方案》也将绿色金融作为推动碳达峰的措施之一。[3]《中国应对气候变化的政策与行动》白皮书提出持续提升应对气候变化支撑水平，包括加强绿色金融的支持，加强绿色金

---

* 本文为上海市立法研究所、上海金融法制研究会2022年度立法并行研究项目《浦东新区促进绿色金融发展立法研究》的部分成果。课题组组长吴弘，华东政法大学教授、上海财经大学特聘教授；副组长许慧成、林圻；课题组成员：刘晓明、葛庆喜、刘姚莹、施娟萍、黄健杰、陆瑶、刘志磊、陈展、王婧喆、朱诗雨、张琪琦、王福琳。

〔1〕 目前，有关绿色金融立法均在省辖的部分区域先行先试，如广东深圳、浙江湖州、上海浦东等，故称区域性立法，以区别省级范围有效的地方性立法。

〔2〕《关于完整准确全面贯彻新发展理念做好碳达峰碳中和工作的意见》（中发〔2021〕36号，2021年9月22日发布）。

〔3〕《2030年前碳达峰行动方案》（国发〔2021〕23号，2021年10月26日发布）。

融顶层设计。[1]

绿色金融是我国践行国际气候环境承诺的需求。《联合国 2030 可持续发展议程》中提出了 17 项可持续发展目标，其中要求“采取紧急行动应对气候变化及其影响”。[2] 世界银行发布了《针对投资项目融资的环境和社会政策》。中国于 2016 年签署了应对全球气候变化威胁的《巴黎协定》（The Paris Agreement）并正式开始履行其中的承诺；在 2021 年又签订了加强全球气候控制的《格拉斯哥气候公约》（Glasgow Climate Convention），其中承诺予以金融支持。

绿色金融也是金融体系改革创新发展的需求。中央指出，发展绿色金融是实现绿色发展的重要措施，也是供给侧结构性改革的重要内容。要安排创新性金融制度，要利用绿色信贷等相关产品、绿色发展基金、碳金融等金融工具和相关政策为绿色发展服务。七部委联合发布《关于构建绿色金融体系的指导意见》[3]，中国人民银行、银保监会、证监会、财政部、环保部等出台了《银行业金融机构绿色金融评价方案》[4]《关于支持绿色金融改革创新试验区发行绿色债务融资工具的通知》等文件，[5] 财政部设立了财政专项资金。国务院先后设立江西、浙江、广东、贵州、新疆五个改革创新试验区，中国人民银行进一步在六省九地设立绿色金融改革创新试验区。[6] 在国家尚未就全局性绿色金融发展立法的情况下，改革创新试验地区先行立法具有现实的必要性。

就上海浦东而言，绿色金融还是深化国际金融中心建设与浦东开发开放的需求。上海国际金融中心建设“十四五”规划将建设国际金融绿色枢纽作为重点发展目标之一，[7] 并提出基本建成具有国际影响力的碳交易、定价、创新中心的目标。[8] 浦东作为改革开放排头兵，率先打造国内绿色金融高地，坚持绿色发展，促进绿色消费，是浦东高水平改革开放、打造现代化建设引领区的题中之义[9]，也是服务国家实现碳达峰、碳中和目标，建立健全绿色

---

〔1〕 中华人民共和国国务院新闻办公室：《中国应对气候变化的政策与行动》白皮书，人民出版社 2021 年版。

〔2〕《联合国 2030 可持续发展目标》，载 https：//www. cn. undp. org/content/china/zh/home/sustainable-development-goals. html，最后访问日期：2022 年 1 月 15 日。

〔3〕 中国人民银行、财政部、国家发展和改革委员会、环境保护部，中国银行业监督管理委员会、中国证券监督管理委员会、中国保险监督管理委员会联合下发的《关于构建绿色金融体系的指导意见》（银发〔2016〕228 号，2016 年 8 月 31 日发布）。

〔4〕 中国人民银行印发的《银行业金融机构绿色金融评价方案》（银发〔2021〕142 号，2021 年 6 月 9 日发布）。

〔5〕 中国人民银行印发的《关于支持绿色金融改革创新试验区发行绿色债务融资工具的通知》（银发〔2019〕116 号，2019 年 4 月 26 日发布）。

〔6〕《央行：推动六省（区）九地绿色金融改革创新试验区建设》，载 https：//baijiahao. baidu. com/s?id =1695831300538485176&wfr =spider&for =pc，最后访问日期：2022 年 1 月 16 日。

〔7〕《上海市人民政府关于印发上海国际金融中心建设“十四五”规划》的通知（沪府发〔2021〕15 号，2021 年 7 月 28 日发布）。

〔8〕 上海市人民政府办公厅关于印发《上海加快打造国际绿色金融枢纽服务碳达峰碳中和目标的实施意见》的通知（沪府办发〔2021〕27 号，2021 年 10 月 8 日发布）。

〔9〕《中共中央国务院关于支持浦东新区高水平改革开放打造社会主义现代化建设引领区的意见》。

低碳循环发展经济体系的重要支撑。[1]上海国际金融中心建设和浦东改革开放历来十分重视立法完善，努力健全金融法律规范体系。上海“积极探索地方立法”，努力为国际金融中心和浦东的特需、先行先试事项提供行为规范。浦东率先发展绿色金融同样需要切合市场实际又符合国际惯例的法律规范予以促进与保障，区域性绿色金融立法十分必要。

（二）区域性绿色金融立法的可行性

首先是有国家发展绿色金融战略的支持。根据中央与国务院的意见，中国人民银行、国家发展和改革委员会、证监会发布《绿色债券支持项目目录（2021年版）》，统一了绿色债券项目的界定标准；[2]2021年6月中国人民银行又发布了《银行业金融机构绿色金融评价方案》，将绿色信贷、绿色债券正式纳入业务评价体系[3]。《建设绿色金融改革创新试验区总体方案》《关于支持绿色金融改革创新试验区发行绿色债务融资工具的通知》等，为绿色金融改革创新试验区提供了政策引导和核心纲领。[4]绿色金融制度已有了顶层设计和具体方向指引，为浦东立法提供了充分的依据。

其次有国外绿色金融的制度实践可资借鉴。国际上最早具有绿色金融性质的措施是“赤道原则”，作为一项贷款准则要求金融机构在向一个项目融资时，要对该项目可能对环境和社会的影响进行综合评估，并利用金融杠杆促进该项目在环境保护、和谐发展方面发挥积极作用。现在赤道原则已经成为全球商业银行广泛接受的环境和社会风险管理工具。美国为了支持绿色产业发展，通过了《能源税法》（Energy Tax Law，1978年）、《环境补偿法案》（American Environmental Compensation Act，1980年）、《美国能源独立与安全法》（American Energy Independence and Security Act，2005年）等，构建了较完善的绿色金融法律体系。[5]其绿色信贷体系经过数十年的发展已经达到较高的标准，还从1982年开始带动了全球绿色投资基金的发展。[6]欧盟制定了《欧盟能源技术战略计划》（2007）（European Union Strategic Plan for Energy Technology）、《欧盟2050能源路线图》（Eu 2050 Energy Roadmap）、《欧盟可持续金融分类方案》（2020）（EU Taxonomy）、《可持续金融披露条例》（2021）（Sustainable Finance Disclosure Regulation）等多项政策规划和法规条例。浦东绿色金融立法可以积极借鉴发达国家的丰富经验。

---

〔1〕 参见上海市政府办公厅发布《上海加快打造国际绿色金融枢纽、服务碳达峰碳中和目标的实施意见》。

〔2〕 中国人民银行、国家发展和改革委员会、中国证券监督管理委员会印发的《绿色债券支持项目目录（2021年版）》（银发〔2021〕96号，2021年4月2日发布）。

〔3〕 中国人民银行印发的《银行业金融机构绿色金融评价方案》（银发〔2021〕142号，2021年6月9日发布）。

〔4〕 中国人民银行印发的《关于支持绿色金融改革创新试验区发行绿色债务融资工具的通知》（银发〔2019〕116号，2019年4月26日发布）。

〔5〕 蒋先玲、张庆波：《发达国家绿色金融理论与实践综述》，载《中国人口·资源与环境》2017年第1期。

〔6〕 何茜：《绿色金融的起源、发展和全球实践》，载《西南大学学报（社会科学版）》2021年第1期。

再次有国内绿色金融先行者区域性立法成果可借鉴。我国目前已经成为全球最大的绿色金融市场之一，其中绿色信贷规模在全球第一，2020 年年底的绿色债券余额全球第二。〔1〕五大绿色金融改革试验区和六省九地改革创新试验区取得了成功经验，先后出台了几十个绿色金融专项政策文件，推出了环境权益抵质押、绿色市政债券等几百项创新型绿色金融产品和工具。特别是《深圳经济特区绿色金融条例》，作为国内首个地方制定的绿色金融地方立法，系统地规定了绿色金融立法宗旨、实施方案、基本制度、可行措施。除此之外还有《湖州市绿色金融促进条例》等可供借鉴。

最后，就上海浦东而言，还具有国际金融中心发展绿色金融的政策储备和浦东深化改革开放地位的支撑。2015 年《进一步推进中国（上海）自由贸易试验区金融开放创新试点 加快上海国际金融中心建设方案》提出了支持上海大力开展金融创新活动，为绿色金融的实践起到了推动作用。〔2〕《上海国际金融中心建设“十四五”规划》提出要基本确立上海国际绿色金融枢纽地位，促进经济社会绿色发展〔3〕。2021 年 10 月上海市政府又印发了《上海加快打造国际绿色金融枢纽服务碳达峰碳中和目标的实施意见》的通知，提出了 7 个方面 24 项具体任务，并且提出了基本建成具有国际影响力的碳交易、定价、创新中心，基本确立国际绿色金融枢纽地位的总目标。〔4〕2021 年 4 月国务院发布的《中共中央国务院关于支持浦东新区高水平改革开放打造社会主义现代化建设引领区的意见》中，明确将浦东定位为更高水平改革开放的开路先锋、自主创新发展的时代标杆、全球资源配置的功能高地；提出进一步加大浦东的金融开放力度、完善金融基础设施和制度〔5〕。2021 年 6 月 10 日，十三届全国人大常委会第二十九次会议表决通过了《关于授权上海市人民代表大会及其常务委员会制定浦东新区法规的决定》，授权上海市人大及其常委会根据浦东改革创新实践需要，遵循宪法规定以及法律和行政基本规则，制定浦东新区法规，在浦东新区实施。这为浦东绿色金融立法提供了法理依据。此外，作为金融中心城市，绿色金融的发展及其制度建设得到政府、市场主体、中介机构和市民的广泛理解与支持，并有信用体系和金融传统的支撑，浦东绿色金融立法与执法具有较好的社会基础。

---

〔1〕《绿金委 2020/21 年度工作报告与 2021/22 年度工作展望》，载 http：//www. greenfinance. org. cn/displaynews. php? id =3485，最后访问日期：2022 年 1 月 16 日。

〔2〕中国人民银行、商务部、银监会、证监会、保监会、外汇局、上海市人民政府联合印发的《进一步推进中国（上海）自由贸易试验区金融开放创新试点 加快上海国际金融中心建设方案》（正银发〔2015〕339 号，2015 年 10 月 29 日发布）。

〔3〕上海市人民政府印发的《上海市人民政府关于印发上海国际金融中心建设“十四五”规划》（沪府发〔2021〕15 号，2021 年 7 月 28 日发布）。

〔4〕《上海加快打造国际绿色金融枢纽服务碳达峰碳中和目标的实施意见》。

〔5〕《中共中央国务院关于支持浦东新区高水平改革开放打造社会主义现代化建设引领区的意见》，载 http：//www. gov. cn/xinwen/202107/15/content_5625299. htm，最后访问日期：2022 年 1 月 15 日。

二、区域性促进绿色金融发展立法基础问题

（一）绿色金融概念

根据《关于构建绿色金融体系的指导意见》的规定，绿色金融是指为支持环境改善、应对气候变化和资源节约高效利用的经济活动，即对环保、节能、清洁能源、绿色交通、绿色建筑等领域的项目投融资、项目运营、风险管理等所提供的金融服务。

绿色金融又称转型金融、可持续金融，包含两方面内容：一是金融业促进环境与经济社会的可持续发展，通过资金流向支持节能减排技术开发和生态保护产业，引导生产企业注重低碳环保，引导消费者绿色消费；二是金融业自身的可持续发展，从绿色发展角度重塑金融业的经营理念、管理政策和业务流程，把与环境条件相关的潜在的回报、风险和成本都融合进日常金融业务中，避免只图短期利益的过度投机行为，保持可持续发展。

国内外的经验表明，绿色金融的发展，需要政府政策的推动，更需要立法作出顶层设计。

（二）区域性绿色金融立法宗旨

立法宗旨，是指立法者所预期达到的目的，是立法主体的目标导向。立法宗旨直接关系到一部法律规范的制度设计与具体规则，是立法之宗、行法之纲；立法宗旨也是评价法律调整效率的重要因素，“只有把法律调整效果与目标联系起来，与目标相比较，才能确定法律调整效率”〔1〕。

关于立法宗旨，有人主张要突出重点，避免立法宗旨过于庞杂，进而主张集单一的立法宗旨；但也有不少人主张多元的立法宗旨，以适应现实对法律规范的多元需求，立法实践中往往采用多元宗旨。区域性绿色金融的立法宗旨亦应以多元宗旨为妥。

绿色金融立法的首要目标是促进发展，包括促进经济社会发展的绿色转型和可持续发展，推动金融改革开放和绿色金融创新发展，提升绿色金融服务实体经济能力，推进国际金融中心高水平建设。虽然立法直接适用于浦东这一引领区、核心区，但其溢出效应肯定会作用于整个金融中心。

根据发展与规范并重、效率与安全平衡的价值观，亦有必要强调规范发展，规范的含义包含了加强法制、强化风险防范、加强金融监管，维护社会公共利益和公平竞争秩序，保护金融消费者合法权益，营造良好的绿色金融环境。

综上所述，区域性绿色金融立法的宗旨表述为：为促进绿色金融规范发展，推动经济社会绿色转型和可持续发展，推进国际金融中心建设，防范金融风险。

---

〔1〕 周振想主编：《法学大辞典》，团结出版社 1994 年版，第 918 页。

（三）立法依据

由于绿色金融含义广泛，尚无直接对应的国家上位法，区域性绿色金融立法需要以相关法律以及国家有关绿色金融的政策文件作为依据。

表 1　区域性绿色金融发展立法的主要依据

法律或文件	依据内容
《民法典》	“绿色原则”：民事主体从事民事活动，应当有利于节约资源、保护生态环境。
《环境保护法》	保护环境是国家的基本国策。国家采取有利于节约和循环利用资源、保护和改善环境、促进人与自然和谐的经济、技术政策和措施，使经济社会发展与环境保护相协调。一切的单位与个人都负有保护环境的义务。
中共中央、国务院《关于加快推进生态文明建设的意见》	坚持把绿色发展、循环发展、低碳发展作为基本途径。经济社会发展必须建立在资源得到高效循环利用、生态环境受到严格保护的基础上，与生态文明建设相协调，形成节约资源和保护环境的空间格局、产业结构、生产方式。
中共中央、国务院《关于完整准确全面贯彻新发展理念做好碳达峰碳中和工作的意见》	实现碳达峰、碳中和，是中央作出的重大战略决策，是着力解决资源环境约束突出问题、实现中华民族永续发展的必然选择，是构建人类命运共同体的庄严承诺。明确 2025 年至 2060 年绿色低碳循环发展的目标，要求推进经济社会发展全面绿色转型、深度调整产业结构、加快构建清洁低碳安全高效能源体系等具体措施。
中共中央、国务院《关于支持浦东新区高水平改革开放打造社会主义现代化建设引领区的意见》	打造上海国际金融中心，强化服务实体经济能力，率先构建高标准国际化经贸规则体系。加大金融开放力度，建设海内外重要投融资平台，完善金融基础设施和制度，健全金融风险防控机制。 比照经济特区，授权上海市人大及其常委会立足浦东改革创新实践需要，遵循宪法以及法律和行政法规基本原则，制定法规，可以对法律、行政法规、部门规章等作变通规定，在浦东实施。对暂无法律法规或明确规定的领域，支持浦东先行制定相关管理措施，按程序报备实施，探索形成的好经验好做法适时以法规规章等形式固化下来。
国务院《2030 年前碳达峰行动方案》	要求各地区、各领域、各行业明确目标任务，加快实现生产生活方式绿色变革，推动经济社会发展建立在资源高效利用和绿色低碳发展的基础之上，确保如期实现 2030 年前碳达峰目标。
中国人民银行等七部委《关于构建绿色金融体系的指导意见》	大力发展绿色信贷、推动证券市场支持绿色投资、设立绿色发展基金、发展绿色保险、完善环境权益交易市场等。 支持地方发展绿色金融。
《巴黎协定》	各缔约方应编制、通报并保持它计划实现的连续国家自主贡献。缔约方应采取国内减缓措施，以实现这种贡献的目标。

续表

法律或文件	依据内容
《格拉斯哥气候公约》	重点聚焦于能源相关资源的限制与保护，控制资源消耗性产业的扩大生产，保障清洁能源的有效运用。要求各国加紧努力，逐步减少有增无减的煤电，也就是不使用技术控制二氧化碳排放的发电厂，同时，它还呼吁结束低效的化石燃料补贴。
《2030 年可持续发展议程》	俗称联合国 17 个可持续发展目标。其中第 12 个目标是确保采用可持续的消费和生产模式，是指促进资源和能源的高效利用，建造可持续的基础设施。可持续消费和生产旨在“降耗、增量、提质”，在保证生活质量提高的基础之上，通过减少整个生命周期的资源消耗、环境退化与污染，增加经济活动的净福利收益。不断增加发展质量而非发展速度，用可持续的方式增加社会财富。

（四）区域性促进绿色金融发展立法框架体系（比较）

表 2　框架体系

章序	条标	本课题建议	深圳经济特区绿色金融条例（深圳人大 2020. 10. 29）	湖州市绿色金融促进条例（浙江省人大 2021. 9. 29）
一	总则	√	√	√
	立法宗旨与立法依据	√	√	√
	调整范围	√	√	√
	监管体制	√	√	√
	基本原则	√	√	√
	行业协会职责	√	√	
二	产品与服务	√	√	√
	绿色信贷	√	√	√
	绿色票据			
	绿色债券	√	√	√
	绿色基金、绿色投融资	√	√	√
	简化科创板再融资			
	私募转让平台			
	绿色保险	√	√	√
	环境责任强制责任险	√	√	√
	绿色融资租赁、融资担保	√	√	√
	绿色信托		√	
	环境权益融资		√	
	碳交易		√	√

续表

章序	条标	本课题建议	深圳经济特区 绿色金融条例 （深圳人大 2020. 10. 29）	湖州市绿色 金融促进条例 （浙江省人大 2021. 9. 29）
	绿色金融第三方服务		√	
	创新农村、消费金融			√
三	融资评估	√	√	
	建立融资评估制度	√	√	√
	评估内容	√		
	环境影响评价报告评估		√	
	环境风险管控能力评价		√	
	投资项目环境效益评价		√	
	评估适用范围	√	√	
四	绿色金融标准	√	√	√
	绿色金融服务指南			
	绿色金融标准工作责任	√	√	√
	标准的执行与认证	√	√	√
	绿色评级体系	√		
	绿色金融统计分析		√	√
五	环境信息披露	√	√	
	特定融资方信息披露	√	√	√
	金融机构信息披露	√	√	
	环境信息披露的内容	√	√	√
	信息披露的形式、时间	√	√	
	信披考核与评价	√	√	
六	激励（促进）与保障	√	√	√
	规划与基础设施建设	√	√	
	绿色金融发展评价、 金融机构绿色评价			√
	绿色金融创新发展奖励	√	√	
	财政支持	√	√	√
	绿色金融发展（引导）基金	√	√	√
	碳普惠			
	政府绿色采购			
	绿色金融宣传表彰	√	√	

续表

章序	条标	本课题建议	深圳经济特区 绿色金融条例 （深圳人大 2020. 10. 29）	湖州市绿色 金融促进条例 （浙江省人大 2021. 9. 29）
	绿色金融人才激励	√	√	√
	信用与信息服务	√	√	
	担保与风险补偿		√	
	支持鼓励监管机构、 交易所发展绿色金融		√	√
	支持绿色金融开放	√	√	
	司法保障与纠纷解决	√		√
七	监管与风险防范	√	√	
	完善金融风险防控机制	√	√	√
	合法经营正当竞争、 保护金融消费者权益	√		
	禁止虚假宣传	√	√	
	惩处非法绿色金融活动	√		
	鼓励群众性监督	√		
八	法律责任	√	√	
	虚假信披、虚假宣传的责任	√	√	√
	违反禁止性义务的责任	√	√	
	违法经营的责任	√	√	
	骗取绿色金融补贴责任		√	√
	挪用绿色资金责任			
	民事损害赔偿责任	√		
九	附则	√	√	
	概念阐释	√	√	
	施行日期	√	√	√
十	其他			
	金融机构职责		√	
	机构投资者职责		√	
	资产管理人职责		√	
	融资方职责		√	
	绿色资金使用管理			

三、区域性绿色金融发展的监管体制

（一）绿色金融的风险

绿色金融是金融的发展形式，发展过程中也面临风险问题，不仅存在一般的金融风险，还会发生其特有问题如洗绿、资本空转等，极易引发金融风险。

1. 洗绿风险。

洗绿（greenwashing）是美国环保主义者杰伊 · 威斯特维尔德提出的概念，指个别企业伪装成“环境之友”，试图掩盖对社会和环境的破坏，以此保全和扩大自己的市场或影响力。我国大力发展绿色金融，对绿色项目采取一系列倾斜性友好政策，有些项目就会假借“绿色”之名，骗取优惠性政策的福利，出现了先前公众所熟知的诸如新能源车骗补、弃风弃光等类似恶劣行径。

常见的洗绿行为主要有以下几种：一是凭空捏造绿色项目以及相关支撑材料，以从银行骗取信贷资金；二是以小（单个的微绿色项目）博大（整个企业变成绿色企业）或者化整为零（将一个绿色项目分解成若干个小项目），多渠道获取银行信贷与发债资金；三是假绿色之名融资，但实际资金并未投到绿色项目；四是人为制造项目灾害，骗取保险赔偿；五是虚构财务数据，误导投资者。

“洗绿”行径不仅会导致金融机构以及投资人承受巨额损失，还会触发劣币驱逐良币的效应，严重损害绿色金融市场。由此可得，构建绿色金融监管体系十分必要。此外，为防范洗绿行径，还可以建立绿色金融信息共享平台，将信贷获取者、债券发行人、资金使用者的违规欺诈信息纳入金融信用信息基础数据库，在发挥官方常规化监测机制功能的同时，充分释放出社会力量的监督作用，并在此基础上加大对违规行为的处罚力度。〔1〕

2. 绿色转型风险。

“双碳”目标促使转型发展，将释放巨大的投资机遇，但也面临新的挑战。根据联合国测算，要实现《巴黎协定》的气温上升控制目标，全球需要总额约 90 万亿美元的投资；我国为实现“双碳”目标同样需要约 150 万亿 ~300 万亿元人民币的投资。为保证资金的支持，发展绿色金融成为必然的选择。在发展绿色金融过程中，非理性投资的一哄而起，不仅增加社会经济成本，且非理性繁荣极易引发经济金融风险。还不排除可能出现绿色项目杠杆率过高以及社会资本中途退出导致项目瘫痪与搁置或资本空转的问题。另外，金融绿色转型过程也会给货币政策和宏观审慎提出一系列新问题，对通货膨胀、利率、货币政策工具以及贷款

---

〔1〕 张锐：《如何防范绿色金融市场风险》，载 http://views.ce.cn/view/ent/201706/28/t20170628_23901958.shtml，最后访问日期：2022 年 1 月 9 日。

不良率、债券违约率等带来影响。[1]

为防范金融风险、保障金融安全，健全绿色金融监管体制刻不容缓。

（二）绿色金融发展与监管体制

2016 年七部委联合发布的《关于构建绿色金融体系的指导意见》就指出要完善与绿色金融相关监管机制，有效防范金融风险。加强对绿色金融业务和产品的监管协调，综合运用宏观审慎与微观审慎监管工具，统一和完善有关监管规则和标准，守住不发生系统性金融风险底线。同时，相关部门要加强协作、形成合力，共同推动绿色金融发展。

坚持中央统一立法，地方实施监管的原则。国家已要求国务院金融监督管理部门制定监管规则，密切关注绿色金融业务发展及相关风险，对激励和监管政策进行跟踪评估、调整完善。加强金融信息基础设施建设，推动信息和统计数据共享，建立健全相关分析预警机制，强化对绿色金融资金运用的监督和评估。对地方金融监督管理部门予以业务指导，加强统筹协调，强化金融监管派出机构与地方金融监管部门协作和信息共享。

区域性绿色金融立法可强调加强央地协调配合，落实中央与地方在绿色金融领域的监管职责，加强中央金融监管部门（派出机构）与地方金融监管部门的分工与协作。地方政府积极履行对地方金融组织的绿色金融活动监督管理和风险处置职责，承担地方法人金融机构的风险处置属地责任，对防范和处置非法金融活动负总责，维护绿色金融发展中的金融稳定。还要进一步落实地方金融监管部门履职手段，包括制定绿色金融规范性文件，加大对违法违规行为的惩处力度；发挥地方政府及其所属部门在促进绿色金融发展与风险监控方面的积极作用。

（三）自律与内控

1. 自律组织。

行业协会是介于政府、企业之间，商品生产者与经营者之间，并为其成员提供服务、咨询、沟通、监督、公正、自律、协调的社会中介组织，具有终结性、自治性、非政府性的特点。充分发挥行业协会的效用能够全面地实现并保障市场主体的合法权利、制约并保障公权力的良性运作、构筑社会经济秩序的自我调控机制等。

中国银行业协会绿色信贷业务专业委员会于 2014 年 11 月 4 日成立，旨在提高金融机构对环境和社会可持续发展的承诺和能力。包括规范银行信贷业务行为，推动化解产能过剩；推进完善差别化信贷支持安排，改进信贷管理；推进完善差异化监管政策，防范化解可能出现的金融风险；建立健全绿色信贷管理和信息披露机制，促进信贷业务健康持续发展。搭建绿色信贷业务信息沟通与交流合作的行业性平台，深入研究境内银行绿色信贷业务发展态

---

〔1〕 参见《双碳目标下发展绿色金融，警惕潜在金融风险和洗绿风险》，载 www. thepaper. cn/newsDetail_forward_14586092，最后访问日期：2021 年 12 月 29 日。

势，制定适合成员单位自身特色的绿色信贷创新发展规范框架，建立绿色信贷自律公约，建立相关制度和文化，引导会员银行开展绿色信贷实施情况同业互评等。

2021 年 6 月，中国保险行业协会正式发布《保险业聚焦碳达峰碳中和目标助推绿色发展蓝皮书》，从凝聚行业共识、服务“双碳”大局出发，引导行业牢牢树立服务“双碳”大局意识，发挥各保险机构主观能动，积极探索保险业服务“双碳”新思路、新路径。保险业协会还提出要通过能源结构加快调整优化、赋能建筑行业绿色转型等举措丰富产品供给，强化保险保障作用，通过深度融合绿色投资、优化绿色投资生态、拓宽绿色投资领域等优化投资结构，发挥保险资金优势。

中国证券业协会绿色证券委员会于 2018 年成立，旨在研究绿色证券在资本市场改革及服务实体经济等，加大宣传绿色相关理念，引导行业创新实践发展，激励行业机构 ESG 投资。2020 年绿色证券委员会制定了《绿色证券指引》、《证券公司绿色金融业绩评价方案》，发布《ESG 发展研究报告》《证券行业发展绿色金融蓝皮书（2020）》。

2. 企业内控。

主要指金融机构对绿色金融市场规范的理性自觉和自我约束，与监管共同构成市场秩序的基础。也指融资方企业应当秉持环保理念，积极探索项目产品转型升级路径，降低排放，引入环保指数衡量业绩。

近年来，金融机构积极发展绿色发展战略，积极将信贷资源倾斜支持绿色产业和企业，以污染治理、清洁能源、绿色交通、供水节水等产业为投入重点，加大支持绿色产业项目。大型金融机构充分发挥国际化、综合化的集团优势，通过信贷、债券、基金、投行、保险等多个产品提供全方位绿色金融服务，不断推进绿色金融服务创新。不少机构积极参与绿色金融试验区改革创新。这方面要促进金融机构持续完善绿色金融政策制度体系、规划绿色金融政策等，大力发展绿色金融。当前我国大力发展绿色金融，陆续出台了一系列政策，融资企业亦应紧跟国家战略，抓住时代机遇，转型发展绿色项目，为实现“双碳”目标努力。

（四）司法保障

2014 年 12 月，最高人民法院颁布《关于审理环境民事公益诉讼案件适用法律若干问题的解释》，确立以公益方式进行环境诉讼的司法规范。2016 年 5 月，最高人民法院出台《关于充分发挥审判职能作用为推进生态文明建设与绿色发展提供司法服务和保障的意见》，其中第 16 点规定，依法审理绿色金融、生物多样性保护相关案件，深入研究绿色税收以及绿色信贷、绿色债券、绿色保险、绿色发展基金等涉及绿色金融发展的特殊法律问题，研究排污权、用能权、用水权等市场交易机制和规则，妥善审理相关案件，充分发挥金融手段及市场机制在实现绿色发展、减缓和适应气候变化中的重要作用。

区域性绿色金融发展立法中，应优化司法保障措施。针对绿色金融案件特点，适时出台司法指导意见；发挥“能动司法”作用，主动延伸司法服务，以“司法建议”形式支持配合绿色金融的监管。上海浦东要强化专业化审判要求，提升专业机构专业队伍，可在专业法院或审判庭的基础上开展绿色金融合议庭的试点。

四、区域性绿色金融发展立法的具体制度设计

（一）绿色标准制度

绿色标准也是绿色金融发展的规范，要求构建绿色金融标准体系是绿色金融立法的重要内容。绿色标准是落实绿色转型发展、规范市场主体绿色投融资行为的条件，也是保障绿色金融有序发展、营造公平竞争环境的基础，还是对绿色金融有效监管、维护当事人权益的依据。我国绿色金融标准体系主要涉及三方面，即绿色金融产品标准（如绿色信贷和债券等）、绿色信用评级和绿色认证标准、绿色金融（环境）信息披露标准。[1]按标准级别分类，绿色金融标准又可分为国际标准、国家标准和部颁标准、地方标准、企业标准等。

1. 国际标准。

国际标准化组织（International Organization for Standardization，ISO）在2018年批准成立可持续金融技术委员会（ISO/TC 322），ISO可持续金融标准以实现联合国可持续发展目标为宗旨，希望通过标准的制定推动可持续金融的发展，将大量资本转移到更具可持续性的低碳行业，解决全球面临的气候变化、不平等和自然资源严重枯竭的问题。ISO/TC 322目前正在推动制定3项国际标准，《可持续金融—关键术语集》（ISO 32220）即将发布，《可持续金融框架：原则和指南》（ISO 32210）和《支持绿色金融发展的项目、资产和活动环境准则指南》（ISO 14100）尚在草稿阶段。[2]

“赤道原则”是为有效防控和管理环境与社会风险，花旗银行、荷兰银行、巴克莱银行和西德意志州立银行于2002年共同发起创立的标准。“赤道原则”在世界银行和国际金融公司绩效标准的基础上，根据融资项目面临的社会和环境的影响和风险程度将项目分为A、B、C三类，并对A类和B类中融资金额在1000万美元以上的项目提出了具体的管理要求。赤道原则为金融机构项目投资过程中的环境与社会风险管理提供了标准和参照，目前已成为全球商业银行最广泛认可的环境与社会风险管理工具。

《绿色债券原则》（GBP）是由国际资本市场协会（ICMA）与国际金融机构合作推出的自愿性指导方针，目的是增强绿色债券信息披露透明度、促进绿债市场健康发展。2018年版绿色债券原则覆盖了常见的绿色项目，并包含生物多样性保护、土地利用的环境可持续管

---

〔1〕 李心怡：《绿色金融产品标准体系研究》，载《中国商论》2021年第1期。

〔2〕 孙李平、王娟：《国内外绿色金融标准综述》，载 https：//m. thepaper. cn/baijiahao_12809227，最后访问日期：2021年12月28日。

理、适应气候变化等自然生态环境保护领域。虽未界定绿色债券概念，但规定任何将融资资金用于相关绿色项目（包括资产或产业）并具备其提出的四项原则的债券都是绿色债券。该四项原则为：一是募集资金用途，发行人应依据发行准则详细披露实质性的资金用途，以确保资金被用于绿色产业并能够产生环保效益；二是项目评估和筛选流程，第三方评估机构及相关发行方应当按照规定说明项目抉择依据，严格遵循项目筛选流程把控质量；三是募集资金管理，发行人应建立专项账户并追踪募集资金的使用情况，建立正式的内部程序，定期审核资金流向和项目运转情况，使资金管理运作体系化；四是报告和披露，发行人应当按时披露绿色项目信息，应包括绿色项目的发展状况和投后信息管理、项目的简要说明、筹集的资金总额以及项目的预期影响等。[1]

《气候债券标准》（CBS）为气候债券倡议组织（CBI）2011 年首次发布。气候债券主要服务具有温室气体减排效果，适应气候变化项目的债券融资，覆盖了太阳能、风能、公共汽车快速运输系统、低碳建筑、低碳运输、生物质能、水资源、农林业、地热能、基础设施的环境复原力、废物管理、工业能效和其他可再生能源。2019 年再次修订，明确要求二氧化碳直接排放必须低于 100g/kw · h。

2. 国家和部颁标准。

经过分领域逐步完善，目前多项绿色金融标准制定取得重大进展，如中欧绿色金融标准对照研究工作即将完成。2018 年，全国金融标准化技术委员会（以下简称金标委）批复同意中国人民银行牵头成立绿色金融标准工作组。中国金融标准委员会组织编制了绿色金融标准体系框架，涉及通用基础类、产品服务类、信用评价及认证类、信息披露类、信息和统计数据共享类、行业管理类等领域所需的各类标准。2021 年 4 月，金标委发布了国家标准《绿色金融术语》的征求意见稿。

国家发展和改革委员会、中国人民银行等七部委联合发布《绿色产业指导目录（2019 年版）》首次清晰界定了绿色产业，从产业端进行分类、兼顾终端项目，具体包含节能环保产业、清洁生产产业、清洁能源产业、生态环境产业、基础设施绿色升级和绿色服务六大领域，并细化出 30 个二级分类和 211 个三级分类，要求在制定金融政策措施时以此为基础。2021 年 4 月，中国人民银行、国家发展和改革委员会、证监会联合发布《绿色债券支持项目目录（2021 年版）》，统一了国内绿色债券界定标准。

2021 年 8 月，中国人民银行发布了首批绿色金融标准，包括《金融机构环境信息披露指南》及《环境权益融资工具》两项行业标准，前者旨在规范商业银行、资管机构、信托公司、保险公司环境信息披露工作；后者为企业和金融机构规范开展环境权益融资活动提供了指引。原银保监会于 2013 年发布《绿色信贷统计制度》。

---

[1] 高清霞、蒋林益：《国外绿色债券发展状况及其对我国的启示》，载《环境与可持续发展》2019 年第 6 期。

3. 地方标准。

国内以绿色金融改革创新试验区为代表的地方政府在绿色金融标准方面持续进行了探索和完善。

2018 年 5 月，《广东省广州市绿色金融改革创新试验区绿色企业认定方法》和《广东省广州市绿色金融改革创新试验区绿色项目认定方法》出台，给出了绿色企业和绿色项目的评价认定指标，明确了试验区绿色金融支持绿色企业及绿色项目范围。[1]

2019 年 1 月，江西省赣江新区发布《绿色金融标准体系》，包含绿色项目认定、绿色企业认定、企业环境信息披露指引等，把绿色企业分为深绿、中绿、浅绿、非绿四个等级，并对经评估认定的绿色企业和项目给予财政补助、信贷补贴等配套政策。

2019 年 6 月，贵州省发布《绿色金融项目标准及评估办法（试行）》，进一步规范绿色项目评估，减少金融机构对接绿色项目的识别成本。重大绿色项目应是已通过绿色评估且纳入贵州省绿色金融项目库的项目，同时满足以下条件：（1）项目的绿色技术投资额不低于 5000 万元人民币；（2）项目相关绿色技术与行业内同类技术相比具有经济可行性，且通过该绿色技术实现的生态环境效益处于国内外领先水平；申请评估的项目，其实施主体近一年内未发生重大环保安全责任事故。

浙江湖州市先发布《绿色融资项目评估规范》等 5 项绿色金融地方标准。2019 年，湖州市又发布了《绿色金融标准体系编制指南》《区域绿色金融发展指数评价规范》等 6 项标准。2020 年 9 月，《湖州市绿色金融发展指数研究报告（2019）》正式发布。浙江省衢州市发布《绿色项目标准体系》《绿色企业标准评价体系》《绿色金融产品评价标准》等，率先创新建立了地方法人机构绿色银行体系标准。

4. 企业标准。

工商银行吸收借鉴了赤道原则以及 IFC 绩效标准，从客户、项目、贷款维度建立了环境友好类、环境合格类、环境观察类和环境整改类四类十二级绿色信贷分类标准及管理办法，对环境表现最好和最差类别的企业与项目具有更细的识别度。在此基础上，建立了绿色信贷分类与企业评级的关联，并提出了相应的绿色信贷分类管理要求。

交通银行按照授信客户对环境的影响程度，对所有建立信贷关系的授信客户，实行分类标识。标识分类为红色（环保风险）、黄色（环保关注和警示）、绿色（环保合格及以上）三色共七类。[2]

总的看来，我国绿色金融尚在起步阶段，存在一些不足。如标准不统一，如“核能的开发利用”在国家发展和改革委员会的《绿色债券指引》中属于绿色项目，但不在中国人民银

[1] 相一洲、王雪峰、陈立立：《绿色金融评级评估标准现状及体系框架构建研究》，载《标准科学》2021 年第 2 期。

[2] 殷红：《全球绿色分类标准及发展》，载《中国金融》2020 年第 9 期。

行的《绿色债券公告》范围内；标准体系不健全，不能满足绿色金融市场发展的广泛需求；缺乏绿色金融标准与环保、节能、循环经济等领域标准的协调、配合机制。[1]

区域性绿色金融立法应当要求推广国家绿色金融标准，鼓励企业对标和执行国际高标准；对制定国家绿色金融标准的配套或者补充性地方绿色金融标准、拟定绿色金融标准目录，做出分工安排；还应支持相关部门、金融交易机构、金融机构、认证和评级机构等积极参与国际和国内绿色金融标准的制定。

（二）绿色金融信息披露制度

绿色金融信息披露制度主要指企业环境信息披露制度和金融机构环境信息披露制度，其作为绿色金融发展的一项基础性制度，既是解决绿色投融资信息不对称的有力手段，更是解决绿色项目环境外部性问题的重要工具。

1. 企业环境信息披露制度。

企业环境信息披露是指作为融资方的企业依法公开与环境相关的目标规划、规章措施、行动及主要成效，企业环境影响与风险、企业环境治理结构、采取的节能减排环保措施及环境效益，以及重大事件与处置等信息。企业环境信息披露的程度，直接影响金融机构和投资者从环境、经济和公司治理等角度对融资方企业价值的全面评估和做出是否投放资金的决策。

企业环境信息披露的主体，根据现有规定和理论分析，主要分两类：一是在资本市场融资的上市公司和发债企业，均为必须披露；二是在其他金融市场融资的重点排污单位、实施强制性清洁生产审核的企业、因生态环境违法行为被追究刑事责任或者受到重大行政处罚的企业，以及法律法规规定应当开展环境信息强制性披露的其他企业事业单位，通常为强制披露，但也有建议设置一定过渡期内，过渡期内以自愿披露为主、强制披露为辅。

发行、上市企业应按证券监管部门的规范披露。证监会于 2016 年、2017 年两次修订《年报准则》和《半年报准则》，对上市公司环境信息披露的具体内容和具体方式提出了明确要求，提出分层次的上市公司环境信息披露制度，即要求重点排污上市公司强制披露、其他上市公司执行“遵守或解释”原则，同时，鼓励上市公司自愿披露有利于保护生态、防治污染的信息以及第三方机构对其环境信息核查、鉴定、评价情况，进一步强化公司承担环境与社会责任。上市公司有下列情况之一的，应当在年度报告中披露环境信息：因生态环境违法行为被追究刑事责任的；因生态环境违法行为被依法处以十万元以上罚款的；因生态环境违法行为被依法实施按日连续处罚的；因生态环境违法行为被依法实施限制生产、停产整治的；因生态环境违法行为被依法吊销生态环境相关许可证件的；因生态环境违法行为，其法

[1] 参见相一洲、王雪峰、陈立立：《绿色金融评级评估标准现状及体系框架构建研究》，载《标准科学》2021 年第 2 期。

定代表人、主要负责人、直接负责的主管人员或者其他直接责任人员被依法处以行政拘留的。2018 年《中国证监会关于支持绿色债券发展的指导意见》规定发行人应当认真履行信息披露义务，按照规定或约定真实、准确、完整、及时地披露绿色公司债券相关信息，应当提供募集资金投向绿色产业项目的承诺函。绿色公司债券存续期间，发行人应当披露绿色公司债券募集资金使用情况、绿色产业项目进展情况和环境效益等内容。绿色公司债券受托管理人在年度受托管理事务报告中也应当披露上述内容。

非发行、上市企业可根据自身的实际情况，选取不同的披露形式对外披露：鼓励企业编制发布专门的环境信息披露报告，或在企业社会责任报告中对外披露，在年度报告中对外披露，在环境报告或环境、社会治理报告中对外披露。披露内容可参照中国人民银行发布的《企业环境信息依法披露管理办法》、生态环境部发布的《环境信息依法披露制度改革方案》，如自身经营活动所产生的碳排放及控制、资源消耗及降减、污染物及防治、气候变化的缓解和适应等；披露格式参照生态环境部最新发布的《企业环境信息依法披露格式准则》。

2. 金融机构环境信息披露制度。

金融机构环境信息披露是金融机构以适当方式定期向社会公开披露金融机构开展绿色金融业务情况，自觉接受公众、市场、利益相关方的监督。披露信息包括绿色金融战略及政策取向、实施情况、环境效益、重大环境与社会风险影响项目授信情况，以及环境风险管理流程、金融机构经营活动的环境影响、绿色金融产品与服务创新等内容。金融机构环境信息披露制度有利于健全绿色金融规范体系、推动金融机构完善治理结构、丰富绿色金融产品、强化风险管理，也有利于监管考核与社会监督。

2021 年 7 月，中国人民银行正式发布《金融机构环境信息披露指南》。河北银保监局发布了《关于银行业保险业发展绿色金融，助力碳达峰碳中和目标实现的指导意见》，湖州发布《湖州市金融机构环境信息披露三年规划（2019 ~ 2021）》，并制定《湖州市银行业金融机构环境信息披露框架》。部分绿色金融试验区已经实现了辖内金融机构环境信息全披露。

金融机构环境信息披露主体主要是金融类上市公司、绿色金融债券发行人、享受绿色金融优惠政策的金融机构、管理资产达到一定规模的金融中介机构（公募或私募基金管理人）等，机构投资者亦应作相应披露。

区域性绿色金融立法应构建环境信息披露体系，对发行上市企业、非发行上市的特定企业和金融机构的环境信息披露均应有要求，但重点是非发行上市的特定企业。鼓励企业对标国际高标准确定披露范围、方式、时间，鼓励运用大数据等高科技手段提高信披质量。

（三）绿色融资评估制度

绿色融资评估是指金融机构对融资方（资金需求方）及融资项目的环境效益评估。绿色融资评估制度不仅要求关注项目实施可能造成的环境影响和环境影响的减缓措施，还要采用量化的指标来评估融资项目可能带来的环境效益和经济效益。这实际是投融资项目的准入门槛，也是对主体或项目的可持续性进行考核的因素。有学者指出，我国的绿色融资评估制度是赤道原则的本土化。

世界银行已开始改变传统的贷款方针，使得贷款项目更加符合环境保护要求；国际金融公司（IFC）也积极协助那些有意于环境保护的银行建立自己的环境评估标准和技术。亚洲开发银行制定的中期发展战略提出了加强自然资源和生态环境的管理作为战略目标之一。在联合国环境署的指导下，金融自律组织定期召开会议，从实践和理论方面探讨适应可持续发展的金融业发展战略。

在国内，《深圳经济特区绿色金融条例》率先创设了绿色投资评估制度，要求金融机构开展投资前评估和投资后管理，在投资环节严把绿色关。明确需要进行绿色投资评估的项目规模、类型以及评估内容，规定对未开展绿色投资评估或者未对投资项目开展投资后管理的金融机构处以 5 万元以上 20 万元以下罚款；对于金融机构提供贷款和股权投资的项目发生生态环境损害事件，且未依法开展绿色投资评估或者投资后管理的，处以贷款或者投资金额 1% 以上 10% 以下罚款。

区域性促进绿色金融发展立法设立绿色融资评估制度，需坚持评估的专业性。建立实施绿色融资评估机制的技术支撑体系，充分利用金融科技保证评估质量。需建立绿色融资评估的第三方认证制度。设非营利的第三方评估机构，设立第三方认证机构的准入门槛，保证绿色评估第三方认证机构的质量。[1] 还需建立健全融资后管理制度。加强对融资项目的绿色效益跟踪评价，对相关融资项目进行出资前评估和出资后管理。金融机构应当将绿色融资评估内容纳入出资后管理，坚持持续性、及时性、全方位、谨慎性、真实性原则，保证绿色融资目标实现。

（四）绿色金融产品制度

1. 建立环境污染强制责任保险制度。

环境污染责任保险是指环境风险企业、事业、单位为了预防未来环境污染事故的赔偿及治理责任而向特定保险公司进行环境责任投保的特殊保险类型，其受益主体是因企业环境污染而受到损害的第三人及生态环境本身。

环境污染强制责任保险起源于 20 世纪 60 年代的欧美国家，能够合理地分担由环境高风险企业造成的污染风险，同时通过保费厘定、第三方监督等方式引导企业采取多种举措降低污染风险。当前，国际上环境污染强制责任保险的实施方式不尽相同。根据各国的环境责任制度、经济发展对于企业承担强制财务担保责任的容许程度、环境监管部门的地位与职能等因素不同，环境污染强制责任保险的实施方式也有差别。美国要求高环境风险行业提供足额财务保障的证明，该证明与经营许可挂钩。德国要求高环境风险设施提供足额财务保障的证

---

〔1〕 参见莫凌水、翟永平、张俊杰：《“一带一路”绿色投资标尺和绿色成本效益核算》，载《中国人民大学学报》2019 年第 4 期。

明，不提供财务担保的，主管机关可以禁止其设施运营，可处有期徒刑或罚金。

我国有关于环境污染责任保险的实践序幕开启于20世纪90年代，在1990年后的20年间，我国实践主要实行环境污染责任“自愿”保险，也产生了几起较为典型的实践案例。2013年发布环强险试点意见，使环境强制保险在我国发展起来。2018年《环境污染强制责任保险管理办法（草案）》是“环强险”制度发展的一大飞跃，全国各地依据此办法又推进了相关实践发展，效果显著。截至目前的统计显示，全国31个省（区、市）均已开展环强险试点，覆盖涉重金属、石化、危险化学品、危险废物处置等行业，保险公司已累计为企业提供超过2000亿元的风险保障。

上海浦东绿色金融立法可根据《关于构建绿色金融体系的指导意见》的精神，全面实行“环境污染强制责任保险制度”，从事涉及重金属、危险废物、有毒有害物质等环境高风险企业（如采矿、冶炼、皮革、危险品运输等行业），应当投保环境污染强制责任保险。

2. 完善碳交易制度。

国际普遍建立了“限额—市场”为主的碳金融市场体系，旨在通过市场来达到环境资源最优配置、社会力量最大动员的目的。大气环境容量资源的全球流动性使得碳排放权作为法定权利，最早受到国际的关注并应国际法而生。《京都议定书》要求发达国家率先限制二氧化碳等温室气体排放，发展中国家在2012年以后承担减排义务，即确立了温室气体排放权，即碳排放权。[1]《京都议定书》建立了旨在减排温室气体的三个灵活合作机制——国际排放贸易机制（International Emissions Trading，IET）、联合履行机制（Joint Implementation，JI）和清洁发展机制（Clean Development Mechanism，CDM）。

随着我国对环境问题，尤其是气候变化的重视，借鉴国际上的碳交易机制设置，我国也开始在国内建立了以实现碳排放权总量控制为目的的碳配额交易机制以及基于项目减排的交易机制。在碳排放权设立质押方面，已有地方立法表明碳排放权可以设立质押，如《深圳市碳排放权交易管理暂行办法》规定，管控单位获得的配额可以依照该办法进行转让、质押，或者以其他合法方式取得收益，《上海加快打造国际绿色金融枢纽服务碳达峰碳中和目标的实施意见》提出了基本建成具有国际影响力的碳交易中心的要求。浦东绿色金融立法应当要求政府推动建立服务企业清洁、低碳、绿色发展的环境权益交易市场，促进碳交易市场发展，完善碳普惠制度，积极培育高效便捷的排污权、节能量（用能权）、水权交易市场。积极与国际体系接轨，与此同时保持审慎，将“共同但有区别责任”原则、“限额—市场”模式等一系列国际经验转化为国内实践。

要完善碳交易权融资制度，鼓励碳金融产品创新，确认碳排放权可以设立质押的法律地位，并配套高效便捷的抵质押资产登记、查询系统。完善交易机制和登记机制，以加快碳交

[1] 参见王曦：《国际环境法资料选编》，民主与建设出版社1999年版，第232页。

易市场发展。

要建立健全碳市场风险防范和预警机制，为控排企业和其他碳市场主体深度参与碳市场和开展碳金融业务提供支撑。[1]

3. 创新绿色信贷担保及贷款人绿色责任制度。

国外银行的绿色信贷产品范围广，已形成较为健全的绿色信贷市场，从个人消费信贷到商业建筑、大型项目，几乎涵盖了所有信贷产品所能涉及的领域。国外政府通常会设立对绿色信贷担保的专项基金，通过提供技术担保、分担风险、政策倾斜等方式推动商业银行与发展绿色产业的企业合作。美国制定了联邦经济刺激方案，对可再生能源技术和电力传输技术提供贷款担保；农业部计划为农产品生产者和农村小型企业提供担保贷款融资和补助资金。日本政府则设立了“产业基础准备基金”，为企业节能设备安装、建筑节能改造、节能技术开发及热能有效利用等项目贷款提供担保。

目前我国银行业绿色信贷主要产品为面向绿色项目的担保类信贷产品，此类产品可以理解为绿色项目通过第三方保证担保而实现融资需求的产品。深圳市政府于 2019 年发文表示支持绿色金融创新发展，构建完整绿色金融体系，推动深圳市经济向绿色化转型，要求绿色信贷的创新方式、绿色保险的发展方式等，特别提到了政府针对绿色信贷相关业务的政策支持。

区域性绿色金融立法可创新绿色信贷担保制度。要求政府充分发挥引领和支持作用，优化创新担保模式、环境衍生金融工具，拓宽绿色担保资金的来源渠道，鼓励通过多种形式建立绿色担保机构。另外，要建立完善的绿色担保项目审批、监管流程严控风险。同时，为使得贷款人在生态、环境、资源等方面担负起其所应当承担的绿色责任，可以探索贷款人环境法律责任制度。即商业银行等贷款人若故意或未尽责将资金借予他人并由此产生环境损害，应当承担一定的法律责任。换言之，商业银行若放贷不慎，可能的损失将不仅仅是本金，还可能有罚金。这有助于倒逼商业银行做好绿色信贷，有效遏制信贷资金流向污染企业。

---

〔1〕 管志贵、钟若愚、赵袁军：《中国碳交易机制的作用机理及优化路径研究》，载《贵州社会科学》2019 年第 6 期。

绿色金融的基础法理

——绿色金融法 50 人论坛综述（一）

陆　瑶*

我国已正式作出了在 2030 年实现碳达峰、2060 年实现碳中和的承诺。绿色金融是实现“双碳”目标的重要保障，中国已成为推动国际绿色金融发展的重要力量。绿色金融需要法律制度予以促进、保障与规范。为此，上海市法学会金融法研究会发起设立“绿色金融法 50 人论坛”，旨在深入探索绿色金融法治理论，回应绿色金融市场法治需求，推进绿色金融立法、执法与司法实践。2022 年 5 月 22 日，“绿色金融法 50 人论坛”首届会议以“低碳转型与金融法治应对”为题，在线上线下成功举行，论坛由绿色技术银行、上海财经大学法学院、北京盈科（上海）律师事务所、上海锦天城律师事务所等单位联合举办。论坛中的精彩观点，我们以会议综述形式分期刊出。

一、绿色金融的市场与法律体系

（一）我国绿色金融市场基础

同济大学教授、绿色技术银行研究院院长倪受彬指出，我国绿色金融机器法律体系的总体特征是：政策推动，标准引领；信贷率先，产品丰富；以碳为机，逐步开放；法律缺位，压力凸显。

在绿色信贷领域，2018 年 11 月中国人民银行发布的《中国金融稳定报告

---

* 陆瑶，华东政法大学经济法学硕士生。

(2018)》明确要求将绿色金融纳入“信贷政策执行情况”进行评估，中国人民银行和银保监会出台了《绿色信贷统计制度》《绿色信贷专项统计》等文件，中国 21 家银行的绿色贷款的余额达到 8 万多亿元。

绿色债券领域，我国已是全球最大的绿债发行国之一，绿债涉及了公司债、企业债、金融债、中期票据、短期融资券和资产支持证券、地方政府融资债、在岸与离岸债，如工商银行伦敦分行发行的 15.8 亿美元的认证气候债券。筹款用于为中国不同省份和巴基斯坦的多个陆上风电和太阳能发电场，以及苏格兰的风电场项目融资。中国人民银行、国家发展和改革委员会、证监会发布《绿债目录（2021 年版）》。

国内 ESG（Environment，Socialand Governance）指数及绿色指数规模也呈现迅速增长态势，继 2016 年中债登、中央结算公司和兴业银行先后发布的中债 - 中国绿色债券指数系列、中债 - 兴业绿色债券指数等我国第一批绿色债券指数外，上海证券交易所和中证指数有限公司发布上证绿色公司债指数、上证绿色债券指数和中证交易所绿色债券指数。这一组指数的特点在于其在上海证券交易所和卢森堡交易所官方网站同步展示，以吸引境外投资者关注我国绿色债券市场。截至 2018 年，上海证券交易所已联合中证指数及其他金融机构推出 32 只绿色指数。

绿色 ABS 方面，大多数中国绿色 ABS 由应收账款担保，包括出售可再生能源电力的应收款、应收租赁款、绿色商业建筑抵押贷款、电动汽车租赁和上网电价应收账款等。重庆康达发行了绿色 ABS 并以五家子公司未来十五年的水处理应收账款为担保，所募集的资金将用于为其子公司新建并升级现有的污水处理站。

碳金融方面，碳价贷、碳远期、借碳与碳租赁业务如火如荼。2017 年 1 月，上海推出全国首个采用中央对手清算模式的碳金融衍生品——上海碳配额远期。2014 年，上海环境能源交易所联合海通新能源、上海宝碳新能源成立海通宝碳基金，对 CCER（Certified Emission Reduction）进行投资。2014 年上海环境能源交易所联合上海证券、上海爱建信托设立国内首个碳信托产品。2015 年，申能财务公司与四家电厂开展首单借碳交易业务，申能财务公司存入初始保证金，向四家电厂借入配额后交易，待借碳期限届满后，返还配额并支付约定收益。国内首单碳配额的卖出回购也于 2016 年在上海落地。春秋航空向置信碳资产卖出 50 万吨碳配额后，将所获资金委托给兴业银行进行财富管理；约定期限结束后，春秋航空再购回同样数量碳配额，并与置信碳资产分享收益。上海宝碳新能源于 2014 年以碳配额为质押物向上海银行虹口支行申请了国内首笔 CCER 质押贷款。2021 年，申能碳科技向浦发银行申请了全国首笔碳排放权、CCER 组合质押融资。

（二）我国绿色金融法律体系

倪受彬认为，绿色金融法体系正在经历范式转变与理论重构。

从国际视角观察绿色金融的制度框架，《巴黎协定》是继 1992 年《联合国气候变化框架公约》、1997 年《京都议定书》之后，人类历史上应对气候变化的第三个里程碑式的国际法律文本，形成 2020 年后的全球气候治理格局。2021 年 11 月格拉斯哥气候变化大会就《巴黎协定》实施细则达成共识。此外还有欧盟《绿色新政》与碳边境调节机制（Carbon Border Adjustment Mechanism，CBAM）、《联合国责任投资原则》、全球报告倡议组织金融行业《可持续发展指南》、赤道原则（Equators Principles）、全球央行与监管机构绿色金融网络（Central Banks and Supervisors Networks for Greening the Financial System，NGFS）、CBI 气候债券组织。

从国内视角观察绿色金融的制度体系，在政策方面有《生态文明体制改革总体方案》《国务院关于推进生态文明的意见》等；在法律方面，有《宪法》《民法典》的绿色原则，《污染防治法》及《水法》《森林法》等资源保护法；规范性文件方面，如中国人民银行等部委的《关于构建绿色金融体系的指导意见》，国家发展和改革委员会等部门的《绿色产业指导目录》(2019 年版)，2018 年科技部、国家发展和改革委员会印发的《关于构建市场导向的绿色技术创新体系》等。地方立法已有《深圳绿色金融条例》《湖州市绿色金融促进条例》等。

关于绿色产品，中国人民银行、国家发展和改革委员会等先后发布《绿色信贷指引》《绿色投资指引》《绿色信托指引》《绿色债券指引》等，规范具体绿色金融产品。气候投融资试点规范主要是生态环境部、国家发展和改革委员会、中国人民银行等 9 部门《关于开展气候投融资试点工作的通知》及《气候投融资试点工作方案》，2021 年 7 月发布的《环境权益融资工具》。

关于绿色标准，中国人民银行联合相关部门于 2017 年 5 月印发了《金融业标准化体系建设发展规划（2016～2020 年)》，把绿色金融标准化工作确定为“十三五”时期金融业标准化体系建设的重点工作之一。在绿色债券、证券领域，国家发展和改革委员会、中国人民银行发布的标准，已经成为各类绿色债券和债务融资工具发行、资金使用及监管的重要依据。2022 年，证监会发布《碳金融产品》金融行业标准。

关于环境信息披露、评估认证，2021 年 7 月 22 日发布《金融机构环境信息披露指南》。上海证券交易所及深圳证券交易所发布了关于上市公司披露 ESG 及 CSR 信息的指引及征求意见。

关于碳交易，在《碳排放权交易管理暂行条例》之下，有《碳排放权交易管理办法（试行)》《全国碳排放权交易管理规则》《全国碳排放权配额总量设定和分配方案》《企业温室气体排放核算方法与报告指南》《企业温室气体核查指南》。

绿色金融法体系包括三个部分。

首先是绿色金融的金融稳定法，涉及气候变化（物理风险、转型风险和责任风险）与金融稳定，气候变化评估框架与风险管理工具生物多样性与金融安全、货币政策（绿色 QE)、再贷款措施（合格抵押品、碳减排支持工具、常备借贷便利 SLF）、存款准备金等；其理论基础由负责任投资、外部性定价与不完备当事人理论共同构成。

其次是绿色金融监管法，主要包括金融合规、ESRM、监管评级（绿色金融机构评价）、市场准入、高管履职评价，变革在于资产结构、风险权重、金融机构 ESG 信息披露。

最后是绿色金融交易法，包括《民法典》绿色原则之适用、合同法和侵权责任法之间的协同、董事义务、受托人的谨慎义务重塑、碳市场构建的法治逻辑等。金融机构环境侵权责任的证成可参照美国《超级基金法》，有关的预防性诉讼案件可以参见福建省绿家园环境友好中心诉宜城市襄大农牧有限公司、农行宜城支行、宜城农商行国内首例贷款人环境法律责任案。养老金、主权财富基金等机构投资者及长期可配置资产的制度创新，以及碳排放权（排污权）的权利属性、质押及交易机制。

二、绿色金融的法治理念与逻辑

（一）从三篇文献看三个理念

上海政法学院副校长郑少华教授以相关文献引出绿色金融法的理念，并作法律逻辑的思考。

一是排放权市场的时空维度，在制定排放权市场法律制度时，应当把时空因素对排放权市场的影响纳入考量范围，如排放权的储存、借贷和调控等。在全国统一的法律制度框架下，通过鼓励排放权交易所之间的竞争和国际合作逐步推进我国排放权市场的一体化，排放权这一降低社会减排成本的制度设计才得以有效实现。

二是碳金融的法律再造，市场法制保障不完善、缺乏有效的争端解决机制，制约了碳金融的发展，需要法律再造；国际层面的重点要借助有关的金融国际条约，建立有执行力的国际碳金融组织、改良碳金融市场。

三是中国绿色金融市场规则体系的生成特点，不同于国际绿色债券市场上那种在投资者、证券交易所、中介机构社会组织共同合力推动下，自下而上地形成的“软法”的过程，中国绿色金融市场规则体系则是由公共部门自上而下主导形成的，它表现为一系列的“硬法”规则。

（二）绿色金融的法治逻辑

稳定化规范性期待是绿色金融的法治逻辑起点。“法律系统的功能是法律的全社会功能”，法律系统的功能在于稳定化规范性期望。规范性期望是通过两种方式来实现的，一是通过组织化专断规范性的期待，例如，行政和司法行政规范，另一则是通过规范的规范性，如立法。反思现代法律调和规范性与认知性，它实际上是一个通过规范性期望的反射形式（对规范性期望的规范性期望），形成特定的时间拘束，从而成为社会重要的信任机制。尤其是现代法律，必须通过内部的深度学习来维持其对社会深度学习的功能。

绿色金融的发展与法治契合。绿色金融机构实际上是参与了立法、行政和司法的过程，在我们国家，自上而下、自下而上、同时进行，如ESG的问题披露会倒逼相关的立法，行业互动的结果参与了行政，参与气候变化诉讼就参与了司法。由此可见，绿色金融发展契合法治。金融的逻辑实际上是把不同时空的答案在同一个点上起一个确定性的作用，否则就不存在金融。法治系统的一个功能是要形成一个特定的时间拘束。金融和法治是完全一样的正向的运动，是可以结合在一起的。金融的时空交汇点，与法治作为社会重要的信任机制，可以结合。环境保护实际上要解决一个代际公平的问题，代际公平通过金融的方式、法治的方式解决。法治必须有个稳定性，即当代人向前代人学习或者向后代人继承的稳定的过程。绿色金融恰恰可以通过金融和法治解决代际公平的问题。金融通过法治的内部深度学习来维持。金融创新可能会推翻现有的法治，有人认为金融创新必然是破坏法治的一个过程，但实际上金融活动的法治理念恰恰是在参与法治的构建过程中，加深了法治的学习深度，不停地进行改正，维持了法制稳定化的预期。

法治支柱成就绿色金融。近代法治基本上是三个支柱，分别指向主体、行为和责任。主体的问题毫无疑问就涉及产权的界定问题，近代法私权神圣的要求明晰产权。以碳排放权为例，碳排放本身是一种通过法律来制造利益，随着现代社会环保要求，产权还涉及生态化，负有更多的环境保护责任，从产权明晰化，到社会化、生态化。行为实际上是通过契约自由到公平竞争，再发展到生态契约。所有的行为都暗含了一个所谓的契约，负有契约义务，行为都要受到生态契约所约束的。生态责任是人类综合责任。可见，法治的三个支柱成就了绿色金融。

绿色金融的发展需要公平透明和深度学习的法治。公平透明和深度学习对我国法治提出了更高要求，绿色金融法治的发展任重道远。

三、绿色金融发展的法律促进与掣肘

（一）绿色金融发展的推动模式

浙江大学法学院研究员黄韬认为，绿色金融发展在各国的推动模式大致有三种。

第一种是在发达国家最常见的所谓资源实施机制。它主要是靠金融市场的投资者，包括金融机构股权的投资者，还有绿色债券、绿色基金的投资者。投资者拥有绿色可持续发展的理念，所以他们会督促金融机构或者金融资产的管理者进行绿色信贷、绿色投资行为，最典型的就是绿色信贷方面的指导原则和银行自愿加入赤道协议成为一个赤道银行。在投资领域，在发达国家已经非常流行负责任的投资，由此可证明发达国家的绿色金融产品是有绿色溢价的，也就是说，当一个产品包装成绿色金融产品的时候，它其实可以更便捷地获得融资，以及以更低的成本来获得融资。绿色溢价推动背后，不是强制性的法律，而是来自于交易市场、社会组织所自愿实施的机制。

第二种是以美国《超级基金法》为代表的司法机制。它主要是靠法院来推动的，如让银行在土壤污染等特定的情形下，与破坏管理的侵权者一样承担连带责任。当然关于超级基金法的实践效果，尤其对金融市场是否会形成了银行信贷收缩的负面效果是有不同看法的，近几年来也有实证研究。总体上来说，用侵权法这样的司法机制去实施绿色金融，在美国近些年也有限缩的趋势。

第三种是以中国为代表的公法机制。其严格来说有时还不是公法，而是权威性的政策。

（二）我国发展绿色金融的独特优势

第一个优势是领导重视。这是我们国家最大的优势。如在提出双碳目标计划的同时就提出把绿色发展绿色金融作为实现双碳目标的重要的手段。

第二个优势是目前金融自由化的程度比较有限，管制程度还比较高。虽与大多数发达国家不一样，其实是一个优势，当管制程度比较高的时候，一旦针对特定的绿色金融产品放松管制，如审批放松或流程加快，就会形成最有利的鼓励促进。所以中国的绿色债券市场可以在短时间内做到世界上数一数二，很大程度上就是由这样的政策因素促成的。另外我们的监管其实是一种父爱式的监管，可以在监管过程中增加很多法律上并没有规定的考核指标，如考核商业银行完成绿色信贷的任务，考核地方政府完成绿色金融产品的推广等。金融机构与监管部门、与地方政府之间关系比较复杂，不仅仅是一个法律上的监管与被监管关系，还涉及资源的分配关系。所以，可以通过类似考核指标来督促政府直接下场，很多地方政府自己搞了绿色投资基金。而且我们的货币政策不仅管总量，也管结构，中国人民银行的货币政策工具也体现可持续发展的目标。

第三个优势就是在某些特定领域存在制度竞争。最典型的就是债券市场，有各种类型的债券，分属国家发展和改革委员会、证监会、中国人民银行等管理，各监管部门都出台了相应的扶持鼓励绿色债券的规范性文件。正是这样的制度竞争能够在短时间内把我们国家推进到绿色债券的大国。但在市场深化时，制度竞争会影响统一大市场的建设。

（三）我国发展绿色金融的法律掣肘

发展绿色金融市场，到底会面临哪些法律上的掣肘？有些是表面化的，通过法律的调整可以解决，但有些是结构性的，有它深层次的问题。

首先，多元化政策目标的考核问责困境。当我们把可持续发展的目标嵌入金融市场，包括对金融产品的监管之后，会带来金融市场公共政策目标的更多元化。公共政策目标经常在政策文件或法律文件出现，表现为既要什么又要什么，有时候还要什么。原有的金融市场公共政策目标相对单一，包括常说的保持金融体系的稳定性、保护投资者利益等，比较明确。但是公共政策目标多元化之后，如既要发展经济保障民生和就业，又要实现美丽中国，还要控制资本的无序扩张等，目标多元化会带来可问责性或者可考核性的问题，即多数目标结合在一起时如何对相应主体的行为完成程度进行考核、问责成为难题。因为实践中，某个特定目标没完成时，通常可以以追求另一目标为由逃避考核与问责。

其次，多元任务职责导致选择性实施。在涉及投资或资产管理时，不论是金融机构内部高管层，还是金融产品受托人，都面临道德风险问题。当高管或受托人所肩负的任务不仅仅是为投资者利益最大化服务，而且还要为ESG目标、可持续发展服务时，就有可能采取策略规避一些法定职责的约束。

最后，不同制度的兼容性、结构性问题。绿色金融是把可持续发展目标植入到既有的金融法律包括监管制度中去，这时两套制度怎么整合，怎么来实现两套制度的结构性融入，成为急需解决的问题。不是写一个条文进去，而是真正改变甚至颠覆原有的金融制度结构。这问题带有普遍性。如商业银行法强调审慎经营、审慎监管的原则，目标很确定，银行要保证自己信贷资产的质量，保证偿付能力维持；但是一旦把可持续发展目标写入银行法、作为监管标准后，可能会导致银行放弃对信贷质量的坚持，增加了银行业的风险。在司法层面，如果用侵权法的机制强调银行在环境侵权案件中的连带责任的话，会导致环境风险向金融风险转移的后果，这也是美国限缩适用超级基金法的连带责任的原因。同样，上市公司强制性信息披露中，出现了环境信息虚假的问题，是否会引发投资者保护的民事责任的后果，尤其在交易的因果关系、损失的因果关系能否认定的问题，涉及证券法结构性问题。还有环境责任保险，制度一直没有落地，主要问题就是怎么计算其费率，保险产品的费率计算需基于很充分的大数据，需要长期的数据积累，这是保险法的结构性问题。

2021年度金融市场法制报告

2021 年银行市场法制报告

何　颖　管清雨　俞力畅　杨文娇 *

受疫情影响，2021 年年度经济金融环境依旧严峻。我国银行业采取各种金融措施促进小微企业的发展和乡村振兴成果的巩固，2030 年碳达峰、2060 年碳中和的双碳目标也促进了多项绿色金融措施的出台。

一、银行市场相关立法成果斐然

（一）《个人信息保护法》强化金融个人信息保护

第十三届全国人大常委会第三十次会议通过《个人信息保护法》，细化、完善个人信息保护的原则和个人信息处理规则，明确个人信息处理与保护活动中的权利义务，健全个人信息保护工作体制机制。信息化时代金融和数据的结合推动了金融业的快速发展，金融业应当强化行业内信息保护能力。《个人信息保护法》奠定了我国网络社会和数字经济的法律之基，标志着我国个人信息保护进入新的阶段，也为金融信息的保护和监管明确了方向和重点，推动金融机构落实金融信息保护主体责任。

《个人信息保护法》强调处理个人信息应当采用合法、正当的方式，具有明确、合理的目的，将信息限于实现处理目的的最小范围。“金融账户”作为敏感个人信息，银行等金融机构需在履行“告知—知情—同意”原则的基础上，满足特定的目的和充分的必要性，并采取严格保护措施的情形下，方能进行敏感个人信

* 何颖，华东政法大学经济法学院副教授；管清雨、俞力畅，2020 级经济法学硕士；杨文娇，2021 级法律硕士。

息的处理。银行等金融机构作为相关信息的信息处理者，应当对其信息处理活动担责，并采取业务、技术等必要措施保障信息安全，积极承担信息安全保障义务、协助义务以及告知义务。信息处理者必须承担侵权举证责任，银行等金融机构将承担举证不利的法律后果，促使其信息保护能力提升。参考欧盟立法经验，金融机构在跨境业务中的数据传送、处理、共享等行为也被纳入监管范围，对跨境业务的开展提出了更高的信息保护和合规要求。

（二）《防范和处置非法集资条例》实施非法集资“全链条”治理

2021 年 1 月 26 日，国务院公布了《防范和处置非法集资条例》（以下简称《非法集资条例》），明确规定国家禁止任何形式的非法集资，对非法集资坚持防范为主、打早打小、综合治理、稳妥处置的原则，对非法集资的界定、防范和处置原则、工作机制、法律责任等各方面予以了规范和明确。加强了非法集资监测预警，综合各部门力量加强对非法集资打击力度，通过齐抓共管、群防群治形成非法集资综合治理格局，对于防范化解风险，保护群众合法权益，具有重要意义。

《非法集资条例》自 2021 年 5 月 1 日起施行，共五章四十条，主要内容为：一是健全工作机制，明确了国务院、地方各级人民政府、行业主管和监管部门在处非工作中的权责，统筹协调、上下联动，形成总体治理态势。二是加强预防监测，在防范为主的原则指导下，充分发挥行政机关、金融机构、行业协会商会、新闻媒体、基层群众自治组织以及公民个人等社会各界作用，建立健全监测预警、宣传教育、行业自律、举报奖励等各项制度，扎实做好资金监测等工作，对市场主体登记、互联网及广告管理等热点问题作出明确规定，从源头上减少非法集资风险，更早发现非法集资、更少发生非法集资。三是强化行政处置，提高了行政监管的责任，明确了行政领域内的调查处置手段和强制措施，对非法集资的行政、刑事责任、资金清退以及集资参与人应承担的后果等作了严格规定。明确规定了任何单位和个人不得从非法集资中获取经济利益，集资参与人自行承担因参与非法集资受到的损失。四是明确法律责任，对非法集资人、非法集资协助人、其他相关市场主体以及国家机关工作人员等单位和个人的违法行为均规定了法律责任，构成犯罪的，依法追究刑事责任。

（三）《征信业务管理办法》推进征信业务全流程监管

为应对数字经济背景下网络和大数据应用在征信领域的应用、维护和保护市场主体信息安全、满足人民群众对高质量征信服务的需求，2022 年 1 月 1 日起开始实施《征信业务管理办法》（以下简称《征信办法》，中国人民银行 2021 年 9 月 27 日发布），对征信业务信用信息的采集、整理、保存、加工、提供、信息安全等全流程做出了合规管理，明确征信业务边界，加强信息主体权益保护，对征信业务全流程提出了具体规范要求。

《征信办法》是《征信业管理条例》的配套制度，共八章五十三条，主要内容为：一是明确信用信息的定义及征信管理的边界，将替代信息纳入征信业务监管范畴，全面覆盖征信业务内容，要求从事分析评价信息等征信业务应当依法取得许可或办理备案，同时为业务的合规转型预留了空间，实现行业平稳过渡。二是规范征信业务全流程，对信用信息采集、整理、保存、加工、提供和使用等征信业务的各个环节进行了明确规定，强调了各环节应当遵守的原则和履行的义务，明确了相关监管内容和应当承担的法律责任。三是强调信用信息安全，强化了征信机构的信用信息安全管理责任，指出相关机构应当有专职专员负责信息安全管理工作，完善信息安全内控制度，防范信息泄露；促进信用信息依法合规跨境使用，在保障信息安全前提下，相关机构可以依法在相关业务中跨境使用信息。四是提高征信业务公开透明度，规定了征信机构应当客观展示对外提供的信用信息内容，建立评分类产品的评价标准，使评价规则可解释、信息来源可追溯，征信机构应将评分方法、模型、主要维度要素等向人民银行报告，主动向社会公开采集信用信息的类别，信用报告的基本格式和内容，以及异议处理流程等。

（四）《宏观审慎政策指引（试行）》健全宏观审慎管理框架

根据国家要求“健全货币政策和宏观审慎政策双支柱调控框架”，中国人民银行于 2021 年 12 月 31 日发布《宏观审慎政策指引（试行）》（以下简称《指引》），确立了中国人民银行施行宏观审慎政策管理的职能，明确了我国宏观审慎政策框架和具体措施，对相关政策工具和实施体系作出了规定。《指引》宣示了宏观审慎管理思路与原则，夯实了防范化解系统性金融风险的基础，对促进金融体系的建设发展，实现高质量增长具有积极意义。

《指引》共九章三十八条，从我国实际出发，明确了宏观审慎管理的要素。主要内容为：一是界定了宏观审慎政策相关概念，包括宏观审慎政策框架、系统性金融风险、宏观审慎管理工作机制等；二是阐述了宏观审慎政策框架的主要内容，明确了宏观审慎政策的目标是防范系统性金融风险，强调了系统性金融风险评估的内容及基础性地位，要求建立宏观审慎政策工具箱，结合具体情况及时启用相关工具，并动态评估使用效果；三是提出了实施好宏观审慎政策所需的支持保障和政策协调要求，要求宏观审慎管理牵头部门建立健全系统性金融风险监测和评估机制，压实主体责任，不断完善系统性金融风险监控体制机制，健全双支柱调控框架，强化各领域、各政策之间协调配合，切实防范系统性金融风险。

（五）《系统重要性银行附加监管规定（试行）》促进守住底线

全球系统重要性银行（G-SIBs）体系的监管是次贷危机后，为防范“大而不能倒”问题而提出的解决方案。系统重要性银行规模大、业务复杂性高，金融体系中处于关键地位，与其他金融机构关系密切，其经营状态关系到金融体系的整体态势。为完善我国系统重要性银行监管框架，明确系统重要性银行监管要求，提高系统重要性银行抗风险能力，中国人民银行、中国银行保险监督管理委员会于 10 月 15 日发布了《系统重要性银行附加监管规定（试行）》（以下简称《附加监管规定》），自该规定施行之日起，系统重要性银行附加资本要求不再适用《商业银行资本管理办法（试行）》第 25 条的规定。

《附加监管规定》共五章二十二条，包括总则、附加监管要求、恢复与处置计划、审慎监管和附则。主要内容包括：一是明确附加监管指标要求，包括附加资本、附加杠杆率等，根据银行的不同组别执行相应标准，强调建立资本内在约束机制。二是明确恢复与处置计划要求，系统重要性银行要制定集团层面的恢复计划和处置计划建议，并按规定提交中国人民银行牵头的危机管理小组进行审查。三是明确审慎监管要求，包括信息报送与披露、风险数据加总和风险报告、公司治理要求等，中国人民银行、中国银行保险监督管理委员会可基于监测分析和压力测试结果，适时向系统重要性银行提示风险，督促降低系统性金融风险。中国人民银行、银保监会依据的《系统重要性银行评估办法》同期公布了 19 家国内系统重要性银行名单，包括 6 家国有商业银行、9 家股份制商业银行和 4 家城市商业银行，标志着我国针对系统重要性银行的监管正式落地。

第一组：平安银行、中国光大银行、华夏银行、广发银行、宁波银行、上海银行、江苏银行、北京银行；
第二组：浦发银行、中信银行、中国民生银行、中国邮政储蓄银行；
第三组：交通银行、招商银行、兴业银行；
第四组：中国工商银行、中国银行、中国建设银行、中国农业银行。

（六）《地方金融监督管理条例》草案出台征求意见

《中共中央国务院关于新时代加快完善社会主义市场经济体制的意见》提出“依法依规界定中央和地方金融监管权责分工，强化地方政府属地金融监管职责和风险处置责任”。2021 年 12 月 31 日，中国人民银行发布《地方金融监督管理条例（草案征求意见稿）》（以下简称征求意见稿），并向社会公开征求意见。征求意见稿按照“中央统一规则、地方实施监管，谁审批、谁监管、谁担责”的原则，将地方各类金融业态纳入统一监管框架，强化地方金融风险防范化解和处置，规范地方金融监督管理行为，进一步防范和化解区域性金融风险，促进地方金融体系健康发展，保障金融稳定和人民财产安全。主要内容包括：

一是明确地方金融监管职责，加强央地协调配合。国务院金融监督管理部门制定地方金融组织监管规则，对地方金融监督管理部门予以业务指导。省级人民政府履行对地方金融组织的监督管理和风险处置职责，承担地方法人金融机构的风险处置属地责任，对辖区内防范和处置非法集资工作负总责，维护属地金融稳定。建立中央与地方金融监管协调双机制，加强统筹协调，强化中央和地方的监督管理协作和信息共享。

二是明确地方金融组织定义和监管规则。地方金融组织指依法设立的小额贷款公司、融资担保公司、区域性股权市场、典当行、融资租赁公司、商业保理公司、地方资产管理公司以及法律法规和国务院授权省级人民政府监管的从事地方金融业务的其他机构，纳入地方监管范畴。地方金融组织持牌经营，设立区域性股权市场应当经省级人民政府公示，并报国务院证券监督管理机构备案，设立其他地方金融组织应经省级地方金融监督管理部门批准并颁发经营许可证。地方金融组织应当服务本地，原则上不得跨省开展业务。另外，对地方各类交易场所要严格准入、农民信用专业合作社要引导开展信用互助业务、对不符合条件的投资公司及社会众筹机构要限期清理。

三是赋予地方金融监管部门履职手段，加大对违法违规行为的处罚力度。明确地方金融监督管理部门开展现场检查和非现场监管，依法采取监督管理措施。建立地方金融风险监测预警机制，视情形按程序对地方金融组织采取暂停业务、限制资产转让与资金运用、责令控股股东转让股权等风险处置措施。分情形设置处罚标准，按照过罚相当原则可实施“双罚”制，对长期多次从事同类金融违法行为可逐次处罚。

四是明确对非法金融活动的监测、认定、处置原则。国务院金融管理部门和地方金融监督管理部门应当加强对非法金融活动的监测、认定和处置。对区域性非法金融活动和全国性重大非法金融活动提出认定和处置安排。

二、银行市场执法监管促进发展

（一）监管专项活动提升金融机构治理能力

银保监会于 2021 年 6 月 8 日发出《关于开展银行业保险业“内控合规管理建设年”活动的通知》，开展了“内控合规管理建设年”专项活动，要求立足新发展阶段、贯彻新发展理念，着力补齐内控合规机制明显短板，坚决破解屡查屡犯顽瘴痼疾，大力整治人民群众反映强烈的行业陋习；强化公司治理主体履职尽职，坚持问题导向，把握关键少数，狠抓重要岗位关键人员教育管理；深化内控合规机制建设，构筑起“不敢违规、不能违规、不想违规”的有效机制，牢牢守住不发生系统性风险的底线，为构建新发展格局提供有力金融支持。银保监会一并发布《银行业保险业“内控合规管理建设年”活动工作要点》，明确要紧盯重点风险领域的内控合规建设，强化消费者权益保护与履行社会责任。11 月 24 日，中国银保监会办公厅发布“关于持续深入做好银行机构内控合规管理建设年有关工作的通知”，要求在取得阶段性成效的基础上，进一步强化内控合规“防火墙”建设。

2021 年 6 月 2 日，银保监会公布《银行保险机构公司治理准则》，落实《健全银行业保险业公司治理三年行动方案（2020 ~ 2022 年）》，为银行业保险业建立了共同遵循的公司治理纲领性监管制度。准则吸收借鉴了国内外经验教训，明确了各治理主体的职责，强化了治理机制运行的规范性，重点包括：明确股东的权利义务、股东大会的职权、股东大会会议及表决等相关规则；强调董事特别是独立董事的选任、职责及履职保障，明确董事会及其专门委员会的组成、职权及会议表决等要求；规范监事选任履职及监事会、高管层的设置和运行；要求银行保险机构完善激励约束机制，健全信息披露制度与机制，加强风险管理与内部控制及内外部审计，对金融机构治理提出了更高要求。

（二）继续严管金融机构大股东

自2020年7月银保监会首次披露“违法违规情节严重、违法违规事实确凿、社会影响特别恶劣”的股东名单以来，银保监会已分四批次公开81家重大违法违规股东，起到了严肃市场纪律、强化市场监督的良好效果。2021年5月17日，银保监会向社会公布第三批重大违法违规股东共19家，涉及华信信托与四川信托，主要问题涉及资金来源不符合监管规定、存在涉黑涉恶等违法犯罪行为、编制提供虚假材料、股东违规占用信托公司资金、整改不力、违规行质押融资等不当行为。12月13日，银保监会公开第四批重大违法违规股东名单，共15家，涉及14家机构及1名股东，违法违规行为主要涉及违规开展关联交易、隐瞒关联关系、资金来源不符合监管规定、严重逃废银行债务、违规转让股权、违规代持股权和利用平台虚构业务进行融资。

（三）积极推动金融服务实体经济

1. 增加小微企业金融支持力度。

2021年4月26日，银保监会发布《关于2021年进一步推动小微企业金融服务高质量发展的通知》，要求继续做好“六稳”“六保”工作、强化普惠金融服务、增加小微企业和个体工商户活力，推动小微企业金融供给总量有效增长，实现质量、效率、效益明显提升。7月5日，中国人民银行印发《关于深入开展中小微企业金融服务能力提升工程的通知》，要求加大对中小微企业的信贷投放，优化对个体工商户的信贷产品服务，扩大普惠金融服务覆盖面。10月9日，中国人民银行印发了《关于做好小微企业银行账户优化服务和风险防控工作的指导意见》，提出了降低小微企业开户门槛、减少相关办理环节、提升信贷效率，要求优化银行账户开户流程、提升开户服务透明度、加强银行账户风险防控能力、建立银行账户管理长效机制。截至2021年11月末，普惠小微贷款余额18.9万亿元，同比增长26.4%，支持小微经营主体4304万户，同比增长35%。

2021年6月24日，中国人民银行、银保监会等联合出台《关于降低小微企业和个体工商户支付手续费的通知》，指导行业协会发布降费倡议书，围绕银行账户服务、人民币结算、电子银行、银行卡刷卡、支付账户服务等五方面制定12项减费让利措施。中国支付清算协会、中国银行业协会共同发出《关于降低小微企业和个体工商户支付手续费的倡议书》，自2021年9月30日起三年内，鼓励商业银行降低开户手续费，减免单笔10万元以内对公转账汇款手续费，同时适度降低电子银行服务收费及支付账户服务费。截至2021年11月30日，银行、支付机构、清算机构等各类型支付服务主体共向实体经济让利约54.5亿元，累计惠及市场主体超7300万户。

2. 绿色金融多项措施出台。

2021年11月8日，中国人民银行表示创设推出碳减排支持工具这一结构性货币政策工具。11月17日，国务院决定设立支持煤炭清洁高效利用专项再贷款，促进绿色低碳发展。

会议决定，在前期设立碳减排金融支持工具的基础上，再设立 2000 亿元支持煤炭清洁高效利用专项再贷款。专项货币政策工具支持清洁能源、节能环保、碳减排技术等重点领域发展，撬动更多社会资金促进碳减排，利用政策规模，推动绿色低碳发展。

4 月 21 日，中国人民银行、国家发展和改革委员会、证监会联合发布《绿色债券支持项目目录（2021 年版）》，设立了更加科学准确的界定绿色项目界定标准，进一步优化债券发行管理模式，为中国绿色债券发展提供了稳定框架和灵活空间。5 月 27 日，中国人民银行印发《银行业金融机构绿色金融评价方案》，将评价范围拓展至绿色债券，将绿色债券投资、发行分别纳入定量和定性考核范围，进一步提升金融支持绿色低碳高质量发展的能力。2021 年下半年绿色债券发行数量和规模分别大幅增长至 359 只和 3493 亿元，较上半年分别增长 33.45% 和 37.09%。[1] 11 月 4 日中欧发布了《可持续金融共同分类目录报告——减缓气候变化》，推动国际绿色债券标准趋同，为中外市场主体发行、投资绿色债券提供了便利，推动我国绿色金融的国际化发展，并为我国相关产业提供更为有力的金融支持。

7 月 22 日，中国人民银行正式发布《金融机构环境信息披露指南》金融行业标准及《环境权益融资工具》，推进规范金融机构环境信披工作开展，引导金融资源更加精准向绿色、低碳领域配置，助力金融机构和利益相关方识别、量化、管理环境相关金融风险。

3. 多重金融举措支持乡村振兴。

2021 年是巩固拓展脱贫攻坚成果同乡村振兴有效衔接的第一年，各项政策聚焦乡村振兴。3 月 4 日，中国银保监会、财政部、中国人民银行、国家乡村振兴局联合发布《关于深入扎实做好过渡期脱贫人口小额信贷工作的通知》，要求建档立卡脱贫人口，有针对性地提供低息无抵押贷款，切实满足脱贫人口信贷需求，要有效防控信贷风险，夯实工作基础，不断完善相关支持政策，抓好相关政策落实。

6 月 4 日，中国人民银行、银保监会联合发布了《金融机构服务乡村振兴考核评估办法》，将金融机构服务乡村振兴情况纳入相关考核体系，体现了金融服务乡村振兴的新实践新要求。9 月 7 日，银保监会办公厅印发《支持国家乡村振兴重点帮扶县工作方案》，加大针对重点帮扶县的金融支持力度，要求国家开发银行、农业发展银行和大型银行每年对全部重点帮扶县的贷款增速力争高于本机构各项贷款平均增速，大型银行、股份制银行在重点帮扶县的分支机构要将 70% 以上的新增可贷资金用于当地。

10 月 11 日，银保监会发布了《关于 2021 年银行业保险业高质量服务乡村振兴的通知》，从八个方面提出了 2021 年银行业保险业高质量服务乡村振兴工作要求，包括优化金融服务供给体系和服务机制、强化关键领域金融产品供给、提升县域金融服务质效、加强农村信用体系建设、发挥保险保障作用、创新金融产品和服务创新、支持巩固拓展脱贫攻坚成果同乡

---

〔1〕 中国人民银行研究局课题组：《2021 年我国绿色债券市场发展回顾与展望》，载《债券》2022 年第 4 期。

村振兴有效衔接、加强差异化监管考核等。

三、银行司法实践强化保障

（一）最高人民法院发布《关于审理银行卡民事纠纷案件若干问题的规定》

近年来，因银行卡盗刷、信用卡透支息费违约金收取等引发的银行卡纠纷持续增多，全国法院受理的银行卡民事纠纷案件数量居高不下。为依法保护持卡人的合法权益、化解互联网金融风险、促进银行卡产业高质量发展，最高人民法院于 2021 年 5 月 24 日发布了《关于审理银行卡民事纠纷案件若干问题的规定》（以下简称《规定》）并于次日起施行。

《规定》对纠纷当事人和纠纷类型进行了规定。当事人包括持卡人、发卡行、非银行支付机构、收单行、特约商户等当事人。纠纷类型为因订立银行卡合同、使用银行卡等产生的民事纠纷，既包括合同纠纷，也包括侵权纠纷。

《规定》明确了息费违约金条款效力。规定发卡行在与持卡人订立银行卡合同时，对收取利息、复利、费用、违约金等格式条款未履行提示或者说明义务，致使持卡人没有注意或者理解该条款，持卡人主张该条款不成为合同的内容、对其不具有约束力的，人民法院应予支持。关于息费违约金上限，发卡行请求持卡人按照信用卡合同的约定给付透支利息、复利、违约金等，或者给付分期付款手续费、利息、违约金等，持卡人以发卡行主张的总额过高为由请求予以适当减少的，人民法院应当综合考虑有关金融监管规定、未还款的数额及期限、当事人过错程度、发卡行的实际损失等因素，根据公平和诚信原则予以衡量并作出裁决。

《规定》对盗刷行为作了界定。规定的银行卡盗刷交易是指“他人使用伪造的银行卡刷卡进行取现、消费、转账等，导致持卡人账户发生非基于本人意思的资金减少或者透支数额增加的行为”，包括伪卡盗刷交易和网络盗刷交易，即“他人盗取并使用持卡人银行卡网络交易身份识别信息和交易验证信息进行网络交易，导致持卡人账户发生非因本人意思的资金减少或者透支数额增加的行为”。要求根据“银行卡交易行为地与真卡所在地距离、持卡人是否进行了基础交易、交易时间和报警时间、持卡人用卡习惯、银行卡被盗刷的次数及频率、交易系统、技术和设备是否具有安全性等”因素综合判断是否存在盗刷交易。

（二）典型案例评析

1. 金融机构应如实披露利率。

2017 年 9 月 22 日，田某、周某和中原信托有限公司签订《贷款合同》，约定贷款本金 6,000,000 元，期限 8 年，贷款利率具体以《还款计划表》为准，平均年利率 11.88%，还款方式为分次还款，还款期数为 96 期，每期还款均包含本息，每年 12 期还款金额一致，每 12 个月递减一次还款金额。

2017 年 9 月 26 日，田某、周某先向中原信托有限公司汇款 141,000 元作为第一期还款，中原信托公司于 2017 年 9 月 27 日向田某、周某转账支付 6,000,000 元。田某、周某按《还款计划表》逐月还款至 2018 年 11 月 27 日，后申请提前还款获准，遂于 2018 年 12 月 17 日向中原信托有限公司支付 5,515,522.81 元（其中本金 5,505,522.81 元、违约金 10,000 元），结清全部贷款。之后，田某、周某认为中原信托有限公司未披露实际利率，告知其平均年利率为 11.88%，但实际执行利率却高达 20%多，且实际放款前已经收取了第一期还款，该款项应从贷款本金中扣除。据此，请求判令中原信托公司返还多收取的利息并赔偿相应损失。

审理中，中原信托公司为说明《贷款合同》每期还款金额具体计算方法，提交了另一版本《还款计划表》，除载明每期应还款金额、剩余本金外，还载明每期应还款中的利息金额、本金金额、当年利率（第一年利率为 21.8%，此后逐年为 19.6%、17.2%、14.43%、10.01%、6.67%、3.92%、1.32%），此外在表格尾部还载明贷款本金 6,000,000 元，利息合计 5,702,400 元，本息合计 11,762,400 元，总利率为 95.04%，年利率平均值为 11.88%。经核算，前述各年利率系以当年应付息总和除以初始贷款本金额 6,000,000 元算得，11.88%系前述各年利率的算术平均值，系争贷款的实际年利率约为 20.94%。

上海市普陀区人民法院于 2020 年 7 月 3 日作出（2019）沪 0107 民初 13944 号民事判决，判决：（1）对田某、周某要求中原信托退还多收的 887,190.19 元的诉讼请求，不予支持；（2）对田某、周某要求中原信托返还占用资金的利息损失（以 887,190.19 元为基数，自 2018 年 12 月 17 日起按照年利率 11.88%计算至实际返还之日止）的诉讼请求，不予支持；（3）对田某、周某要求中原信托赔偿律师费损失 10,000 元的诉讼请求，不予支持；（4）准予中原信托补偿田某、周某 200,000 元（该款应于判决生效之日起 10 日内一次性给付）。宣判后，田某、周某提出上诉。上海金融法院于 2021 年 1 月 4 日作出（2020）沪 74 民终 1034 号民事判决，因田某、周某的上诉请求部分成立；一审判决认定事实清楚，但适用法律错误，予以纠正，遂改判：（1）撤销上海市普陀区人民法院（2019）沪 0107 民初 13944 号民事判决；（2）中原信托应于判决生效之日起 10 日内向田某、周某返还 844,578.54 元，以及以 844,578.54 元为基数，自 2018 年 12 月 18 日至实际归还之日止，按照中国人民银行公布的同期人民币存款利率计算的利息；（3）驳回田某、周某的其他诉讼请求。

本案表明，贷款机构负有明确披露贷款实际利率的义务，若以格式条款约定利率，还应采取合理方式提请借款人注意，并按照借款人的要求予以说明。若因贷款机关未明确披露导致借款人没有注意或理解借款合同的实际利率，则应视为双方未就“按照该实际利率计算利息”达成合意，贷款机构无权据此计收利息。此时，合同利率的确定应当依据合同解释原则，结合相关条款、行为的性质和目的、习惯以及诚信原则，采用一般理性人标准。贷款机构发放贷款前已经收取的还款应当从实际本金中扣除。中国人民银行发布〔2021〕第 3 号公告，明确要求所有从事贷款业务的机构，应当以明显的方式向借款人展示年化利率。

2. 区分银行的公权利与储户的私法益。

2018 年 3 月 5 日，清科博动公司向招行清华园支行申请开立基本存款账户，2018 年 3 月 8 日，中国人民银行中关村国家自主创新区中心支行颁发《开户许可证》，准予开立基本存款账户。自 2019 年 5 月招行清华园支行对涉案账户采取了临时止付措施，具体方式是限制网银的直接交易，所有交易需在柜台逐笔进行审核，审核的材料包括交易背景资料、买卖合同等，审核的期间大概为一至两天。关于采取该措施的原因，招行清华园支行表示其采取临时止付措施的原因是清科博动公司法定代表人陆某在 2013 年曾有高风险交易行为，作为法定代表人，陆某对清科博动公司具有控制力和影响力，无法排除陆某利用清科博动公司涉案账户实施涉敏交易风险。该行系根据相关文件的原则性规定，根据自己的理解认定涉案账户存在风险。

一审法院认为现有证据情况下无法证明继续对涉案账户采取临时止付措施尚具有必要性和合理性，清科博动公司所提交的证据不足以证明其因该限制措施受到了直接经济损失，故一审法院判令招行清华园支行于判决生效之日起 10 日内解除对清科博动公司银行账户采取的临时止付措施；驳回清科博动公司的其他诉讼请求。清科博动公司提出上诉。

二审法院经审查认为招行清华园支行可以基于履行账户限制管控义务对风险账户实行管控，但采取的管控措施应符合法律规定或与客户达成事先约定，采取管控措施的种类、强度应当符合比例原则且应当保持在合理期间并具备规范流程，确保交易对方明确、合理的预期并保持审慎、持续的注意。因招行清华园支行采取管控措施不尽妥当、应属违约，法院判决维持一审法院关于解除对清科博动公司银行账户采取的临时止付措施，改判招行清华园支行向清科博动公司赔偿相应借款利息。

本案说明，银行与储户之间的权利义务首先仍需在民事关系视野下进行分配，对于可能采取的管控措施也要符合法律规定或事先约定。判断银行管控措施的合理性时，可以比照行政行为审查的比例原则，就管控种类、强度的妥当性、必要性和均衡性予以考量，应保证管控程序的公开、规范并将管控措施限制在合理期限，以便明确指引储户合理维护民事权利。本案中，虽然招行清华园支行为实现金融安全、确保风险可控而采取一定管控措施，具有必要性，但其未将对开户人私权造成的不利影响限制在尽可能小的范围和限度，综合分析，招行清华园支行所做的管控措施欠缺妥当性和均衡性，应承担相应责任。

3. 商业银行应当依法合规收取中间费用。

2011 年 3 月 11 日，工行、农商行与智富茂城三方签订了一份《银团贷款协议》，约定各贷款人分别地而非连带地同意根据本协议的条款和条件向借款人提供总金额不超过 15 亿元的贷款。贷款期限为 8 年，自首个提款日起至贷款到期日，暂从 2011 年 3 月 31 日至 2019 年 3 月 30 日。该协议 9.02 约定了利率和利息计算。《银团贷款协议》9.03 约定了罚息。《银团贷款协议》21.01 约定了违约事件构成。《银团贷款协议》21.02 约定了违约后果。后来工行作为担保代理行与智富茂城签订了《房地产抵押协议》，约定智富茂城以其名下房产为工行、农商行向其发放的银团借款提供抵押担保，并完成了抵押权登记。后智富发展、丁某富、严悦文自愿为工行、农商行向智富茂城发放的银团借款提供连带责任担保。2011年4月至2015年12月，工行向智富茂城发放借款金额80,834万元，农商行向智富茂城发放借款金额40,418万元。2013年1月9日、2015年3月30日、2017年3月30日工行、农商行与智富茂城等签订三份《银团贷款补充协议》，对还款计划进行了三次调整。

智富茂城在履行义务过程中，未能按照《银团贷款补充协议》的约定按期归还应付的银团贷款本金，工行、农商行起诉要求其归还本金偿付罚息。智富茂城主张其已支付给工行的4538万元银团安排费等应抵扣系争贷款本金。

经查，系争4538万元与案涉贷款系同一法律关系。有关银团安排费、资金托管费、贸易金融服务费、财务顾问费、国际业务服务费均在本案《银团贷款协议》《银团贷款补充协议》签订后及上述合同履行期间订立相关合同，智富茂城亦在此期间支付相应的款项，工行与智富茂城除案涉金融贷款纠纷外并不存在其他业务往来，上述银团安排费等费用均系因案涉贷款产生。而工行实际并未提供银团安排、资金托管、贸易金融服务、财务顾问、国际业务服务等相应的服务。法院认为，商业银行行为属于国家发展和改革委员会《商业银行收费行为执法指南》规定的“只收费不服务”情形，收费无效，应折抵本金。

《商业银行收费行为执法指南》第9条规定，商业银行收费行为应当遵循依法合规、平等自愿、息费分离、质价相符的原则。本案中银行营业机构利用其优势地位捆绑贷款，强制客户订立中间业务合同而未提供实质性服务的，属变相收取利息，背离了民法平等、自愿、公平原则，增加了企业融资成本。

4. 未依抵押合同约定办理抵押登记的抵押合同的效力。

陈某华等三人以房屋作为抵押物，为中信银行东莞分行自2013年12月31日至2014年12月31日期间对亿阳公司等授信产生的债权提供最高额抵押，但是，由于陈某华等三人尚未取得案涉房屋所占土地的土地使用权证，案涉房屋因房地权属不一致，故未能办理抵押登记，最高额抵押权并未依法设立。因此，中信银行东莞分行不能主张行使抵押权。但是，由于我国法对不动产物权变动采取区分原则，涉案房屋未办理抵押登记的事实并不会影响涉案《最高额抵押合同》的效力。根据该合同，陈某华等三人有义务确保自己对涉案房屋“拥有完全的、有效的、合法的所有权或处分权”“依法取得权属证明的抵押物已依法获发全部权属证明文件，且抵押物不存在任何争议或任何权属瑕疵”。但是，实际上，陈某华等三人并未取得土地使用权证，从而导致案涉房屋因房地权属不一致而未能办理抵押登记。

本案经过东莞中院一审、广东高院二审，后由最高人民法院再审后认为：（1）本案中，中信银行东莞分行分别与陈某华签订的《最高额抵押合同》，约定陈某华以其位于东莞市中堂镇东泊村的房屋为案涉债务提供担保。根据《民法典》第143条，案涉《最高额抵押合同》的当事人系完全民事行为能力人，其订立《最高额抵押合同》的意思表示真实，该《最高额抵押合同》也并未违反法律、行政法规的效力性强制性规定，故而有效。（2）根据《最高额抵押合同》的约定，陈某华等三人应确保案涉房产能够依法办理抵押登记，否则应承担相应的违约责任。本案中，陈某华等三人尚未取得案涉房屋所占土地使用权证，因房地权属不一致，案涉房屋未能办理抵押登记，抵押权未依法设立，陈某华等三人构成违约，应当承担违约责任，依约对中信银行东莞分行进行损害赔偿。（3）东莞市房产管理局已于 2011 年明确函告辖区各金融机构，房地权属不一致的房屋不能再办理抵押登记。中信银行东莞分行在 2013 年签订《最高额抵押合同》时对于案涉房屋无法办理抵押登记的情况应当知情或者应当能够预见。中信银行东莞分行作为以信贷业务为主营业务的专业金融机构，应比一般债权人具备更高的审核能力。相对于此前曾就案涉抵押物办理过抵押登记的陈某华等三人来说，中信银行东莞分行具有更高的判断能力，负有更高的审查义务。中信银行东莞分行未尽到合理的审查和注意义务，对抵押权不能设立亦存在过错。同时，根据《合同法》第 119 条规定，中信银行东莞分行在知晓案涉房屋无法办理抵押登记后，没有采取降低授信额度、要求提供补充担保等措施防止损失扩大，可以适当减轻陈某华等三人的赔偿责任。

该案例正确阐释了不动产物权变动的区分原则，以不动产提供抵押担保，抵押人未依抵押合同约定办理抵押登记的，不影响抵押合同的效力。债权人依据抵押合同主张抵押人在抵押物的价值范围内承担违约赔偿责任的，人民法院应予支持。抵押权人对未能办理抵押登记有过错的，相应减轻抵押人的赔偿责任。同时，考虑到合同双方各自对涉案抵押权不能设立的过错，根据《合同法》第 119 条（减损规则）妥善地将损失在当事人之间进行了分配，有利于实现公平正义，对类似案件具有良好的指导示范作用。

四、银行法理论研究综述

（一）银行法论文

1. 金融监管的研究。

在金融监管改革的基本理论方面，有研究主张塑造整体性、系统性的金融市场基础设施监管理念，细化监管措施，促进国内立法对标国际标准，统筹协调监管职权与资源配置，开展国内及国际监管合作，并引入监管绩效评估机制。[1]有研究主张我们应在“金融工具论”下正确对待金融创新与金融监管之间的关系，以正确的认识观理解金融创新的原因与本质，由此推动金融监管的理解与跟进。[2]有研究指出，因跨国监管套利与金融通道媒介效应，极

〔1〕 迟骋：《英国金融市场基础设施监管改革及对中国的启示》，载《当代经济研究》2021 年第 3 期。
〔2〕 郑彧：《以“信”为根监管优化金融生态》，载《金融博览》2021 年第 1 期。

易冲击全球金融市场的稳定。数字金融治理的传统双边监管协作成本过度投入但成效甚微；数字金融的通道效应易诱发强势国家的监管标准单极化输出，诱致监管技术的固化。对此，须借软法治理路径，采用基于吸引而非强制的监管技术标准，同时，嵌入具有义务性内容、程序性保障和梯次强制执行力的硬法，遏制成员国选择性的软法治理投机行为，落实区域监管相容与全球金融稳定的平衡。[1]

在金融科技监管方面，有研究提出借鉴域外监管沙盒经验，结合我国实际，转变金融监管范式，开放金融监管立法试验，充分利用其所独具的鼓励创新功能与试错容错机制，加强监管科技与“先行先试”模式的应用与融合，变被动响应、等待风险驱动的监管模式为主动管理。[2]有研究指出监管沙盒的法理逻辑在于金融市场主体从对抗性的“身份”规制向共治性的“契约”治理转变，在制度架构中还体现了基于充分合意的测试规则之构建、基于通畅交流的制度供给之完善、基于分配正义的金融消费者保护三种形态，并指出我国的监管改革也应当吸收其精神。[3]有研究对监管沙盒制度在区块链金融领域的本土化设计重点分析。[4]有研究认为试行“沙盒监管”制度实践中也存在测试结果偏差、创新空间受限和滋生权力寻租等问题。为解决这些问题，应该明确金融科技监管的法律目的，提升金融科技监管的法律地位，降低金融科技监管的准入门槛。[5]有研究以欧盟金融科技监管为对象，深入分析了欧盟金融科技监管的法律规范制定、监管体系及监管模式特征与优势。结合中国现状，分别从金融科技监管框架的建立、金融科技监管手段与法律规范等方面提出了金融科技协同监管体系建设路径。[6]有研究以我国移动支付的监管问题为研究对象，指出合规性监管和系统风险防控是现阶段我国移动支付领域金融监管的重心，监管制度的创新需要充分考虑我国金融市场发展状况和金融监管体制。[7]

在地方金融监管方面，有研究指出应以“央地协同治理”作为地方金融监管法治建设的理念，在“国务院金融稳定发展委员会”下设专业委员会作为央地协同治理的实体组织，在地方金融组织的资产管理业务上实行“功能主义、类型化和风险控制”的监管模式，以监管与产业利益、消费者权益的平衡为核心完善地方问题金融组织处置，在信息和信用监管领域强化地方金融监管的基础设施建设和公共产品供给。[8]有研究认为要对地方政府参与金融监

---

〔1〕 王兰：《全球数字金融监管异化的软法治理归正》，载《现代法学》2021 年第 3 期。

〔2〕 鲁篱、陈阳：《论我国金融监管“试验性规制”的路径与机制》，载《社会科学研究》2021 年第 1 期。

〔3〕 刘盛：《监管沙盒的法理逻辑与制度展开》，载《现代法学》2021 年第 1 期。

〔4〕 秦勇、韩世鹏：《区块链金融监管的新维度研究——基于沙箱监管的本土化创新》，载《价格理论与实践》2021 年第 8 期。

〔5〕 黎四奇、李牧翰：《金融科技监管的反思与前瞻——以“沙盒监管”为例》，载《甘肃社会科学》2021 年第 3 期。

〔6〕 韩兴国：《数字经济时代下金融科技监管体系研究——来自欧盟的监管启示》，载《技术经济与管理研究》2021 年第 9 期。

〔7〕 屈淑娟：《金融科技背景下我国移动支付的监管问题》，载《甘肃社会科学》2021 年第 4 期。

〔8〕 冯辉：《地方金融的央地协同治理及其法治路径》，载《法学家》2021 年第 5 期。

管的程序进行优化，需要从法律层面重塑地方金融监管协调机构，并建立相应的地方金融监管权限争议裁决机制。[1]

2. 金融风险治理研究。

有研究提出应对金融风险要采取行政指导、行政契约、行政授权、行政委托和行政辅助等主要行为类型，通过法律激励、责任机制和过程约束等主要路径实现法治视角下金融风险协同治理的目标。[2]有研究认为在金融科技风险治理时需要充分把握技术风险的技术实质，按照“技术中立”和“业务实质”原则，协调创新激励和风险防控的目标，建立金融科技应用主体的安全优先、风险评估和系统弹性规则，加强对技术风险的评估评级和日常监管，发挥自律规则和技术标准的自律约束，明确应用主体的责任豁免、归责原则和责任分担，系统构建强化行为约束、明确法律责任、完善金融监管的技术风险法律治理框架。[3]有研究认为，金融科技风险的法律治理亟需依照金融科技风险规律并充分挖掘本土资源，探索更具主动性、前瞻性和精细化的介入型路径，通过明确介入主体的法律地位和治理权力、介入手段的制度依据和法律效力、介入对象的治理重点和规范构成，构建起创新友好、规制有效、底线安全和全程覆盖的金融科技风险法律治理体系。[4]有研究则以金融危机干预措施的合宪性审查为研究对象，指出司法机关对危机干预措施审查面临诸多困境，危机后的监管改革和监管文化的变化导致司法机关难以有效约束监管机构的干预措施。[5]

3. 数字货币研究。

数字货币的基础理论方面，有研究指出数字货币具有分布式特性、电子特性、共识性、通货性、消耗性和可支配性等法律特征。并且从是否有权发行、数字货币接受方的范围、数字货币的价格是否受市场因素影响而剧烈变化、稳定币锚定的价值来源、数字货币的使用方式等不同的层面对数字货币进行了分类。[6]有研究认为数字货币本身是应用分布式账本和密码学技术等表彰价值的数字工具，本质为电脑上存储的电磁记录。锚定法币的稳定币，符合特定条件，可被视为“现金等价物”，除此以外的其他私人数字货币可结合持有人的主营业务、持有目的、预期用途及数字资产发挥内在价值的方式而在报表上分类呈现。[7]有研究以法定数字货币的法律地位、作用为研究对象，提出法定数字货币法律性质属于基础货币，具有成本低、效率高、币值稳定等先天优势。但数字货币可能有很大的风险，所以要对其进行

〔1〕 刘志伟：《地方政府参与金融监管的程序性机制优化》，载《地方立法研究》2021 年第 4 期。

〔2〕 靳文辉：《金融风险的协同治理及法治实现》，载《法学家》2021 年第 4 期。

〔3〕 袁康：《金融科技的技术风险及其法律治理》，载《法学评论》2021 年第 1 期。

〔4〕 袁康：《金融科技风险的介入型治理：一个本土化的视角》，载《法学论坛》2021 年第 4 期。

〔5〕 苏洁澈：《金融危机干预措施的合宪性审查——英美处置破产银行及启示》，载《政法论坛》2021 年第 4 期。

〔6〕 齐爱民、张哲：《论数字货币的概念与法律性质》，载《法律科学》2021 年第 2 期。

〔7〕 李敏：《数字货币的属性界定：法律和会计交叉研究的视角》，载《法学评论》2021 年第 2 期。

监管。[1]

数字货币的法偿性方面，有研究提出，在现有条件下缓和适用人民币法偿性规定、将法定数字货币的法偿性设置为有条件的无限法偿。[2]有研究则认为数字货币的推行可能会导致拒收现金，冲击货币的法偿性，对于这一问题，应当从现代中央银行的法治建设入手，树立民众发自内心的货币认同。[3]

在数字货币监管方面，有研究认为，我国不应采取单一的监管或控制思维，而应更多地寻求公权力机构和私权力平台合作，规制理念宜从政府监管向共同治理模式变革：从链下管制走向链上链下相结合的全域治理，从政府直接监管走向“第三方护卫”的间接治理，从国家规制走向超国家规范的规制治理。[4]有研究指出，法定数字货币在跨境支付中将面临货币主权矛盾和域外效力的确认、跨境支付标准的不统一以及国际监管规则和协调机制创新等诸多法律问题。我国应尽快推进法定数字货币在跨境支付方面的国内立法，推动区域基础设施与货币互换网络机制的建设；同时，应积极参与法定数字货币跨境支付标准与国际规则的制定，探索多元化监管的国际合作路径，以强化自身金融主权与国际规则制定的话语权。[5]有研究提出，中国人民银行可借助智能合约巩固货币的国家信用，构建货币政策、发行管理与支付监管等智能合约，重新配置与中介机构、社会公众的权义关系，提升中国人民银行监管与调控的效率。为防止货币智能合约的风险，应实施货币契约之治，采取嵌入式监管和自治式监管，实现金融科技与监管科技融合，防治技术与金融融合风险，协调规制与隐私保护，提升法定数字货币治理。[6]

4. 金融消费者/投资者保护研究。

在出台了《个人信息保护法》的背景下，金融信息的保护也成为了金融法研究的重点关注对象，有研究指出，在大数据时代个人金融信息保护法需要转型升级。法律需要明确信息和数据的权属，对个人金融信息实行特别保护，完善事中和事后保护机制，完善保密规则的例外情况。[7]有研究认为，个人金融数据具有信用评价功能，可精准描绘个人信用“画像”，并具有社会价值、资产价值、流通价值等关乎社会公共利益的价值属性，不宜将个人金融数据权利私人化、绝对权化，个人金融数据存在个人对金融信息的防御性法益，在法益遭受侵害时可行使删除、更正、赔偿等权利。金融机构基于服务目的、数据安全考量而对个人金融数据事实控制，应得到法律的确认并进一步配置金融机构享有占有、使用、收益等财产性权

---

[1] 袁曾：《法定数字货币的法律地位、作用与监管》，载《东方法学》2021 年第 3 期。
[2] 郭泽鹏：《我国法定数字货币法偿性问题探析》，载《经济问题》2021 年第 6 期。
[3] 许多奇、王沛然：《货币法偿性制度的历史“原罪”与现实转向》，载《政法论丛》2021 年第 4 期。
[4] 许多奇：《从监管走向治理——数字货币规制的全球格局与实践共识》，载《法律科学（西北政法大学学报）》2021 年第 2 期。
[5] 孟于群：《法定数字货币跨境支付的法律问题与规则构建》，载《经济纵横》2021 年第 4 期。
[6] 景欣：《法定数字货币中智能合约的构造与规制》，载《现代经济探讨》2021 年第 10 期。
[7] 邢会强：《大数据时代个人金融信息的保护与利用》，载《东方法学》2021 年第 1 期。

利。有研究主张个人金融信息不宜都被视为敏感个人信息，应为处理个人金融信息提供更为周延的合法性事由，同时应强化金融机构的告知义务，实现信息共享机制下个人信息主体的知情权保护。[1]对于个人金融数据跨境流动，有研究认为，在未来完善个人金融数据跨境流动规制的进程中，应积极探索树立动态的个人金融数据价值观，细化个人金融数据跨境流动具体规制措施，为个人金融数据跨境流动的不同场景构建区别化的规制模式；在无法实现上述目标时，应通过识别个人金融数据跨境流动过程中的不同法益，在现行法律体系框架下积极寻求和探索综合且多元的个人金融数据保护路径。[2]

有研究以《全国法院民商事审判工作会议纪要》中销售商违反投资者适当性义务的民事责任规则为研究对象，指出销售商承担责任需以信赖关系的存在为前提，客户风险承受能力的认定要从主观和客观两个要素进行判断。现行的销售商和发行人承担连带责任的法律依据可能会因金融消费者无法有效举证而使该条款难以发挥作用，建议将销售商与发行人承担连带责任的依据修订为《消费者权益保护法》第 40 条。[3]有研究则提出，由于销售者与发行人承担责任的机理并不相同，发行人承担责任的基础在于金融产品代销模式下其与销售者之间的代理关系及代理协议约定，审判实践中销售者与发行人承担共同责任的方式除连带责任外还包括补充责任，须由法院结合个案案情，综合考虑发行人与销售者过错情况、各自过错行为对投资者损失的原因力等作出判断。[4]有研究围绕投资者适当性管理制度中金融机构的免责机制为中心，提出应以是否存在信赖利益作为投资者适当性管理制度中免责机制的核心判断要素。当投资者违反信息提供义务时，应以金融机构履行核查义务为免责条件；在投资者具备专业性时，应以实际交易中投资者独立决策为免责前提；在投资者自愿风险错配时，应设置金融机构的警示义务和越级投资的门槛限制作为免责要求。[5]有研究指出，新证券法在投资者保护方面呈现出一种明显的“以结果为导向”的监管新思路，券商在销售证券或者提供服务的过程中应以“程序合规 + 实质合规”来证明其对“投资者适当性义务”要求的满足。[6]有研究对金融机构适当性义务履行的实际情况进行了考察，发现我国相关案例不多，但增长趋势明显，总体赔偿率低于海外；银行非保本理财产品和投资顾问业务的案件占比很高。针对实践中发现的问题，该研究给出适当性义务的履行应关注“质”和“量”两个维度、应区分适当性义务与合格投资者制度、应以功能监管为方向统一适当性义务标准等

[1] 朱芸阳：《个人金融信息保护的逻辑与规则展开》，载《环球法律评论》2021 年第 6 期。
[2] 蔺捷、田晨：《个人金融数据跨境流动规制研究》，载《上海大学学报（社会科学版）》2021 年第 6 期。
[3] 何颖、阮少凯：《论金融产品销售商的投资者适当性义务》，载《财经法学》2021 年第 1 期。
[4] 王锐：《适当性义务责任主体范围演进的实证研究》，载《中国应用法学》2021 年第 4 期。
[5] 胡改蓉、钱程：《投资者适当性管理制度中金融机构的免责机制——以“信赖利益”判断为核心》，载《证券市场导报》2021 年第 10 期。
[6] 郑彧：《新证券法下“投资者适当性义务”的实现路径——从“规则监管”到“原则监管”的转变》，载《证券市场导报》2021 年第 3 期。

完善建议。[1]有研究对美国的投资者适当性规则进行经验总结：美国的证券经纪商与投资顾问间分工明确，前者通常向投资者承担适当性义务，后者则承担受托义务。我国也应对上述两个机构的义务作出区分，除此之外，该研究还指出，要建立科学的信息披露制度、充分发挥仲裁在投资者适当性义务履行纠纷中的功能。[2]

5. 金融资产管理研究。

在受托人义务方面，有研究指出，在满足“高度信赖”、“代为管理财产或事务”、“自由裁量权”以及“脆弱性”等四项构成要件时，才属于法律认可的资管业务，管理人都负有信义义务；而“伪资管业务”的管理人仅负有合同义务[3]。有研究对涉受托人信义义务的责任界定进行了研究，并指出在司法实践中应根据合同约定以及法律法规、监管等规定，并结合个案情况，考虑信义义务的具体内容、受托人的主观状态、受托人相关行为与投资者损失之间的因果关系等因素，具体作出判断。[4]

智能投顾基于创新性、效率性及经济性等功能特征，改变了传统投资顾问的业务模式及投资决策方式，我国目前亟待建立并完善智能投顾的监管制度体系。对此，有研究对国际上的智能投顾的经验进行了分析总结，并指出我国的智能投顾在业务范围、在监管模式和制度目标上都可以借鉴国际的经验。[5]有研究提出，应在市场准入、牌照发放、投资者适当性管理、信义义务及技术治理等维度对制度予以完善。[6]有研究围绕智能投顾市场准入这一主题展开论述，指出我国应该改变有关禁止投资顾问接受全权委托、代客理财的法律限制以及证券投资咨询业务牌照停发的现状。[7]对于智能投顾的信义义务，有学者指出可从事前、事中和事后三个维度进行智能投顾信义义务的制度重塑。[8]

6. 绿色信贷法律问题研究。

有研究认为，应将绿色信贷纳入现行法律框架，引入绿色信贷的理念和原则，建立健全政策实施透明度制度，强化银行的责任，明晰监管权限，完善税收和财政优惠制度等。[9]有研究认为，引入绿色信贷的三种方式都存在法律的掣肘，当务之急是有效促进商业银行治理

---

〔1〕 黄辉：《金融机构的投资者适当性义务：实证研究与完善建议》，载《法学评论》2021年第2期。

〔2〕 李海龙：《资本市场投资者适当性规则的美国经验与中国探索》，载《环球法律评论》2021年第3期。

〔3〕 郭雳、彭雨晨：《新发展格局下资管业务管理人信义义务研究》，载《江汉论坛》2021年第7期。

〔4〕 竺常赟、范黎红、王珊：《违约潮背景下资管产品受托人违反信义义务的责任界定》，载《上海金融》2021年第6期。

〔5〕 朱紫涵、余涛：《智能投顾监管的国际经验及其借鉴》，载《东南大学学报（哲学社会科学版）》2021年第1期。

〔6〕 欧阳丹丹：《智能投顾法律规制研究》，载《金融与经济》2021年第1期。

〔7〕 栗胜男：《智能投顾市场准入法律规制研究》，载《国际经济法学刊》2021年第3期。

〔8〕 刘文、蒋昇洋：《智能投顾的信义义务：中国实践和制度重塑》，载《河北法学》2021年第12期。

〔9〕 王红一：《商业银行法修订背景下的绿色信贷政策法律化》，载《财经法学》2021年第1期。

机制和风险管理能力的提升，而非增加商业银行承担环境义务与责任的法律条款。[1]有研究认为，我国实践中缺少立法表达，所以应以商业银行环境责任的分类分段为基础，采取"软"法"硬化"与"硬"法"软化"协调规制路径，构建多元主体参与的法律规制体系，以均衡之精神实现变迁与重构在理念、规范和具体制度上的统一。[2]有研究指出，应由法律法规、国家政策、银行内部政策三个层面共同发力，构建一整套包含行业标准、信息披露、业绩评估、责任承担等内容的贷款人环境法律责任体系。[3]

7. 金融机构退出机制研究。

有研究认为，我国在修订《企业破产法》应增设"金融机构破产"专章，针对金融机构及其破产的特质，完善金融机构破产的程序规制设计，优化行政与司法部门的权力划分和程序衔接机制。[4]但也有研究认为，目前在《企业破产法》中增设专章规定金融机构破产的时机还不成熟。危机金融机构风险处置以监管程序为主导而非以司法破产程序主导。目前亟须完善《企业破产法》第 134 条、第 113 条的规定，以建立金融法和《企业破产法》在金融机构风险处置、破产清偿顺位上的协同性。在修订《企业破产法》时应增设终止净额结算条款，以便利金融衍生品市场的健康稳定发展。[5]

还有学者指出在建设破产安全港保护制度中应结合金融机构破产特性，充分考虑金融消费者权益保护诉求、不同金融交易合约的风险程度、金融机构破产特定债务的优先清偿等，在传统商事企业破产安全港保护制度基础上进行适应性修正，制定融合经营、杠杆交易和"互联网 +"等新金融特征的金融机构破产安全港保护制度规则和边界范围。[6]有研究围绕银行的市场退出机制展开，指出要注重审慎监管与存款保险早纠机制的有机结合，完善存款保险制度的市场化风险处置平台作用，健全商业银行风险退出处置法律框架。[7]

（二）银行法主要著述

1. 金融监管研究。

杨军指出，监管真空问题的根源在于未清晰划分中央和地方政府金融监管权，应从立法、权限划分、机构协调、金融消费者保护等法治化的核心要义出发予以解决。提出以金融监管有效性理论、分权理论和法治政府理论等作为理论基础。还考察了美国、加拿大等国相

---

〔1〕 黄韬：《商业银行绿色信贷的实现路径及其法律掣肘》，载《浙江大学学报（人文社会科学版）》2021 年第 2 期。

〔2〕 魏庆坡：《商业银行绿色信贷法律规制的困境及其破解》，载《法商研究》2021 年第 4 期。

〔3〕 钱尘、吴弘：《我国贷款人环境法律责任制度的构建与探索》，载《金融理论与实践》2021 年第 11 期。

〔4〕 贺雪喆、陈斌彬：《金融机构破产对现行〈企业破产法〉适用的挑战及因应》，载《南方金融》2021 年第 1 期。

〔5〕 王斐民：《金融机构破产综合立法的体系研究》，载《中国政法大学学报》2021 年第 4 期。

〔6〕 巫文勇、张崟：《国家干预视角下金融机构破产安全港保护制度规则和边界》，载《江西社会科学》2021 年第 1 期。

〔7〕 尹清淏：《存款保险制度实施中商业银行市场退出机制的国际经验、存在问题及建议》，载《金融理论与实践》2021 年第 11 期。

关制度，提出借鉴统筹协调机制与金融消费者保护等经验。分析指出，我国地方政府金融监管的非法治化表征为地方政府金融监管法律规范不完备，地方金融市场参与者权利保障不充分，地方政府金融监管权力划分不清晰和地方金融监管协作机制不完善。针对非法治化表征提出健全地方政府金融监管法律规范体系，落实地方金融市场参与者主体权利保障，明确地方政府金融监管权限范围，建立全覆盖的地方金融监管协调合作机制等安排〔1〕。

孟翔韬探讨了影子银行监管的基础理论，分别对国际影子银行实践和我国影子银行实践中反映出的风险点、成因、对策等进行了分析。在此基础上，从六个方面提出了完善我国影子银行监管的建议，以期对相关领域的研究人员和从业人员有所启发〔2〕。

张文新对现行典当行监管制度进行了梳理，包括典当行及分支机构的设立、变更与终止，典当行的经营规则等内容，并在此基础上对典当行监管合规准则提出构想。关于设立、变更与终止，主要是对各地政务服务事项涉及的申请材料、办理流程进行了整理；关于经营规则，主要是对现行典当监管制度中监督检查重点对象、环节的拆解。〔3〕

2. 金融安全及风险防范研究。

李有星指出，互联网、人工智能、大数据、区块链技术为手段的现代数字化新金融业态，给金融治理和监管提出了巨大挑战。以新金融概念特性为起点，对新金融的监管立法、网络借贷及非法金融外置，金融科技与监管科技应用，其他新金融治理等问题展开研究，提出对策建议。对数字货币、支付、网络借贷、股权众筹、私募基金等领域存在问题和长效机制的建立提出了建议〔4〕。

李有星、潘政、钱颢瑜讨论以互联网、人工智能、大数据、区块链技术为手段的现代数字化新金融业态，给金融治理和监管提出了巨大挑战。从新金融概念特性为起点，对新金融的监管立法、网络借贷及非法金融处置、金融科技与监管科技应用，其他新金融治理等问题展开研究，提出对策建议。对数字货币、支付、网络借贷、股权众筹、私募基金等领域存在问题和长效机制的建立提出了建议〔5〕。

杨凯生等完整定义和刻画了系统性金融风险，并对我国宏观、微观、金融市场和外部冲击等一系列风险及其传导机制进行了分析。它从宏观风险入手，探讨债务、信贷和房地产风险；考察资管新规背景下债券市场的风险；从股票市场和上市公司的角度考察系统性风险的传导，以及对实体经济的影响和冲击；分析互联网金融的监管和垄断问题；探讨在开放经济体中，汇率形成机制和汇率波动、资本流动和中美贸易摩擦对系统性风险的影响；提出测度和预警系统性金融风险的模型指标，指出防范系统性金融风险的制度性缺陷和监管短板，并

---

〔1〕 参见杨勇：《新金融法律监管研究》，中国财政经济出版社 2021 年版。
〔2〕 参见孟翔韬：《影子银行监管研究》，法律出版社 2021 年版。
〔3〕 参见张文新：《地方金融监管中的典当合规指引》，中国法制出版社 2021 年版。
〔4〕 参见李有星：《智能金融安全问题法律研究》，浙江大学出版社 2021 年版。
〔5〕 李有星、潘政、钱颢瑜：《智能金融安全问题法律研究》，浙江大学出版社 2021 年版。

给出降低、化解和应对系统性金融风险的方法[1]。

3. 金融法译著与教材。

在译著方面，艾利斯·费伦、何禄赞所著《公司金融法律原理》（第二版）（罗培新、沈志韬译），基于金融经济学家在理论和实务工作中的见解，从法律的角度对英国公司融资结构和资本市场的关键因素进行了研究。亨利·阿尔斯拉尼安、法布里斯·费雪所著《金融数智化未来》（王勇、黄红华、陈秋雨译），清楚地介绍了金融科技、人工智能、科学计算、加密资产、比特币和区块链等诸多技术，基于大量的全球真实案例和项目，从银行家、律师、人工智能专家、工程师和创业者的角度，介绍和分析了金融行业现在的痛点、新的技术趋势以及未来的可能发展方向。

在教材方面，吴志攀所著《金融法概论（第五版）》从历史经验出发、从现实改革的需要出发和从法律实践的需要出发，将金融管理理论与金融法制实践相结合。唐波主编的《新编金融法学（第四版）》，将丰富的教学经验与科研成果融入其中，全面反映我国金融改革及金融法发展的动态，理论联系实际，既注重对本国金融立法的研究，又关注国际上金融立法的经验，并对此加以分析和借鉴。

（三）银行法重要学术活动

2021 年 12 月 11 日，由中国法学会银行法学研究会主办，贵州财经大学和贵州省法学会金融法学研究会联合承办的中国法学会银行法学研究会 2021 年年会暨“中国金融法治建设的回顾与展望”学术研讨会以线上线下相结合的方式在贵阳顺利召开。王卫国会长代表中国法学会银行法学研究会作 2021 年年度工作报告，与会专家学者还通过线上线下相结合的方式围绕“民法典实施与金融法治建设”“商业银行法完善与监管创新”“金融机构治理与投资者保护”“数字货币法治理论与实践”以及“金融数据利用与个人信息保护”六大单元专题内容分别进行了研讨。

2021 年 12 月 11 日，由中国法学会商法学研究会主办，上海市法学会金融法研究会、上海财经大学法学院承办，上海金融法院、金融法研究会期货及衍生品法律专业委员会协办的第六届中国金融法论坛在线上成功举办。本届论坛以“新发展格局下的金融法治”为主题，就新时代数字金融法法治理论与实践展开研讨，并设“长三角金融庭长论坛”“期货与衍生品法律论坛”分论坛，研讨“资产管理司法实务问题”和“新时代期货法立法与期货市场高质量发展”等问题。

2021 年 12 月 12 日，由北京银行法学研究会主办、北京市天同律师事务所承办的北京银行法学研究会 2021 年年会暨“绿色金融的法治保障”学术研讨会顺利召开。中国政法大学

---

[1] 参见杨凯生、杨燕青、聂庆平：《中国系统性金融风险预警与防范》，中信出版集团股份有限公司 2021 年版。

教授高祥作“中国贸易融资司法案例 40 年”主题报告，清华大学法学院高丝敏副教授作“商业银行的公司治理为什么特殊？兼论《商业银行法（修改建议稿）》第三章”主题报告。在“可持续发展视角下的金融法治”“可持续贸易金融最新进展”两研讨环节多位专家学者作了发言。

2021 年 12 月 4 日至 5 日，由华东政法大学经济法学院主办，上海交通大学凯原法学院、复旦大学法学院、上海财经大学法学院联合承办，由上海市法学会经济法学研究会、上海市法学会商法学研究会、上海市法学会金融法研究会协办的上海市经济法博士生论坛成功举办。本次论坛以“共同富裕与共享繁荣的经济法治保障”为主题展开讨论。充分体现了经济法专业建设和人才培养的最新成绩，加强了上海市各个高校之间的师生交流，并为经济法治建设提供了丰硕的智力成果，为下一届论坛的成功举办提供可供借鉴的经验。

2021 年 6 月 28 日，由上海市法学会金融法研究会、上海市法学会仲裁法研究会、上海国际经济贸易仲裁委员会（上海国际仲裁中心）、中国（上海）自由贸易试验区管理委员会陆家嘴管理局、上海陆家嘴金融城发展局主办，由陆家嘴金融城全球资产管理机构联合会协办，由上海市协力律师事务所承办的“2021 上海资产管理法治论坛——资管争端的法律实务”成功举办。会议围绕私募基金典型法律争议焦点、民法典时代对资管行业的影响、债券市场风险的处置和应对以及金融争端解决法律机制四个议题展开，诸多知名学者及实务专家参与研讨。

2021 年票据市场法制报告

伍　坚　等 *

受新冠肺炎疫情散发多发的持续影响，2021 年中国经济运行面临的风险和阻力进一步上升。在宏观经济面临多重压力、外部环境更趋复杂严峻的情况下，2021 年，在上海票据交易所的积极引领下，票据市场运行总体平稳，各项业务稳中有增，在支持实体经济尤其是产业链供应链发展方面加大创新，并以紧密围绕服务中小企业为核心，致力于拓宽中小微企业融资渠道，降低实体经济融资成本。在复杂的国内外经济形势下，票据为我国经济平稳运行贡献了应有的力量，在推动实体经济发展、促进产业链供应链循环以及降低企业融资成本等方面发挥了积极作用。〔1〕

一、2021 年票据市场的发展

（一）2021 年票据市场发展态势〔2〕

票据业务量总体保持下降趋势，商业汇票业务量保持增长。2021 年，全国共发生票据业务 1.37 亿笔，金额 112.65 万亿元，同比分别下降 8.46% 和 9.00%。其中，支票业务 1.10 亿笔，金额 89.89 万亿元，同比分别下降 12.90% 和

---

* 伍坚，华东政法大学经济法学院教授；参与本文写作的还有华东政法大学 2021 级经济法学硕士研究生李金霖、林彤宇、孟小轲、徐响、张嘉雯、朱文菁。

〔1〕 参见江财九银票据研究院：《中国票据市场 2021 年回顾和 2022 年展望》，载 https：//mp.weixin.qq.com/s/FCsrB4qeLi9k2kvIyKGFLQ，最后访问日期：2022 年 4 月 25 日。

〔2〕 参见上海票据交易所发布的《2021 年票据市场发展回顾》，载 http：//www.shcpe.com.cn/，最后访问日期：2022 年 4 月 22 日。

12.97%；实际结算商业汇票业务2664.86万笔，金额22.26万亿元，同比分别增长16.61%和11.70%；银行汇票业务13.71万笔，金额1393.52亿元，同比分别下降24.96%和7.81%；银行本票业务24.23万笔，金额3554.83亿元，同比分别下降33.89%和14.93%。

电子商业汇票系统业务量稳步增长。2021年，上海票据交易所电子商业汇票系统出票2688.17万笔，金额23.52万亿元，同比分别增长20.56%和10.12%；承兑2738.25万笔，金额23.99万亿元，同比分别增长20.58%和9.73%；贴现966.92万笔，金额14.99万亿元，同比分别增长33.47%和12.03%；转贴现1456.28万笔，金额46.93万亿元，同比分别增长40.93%和6.41%。质押式回购275.18万笔，金额21.70万亿元，同比分别增长29.43%和11.06%。[1]

2021年，票据市场各项业务保持平稳增长，票据利率总体下降，市场发展质效不断提高。承兑背书金额同比增长，票据支付功能持续增强；票据融资业务增长有力，创新产品运用广泛深入；转贴现交易较为活跃，回购交易保持较快增长；转贴现和贴现利率同比下降，回购利率则随同货币市场利率有所回升。

1. 承兑背书业务同比增长，票据支付功能不断增强。

承兑金额平稳增长，国有和股份制银行带动作用较为明显。在宏观经济面临多重压力、企业生产经营困难增加的情况下，票据的延期支付功能更加契合银企诉求，推动承兑业务保持平稳增长。2021年，全市场承兑金额24.15万亿元，同比增长9.32%。其中，银票承兑20.35万亿元，增长10.19%；商票承兑3.80万亿元，增长4.85%。分机构类型看，全年国有银行承兑金额同比增长12.96%，高于全市场银票承兑金额增速2.77个百分点；股份制银行承兑金额同比增长10.79%，高于全市场平均增速0.60个百分点；城商行和农村金融机构承兑金额增速分别为8.49%和6.93%，较全市场平均增速分别低1.70个和3.26个百分点。

背书金额增长较快，"票付通"业务大幅增长。2021年，全市场背书金额56.56万亿元，同比增长19.84%。其中，银票背书53.59万亿元，增长20.38%；商票背书2.97万亿元，增长10.82%。同时，在应用场景持续拓展、市场环境不断改善的情况下，"票付通"业务规模大幅增长。截至年末，"票付通"累计对接平台44个，签约企业3025户，合计发起票据支付2.12万笔，支付金额610.90亿元，较上年末增长283.71%。

2. 票据融资业务增长有力，创新产品运用广泛。

贴现金额增长较快。在有效信贷需求相对不足、票据贴现成本优势明显的情况下，银企双方更加倚重票据贴现开展融资，推动贴现金额保持较快增长。2021年，全市场贴现金额15.02万亿元，同比增长11.93%。其中，银票贴现13.80万亿元，增长11.43%；商票贴现1.22万亿元，增长17.98%。分机构类型看，国有银行、城商行贴现金额同比分别增长

[1] 参见中国人民银行发布的《2021年支付体系总体运行情况》，载 http://www.gov.cn/xinwen/2022-04/03/content_5683319.htm，最后访问日期：2022年4月25日。

14.96%和13.66%，较全市场平均增速分别高3.03个和1.73个百分点；股份制银行和农村金融机构贴现金额同比分别增长10.97%和2.81%，较全市场平均增速分别低0.96个和9.12个百分点。

创新产品运用广泛深入。随着系统功能不断完善、市场认知度持续提升等，“贴现通”业务保持较快增长势头，在便利企业贴现、降低融资成本方面发挥了积极作用。截至年末，“贴现通”累计服务企业1.40万家，累计达成贴现意向突破1000亿元，同比增长195.95%。同时，线上化、智能化的“秒贴”类贴现业务创新在更大范围内得到推广运用，使得更多企业能够享受到“线下不用跑，资金秒到账”的票据贴现服务。此外，在大力发展贴现业务的同时，商业银行积极开展票据质押融资业务，年末全市场票据质押余额达到1.12万亿元，同比增长9.70%，有效盘活企业票据资产，助力企业解决资金周转难题。

3. 转贴现交易金额增势平稳，回购交易金额增长较快。

转贴现交易金额有所增长。2021年，全市场转贴现交易金额46.94万亿元，同比增长6.41%。其中，银票转贴现交易42.07万亿元，增长2.70%；商票转贴现交易4.87万亿元，同比增长54.74%。剔除内部交易，农村金融机构、国有银行和城商行转贴现交易同比分别增长38.47%、24.07%和16.77%，股份制银行转贴现交易基本持平，资管类产品转贴现交易同比下降26.81%。

回购交易金额保持较快增长。2021年，票据回购交易金额22.98万亿元，同比增长14.98%。其中，质押式回购21.70万亿元，增长11.06%；买断式回购1.28万亿元，增长187.53%。经过2019年、2020年的高速发展，票据回购业务增速自然回落。分机构类型看，农村金融机构和国有银行回购交易金额同比分别增长33.76%和15.91%，股份制银行和城商行同比分别增长10.74%和6.88%。从资金融入和融出方向看，城商行和证券公司是主要的资金融入方，国有银行和股份制银行是主要的资金融出方；农村金融机构则由上年的资金净融出转变为净融入。

4. 转贴现和贴现利率同比下降，回购利率同比回升。

转贴现利率有所下降，存在与同业存单利差倒挂现象。2021年，全市场转贴现加权平均利率为2.62%，同比下降9个基点。其中，银票转贴现利率为2.56%，下降9个基点；商票转贴现利率为3.16%，下降42个基点。从全年走势看，2月转贴现利率达到3.27%的年内高位，其后整体逐步走低，12月转贴现利率为1.91%，创票交所成立以来新低。同时，转贴现与同业存单的利差倒挂，且自下半年以来总体呈扩大趋势。另外，由于有效信贷需求不足、内外部考核压力加大等，年末银行转贴现买入票据特别是银票需求旺盛，带动转贴现利率大幅下降。12月，银票转贴现加权平均利率为1.76%，较上月下降44个基点。

贴现利率同步下降，有效降低企业融资成本。2021年，全市场贴现加权平均利率为2.85%，同比下降13个基点。其中，银票贴现利率为2.73%，下降13个基点；商票贴现利率为 4.20%，下降 20 个基点。从全年看，贴现利率与转贴现利率走势基本一致，2 月贴现利率达到 3.72% 的高位，其后总体呈逐步下行趋势，12 月降至 2.09%，创票交所成立以来新低。在贴现利率持续下行的情况下，票据贴现与一般贷款之间的利差扩大，有效降低企业融资成本。全年贴现利率较 LPR（1 年期）均值低 100 个基点，利差同比扩大 7 个基点，为企业节约融资成本超过 1000 亿元。

回购利率同比上升，与货币市场利率走势较为一致。2021 年，全市场质押式回购加权平均利率为 2.15%，同比上升 28 个基点；买断式回购加权平均利率为 2.14%，同比上升 12 个基点。从全年走势看，除年初、年末等特殊时点，票据质押式回购和买断式回购利率与货币市场主要利率走势较为一致。1 天期的质押式回购利率与 DR001 的相关系数为 0.92，7 天期的质押式回购利率与 DR007 的相关系数为 0.79。

5. 金融科技赋能票据市场发展，产品创新春笋涌现。

上海票据交易所 2021 年持续完善票据全生命周期产品体系闭环。贯彻新发展理念，在票据签发、支付、融资、交易等环节创新产品设计，深化票据的功能作用，实现产品体系和服务方式的闭环，提高票据服务实体企业的“直达性”。包括在签发端完善供应链票据平台和建设商票信息披露平台，促进应收账款票据化；在支付端优化“票付通”业务，畅通产业链供应链企业的票据线上支付渠道，拓展票据支付应用场景；在贴现端进一步推进“贴现通”业务，破解票据融资难题，优化贴现市场生态；在融资端做好标准化票据配套服务，拓宽企业票据融资渠道，打通票据市场和债券市场；在交易端适应票据投融资属性增强、多元化主体希望参与票据交易的现实需求，推进票据的标准化改造，进一步完善票据交易机制。另外再贴现票款对付功能在 11 月投产上线，打通了再贴现业务全流程电子化操作最后“一公里”，实现了再贴现业务全流程线上化、电子化操作，有助于提升货币政策传导效率，精准滴灌符合政策导向的实体经济领域，为解决中小微等企业融资难、融资贵问题提供新支撑、注入新动能。

随着商票披露平台的上线运营，不少商业银行继续优化完善票据“秒贴”，推出“信商票”“商票通”等线上商票融资产品，助力扩大核心企业商票的市场接受度，实现资金和票据的实时交互，大大提高了企业商票变现的效率，提升了票据服务于中小微、民营企业的能力。深度科技集团、同城票据网、京东等公司发挥科技赋能票据作用，为众多中小微企业提供票据信息服务，为金融机构提供票据秒贴、快站等服务模式，积极探索供应链商票服务。果藤等公司为票据机构提供科技信息服务。中国国新企票通平台，充分发挥票据支付功能，积极利用票据开展企业之间的清欠工作，取得了好的效果。票据市场参与主体利用金融科技力量，增强风险防控，加强合规管理，严防票据风险。

供应链票据平台持续优化升级，多个省份发文支持本地企业接入供票平台，供应链票据业务量不断突破，场景覆盖制造、批发和零售、建筑、技术服务、商务服务、交通运输等多个行业，切实提高中小微企业融资效率，盘活企业应收账款，降低企业融资成本，助力企业复工复产，进一步落实金融服务助力“六稳六保”工作，有效解决中小微企业融资难问题。

（二）2021 年票交所运营情况

2021 年，在新冠肺炎疫情多点散发、宏观经济面临多重压力的大环境下，票据市场总体运行平稳。票据市场各项指标稳中有增，好于预期。全年市场业务总量达 167.32 万亿元，同比增长 12.87%；票据在节约中小微企业融资成本方面的优势有力凸显。年末票据贴现加权平均利率 2.09%，比一年期 LPR 利率低 171 个基点。[1]

1. 风险防控方面。

从多渠道加强政策宣传，多方面优化平台功能，全面增强风险发现能力并切实提升风险应对水平。截至 2021 年年底，平台注册用户达 4.6 万余家，披露率达 94%，公众查询量近 1500 万次，2021 年 8 月 1 日后新承兑商票的逾期率降至 0.37%。通过重点监测、案例研析、科技赋能，提高风险发现的敏感性、全面性、及时性。研究建立商票到期未应答视同拒付机制、积极推广票据账户主动管理功能。

2. 创新发展方面。

2021 年年底，供应链票据平台业务总规模突破 600 亿元；“贴现通”累计达成贴现成交金额突破 1000 亿元，“票付通”累计发起票据支付超 2 万笔，支付金额实现跨越式增长。落地再贴现业务票款对付结算（DVP）功能，打通再贴现业务全流程电子化操作最后“一公里”；扩展跨境平台接入范围，与跨境清算公司签署参与者服务协议。以数据治理为核心，全年共向总行、银保监会等 34 家单位提供数据 300 余次、合计 50 万余条；以数据产品为抓手，创新推出面向集团机构提供票据信息归集服务等“集票宝”信息产品，稳步建设信息服务系统“票信宝”。持续优化会员接入体验，探索建立重点客户主动服务机制，做优做强会员服务。

3. 科技建设方面。

通过推进新一代票据业务系统建设、提升科技治理能力优化科技体系，配套建设票据业务规则体系，稳步推进验收测试和联调测试，确保全市场成员如期开展系统建设；建立健全科技顶层设计，强化信息化外包管理，制定应用系统质量整改方案；完成软件升级和设备置换，提升设备产权和运维技术的自主可控水平。双管齐下守住生产安全防线，保障生产安全，实现两大核心系统“一键式”园区切换，推进异地容灾机房建设，提升应急抗灾能力；制定管理办法和工作方案，组织多次演练演习和专题培训，强化网络安全管理。

---

[1] 参见上海票据交易所发布的《一图看懂上海票据交易所 2022 年工作报告》，载 http://www.shcpe.com.cn/content/shcpe/index.html，最后访问日期：2022 年 4 月 20 日。

二、2021年票据市场监管概况

（一）票据监管新规

2021年1月22日，全国银行间同业拆借中心、上海票据交易所、银行间市场清算所联合发布了《标准化票据存托协议（2020年）》（中汇交公告〔2021〕6号），进一步规范标准化票据当事人权利义务，促进标准化票据业务健康发展。

2021年1月28日，上海票据交易所发布《上海票据交易所供应链票据平台接入规则（试行）》（票交所公告〔2021〕1号），加强供应链金融配套基础设施建设，规范供应链票据平台接入工作，明确了供应链平台的接入标准和流程规则，对于促进供应链票据业务健康发展具有重要意义。

2021年2月7日，山东省财政厅、山东省工业和信息化厅、中国人民银行济南分行联合印发了《关于强化财政金融政策融合促进供应链金融发展的通知》（鲁财金〔2021〕9号），系统性支持供应链金融发展，从推动应付账款票据化、推广供应链票据平台及应用、加强标准化票据融资机制引导等方面推出了多项财政金融鼓励措施，拉开了地方政府鼓励发展供应链票据的序幕。

2021年4月8日，北京市地方金融监督管理局、中国人民银行营业管理部、银保监会北京监管局、证监会北京监管局联合发布《金融支持北京市制造业转型升级的指导意见》，推动制造业龙头企业商业信用体系建设，诚信履行商业合约，推广电子商业票据的使用。这是在山东之后又一地方金融监管机构发文推动票据使用。

2021年5月18日，上海票据交易所发布《新一代票据业务系统业务方案》和《新一代票据业务系统直连接口规范V1.0》的通知（票交所发〔2021〕55号）对电子商业汇票系统（ECDS）和中国票据交易系统进行全面优化升级，建设承载票据全生命周期业务功能的新一代票据业务系统。

2021年6月1日，上海票据交易所发布《上海票据交易所发布发展规划（2021~2023年）》，进一步深化票据发展应用，提出发展成为高标准的票据市场基础设施，围绕票据全生命周期稳妥创新，推动形成新发展格局下票据市场新优势。

2021年8月1日，《中国人民银行公告〔2020〕第19号》（规范商业承兑汇票信息披露）正式落地，与此配套的《商业承兑汇票信息披露操作细则》同步实施。我国商票信息披露工作全面施行，推动了票据市场信用体系建设，初步形成商票信用风险防范的市场化约束机制。

2021年8月14日，上海票据交易所投产上线新一代票据业务系统一期（供应链票据平台），落实中国人民银行等八部委《关于规范发展供应链金融支持供应链产业链稳定循环和优化升级的意见》（银发〔2020〕226号）关于完善供应链票据平台功能，加强供应链票据平台的票据签发、流转、融资相关系统功能建设的有关要求。

2021年11月22日，上海票据交易所中国票据交易系统进行升级，投产上线再贴现业务票款对付结算（DVP结算）功能，至此再贴现业务已全流程电子化操作，整体提升了业务操作效率，降低操作风险，促使中国人民银行货币政策的效能得到更加充分的发挥。

（二）商业承兑汇票信息披露制度正式实施

2021年8月1日，商票信息披露制度正式施行，票据市场信用体系建设迈出重要一步。在中国人民银行的统筹安排下，2020年1月票交所建设试运行票据信息披露平台，同时开展系列宣介推广，组织商票企业在平台注册和开展披露，为政策落地实施做好充分准备。在中国人民银行的指导及中国人民银行分支机构、市场成员的大力支持下，年末商票信息披露平台注册企业4.70万余家，对商票承兑企业的覆盖率达到87.66%，承兑信息披露率也由8月末的77.35%提高到年末的94.00%。市场生态得到明显改善、信用约束机制初步形成，商票流转过程中的信息不对称显著降低，商票支付和融资功能有所增强。2021年，未贴现商票的换手率到2.83，同比上升16.00%；年末商票的贴现承兑比达到38.14%，较上年同期提高6.34%。

商业承兑汇票承兑企业对信息披露工作的了解度、参与度不断提升。从注册情况看，截至2021年9月末，平台累计注册用户共42,253家（2020年度商业承兑汇票承兑企业为37,255家），注册用户已覆盖大部分商业承兑汇票承兑活跃企业；从披露情况看，8~9月已披露金额5896亿元，披露率达91%，相比8月13日的披露率上升30%，表明随着政策实施的推进，披露率持续上升，信息披露制度执行情况良好。

信息披露平台上线初期，财务公司响应积极，其中8家在2020年2月就作为首批财务公司试点机构参与信息披露工作。在信息披露制度试运行期间，多家财务公司在加入票据信息披露平台的同时，对企业客户深入开展宣传推广，发动集团内企业办理信息披露业务，为推进商业承兑汇票信息披露工作起到重要的作用。截至2021年9月末，信息披露平台注册财务公司共231家，2021年8月1日后开展承兑业务的财务公司中，99.5%的财务公司已在平台注册，93.4%的财务公司完整披露了承兑信息。相比一般企业，财务公司对信息披露工作的重视程度高、执行情况好。

商业承兑汇票信息披露制度使企业商业承兑汇票兑付行为更加规范、透明、有据可查。开展商业承兑汇票信息披露后，企业更加珍视其在票据业务方面的信用，信用意识和信用价值有所提升，按期兑付商业承兑汇票的企业占比持续上升。从近期商业承兑汇票兑付情况来看，8月末平台注册企业的逾期未付比例［当月发生逾期且当月月末未付的电票金额/（当月逾期电票金额+当月正常结清电票金额）］为9.05%，9月末下降至2.36%，明显低于7月末商业承兑汇票逾期未付比例20.12%，表明在商业承兑汇票信息披露制度下，商业承兑汇票承兑企业的到期兑付情况显著改善，商业承兑汇票的信用环境更加优化。

2021 年 8 月 1 日以来，通过商业承兑汇票信息披露日常监测，上海票据交易所成功发现了伪造某银行和某农商行票据的两起伪假票据事件，由于发现及时且提早在相关伪假票据流通前就进行锁定，并未对市场成员造成任何损失。其中，伪造某银行票据的案例是商业承兑汇票信息披露制度实施后由票据信息披露平台运维人员发现和拦截的第一起案例。在对办理承兑业务但未在信息披露平台注册的企业进行监测时，平台工作人员发现在未披露的票据中，某张商业汇票属于商业承兑汇票，但承兑人名称会使人误解为某银行，且承兑人名称与承兑人的统一社会信用代码不一致。在发现该情况后，上海票据交易所马上与被伪造银行和承兑人开户行取得联系，在确认属于伪假票据后将相关票据进行了锁定。

票据信息披露平台为企业提供全方位信息服务，使企业用票放心。[1]

三、2021 年票据司法实践

2021 年 1 月 1 日，最高人民法院发布的《关于审理票据纠纷案件若干问题的规定》正式实施，进一步保护票据当事人合法权益，维护金融秩序和金融安全。

2021 年度票据司法裁判的典型案例：

1. 北京航天新立科技有限公司与湖北江耀机械股份有限公司票据追索权纠纷案[2]。

原告湖北江耀机械股份有限公司（以下简称湖北江耀公司）与被告北京航天新立科技有限公司（原名北京新立机械有限责任公司，以下简称航天新立公司）票据追索权纠纷案，基本案情如下：

2018 年 6 月 28 日，钛业公司作为出票人出具了电子商业承兑汇票一张，票据号码为 xxx，票据记载了：收款人航天新立公司，票据金额 160.5 万元，出票日期 2018 年 6 月 28 日，汇票到期日 2019 年 6 月 28 日，承兑人钛业公司，能够转让：可以转让，出票人承诺：本汇票请予以承兑，到期无条件付款，承兑人：本汇票已经承兑，到期无条件付款，承兑日期：2018 年 6 月 28 日。航天新立公司于 2018 年 6 月 29 日收票，并于同日背书转让给中船公司；2019 年 6 月 27 日，中船公司将该汇票背书给湖北江耀公司，湖北江耀公司为最终持票人。

2019 年 6 月 27 日，湖北江耀公司通过电子商业汇票系统提示付款，票据状态显示：提示付款待签收。2020 年 7 月 20 日，湖北江耀公司前往湖北省宜昌市三峡公证处进行涉案 10

〔1〕 周荣芳：《商业承兑汇票信息披露的影响》，载《中国金融》2021 年第 23 期。

〔2〕 本案案情引自中国裁判文书网，载 https：//wenshu. court. gov. cn/website/wenshu/181107ANFZ0BXSK4/index. html? docId =abb1e45ebf5d4ffb94825cf1e491f02d，最后访问日期：2022 年 4 月 23 日。判决文书号（2021）京 74 民终 159 号。

张电子商业承兑汇票（其中包括该案诉争的票据）提示付款后显示提示付款待签收的情况进行了公证，该公证处出具了（2020）鄂宜昌三峡证字第 2699 号公证书。证明包括该案诉争票据在内的 10 张电子商业承兑汇票的票据状态为“提示付款待签收”。

2019 年 7 月 25 日，湖北江耀公司分别向钛业公司、航天新立公司邮寄送达“电子商业承兑汇票追索通知”，7 月 26 日航天新立公司市场与产业发展中心处长郑潇签收，7 月 27 日邮件查询单显示钛业公司已签收。2020 年 4 月 24 日，湖北江耀公司向航天新立公司邮寄送达“律师函”，4 月 27 日邮件查询单显示已签收。

中信银行北京首体南路支行于 2021 年 1 月 15 日出具客户回单，显示钛业公司自 2018 年 7 月 1 日至 2019 年 6 月 30 日期间的银行存款情况如下：2018 年 8 月 24 日转款 5, 928, 500 元后至 2019 年 6 月 30 日账户余额为 0；该支行并于同日出具协助查询通知书。通知书记载了：根据中信银行洛阳分行营业部提供电子商业承兑汇票相关情况：（1）提示付款待签收为收票方已经在电子银行提请付款，但是出票方尚未确认、尚未支付款项的一种状态。需让出票方确认款项，款项支付后，收票方即可收款；（2）收款方可利用电子银行撤回提示付款申请，重新提示付款，但是付款方不确认付款的话，同样收不到款项；（3）商业承兑汇票承兑人为我行开户出票企业，但开具商业承兑汇票及流转属于企业自主贸易行为，我行不负责对前述票据开立流转真实性。其中情况需联系出票企业了解未付款原因。

一审法院认为：该案诉争的票据系定日付款票据，系由出票人钛业公司签发，票据记载的内容符合法律规定，为有效票据。湖北江耀公司依据其与中船公司间的合同关系，在支付了相应对价的情况下，通过中船公司的背书转让合法取得了该票据，系最终合法持票人。

湖北江耀公司取得该票据后，在票据到期日前，通过电子商业汇票系统向出票人（承兑人）钛业公司提示付款，但电子商业汇票系统显示为“提示付款待签收”，根据申请调查的查询结果表明，钛业公司银行存款不足以支付本案诉争票据金额，导致钛业公司至今未应答。

《电子商业汇票业务管理办法》第 59 条规定，持票人在票据到期日前提示付款的，承兑人可付款或拒绝付款，或于到期日付款。承兑人拒绝付款或未予应答的，持票人可待票据到期日后再次提示付款。依据上述规定，湖北江耀公司于票据到期日前提示付款后，钛业公司作为出票人和承兑人未应答且未付款的情况下，湖北江耀公司可在电子商业汇票系统中撤回前次提示付款，再次提示付款。虽然湖北江耀公司在票据到期后提示付款期内未再次提示付款，但由于电子商业汇票系统可以实时处理票据信息，票据的出票人和承兑人可实时收到申请人发出的提示付款信息，因此，湖北江耀公司提示付款行为的效力及于票据到期后的提示付款行为，具有提示付款期内提示付款的效力。钛业公司作为出票人对湖北江耀公司的提示付款行为应为明知，其未作应答的行为应视为钛业公司拒绝承兑或拒绝付款。

根据《票据法》第 19 条、第 26 条的规定，钛业公司作为票据出票人，未能依据其签发票据所记载的票据金额履行保证承兑和付款义务，应依法承担清偿票据款及相应费用的责任。

根据《票据法》第 37 条、第 68 条第 1 款、第 2 款之规定，航天新立公司作为背书人，湖北江耀公司作为被背书人及票据最终持票人，经提示付款后，被出票人钛业公司拒付的情况下，湖北江耀公司依法有权向航天新立公司行使票据追索权，航天新立公司应依法承担票据被拒付的连带清偿票据款的法律后果。

湖北江耀公司在票据到期日前进行了提示付款，但因出票人无资金可支付且长期未作应答，也未作拒绝承兑及拒绝付款的意思表示，导致电子商业汇票系统显示为“提示付款待签收”，应视为钛业公司拒绝承兑或拒绝付款。为此，湖北江耀公司于 2019 年 7 月 25 日，分别向钛业公司、航天新立公司邮寄送达“电子商业承兑汇票追索通知”，且航天新立公司和钛业公司已签收，至此，湖北江耀公司依法行使了票据权利，未超出上述法律规定的 6 个月的票据权利时效期间，从而发生票据权利时效中断，自票据权利时效中断时起至湖北江耀公司向本院提起诉讼之日止，也未超出《民法典》第 188 条规定的 3 年诉讼时效期间。故湖北江耀公司的票据权利没有因为超过 6 个月的追索时效而消灭。

据此，法院依据《票据法》第 4 条第 4 款、第 19 条、第 26 条、第 37 条、第 39 条第 1 款、第 61 条第 1 款、第 2 款、第 68 条、第 70 条第 1 款，《民法典》第 188 条之规定，判决：（1）北京航天新立科技有限公司向湖北江耀机械股份有限公司支付电子商业承兑汇票（票据号：xxx）票据金额 160. 5 万元及利息；（2）驳回湖北江耀机械股份有限公司的其他诉讼请求。案件受理费 19, 283 元、财产保全费 5000 元，由湖北江耀机械股份有限公司负担案件受理费 50 元，由北京航天新立科技有限公司负担案件受理费 19, 233 元、财产保全费 5000 元。

航天新立公司不服一审判决提起上诉。二审法院认为本案争议焦点在于：湖北江耀公司于电子商业汇票到期日之前提示付款是否享有向所有前手的拒付追索权。

湖北江耀公司于电子商业汇票到期日之前提示付款并不符合向所有前手拒付追索的构成要件。《电子商业汇票业务管理办法》第 5 条规定，电子商业汇票的出票、承兑、背书、保证、提示付款和追索等业务，必须通过电子商业汇票系统办理。第 66 条规定，持票人在票据到期日前被拒付的，不得拒付追索。持票人在提示付款期内被拒付的，可向所有前手拒付追索。持票人超过提示付款期提示付款被拒付的，若持票人在提示付款期内曾发出过提示付款，则可向所有前手拒付追索；若未在提示付款期内发出过提示付款，则只可向出票人、承兑人拒付追索。第 67 条规定，追索时，追索人应当提供拒付证明。拒付追索时，拒付证明为票据信息和拒付理由。非拒付追索时，拒付证明为票据信息和相关法律文件。根据上述规定，电子商业汇票拒付追索可以分为具有向所有前手拒付追索与仅能向出票人、承兑人拒付追索两类。其中，向所有前手拒付追索的构成要件为：（1）提示付款期内提示付款或超过提示付款期提示付款但在提示付款期内曾发出过提示付款；（2）应当提供拒付证明；（3）追索必须通过电子商业汇票系统办理。

该案涉汇票到期日 2019 年 6 月 28 日，湖北江耀公司于到期前的 2019 年 6 月 27 日通过电子商业汇票系统提示付款，票据状态显示：提示付款待签收。对于期前提示付款，《电子商业汇票业务管理办法》第 58 条规定，提示付款是指持票人通过电子商业汇票系统向承兑人请求付款的行为。持票人应在提示付款期内向承兑人提示付款。提示付款期自票据到期日起 10 日，最后一日遇法定休假日、大额支付系统非营业日、电子商业汇票系统非营业日顺延。第 59 条规定："持票人在票据到期日前提示付款的，承兑人可付款或拒绝付款，或于到期日付款。承兑人拒绝付款或未予应答的，持票人可待票据到期后再次提示付款。"湖北江耀公司期前提示付款后并未在票据到期日起 10 日再次提示付款。虽然，湖北江耀公司又于 2019 年 7 月 25 日分别向钛业公司、航天新立公司邮寄送达"电子商业承兑汇票追索通知"，7 月 26 日航天新立公司签收，但该追索权的行使并非通过电子商业汇票系统办理，由此湖北江耀公司于电子商业汇票到期日之前提示付款并不符合向所有前手拒付追索的构成要件。

电子商业汇票具有自身特点，"提示付款待签收"的票据状态，并不能当然得出票据拒付追索的结论。相比于纸质票据，电子商业汇票是以电子数据为介质，存储于中国人民银行 ECDS 系统，票据行为依托网络和计算机技术，接收、存储、发送电子商业汇票数据电文，进行电子商业汇票的签发、转让和资金清算交易。而电子汇票相关系统上所显示的"提示付款待签收"状态仅反映接收行对于电子商业汇票的接收情况，并未区分期前提示付款与期内提示付款，亦未明确表示付款人拒付与否。若不考虑电子商业汇票的特点，仅从字面解释出发，认为"提示付款待签收"即代表持票人提示付款行为完成，有违商业实践，有悖电子商业汇票制度设立初衷，应结合电子商业汇票自身特点及提示付款要件综合认定提示付款是否完成。湖北江耀公司于到期前的 2019 年 6 月 27 日通过电子商业汇票系统提示付款，票据状态显示：提示付款待签收，一审法院径行认定持票人湖北江耀公司已完成提示付款行为，二审法院表示难以认同。

对于电子商业汇票期前提示付款效力的认定，应注重持票人与票据债务人利益衡平，以促进电子商业汇票流通，营造良好金融法治环境。票据具有无因性、要式性、文义性，电子商业汇票则明确要求电子汇票交易应于电子商业汇票系统上进行，强调电子商业汇票的外观主义与要式性，以保证电子商业汇票具有高度可流通性。出票人、背书人、保证人、付款人等票据债务人在电子商业汇票高度可流通条件下所面对的是高度不确定的债权人。电子商业汇票提示付款期的安排一方面可以督促持票人及时行使付款请求权，明确票据上的权利义务关系，让付款人及其他票据债务人在合理期限内获知权利主体，提高交易效率与可预期性；另一方面明确票据债务人期限利益的范围，保障票据债务人正常的经营活动，避免票据债务人无期限地被请求付款与追索。对电子商业汇票期前提示付款效力的认定直接影响票据债务人期限利益，秉持"两害相权取其轻"之方法。若票据债务人自愿放弃期限利益，法院仅需审查权利放弃的正当性。若票据债务人并未放弃期限利益，并未追认期前提示付款的效力，此时若赋予期前提示付款具有票据法上提示付款的积极效力，则票据债务人将面对不可捉摸的交易对手与变化无常的交易模式，电子商业汇票法律关系的稳定性与可预测性将受到冲击。相比较而言，若否认期前提示付款行为具有票据法上提示付款的积极效力，仅持票人承受了违反电子商业汇票要式性规范的失权后果，并不会牵涉到票据债务关系全链条，作为票据流通基础的票据无因性与要式性得到了维护，电子商业汇票的流通性与可预期性得到保障，而且持票人还可能向出票人、承兑人进行拒付追索，持票人亦有相应权利救济途径。

据此，二审法院认为航天新立公司的上诉请求成立，应当予以支持。依照《票据法》第61条，《民事诉讼法》第170条第1款第2项，《最高人民法院关于审理票据纠纷案件若干问题的规定（2020年修正）》第4条、第62条之规定，判决：（1）撤销北京市海淀区人民法院（2020）京0108民初41402号民事判决；（2）驳回湖北江耀机械股份有限公司全部诉讼请求。一、二审案件受理费19,283元由湖北江耀机械股份有限公司负担。

2. 泉州元冰商贸有限公司与泉州市元安投资有限公司、紫金矿业集团黄金珠宝有限公司等票据追索权纠纷案〔1〕。

原告泉州元冰商贸有限公司（以下简称元冰商贸公司）与被告泉州市元安投资有限公司（以下简称元安投资公司）、紫金矿业集团黄金珠宝有限公司（以下简称紫金矿业公司）、贵州瑞通徐工工程机械有限公司（以下简称瑞通公司）、王鹏、宝塔石化集团财务有限公司（以下简称宝塔财务公司）票据追索权纠纷案，基本案情如下：

2018年9月17日，元冰商贸公司收到元安投资有限公司背书转让的票号分别为43,571、43,660、43,686的电子银行承兑汇票三张，三张汇票的出票日期均2018年3月23日、到期日均为2018年9月23日，单张票据的金额均为10万元，出票人均为宁夏灵武宝塔大古储运有限公司，收票人均为宁夏宝塔能源化工有限公司。出票当日承兑人宝塔财务公司均办理了承兑，承诺汇票到期无条件付款。涉案汇票“可转让”。

票据到期后，元冰商贸公司通过电子系统提示付款，宝塔财务公司未付款。故元冰商贸公司起诉请求判如所请。另外法院查明，元安投资有限公司原名福建省元安投资管理有限公司，于2015年8月12日注册登记，系一人有限责任公司，2018年8月27日前法定代表人及股东均为蒋一元，蒋一元于2018年8月24日将其持有的股权以12,000元的价格转让给其父母（蒋介千、叶某），股东变更后该公司法定代表人为叶某。元冰商贸有限公司于2018年7月10日注册登记，原法定代表人为蒋一元，2019年3月6日，法定代表人变更为蒋某1。其中蒋介千与叶某系夫妻关系，蒋一元系双方长子。

---

〔1〕 本案案情引自中国裁判文书网，载 https：//wenshu. court. gov. cn/website/wenshu/181107ANFZ0BXSK4/index. html? docId＝1a9d48864d214b72ad5cac89009b36be，最后访问日期：2022年4月17日。判决文书号（2020）宁民终434号。

一审法院认为，元冰商贸公司作为持票人，其是否享有票据权利是本案的争议焦点。

首先，涉案票据的取得，系元安投资公司从案外人张家港科贝奇机械科技有限公司处背书转让所得。根据《票据法》第 10 条的规定，票据转让必须具有真实的交易关系和债权债务关系并支付对价。上述被告未提交与案外人之间的真实交易以及所支付的对价的相关证据。

其次，从工商登记信息来看，元冰商贸公司与元安投资公司两公司构成人格混同，均由蒋一元控制，且两公司开展票据买卖业务。

最后，元冰商贸公司取得票据系从元安投资公司背书取得，元冰商贸公司并不能证实双方之间存在真实的债权债务关系。实际是蒋一元为了规避因回头背书给元安投资公司造成追索权的限制而背书至元冰商贸公司。

根据《票据法》第 12 条的规定，出于恶意取得票据的，不得享有票据权利。元冰商贸公司取得票据没有真实交易、未支付对价，且存在恶意，该行为侵害了其他票据背书人的合法权益，故元冰商贸公司不得享有票据权利，其诉讼请求不能成立，不予支持。根据《最高人民法院关于审理票据纠纷案件若干问题的规定》第 74 条的规定，人民法院在审理票据纠纷案件时，发现与本案有牵连但不属同一法律关系的票据欺诈犯罪嫌疑线索的，应当及时将犯罪嫌疑线索提供给有关公安机关，但票据纠纷案件不应因此而中止审理的规定，本案不应中止审理。元安投资公司、紫金矿业公司经本院合法传唤，无正当理由未到庭参加诉讼，视为对其诉讼权利的放弃。

据此，法院依据《票据法》第 4 条、第 10 条、第 11 条，《最高人民法院关于审理票据纠纷案件若干问题的规定》第 74 条，《民事诉讼法》第 144 条之规定，判决如下：驳回元冰商贸公司的诉讼请求。案件受理费 5932 元、保全费 2056 元，由元冰商贸公司负担。

元冰商贸公司不服一审判决提起上诉。二审法院认为本案争议焦点是元冰商贸公司对案涉票据是否享有票据权利。

本案元冰商贸公司应当对其取得票据的合法性承担举证责任。从在案证据看，元冰商贸公司于 2018 年 7 月 10 日注册登记，原法定代表人为蒋一元，2019 年 3 月 6 日法定代表人变更为蒋某 1。元安投资公司原名福建省元安投资管理有限公司，于 2015 年 8 月 12 日注册登记，系一人有限责任公司。2018 年 8 月 27 日工商变更前该公司法定代表人及股东均为蒋一元。2018 年 8 月 24 日蒋一元将其持有的元安投资公司股权全部转让给蒋介千、叶某，股东变更后该公司法定代表人为叶某。其中蒋介千与叶某系夫妻关系，蒋一元系该两人长子。而元冰商贸公司提交的与元安投资公司签订的《产品购销合同》所载签约时间是 2018 年 8 月 5 日，是在蒋一元担任该两公司法定代表人期间。在元冰商贸公司与元安投资公司系关联企业、存在利害关系的情况下，元冰商贸公司和元安投资公司所举《产品购销合同》、《电子汇票背书转让证明》和《出库凭证》、《送货单》、《收据》等证据不能有效证实该两公司之间具有真实交易关系并支付了对价。而且，从同期另外多起案件查明的事实可知，元冰商贸公司涉嫌以“买卖票据”为业，且其在取得涉案票据时已对涉案汇票无法按期承兑的事实明确知晓，故一审判决认定元冰商贸公司不是合法持票人，不享有票据权利，并无不当。泉州元冰商贸有限公司提出一审判决认定其取得票据存在恶意，不享有票据权利，认定事实和适用法律错误的上诉理由不能成立，二审法院不予支持。

据此，二审法院认为一审判决认定事实清楚，适用法律正确，应予维持。依据《民事诉讼法》第 170 条第 1 款第 1 项的规定，判决驳回上诉，维持原判。二审案件受理费 5932 元，由元冰商贸公司负担。

元冰商贸公司向最高人民法院申请再审。最高人民法院认为本案争议的实质问题是元冰商贸公司是否享有合法的票据权利。

根据一、二审查明事实，虽然案涉电子银行承兑汇票背书连续，但案涉票据经由元安投资公司连续多次背书转让后又背书至元安投资公司名下，最后元安投资公司再背书转让给元冰商贸公司，而元冰商贸公司与元安投资公司具有关联关系，在案涉票据转让时其法定代表人均为蒋一元。案涉票据背书有规避回头背书的嫌疑，且根据元安投资公司向瑞通公司出具的《声明函》内容可以证明，瑞通公司系根据元安投资公司的指令向后手背书转让案涉票据，瑞通公司并不承担票据责任。据此，元冰商贸公司取得案涉票据的合法性存疑。原判决认定应由元冰商贸公司就其票据基础法律关系的真实性、合法性承担举证责任，并无不当。元冰商贸公司仅以其与元安投资公司之间的有关《购销合同》《出库凭证》《送货单》《收据》证明案涉票据合法的证据不足，原判决认定事实、适用法律并无不当。

四、2021 年度票据法制理论研究综述

1. 中国票据市场百年历史与发展启示。

票据作为一种古老的金融工具，具有千百年的发展历史，随着经济、金融与信用的发展不断进化演变，尤其是进入 19 世纪 20 年代以后，随着中国共产党的百年发展历程，票据的内涵日趋丰富、功能作用也日渐完善。肖小和、李紫薇梳理了票据百年的历史后，围绕票据服务实体经济理念、票据制度规则、票据市场基础设施建设、票据信用环境、票据风险防控、票据市场创新发展、票据市场应用研究等方面对未来票据市场的发展提出了丰富的构想。[1]

2. 票据理论发展——票据参加制度构建。

《民法典》的颁布为新的理论制度构建设立了新平台。基于民法与票据法的关系，郑孟

〔1〕 参见肖小和、李紫薇：《中国共产党建党百年的中国票据市场回顾与启示》，载《征信》2021 年第 9 期。

状、郭站红在《民法典》债务加入制度的基础上构建了票据参加制度，使票据制度更好地发挥增强票据信用、化解财务危机，回应社会经济发展客观需求的作用。[1]认为票据参加是一种第三人参与票据关系，从而实现票据关系人债权保障、强化票据信用、增强票据流通性的重要举措。与保证相比，后者是在追索原因发生之前的一种制度，主要作用是增强票据信用；参加是追索原因发生之后的制度，主要作用在于挽回已经受到损害的票据信用。

3. 票据纠纷案件中的新型疑难问题。

随着票据市场不断发展，票据纠纷案件呈现数量不断增多、“大要案”频出、多种法律关系“嵌套”、具有疑难复杂性等特点，《票据法》及其司法解释已相对滞后于票据纠纷实践的发展，亟须相关司法裁判予以完善。张雪楳着重就票据行为无因性下贴现行是否为享有票据权利的合法持票人、民间贴现行为的效力、票据质押等问题展开深入研究。贴现行以贴现的方式取得票据，是否能够享有票据权利，应依据其是否存在《票据法》第 12 条规定的情形进行判定。票据质押背书是票据质权的设立要件，不具备该要件的，应认定票据质押未依法设立。[2]

4. 电子商业汇票规制在司法裁判中的适用。

在 ECDS 系统程序约束下，所有票据行为人对可能存在的法律风险都处于完全透明、平等的地位，彻底消除公示催告纠纷，票据损害赔偿、票据返还请求权等纠纷也近乎消失。但不少持票人仍沿用纸票操作习惯导致丧失追索权，司法裁判中也存在沿用纸票案例裁判电票纠纷的现象。赵慈拉分析了电票规制在票据追索行为的法律效力，建议在司法裁判中统一执行期前提示付款的非有效性，电票线下追索的无效性，持票人须以返还电票与实现原因债权互为条件等电票交易规则，实现同案同判，并可引入 AI 智能化裁判。如果在 ECDS 系统之外以司法判决的形式另行确立、确认其他票据状态，导致法院判决认定的票据状态与 ECDS 系统登记的票据状态不一致，会造成该票据脱离人民银行对电票领域的监管，加大电票参与者的经营风险。上海票据交易所作为 ECDS 系统的运营管理机构，可知晓所有电票即时持票人的信息，故司法机关电票保全可统一至上海票据交易所协助执行[3]。

〔1〕参见郑孟状、郭站红：《〈民法典〉视野下的票据参加制度构建》，载《浙江学刊》2021 年第 5 期。
〔2〕参见张雪楳：《票据纠纷案件新型疑难问题研究》，载《中国应用法学》2021 年第 5 期。
〔3〕参见赵慈拉：《电子商业汇票规制在司法裁判中的适用与解析》，载《上海金融》2021 年第 9 期。

2021年证券市场投资者保护报告

钱 尘 吴 菡*

2021年，资本市场稳定运行，直接融资和资源配置功能更好发挥，以注册制改革为牵引的全面深化改革蹄疾步稳，设立北京证券交易所、科创板和创业板改革创新更进一步，作为中国经济中流砥柱的上市公司群体发展壮大，法治建设和投资者保护结硕果、开新篇，实现了“十四五”高质量发展稳健开局，正朝着“打造一个规范、透明、开放、有活力、有韧性的资本市场”总体目标坚定迈进。面对疫情冲击和国际经济形势变化，中国资本市场对外开放不但没有放缓，反而呈现出开放速度加快、开放力度加大、开放范围扩大的特点。

一、资本市场改革开放不断深入

（一）我国资本市场基础设施不断完善

2021年，资本市场稳定运行，经济工作稳字当头、稳中求进。在开放上体现“进”，稳步推动资本市场制度型双向开放。2021年的主要工作方向仍旧是“国家扩大资本市场对外开放的方向不会改变”“稳步推进资本市场高水平对外开放”“全面深化改革开放”，监管部门不断释放资本市场对外开放的信号。资本市场制度型开放步伐坚定有力，资本市场基础设施不断完善，多层次资本市场更趋成熟。

1. 北京证券交易所设立运行，我国多层次资本市场的面貌为之焕然。

2021年9月2日，北京证券交易所宣布设立，总体平移精选层基础制度，培

* 钱尘，华东政法大学经济法博士研究生；吴菡，华东政法大学经济法学硕士研究生。

育“专精特新”企业。国家在2021年中国国际服务贸易交易会全球服务贸易峰会致辞中宣布，继续支持中小企业创新发展，深化新三板改革，设立北京证券交易所，打造服务创新型中小企业主阵地。北京证券交易所首批81家上市企业中，87%来自先进制造业、战略性新兴产业等领域，17家为专精特新“小巨人”企业。北京证券交易所开市以来，全市场股票平均涨幅98.90%，日均成交额较2021年8月的精选层增长3.04倍，截至2021年年底，投资者数量已超过475万。与此同时，北京证券交易所“龙头”撬动作用初步发挥，新三板市场生态发生了积极向好的根本性变化。2021年全年，创新层、基础层拟定向发行募集金额同比增长超54%。调查问卷显示，96%的挂牌公司对新三板未来发展充满信心。

2. 深圳证券交易所主板和中小板正式合并，多层次资本市场完善布局、更趋成熟。

两板合并后，深市主板上市公司数将占A股的35%。深市自此开启主板与创业板各有侧重、相互补充的发展格局，市场结构更简洁、特色更鲜明、定位更清晰，以更好地为处在不同发展阶段、不同类型的企业提供服务。多层次资本市场错位发展、各具特色，形成适度竞争、互补互联格局，朝向“从优到强”阔步前行。这是继创业板改革并试点注册制顺利实施后，资本市场又一项重大改革成功落地。

3. 广州期货交易所成立，助力大湾区和“一带一路”建设发展。

2021年1月22日，广州期货交易所正式获批设立，并于4月19日正式揭牌。设立广州期货交易所，是贯彻落实《粤港澳大湾区发展规划纲要》《中国（广东）自由贸易试验区总体方案》《关于金融支持粤港澳大湾区建设的意见》的重要金融工作举措。广州期货交易所立足服务实体经济，服务绿色发展，秉持创新型、市场化、国际化的发展定位，对完善我国资本市场体系，助力粤港澳大湾区和“一带一路”建设，服务高质量发展具有重要意义。广州期货交易所是我国第一家混合所有制的交易所，股东构成多元，包括证监会管理的4家期货交易所、广东国资企业、民营企业和境外企业。广期所将充分依托和发挥股东优势，形成合力，共同促进交易所的健康发展。

4. 中证商品指数公司在雄安新区开业运营，支持雄安建设发展。

在雄安新区成立商品指数公司，是中国证监会贯彻落实《中共中央国务院关于支持河北雄安新区全面深化改革和扩大开放的指导意见》，推动金融支持雄安建设发展的重要举措。公司由上海期货交易所、郑州商品交易所、大连商品交易所、中国金融期货交易所共同发起设立，专司商品指数等的编制、运维和指数数据信息与技术服务。此前，公司已于2020年12月16日在雄安新区完成工商登记注册，并于2021年1月4日试运行。

5. 上海数据交易所揭牌成立，推动数字经济发展。

上海数据交易所正式揭牌，全数字化交易系统同期启动。今后，上海数据交易所将为国内外数商提供全天候挂牌、全地域交易、全流程追溯的服务。目前，上海市大数据核心企业超过1000家，累计开放公共数据5000余项，商业数据的峰值日流量达1亿条，一大批标志性、示范性应用落地推广，有力推动了经济社会高质量发展。

（二）资本市场对外开放步伐加快

1. 市场互联互通不断拓展。

2021年改革开放不断深入，境内外资本市场互联互通机制不断拓展优化。“十四五”时期，我国将稳妥推进银行、证券、保险、基金、期货等金融领域开放，深化境内外资本市场互联互通，健全合格境外投资者制度。2021年多项对外开放举措正在酝酿，旨在为境外机构和投资者参与中国资本市场提供更加公平、高效和便利的服务。

2. 扩大沪深港通股票范围。

2021年1月23日，科创板股票正式纳入沪港通股票范围。为持续优化互联

互通机制，进一步扩大沪深港通股票范围，经中国证监会批准，沪深交易所分别发布新修订的《上海证券交易所沪港通业务实施办法》《深圳证券交易所深港通业务实施办法》，自2021年2月1日起实施。6月1日，首对沪港ETF互通产品于上海证券交易所与香港证券交易所同步上市。基于成熟的ETF互通机制，华泰柏瑞南方东英恒生科技ETF在上海证券交易所挂牌上市，南方东英华泰柏瑞中证光伏产业ETF在香港证券交易所挂牌上市。这是深化两地资本市场交流合作，丰富两地投资者投资选择的重要成果。12月25日，ETF纳入内地与香港互联互通标的。为持续优化内地与香港市场互联互通机制，丰富互联互通现有标的，根据两地证监会联合公告，上海证券交易所、深圳证券交易所、香港交易及结算所有限公司、中国证券登记结算有限责任公司已就ETF纳入互联互通标的整体方案达成共识。ETF纳入互联互通标的是互联互通机制升级的又一个标志性成果，将使互联互通现货生态链更加完整，进一步促进内地与香港市场共创双赢。

3. 沪深交易所与多国交易所深化合作，推动ETF产品互联互通。

我国境内交易所与日本、韩国、柬埔寨、新加坡等国交易所签署合作谅解备忘录深化合作，推动ETF产品互联互通。2021年1月25日，沪深交易所与日本交易所集团深化合作，推动中日ETF互通。第二届中日资本市场论坛还发布了深圳证券交易所与日本交易所集团签署合作谅解备忘录的成果，两所将在推进实现ETF产品互通、推广跨境业务、促进跨境创新资本形成等方面深化合作。深圳证券交易所与日本交易所集团将在中日ETF互通机制下，持续做好ETF互通产品的筹备，进一步推动跨境产品创新、拓宽互联互通渠道，为两国投资者提供多元化的跨境投资选择。5月11日，上海证券交易所与韩国交易所通过视频方式签署更紧密合作谅解备忘录，上海证券交易所将与韩国交易所就建立中韩ETF互通机制，加强指数、债券市场等领域合作进行探讨。12月20日，中证韩国交易所中韩50指数、中证韩国交易所中韩新能源车指数和中证韩国交易所中韩半导体指数正式发布。此次3条指数的发布将有助于提升上证/中证指数系列的国际影响力和竞争力，发挥指数在中国资本市场对外开放进程中的作用，也将为中韩两国投资者配置对方市场资产提供新选择。11月26日，上海证

券交易所与柬埔寨证券交易所签署合作谅解备忘录。双方将在信息交换、合作研究、人员交流、产品开发等方面开展多元合作。12 月 29 日，深圳证券交易所与新加坡交易所签署 ETF 产品互通合作谅解备忘录，双方将在推动 ETF 产品互通方面深化合作，持续做好筹备工作，支持中新市场机构合作开发 ETF 互通产品，为两国投资者提供多元化的跨境投资选择。

4. 外资加速流入，A 股对全球投资者的吸引力明显提升。

截至 2021 年 10 月末，外资持有 A 股流通市值 3.67 万亿元，占比约 4.97%；北向资金年度净流入额已超 4000 亿元，创历史纪录。2021 年 9 月 9 日，中国人民银行副行长、国家外汇管理局局长潘功胜表示支持粤港澳大湾区建设各项金融创新措施持续落地，“跨境理财通”和债券“南向通”将启动运行。

5. 品种范围不断拓展，期货市场国际化稳步推进。

中国证监会批准上海国际能源交易中心、大连商品交易所分别开展原油、棕榈油期权交易并引入境外交易者参与交易。棕榈油期权合约正式挂牌交易时间为 2021 年 6 月 18 日，原油期权合约正式挂牌交易时间为 2021 年 6 月 21 日。上市相关期权品种并引入境外交易者参与，可有效满足境内外实体企业个性化和精细化风险管理需求，助力行业平稳健康发展。至此，商品期货期权国际化品种增至 9 个，开放品种境外交易者日均交易占比达到 10% 左右。2021 年 6 月 26 日，上海期货交易所与欧冶云商实现交易互通，推动大宗商品“期现联动”。上海期货交易所 25 日与中国宝武发起设立的第三方产业互联网科技平台“欧冶云商”实现交易互通，以此推动大宗商品“期现联动”，打造多渠道、多层次、立体化大宗商品现代流通体系。

（三）“十四五”上海力求建成国际碳金融中心

“十四五”期间，上海将加快推进全国碳市场建设，大力发展绿色金融，努力争取把上海建成国际碳金融中心。经过全社会共同努力，上海市“十三五”生态环境保护规划中各项目标全面完成，环境质量改善等约束性指标提前完成，生态环境保护取得重要阶段性成效。2021 年 10 月，上海市政府办公厅印发《上海加快打造国际绿色金融枢纽 服务碳达峰碳中和目标的实施意见》（以下简称《实施意见》）提出，到 2025 年上海基本建成具有国际影响力的碳交易、定价、创新中心，基本确立国际绿色金融枢纽地位。

2021 年 2 月 25 日，碳中和绿色债登陆上海证券交易所债券市场。国家能源投资集团有限责任公司成为在交易所市场首家披露发行公告的碳中和绿色债发行人。同日，国家电力投资集团有限公司、中国华能集团有限公司、中国核工业集团有限公司也分别披露碳中和绿色债的发行公告。中国长江三峡集团有限公司、中国华电集团有限公司、北京市基础设施投资有限公司、华能天成融资租赁有限公司等也在上海证券交易所发行碳中和绿色债。

2021 年 6 月底，全国碳排放权交易市场（以下简称全国碳市场）启动上线。全国碳市场主要包括两个部分。其中，交易中心将落地上海，碳配额登记系统将设在湖北武汉。

（四）深化改革加大浦东开发力度

2021 年 7 月 15 日，《中共中央国务院关于支持浦东新区高水平改革开放打造社会主义现代化建设引领区的意见》提出，浦东要努力成为更高水平改革开放的开路先锋。站在“十四五”开局之年的新起点上，浦东迎来了新的发展机遇，承担起新的发展使命，为开发开放的历史宏图再添绚烂一笔。

2021 年 8 月 12 日，《自贸试验区陆家嘴片区发展“十四五”规划》正式发布。规划提出，“十四五”时期，陆家嘴将加快建设全球人民币金融资产配置中心、世界级总部功能集聚高地和国际化一流营商环境示范区，将陆家嘴金融城建设成为上海国际金融中心核心区和与中国国际地位相匹配的国际一流金融城。

2021 年 8 月 24 日，上海市政府发布《上海国际金融中心建设“十四五”规划》，对未来五年上海国际金融中心建设提出了明确的发展方向和任务措施。根据规划，到 2025 年，上海金融市场交易总额将达到 2800 万亿元左右，金融市场直接融资规模达到 26 万亿元左右，上海金融市场直接融资额占全国直接融资额的比重保持在 85% 以上，境外投资者在上海债券市场持有的债券余额比重 5% 左右，“熊猫债”累计发行规模 7000 亿元左右，集聚 50 家左右金融科技龙头企业。

打造社会主义现代化建设引领区，强化高端产业引领功能，上海市浦东新区在产业发展方面正在提速。8 月 26 日，浦东新区发布了两个专项规划：《浦东新区产业发展“十四五”规划》和《浦东新区促进制造业高质量发展“十四五”规划》。根据规划，“十四五”期间，浦东新区将发挥“五型经济”导向作用和数字经济赋能作用，打造集成电路、生物医药、人工智能三大世界级产业集群，以“六大硬核产业”引领先进制造业集群发展，以“六大服务经济”推动现代服务业高质量发展。

二、资本市场法律制度进一步完善

（一）《证券市场禁入规定》出台

为贯彻落实 2019 年《证券法》和新《行政处罚法》等上位法规定，证监会于 2021 年 1 月 15 日至 2 月 14 日就新修订的《证券市场禁入规定》（以下简称《规定》）相关内容向社会公开征求意见，修订完善后的《规定》于 2021 年 7 月 19 日起正式实施，证监会此次修订《规定》遵循“有限目标、问题导向、尊重历史、稳定预期”的思路，对根据上位法确有必要修订的内容进行完善。修订的内容主要包括三个方面：

第一，进一步明确了市场禁入的类型。《规定》将证券市场禁入措施分为“不得从事证券业务、证券服务业务，不得担任证券发行人的董事、监事、高级管理人员”（以下简称身份类禁入）以及“不得在证券交易所、国务院批准的其他全国性证券交易场所交易证券”

（以下简称交易类禁入）两类，明确执法单位可以结合实际，选择单独适用或者合并适用相匹配的禁入类型。

第二，进一步明确了“交易类禁入”的适用规则。《规定》明确“交易类禁入”是指“禁止直接或者间接在证券交易场所交易上市或者挂牌的全部证券（含证券投资基金份额）”，适用于违反规定影响证券交易秩序或交易公平，且情节严重的违法行为，禁止交易的持续时间不超过 5 年。同时，为做好政策衔接和风险防控，《规定》对七类情形作出了除外规定，避免不同政策叠加碰头或引发执法次生风险。

第三，进一步明确了市场禁入的对象和适用情形。证监会根据近年来市场发展变化的现实情况，完善了证券市场禁入对象的涵盖范围。适用情形方面，明确将信息披露严重违法造成恶劣影响的情况，列入身份类终身禁入市场的情形，同时，明确“交易类禁入”适用于严重扰乱证券交易秩序或者交易公平的违法行为。

（二）《证券期货行政执法当事人承诺制度实施办法》出台

2021 年 11 月 29 日，国务院公布《证券期货行政执法当事人承诺制度实施办法》（以下简称《办法》），《办法》自 2022 年 1 月 1 日起施行。证监会同步就《证券期货行政执法当事人承诺金管理办法（征求意见稿）》《证券期货行政执法当事人承诺制度实施规定（征求意见稿）》向社会公开征求意见。

《办法》在总结试点经验的基础上，以行政法规形式对行政执法当事人承诺制度作出了规定。《办法》通过明确基本流程、严格限定适用范围、健全监督制约机制来规范行政执法当事人承诺制度的实施，确保制度公开公平公正，保护投资者合法权益、提高执法效能、防范道德风险。

证券期货行政执法当事人承诺制度，是指国务院证券监督管理机构对涉嫌证券期货违法的单位或者个人进行调查期间，被调查的当事人承诺纠正涉嫌违法行为、赔偿有关投资者损失、消除损害或者不良影响，并经国务院证券监督管理机构认可，当事人履行承诺后国务院证券监督管理机构终止案件调查的行政执法方式。

《办法》共 21 条，主要规定了五方面内容。包括：明确证券期货行政执法当事人承诺制度的内涵和适用原则、规定适用证券期货行政执法当事人承诺的基本流程、明确不适用证券期货行政执法当事人承诺的情形、明确承诺金的使用和管理方式、明确监督制约机制。

（三）《关于依法从严打击证券违法活动的意见》发布

2021 年 7 月 6 日，中共中央办公厅、国务院办公厅印发《关于依法从严打击证券违法活动的意见》（以下简称《意见》），并发出通知，要求各地区各部门结合实际认真贯彻落实。这是我国资本市场历史上首个中办、国办联合印发的打击证券违法活动的专门文件。

《意见》对依法从严打击证券违法活动做了全面系统的部署安排，主要内容包括：总体要求、完善资本市场违法犯罪法律责任制度体系、建立健全依法从严打击证券违法活动的执法司法体制机制、强化重大证券违法犯罪案件惩治和重点领域执法、进一步加强跨境监管执法司法协作、着力提升证券执法司法能力和专业化水平、加强资本市场信用体系建设、加强组织保障和监督问责八个部分。

《意见》明确，到 2022 年，资本市场违法犯罪法律责任制度体系建设取得重要进展，依法从严打击证券违法活动的执法司法体制和协调配合机制初步建立，证券违法犯罪成本显著提高，重大违法犯罪案件多发频发态势得到有效遏制，投资者权利救济渠道更加通畅，资本市场秩序明显改善。到 2025 年，资本市场法律体系更加科学完备，中国特色证券执法司法体制更加健全，证券执法司法透明度、规范性和公信力显著提升，行政执法与刑事司法衔接高效顺畅，崇法守信、规范透明、开放包容的良好资本市场生态全面形成。

（四）《关于建立“总对总”证券期货纠纷在线诉调对接机制的通知》发布

2021 年 8 月 20 日，最高人民法院办公厅与中国证监会办公厅联合印发《关于建立“总对总”证券期货纠纷在线诉调对接机制的通知》（以下简称《通知》），宣布建立“总对总”在线诉调对接机制，全面推进证券期货纠纷多元化解工作。

根据《通知》，“人民法院调解平台”与“中国投资者网在线调解平台”将实现系统对接，为证券期货纠纷当事人提供多元调解、司法确认、登记立案等一站式、全流程在线“解纷服务”。从内容看，《通知》明确了建立“总对总”在线诉调对接机制的指导思想、基本原则，以及工作目标、内容、要求。

《通知》明确，要切实发挥证券监管部门在解决证券期货纠纷中的指导协调作用，以及人民法院在多元化纠纷解决机制改革中的引领、推动、保障作用，建立健全证券期货纠纷在线诉调对接机制，全面推进证券期货纠纷多元化解工作，不断满足证券期货投资者多元纠纷解决需求。

基于此，《通知》确立了依法公正、高效便民、调解自愿等三项原则，并部署了六项主要工作内容：建立“总对总”在线诉调对接机制；明确各方的职责分工；明确调解组织和调解员信息的采集和管理；明确特邀调解组织和调解员的确认；确定在线诉调对接业务流程；强化在线音视频调解。

三、强化监管规范市场秩序

（一）提升证券机构执业质量

证监会督促证券机构归位尽责。2021 年 7 月 9 日，证监会发布《关于注册制下督促证券公司从事投行业务归位尽责的指导意见》，对注册制下证券公司投行业务归位尽责作出全面部署和安排。从监管、机构、市场三个维度提出五项重点工作任务，力求应实尽实，同时对明确中介机构责任边界等一些长期性、复杂性问题提出工作思路，逐步推进。在尊重现有制度规章基础上，对规章制度中的重要方面进行更明确的解释和说明，对注册制改革过程中中介机构出现的一些问题提出改进措施，明确监管思路和方向，有利于提高监管透明度，明确标准和预期，推动资本市场稳定健康发展。

为落实注册制改革要求，上海市证券同业公会积极发挥地区行业协会自律管理作用，于 5 月 27 日组织上海地区 18 家证券公司现场签署了《注册制下证券公司提升投行执业质量的倡议书》，从社会责任、行业文化、廉洁从业、发展理念、内部控制、上市辅导、尽职调查、信息披露、定价承销、持续督导十方面引导证券公司及从业人员不断提升职业道德水平，主动营造诚信为本、勤勉尽责的行业氛围，提高信息披露质量，防范证券欺诈发行，保障证券发行人和投资人合法权益，切实发挥好资本市场“看门人”作用。

（二）加强信息披露监管

1. 证监会常态化开展 IPO 现场检查。

2021 年 1 月 29 日，《首发企业现场检查规定》正式发布实施。证监会常态化开展问题导向、随机抽取的首发企业现场检查，聚焦重点问题，不断提升首发企业的信息披露质量。针对现场检查中发现的发行人信息披露问题、中介机构执业质量问题，监管部门将作出分类处理。同时，证监会将对信息披露违法违规保持高压态势，压严、压实中介机构的责任，坚持从严审核，严把资本市场“入口关”，支持优质企业上市，努力打造规范、透明、开放、有活力、有韧性的资本市场。

自 2017 年 6 月，上海证券交易所就开始了上市公司现场检查的试点工作，至 2021 年，上海证券交易所不断深化现场监管制度创新，现场检查监管制度已经走向成熟。在非现场监管机制的薄弱环节和关键领域融入现场监管手段，强化所内日常监管与现场监管力量的协同配合，实现“线上监管”“线下监管”相互衔接，将监管关口顺势前移。比如，2021 年 4 月，某上市公司“卖企鹅保壳”事件中，上海证券交易所连发 3 份问询函，并迅速联合地方证监局启动现场检查，发现该公司企鹅销售业务相关的部分重要会计凭证和审计底稿存在更改和不一致等问题；2021 年 7 月，公司年审会计师根据现场检查发现的线索，对相关审计证据进行了重新核实，明确企鹅销售收入无法被认定为与其主营业务有关的业务收入；该公司也因销售收入所做的会计处理缺乏有效证据支撑，成为退市新规下首例被监管强制认定“ * ST”的上市公司。

2. 加强拟上市企业股东信息披露监管。

2021 年 2 月 5 日，证监会发布《监管规则适用指引——关于申请首发上市企业股东信息披露》（以下简称《股东信息披露指引》），《股东信息披露指引》适用于各板块发行上市审核工作，违规代持、影子股东、突击入股、多层嵌套等 IPO 乱象将受到更加严格的监管。《股东信息披露指引》剑指突击入股、违规代持、影子股东、IPO 造富等问题，从明确和加强制度约束，完善和强化监管要求，压严压实信息披露“两个责任”入手，提出了规范、核查和披露的具体要求。

3. 完善上市公司信息披露制度。

2021 年 3 月 19 日，证监会发布修订后的《上市公司信息披露管理办法》，并于 2021 年 5 月 1 日起施行。修订的主要内容包括以下五个方面：一是完善信息披露的基本要求；二是完善定期报告制度；三是细化临时报告的要求；四是完善信息披露事务管理制度；五是进一步提升监管执法效能。

本次修订意义重大，回应了上市公司信息披露监管实践中出现的新情况、新问题，并且将监管实践中探索形成的成熟制度与有益经验加以总结，上升到规章层面，有效完善了信息披露监管规则，对于提高上市公司质量，提高资本市场的透明度和效率具有重要意义。

（三）上市公司治理专项行动成效显著

2021 年 10 月 9 日，《国务院关于进一步提高上市公司质量的意见》发布实施已满一周年。证监会第一时间部署启动上市公司治理专项行动，各证监局、沪深交易所积极响应，成立了由局（所）负责人挂帅的工作专班，为专项行动顺利进行提供了强有力的保障。与此同时，证监会成立专门工作组，发布了上市公司治理专项自查清单，共涉及 7 大方面 119 个问题，包括合规性问题、证据性问题、调研类问题和调查类问题等。

此次自查结果显示，上市公司治理取得了良好成效。具体表现为：上市公司治理内部规章制度基本完备，以公司章程、“三会”议事规则、信息披露管理制度、投资者关系管理制度等为基础的公司治理制度实现应建尽建；上市公司组织架构不断健全，“三会一层”成为标配，部分公司结合实际设立公司治理专职部门，组织机构间的分工协作更加顺畅；“三会”运作日益规范，决策流程更加公开透明，会议程序基本符合法律法规相关要求；上市公司与投资者沟通机制进一步畅通，机构投资者参与上市公司治理的意愿有所增强；上市公司回报投资者的意识不断增强，现金分红率稳定在 30% 以上。

同时，自查也发现了四方面亟须整改的问题，主要包括：控股股东、实控人行为不规范，资金占用和违规担保等违法违规问题仍有发生；董监高履职能力和水平有待提高，独立董事独立性不够，董事会秘书缺乏履职保障；公司透明度有待进一步提升，部分公司股权结构不透明不合规，未按规定披露重大事项的现象时有发生；内部控制制度执行不到位，不相容职务分离不够彻底，一些上市公司对其子公司的控制力较弱甚至失去控制。

（四）跨境监管合作不断加强

2021 年 7 月 6 日，中共中央办公厅、国务院办公厅印发《关于依法从严打击证券违法活动的意见》提出，要加强跨境监管合作，加强中概股监管等。

在加强跨境监管合作方面，包括完善数据安全、跨境数据流动、涉密信息管理等相关法律法规。抓紧修订关于加强在境外发行证券与上市相关保密和档案管理工作的规定，压实境外上市公司信息安全主体责任。加强跨境信息提供机制与流程的规范管理。探索加强国际证券执法协作的有效路径和方式，积极参与国际金融治理，推动建立打击跨境证券违法犯罪行为的执法联盟。

在加强中概股监管方面，包括切实采取措施做好中概股公司风险及突发情况应对，推进相关监管制度体系建设。修改国务院关于股份有限公司境外募集股份及上市的特别规定，明确境内行业主管和监管部门职责，加强跨部门监管协同。

2021 年 8 月，针对美国证券交易委员会（SEC）发布声明增加对中国企业赴美上市的信息披露要求，两国监管部门应当继续秉持相互尊重、合作共赢的精神，就中概股监管问题加强沟通，找到妥善解决办法，为市场营造良好的政策预期和制度环境。中国证监会回应表明，中美两国证监会将加强跨境监管合作，中国证监会一直以来对企业选择上市地持开放态度，同时，对中国资本市场的前景判断是可预期的，是可持续健康发展的。

2021 年 8 月 7 日，证监会官网发布称，中国证监会近日与匈牙利中央银行签署了《证券期货监管合作谅解备忘录》。该备忘录的签署，对于进一步加强双方在证券期货领域的监管交流和合作、促进两国资本市场的健康发展均具有重要的意义，标志着两国证券监管机构的合作进入了一个新的阶段，跨境监管与执法合作机制进一步完善。

2021 年 12 月，内地与香港召开了第十二次两地执法合作工作会议，总结了过去 5 年两地跨境执法合作取得的重要成果，还就进一步完善两地执法合作机制、加强办理重大紧急案件的协作等内容，进行了坦诚、充分的交流，以更好地保护投资者合法权益，共同维护两地资本市场健康稳定发展。

（五）上市公司监管法规体系首次全面整合修订

2021 年 11 月 26 日，证监会就整合涉及证监会的 27 件规范性文件向社会公开征求意见，这是我国资本市场上市公司监管法规体系首次全面整合修订，本次整合修订将上市公司监管的部门规章以下层级规则、沪深证券交易所关于上市公司监管的自律监管规则归并整合为 182 件，数量压缩 60%。

本次规则整合的具体内容包括：合并监管事项相同但分散于各处的规则，并修改过时、重复、矛盾之处，形成统一、明确的专项规则；修改现行规则中与实践不相适应、与新发布规则或上位法存在冲突的规定，并统一规范文字表述；归纳总结实践中已经普遍认同的做法，并形成规则；废止前期出台的暂时性规定、阶段性安排，以及与现行规则矛盾的规则；对于修订不久或使用效果良好的部分规则，本次不修改内容，仅做编号等处理，便于市场查找使用。

此次整合后，上市公司监管法规主要呈现出三方面特点：一是体系化繁为简，业务分类包括信息披露、公司治理、并购重组、监管职责四大类；在层次上，证监会层面构建基础规则、监管指引、规则适用意见 3 个层次，交易所层面构建自律监管规则、自律监管指引、自律监管指南 3 个层次，行政监管与自律监管实现有效衔接。二是内容更为规范合理，此次整合在“避免实体内容大修大改”的前提下，优化了上下位规则的关系，尽量“找平”沪深交易所规则的章节体例并维持两所规则内容上的合理差异，技术上合并同一事项规则、修改废止不符合实践或存在矛盾的规则，统一文字表述和格式体例。三是数量显著减少，整合后证监会规则共有 94 件，沪深交易所共有规则 88 件，规则体系更为简明、清晰、友好。

四、不断加大惩处资本市场违法行为力度

（一）首批适用 2019 年《证券法》处罚财务造假案件出炉

7 月 23 日，证监会通报首批适用 2019 年《证券法》财务造假案件处罚情况，涉及宜华生活、广东榕泰、中潜股份三家上市公司，目前，这批案件已进入事先告知阶段或作出行政处罚决定，最高拟处以近 4000 万元罚款。

宜华生活财务造假案中，证监会查明，宜华生活多年连续实施重大财务造假，2016 年至 2019 年，公司通过虚构销售业务、虚增销售额等方式虚增利润 27 亿余元，虚增利润分别占当期披露利润总额的 88.24%、98.67%、192.78% 和 99.37%；通过伪造银行单据、不记账或虚假记账等方式虚增银行资金 86 亿余元；未按规定披露与关联方资金往来 320 亿余元。证监会拟对该案违法主体合计罚款 3980 万元。其中，对宜华生活处以 600 万元罚款，对实际控制人兼董事长罚款 930 万元并采取终身市场禁入，对主要责任人员处以 250 万元至 450 万元不等的罚款并采取最高 10 年证券市场禁入。

广东榕泰案中，证监会查明，2018 年至 2019 年，广东榕泰通过虚构销售回款、虚构保理业务方式虚增利润 5500 万余元。相关报告未按规定披露关联关系、日常经营性关联交易，且其信息披露存在虚假记载和重大遗漏。证监会依法对广东榕泰及相关人员作出行政处罚决定，决定对该案违法主体罚款合计 1450 万元。其中，对广东榕泰处以 300 万元罚款，对实际控制人罚款 330 万元，对其他责任人员处以 20 万元至 160 万元不等的罚款。

中潜股份案中，证监会查明，中潜股份 2019 年虚增营业收入 3720 万余元，虚增营业成本 1150 万余元，导致虚增营业利润 2570 万余元，占当期利润总额的 62.08%。同时，中潜股份存在 2019 年年报未按规定披露关联交易，2020 年披露的相关公告存在误导性陈述情况。目前，中潜股份案已进入告知程序。证监会拟对该案违法主体罚款合计 1540 万元。其中，对中潜股份处以 350 万元罚款，对两名主要责任人员各处以 200 万元罚款。

（二）严打证券犯罪行为

2021 年 3 月 1 日，《刑法修正案（十一）》正式实施，形成与新证券法的联动互补、高效衔接，大幅提高证券期货违法犯罪成本，共同塑造“不敢违”的市场生态。3 月 8 日，最高人民法院工作报告和最高人民检察院工作报告提请十三届全国人大四次会议审议，再次提及严惩财务造假、操纵市场、内幕交易等行为，强调对资本市场违法犯罪零容忍。

2021 年 9 月 16 日，证监会对外发布消息称，已牵头成立打击资本市场违法活动协调工作小组，并顺利召开首次会议。会议提出四方面工作要求：首先，进一步畅通部际协作、央地联动的工作机制，推动形成契合国情、共建共治的资本市场治理模式；其次，强化大要案惩治、行政与刑事执法司法合作，进一步推动形成“零容忍”的强大震慑；再次，强化法治基础，加快构建中国特色资本市场法律责任制度体系；最后，加快完善资本市场新闻舆论工作制度化长效化安排，创造资本市场发展良好外部环境。

2021 年 9 月 18 日，最高人民检察院驻中国证券监督管理委员会检察室正式揭牌成立，释放了对资本市场违法犯罪行为“零容忍”的明确信号，对于进一步健全资本市场司法体制机制，提升证券司法专业化水平、保障资本市场高质量发展具有重要意义。

（三）资本市场新发违法违规案件连续 3 年下降

2021 年，证监会共办理案件 609 起，其中办理重大案件 163 起，涉及财务造假、资金占用、以市值管理名义操纵市场、恶性内幕交易及中介机构未勤勉尽责等典型违法行为；同期，证监会依法向公安机关移送涉嫌犯罪案件（线索）177 起，同比增长 53%。

总体看，资本市场违法违规新发案件案发数量连续 3 年下降，证券市场违法多发高发势头得到初步遏制。与此同时，证券执法重点更加突出，虚假陈述、内幕交易、操纵市场、中介机构违法案件数量占比超过八成。2021 年资本市场违法违规案件呈现以下五方面特征：

第一，虚假陈述案件数量保持高位，重大欺诈、造假行为时有发生。2021 年证监会办理虚假陈述案件 163 起，其中财务造假 75 起，同比增长 8%；向公安机关移送相关涉嫌犯罪案件 32 起，同比增长 50%。违法手段演变升级，刻意利用新业态、新模式掩盖造假。此外，违法占用担保案件仍有发生，大股东通过多种方式套取公司资金。

第二，操纵市场案件团伙化、职业化特征更加明显，部分案件引发市场高度关注。2021 年证监会办理操纵市场 110 起，同比下降 26%；向公安机关移送相关犯罪 41 起，同比增长 1.5 倍。从操纵动机看，有的操纵团伙通过多种手段引诱市场跟风，谋取不当利益；有的上市公司实际控制人为实现高位减持、防止股价面值退市、避免质押股票爆仓等目的，配合市场机构操纵自家股票。从操纵主体看，操纵团伙与上市公司内外勾结，股市“黑嘴”引诱中小股民高价接盘，配资中介为盘方提供资金支持，市场掮客牵线搭桥、合谋操纵，主体多、链条长，形成非法利益网络。从操纵模式看，长线“坐庄”和“快进快出”相结合，资金优势和信息优势相交互，在目标选择、资金筹备、建仓洗盘、拉升出货等环节形成相对固定的操纵模式和流程。

第三，内幕交易案件多发态势趋缓，但关键环节问题较为突出。2021 年证监会办理内幕交易 201 起，案件数量连续 3 年下降。从案发领域看，涉及并购重组、新股发行、控制权变更等重大资本运作信息的内幕交易案件占 64%。从案发主体看，法定信息知情人内幕交易、泄露内幕信息约占六成，案发比例仍然较高。

第四，重点领域案件类型多样，证监会及时查处违法苗头问题。一是办理私募机构违法案件 20 起，违法行为涉及登记备案、基金销售、资金募集等环节。二是办理债券市场违法案件 10 起，主要表现为虚构利润欺诈发行、为取得企业债发行核准报送虚假材料等。三是办理 9 起老鼠仓案件，涉案主体向市场机构的后台管理和技术服务人员延伸。四是办理期货领域违法案件 5 起，涉及操纵多个商品期货合约。五是办理从业人员违规买卖股票案件 16 起，涉案人数达 90 余人。

第五，中介机构违法案件上升，涉案主体覆盖多个领域。证监会全年立案调查 39 起，这些案件涉及会计师事务所 28 起、证券公司 4 起、资产评估机构 3 起、律师事务所 2 起、银行承销商、评级机构各 1 起，涵盖首次公开发行、年报审计、并购重组、债券发行、精选层转板等业务环节。证监会还首次对银行间债券市场承销银行、评级公司立案调查。其中，年报审计仍为案发集中领域，共有 16 家会计师事务所在 20 余家公司的年报审计中涉嫌未勤勉尽责。

五、持续建设投资者保护文化

（一）上海证券报互联网投教基地正式上线

上海证券报互联网投教基地“上证投资家”（edu. cnstock. com）2021 年 2 月 3 日正式上线运营。该投教基地网站专门用于投资者教育，同时充分借助上海证券报和中国证券网开展投教活动，将面向社会公众开放，进行证券期货知识普及、风险提示、信息服务等投资者教育服务。我国有约 1. 8 亿投资者，特别是中小投资者众多，广大投资者接受证券期货教育服务的途径有限，投资经验和风险意识不足，建设投教基地是适应我国投资者特征，持续、系统开展投资者教育的现实需要。

股民学校是上海证券报投教活动创新性和多样性的一个缩影。创办于 2000 年的股民学校，曾引领投资者教育的新风潮。股民学校主要通过报社版面、实体授课两种方式，向投资者及时传递最新的证券投资基础知识。其间，系统化面对面授课形式惠及 300 多万投资者，与证券营业部合办的 2000 多家股民学校授课点遍布全国各地，在行业产生了广泛的影响力，获得有关部门多次高度肯定，为此次开设互联网投教基地奠定了良好基础。伴随互联网投教基地正式上线，股民学校也将进一步发挥长期以来积累的品牌优势，携手市场机构共同探索投资者教育“新课程”。

此外，上海证券报互联网投教基地还将重点打造“上证基金大学”投教特色项目，开展以走进基金公司、走进上市公司、走进高校为主的投教系列活动。

（二）第三个“5·15 全国投资者保护宣传日”

2021 年 5 月 15 日，第三届“全国投资者保护宣传日”（以下简称投保日）活动在北京举行，各地还将围绕“心系投资者 携手共行动”主题推出形式多样的投资者保护、教育、服务活动。相关部门以新证券法实施为主线，进一步完善投资者保护制度，提高投资者服务质量，推动各项投资者权益救济机制落地落实，投资者保护各项重点工作有序推进，让投资者在权益维护、损失赔偿方面获得了真真切切的“实惠”。

证监会组织开展了以“心系投资者 携手共行动——守初心 担使命，为投资者办实事”为主题的“投保日”活动。证监会副主席阎庆民提出，要持续推进资本市场深改、充分发挥枢纽功能、实现高质量发展，让投资者更加公平地参与资本市场。

2021 年也是中国证监会投资者保护局设立十周年。经过长期发展，我国投资者保护制度体系和组织框架逐步完善，理性投资文化深入人心，行权维权机制日趋健全，将保护投资者合法权益贯穿于发行上市、市场交易、机构监管、稽查执法等方面的“大投保”理念和格局已然确立。

（三）深圳证券交易所启动全球投资者服务周活动

2021 年 5 月 24 日，深圳证券交易所全球投资者服务周活动正式启动。本次活动为期 5 天，面向全球投资者，近百名业内专家、学者、投资机构代表通过线上视频方式参会，以主题演讲、圆桌讨论等形式，围绕中国资本市场高水平双向开放、大湾区资本市场创新融合发展、资本市场技术创新与合作、深市多资产投资策略、创新创业生态与跨境投资等内容开展务实交流，进一步提升全球投资者了解、参与中国资本市场的广度和深度。

近年来，深圳证券交易所积极响应境外投资者需求与市场关切，持续优化互联互通机制，不断丰富境外投资者参与渠道，稳步推进高水平双向开放。深圳证券交易所相关负责人表示，下一步将务实开展国际交流合作，完善跨境互联互通机制，加强深市核心资产国际推广，优化境外投资者服务体系，推进构建与国际接轨的制度、服务体系，努力推动实现制度型、系统性高水平双向开放。

（四）第四届中小投资者服务论坛成功举办

2021 年 9 月 3 日，“第四届中小投资者服务论坛”以在线形式成功举办。本届论坛由中证中小投资者服务中心、中国上市公司协会与中国证券投资基金业协会共同主办，中国证券业协会、中国期货业协会联合举办，上海市虹口区人民政府特别支持。上海证券报、中国证券网等合作媒体在官方网络平台全程在线直播。

论坛以“提高上市公司质量，保障投资者合法权益”为主题，三个专题论坛分别聚焦“发展 ESG 投资 服务高质量发展”“规范公司治理 促进投资者保护”“投保机构股东代位诉讼实务探讨”。

（五）推动投资者教育走进校园

2021 年 9 月 29 日，中国证券业协会（以下简称“中证协”）、上海证监局、国泰君安证券、上海财经大学在沪举行“四合一”投资者教育进校园合作备忘录签署仪式。将投资者教育纳入国民教育体系的实践成效日彰，有越来越多高校加入“一会、一局、一司、一校”投教合作机制（简称“四合一”机制），目前已有十省市的数十所学校签署了校园投教合作备忘录。2021 年年初，中证协联合各证监局推出“四合一”机制，引导证券业深入高校，推动投资者教育纳入国民教育体系。根据中证协的数据，目前已有 13 家证券公司与 10 个省市的 24 所大学、1 所中学、1 所小学签署校园投教合作备忘录，通过课程共建、课题研究、证券知识竞赛、实习就业支持等多种方式开展合作。

2021 年 12 月 19 日，深圳证券交易所与中国政法大学、中国证券业协会、北京证监局、国信证券共同签署五方投资者教育合作备忘录。签约各方将围绕设置证券期货基础知识课程、举办高校证券期货知识竞赛、开展证券期货业宣传教育等方面加强合作，推动投资者教育走进校园，加大证券基础知识普及力度。这是贯彻《国务院办公厅关于进一步加强资本市场中小投资者合法权益保护工作的意见》精神，落实证监会关于投资者教育纳入国民教育体系部署的重要举措。

投资者教育是资本市场长期健康发展的根基，在促进资本形成过程中，流动性机制发挥着至关重要的作用。投资者的广泛参与是资本市场流动性形成的坚实基础，投资者的专业化程度是资本市场高质量发展的必要条件。通过投资者教育进校园活动，培养高素质的专业人才和合格理性的投资者队伍，是促进资本市场行稳致远、根深叶茂的重要举措。

（六）开展“读懂上市公司报告”投教活动

2021 年 12 月，证监会组织开展了“读懂上市公司报告”投资者教育专项活动。开展此次专项活动是为了提高中小投资者阅读使用信息披露文件的能力，鼓励投资者养成阅读上市公司报告的习惯，培育与全市场注册制相适应的投资者队伍。此次活动主要包括以下内容：以读懂上市公司定期报告和招股说明书为重点，组织开展相关投教活动，制作相关投教产品，普及上市公司信息披露知识，引导投资者通过上市公司信息披露文件客观分析企业经营能力、识别投资风险，认识企业基本面情况和发展前景，自主判断企业投资价值，促进广大中小投资者树立理性投资、价值投资、长期投资的投资理念，助力构建资本市场良好生态。

此次专项活动是注册制改革的重要内容，证监会将立足投资者实际需求，积极发挥证券交易所、协会、证券基金经营机构、证券期货投资者教育基地的作用，借助图文、动漫、视频音频等形式，发布投资者问答、专家解读评论、案例解析，开展现场宣讲、走进交易所、走进营业部、走进上市公司等活动，将信息披露知识送到广大投资者身边，帮助广大中小投资者树立价值投资理念、养成价值投资习惯。

六、投资者保护司法典型案例

（一）康美药业：首例证券集体诉讼案宣判

康美药业普通代表人诉讼转换为特别代表人诉讼，是我国首单证券纠纷特别代表人诉讼，这是资本市场发展历史上的标志性事件，对资本市场健康发展和维护投资者合法权益具有重要意义并将产生积极深远影响。这同时也是对违法违规行为“零容忍”要求的具体实践。

2021 年 4 月 16 日，中小投资者服务中心接受 50 名以上投资者委托，对康美药业启动特别代表人诉讼。广州市中级人民法院也于同日发布了特别代表人诉讼权利登记公告。投资者将按照“默示加入、明示退出”的原则参与此次特别代表人诉讼。

广州市中院 2020 年 12 月 31 日受理了顾某骏、刘某君等 11 名原告共同起诉康美药业证券虚假陈述责任纠纷一案。2021 年 2 月 10 日，广州市中院决定适用普通代表人诉讼程序审理康美药业案，并确定了权利人范围。

2021 年 4 月 8 日，中证中小投资者服务中心有限责任公司接受了黄某香等 56 名权利人的特别授权，向广州市中院申请作为代表人参加诉讼。新证券法实施后，我国首单证券纠纷特别代表人诉讼正式启动。投资者将按照“默示加入、明示退出”的方式参与此次诉讼。根据证券法相关条款，经最高人民法院指定管辖，广州市中院决定适用特别代表人诉讼程序审理康美药业案，并发布特别代表人诉讼权利登记公告。

根据登记公告，康美药业案的权利人范围包括：自 2017 年 4 月 20 日（含）起至 2018 年 10 月 15 日（含）期间以公开竞价方式买入、并于 2018 年 10 月 15 日闭市后仍持有康美药业股票，且与本案具有相同种类诉讼请求的投资者。适格投资者未按期书面声明退出特别代表人诉讼的，就将视为同意参加本特别代表人诉讼。参加此次特别代表人诉讼的投资者，视为对中小投服中心进行特别授权，即同意中小投服中心代表其参加开庭审理。

2020 年 5 月，证监会对康美药业信息披露违法违规行为作出行政处罚及市场禁入决定，公司及相关人员涉嫌犯罪行为被移送司法机关。证监会查明，康美药业公司 2016 年至 2018 年连续 3 年有预谋、有组织、系统性实施财务造假约 300 亿元，涉案金额巨大，持续时间长，性质特别严重，社会影响恶劣。

2021 年 11 月 12 日，康美药业特别代表人诉讼案作出一审判决。根据广州中院的判决，各被告的赔偿责任认定如下：康美药业作为上市公司，承担 24.59 亿元的赔偿责任；公司实际控制人马某田夫妇及邱某伟等 4 名原高管人员组织策划实施财务造假，属故意行为，承担 100% 的连带赔偿责任；另有 13 名高管人员按过错程度分别承担 20%、10%、5% 的连带赔偿责任。审计机构正中珠江会计师事务所未实施基本的审计程序，承担 100% 的连带赔偿责任，正中珠江合伙人和签字会计师杨某蔚在正中珠江承责范围内承担连带赔偿责任。

康美药业破产重整计划经全体债权人表决通过后，经广东省揭阳市中级人民法院裁定批准，康美药业破产重整案进入了执行阶段，包括证券虚假陈述侵权集体诉讼的 5.2 万余名证券投资者在内的经济损失和其他债权人的债务均从 12 月 20 日起陆续清偿。

（二）飞乐音响：首起证券纠纷普通代表人诉讼案宣判

2021 年 5 月 11 日，上海金融法院公开审理的原告魏某等 315 名投资者与被告飞乐音响证券虚假陈述责任纠纷一案。根据一审判决，被告飞乐音响应向 315 名投资者支付投资损失赔偿款共计 1.23 亿余元，人均获赔 39 万余元。

2020 年 8 月，因飞乐音响的财务造假等违规行为，魏某等 34 名遭受经济损失的个人投资者，把这家曾经的“明星公司”送上了被告席，要求后者赔偿损失。“经上海金融法院审查，该案符合最高人民法院《关于证券纠纷代表人诉讼若干问题的规定》中的相关规定，遂决定适用普通代表人诉讼程序审理本案。”作出民事裁定确定权利人范围并发布权利登记公告，根据《关于证券纠纷代表人诉讼若干问题的规定》，经“明示加入”，共有 315 名投资者成为本案原告，其中 5 名原告当选代表人，诉请被告赔偿投资损失及律师费、通知费等合计 1.46 亿元。

经过 1 个多月的审理，上海金融法院认为，被告飞乐音响在发布的财务报表中虚增营业收入、虚增利润总额的行为构成证券虚假陈述侵权，应当承担民事赔偿责任。据法院出具的判决书显示，315 名原告均于涉案虚假陈述实施日至揭露日期间买入飞乐音响股票，并在揭露日后，因卖出或继续持有产生亏损，应当推定其交易与虚假陈述之间存在因果关系。

飞乐音响证券虚假陈述案首次试用全新的诉讼程序及代表人诉讼制度，是最高人民法院《关于证券纠纷代表人诉讼若干问题的规定》出台后，普通代表人诉讼的首次全面实践。本案生效之后，后续提起诉讼的投资者可直接裁定适用本案的生效判决，能够大幅降低投资者的维权成本。该案的成功处理，为我国证券集体诉讼制度在全国范围内的进一步推广提供了可复制的上海金融法院样本，对于构建公正高效便捷的中小投资者司法保护体系具有重要意义。

（三）康得新重大违法强制退市

康得新是本轮退市制度改革实施以来，因重大违法违规启动退市程序的首个案例，也是 A 股史上虚增规模最大的财务造假案。证监会查明，康得新 2015 年至 2018 年年度报告存在虚假记载，合计虚增利润高达 115.3 亿元。

2021 年 3 月 16 日，＊ST 康得财务类终止上市的时点早于重大违法强制退市时点，深圳证券交易所将按照财务类退市情形对公司股票启动终止上市程序。

2021 年 4 月 6 日，深圳证券交易所发布公告宣布，对康得新实施重大违法强制退市，该公司股票终止上市。根据中国证监会《行政处罚决定书》（〔2020〕71 号）认定的事实，康得新 2015 年至 2018 年披露的年度报告存在虚假记载，追溯重述后公司 2015 年至 2018 年度净利润连续为负值。同时，因 2018 年、2019 年连续两个会计年度财务会计报告被出具无法表示意见的审计报告，康得新股票自 2020 年 7 月 10 日起暂停上市。公司股票暂停上市后的首个年度报告（2020 年年度报告）显示，公司 2020 年净利润、扣除非经常性损益后的净利润、期末净资产均为负值，且公司财务会计报告被出具保留意见的审计报告。

2021 年 4 月 14 日起康得新进入退市整理期，退市整理期届满的次一交易日，深圳证券交易所将对公司股票予以摘牌。深圳证券交易所要求公司严格按照相关规定，做好退市整理期以及终止上市后续有关工作。

退市制度是资本市场重大基础性制度，建立常态化退市机制是“十四五”规划纲要明确的重要任务。针对完善常态化退市机制，证监会将畅通出口，坚持应退尽退，切实维护投资者合法权益，并与地方政府和有关部门合作，共同维护市场秩序。

（四）＊ST 宜生：退市新规下的首只“1 元退市”股

2021 年 3 月 15 日，＊ST 宜生公告，收到上海证券交易所《关于宜华生活科技股份有限公司股票终止上市的决定》，上海证券交易所决定终止公司股票上市。由此，＊ST 宜生成为退市新规下的首只“1 元退市”股。

2021 年 1 月 19 日至 2 月 22 日，＊ST 宜生连续 20 个交易日的每日收盘价均低于人民币 1 元，触及《上海证券交易所股票上市规则（2020 年修订）》（以下简称《上市规则》）中的股票终止上市情形。根据《上市规则》规定，＊ST 宜生股票不进入退市整理期交易。上海证券交易所将在公告后的 5 个交易日内，对公司股票予以摘牌。同时，公司应当立即安排股票转入全国股转系统等证券交易场所进行股份转让，保证公司股票在摘牌之日起 45 个交易日内可以转让。

2004 年，＊ST 宜生登陆 A 股。2015 年 6 月间，公司市值触及历史最高点。此后，公司股价便一路阴跌至今，最新市值仅剩 7.71 亿元，累计跌幅达 97.68%。截至 2020 年 9 月 30 日，＊ST 宜生股东人数为 5.9 万。

从昔日大牛股，到如今落魄退市，＊ST 宜生的“陨落”与其违法违规之举，以及主业日渐式微皆密不可分。2021 年 1 月 29 日，证监会公布了对＊ST 宜生的立案调查结果。调查显示，公司 2016 年至 2019 年定期报告存在严重虚假记载：一是通过虚构销售业务、虚增销售额等方式虚增利润 20 多亿元；二是通过伪造银行单据等方式虚增银行存款 80 多亿元；三是未按规定披露与关联方资金往来 300 多亿元。

七、投资者保护理论研究综述

（一）投服中心行权效果的研究

2021 年有不少研究以数据整理分析的方式，针对投服中心行权对中小投资者保护的作用进行研究，虽然研究角度有差异，但是都肯定了投服中心对中小投资者保护所起的积极作用。

郑国坚等学者认为，投服中心持股行权能够显著提高中小投资者保护。其研究通过手工整理的投服中心数据，系统分析检验了投服中心的行权方式和运行规律，以及投服中心持股行权在中小投资者保护中的作用。研究结果显示：投服中心倾向关注财务状况较差、内部治理质量低、大股东和内部人控制程度低的民营企业；投服中心持股行权能够降低大股东和中小投资者间的信息不对称，且带动更多的中小投资者积极参与公司治理；投服中心关注某上市公司的公告能引起显著的市场反应，体现为被关注的公司受到更低的累计市场异常回报率。[1]

陈运森等学者认为，投服中心作为中国特色的半公共—半私人实施机制创新，监管型小股东具有较好的监管效果，对近年来持续推进的“创新监管方式改革”及 2019 年《证券法》实施都具有重要启示。其研究手工搜集了投服中心参加股东大会的行权数据，对监管型小股东行权的影响因素、市场反应和监管效果进行了分析。结果发现：首先，投服中心选择行权标的时，倾向于选择曾受到监管机构处罚和问询、收到非标准审计意见、较少发放股利及大股东掏空动机较强的企业；其次，投服中心的行权事件具有信息含量，即被行权企业的市场反应更差，这一负向市场反应在中小股东行权积极的企业中更为明显，且会受到具体的行权提问特征及被行权公司特征的影响；再次，投服中心行权还具有实际监管效果：上市公司在被行权后有更加负面的新闻报道，也更可能引发监管机构的处罚跟进；最后，还发现投服中心行权的监管效果具有行业溢出效应。[2]

何慧华等学者基于财务重述的证据，研究认为，投服中心成立以来的威慑作用和监督治理效果，以及对中小投资者形成的带头示范效应。相对于非试点地区的上市公司，投服中心试点地区的上市公司在试点之后发生财务重述的可能性显著下降。采用双重差分模型通过考察投服中心设立对公司会计信息披露的监管治理效应以检验这项制度创新的保护效果。研究发现，基于手工收集的投服中心真实行权数据，同样发现被投服中心行权以后上市公司的财务重述现象确实显著减少。此外还发现，该治理效应在外部治理环境较差——审计质量较低、机构投资者持股比例较低、分析师跟踪人数较少的上市公司中更显著。进一步研究投服中心作用的实现机理，发现投服中心成立后上市公司的法律诉讼风险增加，产生威慑效应，是我国现有行政司法体系的有效延伸；此外，投服中心行权的示范效应带动了股东“用手投票”，提高了股东大会的整体参与度和中小股东参与度。[3]

针对证券投资者保护的方式，石超从“监管主导”走向“社会保护”能够在规范之内给与证券投资者最高限度且最具实效性的权益保护。传统监管主导型保护痹症在金融危机反思中突显，致力于通过独立性机制设计加强保护的行为监管理念与我国“持股行权”的私法保护实践相结合提供了以专业化保护为进路的制度设计思考。基于此，鉴于商事精神兼容性以及监管保护模式的局限性，证券投资者的保护机制转变应是社会化进路的“私权”激励：

---

〔1〕 郑国坚、张超、谢素娟：《百股义士：投服中心行权与中小投资者保护——基于投服中心参与股东大会的研究》，载《管理科学学报》2021 年第 9 期。

〔2〕 陈运森、袁薇、李哲：《监管型小股东行权的有效性研究：基于投服中心的经验证据》，载《管理世界》2021 年第 6 期。

〔3〕 何慧华、方军雄：《监管型小股东的治理效应：基于财务重述的证据》，载《管理世界》2021 年第 12 期。

即立意于确保保护目标“优位性”以及行为方式“能动性”机理，通过社会化、专业化与自觉性，以及司法保障的激励机制将其嵌入投资者保护制度设计之中，在减轻对公权监管保护路径依赖的同时，激活通过专业化与示范效应推进的社会保护权能，客观上达到一种“保护促进监管”的良性循环。[1]

（二）证券群体性诉讼机制的研究

针对我国证券群体性纠纷的司法救济困境，张怀岭博士认为，其困境根源于“分散性小微损害”中权利人所遭遇的“理性漠然”和“大规模损害”中存在的个案正义与诉讼经济之间的张力。我国证券市场群体性损害所具有的分散性小微损害特征构成界定及协调不同司法救济工具功能的基础。域外样本立法例中，美国式集团诉讼作为群体性损害一体化救济机制的功能优势在于诉讼经济，而基于群体损害类型化救济区分的德国式示范诉讼则更加关注个案正义与诉讼经济的平衡。借鉴二者制度要素的 2019 年《证券法》特别代表人诉讼呈现“两面性”且面临发展路径争议。我国证券集体诉讼应当坚持诉讼经济优先，兼顾个案正义的功能定位，在纠纷解决机制多元化共识下界分集体诉讼和示范诉讼的范围，预防投资者保护机构的道德风险和利益冲突行为，建立证券集体和解制度和被告破产风险预防制度。[2]

针对投资者保护机构股东代表诉讼机制，苏杭等认为，《证券法》第 94 条第 3 款对投资者保护机构持股比例及期限的豁免，为投服中心开展股东代表诉讼提供了条件。得益于此，中小股东于公司内部的失衡局面可能达致适度矫正。然而需予认清的是，投服中心的股东代表诉讼实践并不能彻底激活股东代表诉讼手段。有限的诉讼资源和较高的诉讼难度，决定了投服中心股东代表诉讼一方面并不能替代普通股东代表诉讼，另一方面也不可能明显激励普通股东开展股东代表诉讼。日本股东权益监督组织、韩国民主参与人民团结组织及我国台湾地区证券投资人及期货交易人保护中心的相关股东代表诉讼实践，进一步佐证了上述论断。因此，股东代表诉讼的彻底激活仍有赖于市场机制的完善。投服中心股东代表诉讼更应以补充性、示范性的角色为定位，在律师薪酬、起诉标准、取证途径、行权手段等方面寻求完善。[3]

（三）投资者保护其他问题

针对新证券法有关“投资者适当性义务”的实现，郑彧认为，我国金融消费者保护方式呈现出从“规则监管”向“原则监管”的转向。近年来国际上重视金融消费者保护的“行为监管”趋势。行为监管要求将原有单纯满足监管规范要件的“形式合规”转向以实现金融消费者保护为结果目标的“实质合规”。同样地，本次修法将以往中国证监会具体、细化的

---

〔1〕 石超：《证券投资者保护的社会化》，载《重庆大学学报（社会科学版）》2021 年第 1 期。

〔2〕 张怀岭：《损害类型化视角下证券群体性纠纷司法救济路径选择与规则反思》，载《甘肃政法大学学报》2021 年第 2 期。

〔3〕 苏杭、方乐：《投资者保护机构股东代表诉讼机制研究》，载《金融监管研究》2021 年第 6 期。

投资者适当性规则上升为抽象的法定义务，这就决定了券商在销售证券或者提供服务的过程中不能完全以所谓的“程序合规”作为其完成“投资者适当性义务”的标准，而应以“程序合规 + 实质合规”来证明其对“投资者适当性义务”要求的满足。新证券法在投资者保护方面呈现出一种明显的“以结果为导向”的原则监管新思路。〔1〕

针对我国证券吹哨制度中的投资者保护，马啸宇认为，我国证券吹哨制度存在程序的空白与规则的不完善，可在借鉴美国证券吹哨制度构造的基础上完善我国法律制度，建议授权证监会尽快以部门规章的方式细化证券吹哨制度细则。《证券法》第 176 条的证券吹哨制度既存在理论层面的立法空白，也缺少实践层面的操作经验，尤其在对举报信息的筛查、举报程序的启动、调查取证程序、奖金的数额以及对检举人的保护等方面存在诸多不足，还不能完全发挥出其制度优势。〔2〕

针对 SPAC 制度中的投资者保护，汤欣等从法律和监管角度对 SPAC 在投资者保护上的制度设计进行详尽分析和评价，他们认为，美国证监会之所以对 SPAC 的首次公开发行实行相对宽松的监管，是因为 SPAC 自发地设计了对管理层的约束和激励、投资者话语权和独立信托账户三大投资者保护机制，为完成并购交易前的投资者提供了相对充分的保护；对 SPAC 在首次公开发行后进行的并购交易，美国证监会转而采取严格的信息披露监管策略，在信息披露时限、披露内容和可能施加的法律责任上均较一般并购交易更为严格。以 SPAC 相关实践作为他山之石，可为国内注册制改革下的证券市场监管和投资者保护提供借鉴。〔3〕

---

〔1〕 郑彧：《新证券法下“投资者适当性义务”的实现路径——从“规则监管”到“原则监管”的转变》，载《证券市场导报》2021 年第 3 期。

〔2〕 马啸宇：《从比较法视角论我国证券市场吹哨制度》，载《南方金融》2021 年第 7 期。

〔3〕 汤欣、陈思含：《SPAC 制度中投资者保护机制研究》，载《证券市场导报》2021 年第 9 期。

2021 年期货市场法制报告

唐　波　夏文涛 *

2021 年我国期货市场成交量与成交额双双创历史新高，累计成交量为 75.14 亿手，同比增长 22.13%，累计成交额为 581.2 万亿元，同比增长 32.84%。分交易所来看，我国四家期货交易所期货市场累计成交量和累计成交额均呈现增长态势（见表 1）。[1] 在全球场内衍生品市场中，我国四家期货交易所的成交量排名稳中有升，郑州商品交易所、上海期货交易所、大连商品交易所和中国金融期货交易所在全球交易所期货和期权成交量排名中分别位居第 7、第 8、第 9 和第 27。在农产品、金属和能源三类品种的全球成交量排名中，我国期货品种包揽农产品前 11 名、在金属品种前 10 强中占 9 席，能源品种前 20 强中占 7 席。我国期货期权新品种也稳步增加，2021 年新上市 2 个期货品种和 2 个期权品种，衍生品体系更加完善。

表 1　2021 年我国四大期货交易所交易数据一览

期货交易所名称	累计成交量/手	成交量同比增长/%	成交量市场占比/%	累计成交额/亿元	成交额同比增长/%	成交额市场占比/%
上海期货交易所	23.7 亿	14.39	31.55	192.1 万	37.92	33.23
上海国际能源交易中心	0.75 亿	33.55	1	21.47 万	67.93	3.69

---

* 唐波，华东政法大学教授、博士生导师；夏文涛，华东政法大学经济法学院博士研究生。

〔1〕参见《2021 年度中国期货市场发展综述》，载 http://www.cfachina.org/aboutassociation/associationannouncement/202201/t20220128_25259.html，最后访问日期：2022 年 4 月 13 日。

续表

期货交易所名称	累计成交量/手	成交量同比增长/%	成交量市场占比/%	累计成交额/亿元	成交额同比增长/%	成交额市场占比/%
郑州商品交易所	25.82 亿	51.75	34.36	108 万	79.73	18.58
大连商品交易所	23.64 亿	7.12	31.47	140.5 万	28.62	24.17
中国金融期货交易所	1.22 亿	5.86	1.62	118.2 万	2.37	20.33

资料来源：《2021 年度中国期货市场发展综述》，载 http：//www.cfachina.org/aboutassociation/associationannouncement/202201/t20220128_25259.html，最后访问日期：2022 年 4 月 13 日。

一、期货市场发展评述

（一）广州期货交易所正式成立

2021 年 1 月证监会批准设立广州期货交易所（以下简称广期所），并于 4 月 19 日正式挂牌成立，自此境内第五家期货交易所面世。广期所的成立填补了市场经济发达的珠三角地区期货交易所的空白，是对我国期货市场发展空间上的合理布局[1]。同时，这也是我国第一家混合所有制的交易所，股东构成多元，包括四家期货交易所、广东国资企业、民营企业和境外企业。

在 2021 年第 17 届中国（深圳）国际期货大会上，广期所总经理朱丽红表示，广期所作为一家新成立的期货交易所，立足于“服务绿色发展，服务粤港澳大湾区，服务‘一带一路’倡议”的总体要求，按照证监会确定的“差异化定位、错位发展”的基本原则，坚持创新型、市场化、国际化的发展定位，积极服务“双碳”目标，助力经济社会绿色低碳转型发展。[2]根据证监会批复的广期所两年品种上市计划，产品布局主要涉及 4 大板块、一共 16 个品种。其中，碳排放期货等绿色发展类产品是广期所的核心战略板块。

（二）四个期货期权新品种上市

证监会曾于 2020 年 4 月批准大连商品交易所（以下简称大商所）开展生猪期货交易。[3]经过各项准备工作的扎实开展，生猪期货于 2021 年 1 月 8 日在大商所正式挂牌交易。[4]生猪是

[1] 参见《证监会批准设立广州期货交易所》，载 http：//www.csrc.gov.cn/csrc/c100028/c1444700/content.shtml，最后访问日期：2022 年 4 月 15 日。

[2] 参见李安成：《广期所总经理朱丽红：碳排放权期现货市场应形成合力》，载《期货日报》2021 年 8 月 16 日。

[3] 参见《证监会批准开展生猪期货交易》，载 http：//www.csrc.gov.cn/csrc/c100028/c1000796/content.shtml，最后访问日期：2022 年 4 月 19 日。

[4] 参见《生猪期货 2021 年 1 月 8 日挂牌交易》，载 http：//www.csrc.gov.cn/csrc/c100028/c1444742/content.shtml，最后访问日期：2022 年 4 月 19 日。

我国价值最大的农副产品，市场规模近万亿元。值得一提的是，生猪期货在上市不足一年的时间里，得到了市场各方高度关注，产业客户积极参与。特别是在 2021 年生猪价格的下行周期中，生猪期货与现货市场并行，有效助力产业抵抗价格波动风险、保障养殖利润，在推动我国生猪产业保供稳价、健全生猪产业平稳有序发展长效机制等方面发挥了积极的作用。截至目前，合计有 2500 多家单位客户（不含资管、特法客户）参与期货交易和交割，90 余家养殖企业申请了套期保值资格，大型养殖企业利用期货市场的态势基本形成，中小养殖户则以参与“保险 + 期货”项目为主。

自 2021 年 1 月份生猪期货率先推出后，花生期货、棕榈油期权、原油期权也陆续推出。从意义上来看，四个品种所具备的特征不尽相同，例如，生猪期货为我国首个活体交割品种，棕榈油期权为首个国际化期权，原油期权则是我国首批对外开放的期权品种。至此，我国场内期货期权品种总量已达 94 个，涵盖了农产品、有色金属、钢铁、能源、化工、金融等多个领域。[1]

（三）投资者国际化进程稳步推进

提高境外投资者使用人民币进行交易的比例，便于跨国企业在华开展风险管理业务。棕榈油期权、原油期权分别于 2021 年 6 月 18 日、6 月 21 日正式挂牌交易，二者均为我国首批以人民币计价对外开放的期权品种，且均引入境外交易者。[2]“双油”期权引入境外交易者，对于产业而言，有利于满足境内外生产、加工和贸易企业的避险需求；对于期货市场而言，标志着我国金融领域对外开放更进一步，在便利跨境交割的同时，切实提升了我国期货市场的全球定价能力，使我国期货市场服务全球产业链的能力和水平更上一个台阶。

2020 年 9 月 25 日的《合格境外机构投资者和人民币合格境外机构投资者境内证券期货投资管理办法》曾明确，QFII、RQFII 可参与金融衍生品等的具体交易品种和交易方式，将本着稳妥有序的原则逐步开放，由中国证监会商中国人民银行、国家外汇管理局同意后公布。[3]据此，2021 年 10 月 13 日证监会发文公告，允许合格境外投资者参与国务院或证监会批准设立的期货交易场所上市交易的商品期货、商品期权、股指期权合约，参与股指期权的交易目的限于套期保值交易，并自 2021 年 11 月 1 日起施行。证监会强调，扩大合格境外投资者投资范围，是落实在岸市场制度改革、进一步扩大境内证券期货市场开放的重

---

〔1〕 参见《2021 年期货市场十大盘点：量变成为主题词 大宗商品“超级周期”惹争议》，载 http：//www. cfachina. org/industrydynamics/mediaviewoffuturesmarket/202201/t20220104_24878. html，最后访问日期：2022 年 4 月 15 日。

〔2〕 参见《2021 年国内期货市场十大印象》，载 http：//www. qhrb. com. cn/articles/297266，最后访问日期：2022 年 4 月 19 日。

〔3〕 参见《中国证监会、中国人民银行、国家外汇管理局发布〈合格境外机构投资者和人民币合格境外机构投资者境内证券期货投资管理办法〉》，载 http：//www. csrc. gov. cn/csrc/c100028/c1000692/content. shtml，最后访问日期：2022 年 4 月 19 日。

要举措，将为境外投资者提供更多避险产品和配置工具，有助于吸引更多境外资金，提高境内资本市场国际影响力。相关品种自上市以来总体运行平稳，功能发挥明显，具备开放基础。[1]

二、期货市场立法与政策评述

（一）期货立法取得突破性进展

期货市场具有价格发现、风险管理等功能，对促进生产、流通、消费、分配循环，以及服务实体经济发展发挥着积极作用。制定出台专门的期货法，规范和促进期货交易，更好发挥期货市场的功能，对于活跃商品流通、推动产业升级、促进经济高质量发展等具有重要意义。[2]在2021中国（郑州）国际期货论坛上，有境外机构人士表示，境外机构及相关主体十分关注中国境内的期货法立法进程，期待能早日出台。[3]证监会副主席方星海于2021年12月5日在第17届中国（深圳）国际期货大会上指出，要以期货立法为契机，进一步加强期货市场法治建设。依法治市是期货市场稳健发展的关键，2021年我国期货立法取得突破性进展，《期货和衍生品法》通过一读和二读，有望在2022年三读后正式发布。[4]

《期货法（草案）》（以下简称草案一审稿）经过全国人大第一次审议后首次亮相，于2021年4月29日公开向社会征求意见。10月19日，期货法草案进行第二次审议，并更名为《期货和衍生品法》（以下简称草案二审稿）。2022年4月18日《期货和衍生品法》草案三审稿提请三读。十三届全国人大常委会第三十四次会议于2022年4月20日表决通过《期货和衍生品法》，这部法律自2022年8月1日起施行。期货和衍生品法补齐了我国期货和衍生品领域的法律“短板”，为促进规范行业和市场发展，保护投资者权益，推动市场功能发挥，更好服务实体经济提供强有力的法律保障。[5]

草案一审稿共14章173条，重点围绕期货交易、结算与交割基本制度，期货交易者保护制度，期货经营机构和期货服务机构的监管，期货交易场所和期货结算机构的运行，期货市场监督管理，法律责任等作了规定。草案二审稿共13章155条，在充分吸收一审建议的基础上，广泛听取各方面意见，作出了优化和调整。和草案一审稿相比，草案二审稿有如下变

---

〔1〕 参见《证监会公布合格境外投资者可参与金融衍生品交易品种》，载 http：//www. csrc. gov. cn/csrc/c100028/c1492454/content. shtml，最后访问日期：2022年4月18日。

〔2〕 参见《首次审议期货法草案规范和促进期货市场健康发展》，载 http：//www. npc. gov. cn/npc/c30834/ 202104/a5fdd25b834d49ba88d8acb1f50f9b87. shtml，最后访问日期：2022年4月15日。

〔3〕 参见韩雨芙：《境外机构期待中国期货法早些出台》，载《期货日报》2021年9月13日第002版。

〔4〕 吴晓璐：《中国证监会副主席方星海：〈期货法〉有望在2022年三读后正式发布》，载《证券日报》2021年12月6日第A02版。

〔5〕 参见《期货和衍生品法8月1日起施行》，载 https：//news. cnstock. com/news，bwkx－202204－4865680. htm，最后访问日期：2022年4月20日。

化：一是将“期货法”更名为“期货和衍生品法”；二是增加期货交易的定义，即以期货合约或者标准化期权合约为交易标的的交易活动；增加衍生品交易的定义，即期货交易以外的，以非标准化期权合约、互换合约和远期合约及其组合为交易标的的交易活动；三是坚持集中统一监管，强化防范化解风险，明确国务院期货监管部门对全国期货市场实行集中统一的监管，同时也确定国务院对利率、汇率期货的监督管理另有规定的，适用其规定。[1] 草案三审稿主要涉及三方面修改：完善对衍生品交易的监管；对相关合约概念予以完善；进一步明确境外机构在境内市场营销活动的管理规则，维护境内交易者的合法权益。

（二）证监会制定证券期货行政执法当事人承诺制度的配套规则

行政和解是国际上较为成熟的证券期货执法方式，对提高执法效率、及时赔偿投资者损失、尽快恢复市场秩序等具有重要制度价值。2019 年《证券法》第 171 条对证券期货行政执法当事人承诺制度作了原则规定，并授权国务院规定具体的实施办法。2021 年 11 月 26 日，国务院制定公布了《证券期货行政执法当事人承诺制度实施办法》（以下简称《承诺实施办法》），明确了证券期货行政执法当事人承诺制度的内涵、适用原则、基本流程和情形，承诺金的管理和使用方式，以及监督制约机制[2]，同时规定承诺金管理和使用的具体办法由证监会会同财政部另行制定。据此，证监会会同财政部在 2015 年《行政和解金管理暂行办法》的总体框架基础上进行修改和完善，联合发布《证券期货行政执法当事人承诺金管理办法》（以下简称《承诺金办法》）[3]，主要变化为：第一，根据《证券法》第 171 条的表述，将“和解金”相关表述调整为“承诺金”；第二，根据实践中出现的具体情况对承诺金的管理方式进行完善；第三，鼓励当事人积极赔付投资者，为当事人自行赔付投资者预留了制度空间。[4]

由于《承诺实施办法》属于行政法规层级，相关规定比较精简，具体的操作实施仍需要证监会出台较为详细的规则予以承接，证监会制定了《证券期货行政执法当事人承诺制度实施规定》（以下简称《承诺实施规定》），在《证券法》和《承诺实施办法》的基础上，主要细化规定了办事程序、承诺金的管理使用等内容，具体包括五个方面：一是厘清承诺办理部门与调查、审理部门之间的协调衔接机制；二是明确承诺办理部门与承诺金测算部门做好协调配合；三是明确投资者赔付机制安排；四是明确派出机构在行政执法当事人承诺中的作

---

〔1〕 参见《期货和衍生品法，正加速向我们走来》，载 http://www.npc.gov.cn/npc/c30834/202112/35ebd6 21817044d69ae9af041473c3ba.shtml，最后访问日期：2022 年 4 月 15 日。

〔2〕 参见《李克强签署国务院令 公布〈证券期货行政执法当事人承诺制度实施办法〉》，载 http://www.csrc.gov.cn/csrc/c100028/c1600543/content.shtml，最后访问日期：2022 年 4 月 14 日。

〔3〕 参见《证监会、财政部联合发布〈证券期货行政执法当事人承诺金管理办法〉》，载 http://www.csrc.gov.cn/csrc/c100028/c1681029/content.shtml，最后访问日期：2022 年 4 月 14 日。

〔4〕 参见杨毅：《证券期货行政执法当事人承诺制度正式施行》，载《金融时报》2022 年 1 月 5 日第 007 版。

用；五是加强监督制约，严防道德风险。[1]《承诺实施办法》《承诺金办法》《承诺实施规定》均自2022年1月1日起施行。

（三）证监会发布《证券期货违法行为行政处罚办法》

随着资本市场快速发展，证券期货领域行政处罚工作面临新的形势，对加强执法能力建设、提高依法行政水平提出了更高要求。为此，证监会于2021年7月15日发布了《证券期货违法行为行政处罚办法》（以下简称《处罚办法》），为进一步提升稽查处罚效能提供有力的制度支撑。[2]《处罚办法》共41条，对证券期货违法行为行政处罚的立案、调查、审理、决定等各主要环节作了规定，主要包括以下内容：第一，明确了证券期货违法行为行政处罚的立案条件，并结合《证券法》的规定细化了执法权限和措施；第二，规范调查取证行为，进一步明确物证、书证、当事人陈述、电子数据等的调查取证标准和要求；第三，完善查审机制，实行调查和审理相分离的模式；第四，落实行政执法"三项制度"，即通过文字记录等形式对执法全过程进行记录、归档保存，对容易引发争议的执法过程可以进行音像记录；行政处罚决定作出之前，应当依法进行法制审核；行政处罚决定按照政府信息公开的规定予以公开。

（四）证监会就《期货公司子公司管理暂行办法（征求意见稿）》公开征求意见

近年来，期货公司及其风险管理子公司发挥专业优势，为中小微企业提供了便捷、高效的风险管理服务，减缓了原材料价格波动对中小微企业的影响，稳定了生产经营，在服务实体经济方面发挥了积极作用。但随着期货公司子公司在机构设置和业务开展方面快速发展，行业发展与有效监管、风险防范等不相适应的问题越来越突出：一是缺少对境外子公司全面、系统规范，难以实现对境外子公司的有效管控；二是部分子公司业务与期货相关性不强，不利于期货公司聚焦主业和提升服务能力；三是部分期货公司对子公司管控不到位，不利于母子公司规范协调发展。

为解决上述问题，证监会起草了《期货公司子公司管理暂行办法（征求意见稿）》（以下简称《子公司办法》）[3]，于2021年7月9日向社会公开征求意见。《子公司办法》主要包括以下内容：第一，对境外子公司进行全面、系统规范，境外子公司不得参股境外经营机构；第二，明确子公司的设立条件，划定业务范围；第三，规范子公司层级和数量，风险管理子公司可设立二级子公司；第四，压实期货公司对子公司管控责任；第五，明晰子公司行

---

[1] 参见《证监会发布〈证券期货行政执法当事人承诺制度实施规定〉》，载 http://www.csrc.gov.cn/csrc/c100028/c1681018/content.shtml，最后访问日期：2022年4月14日。

[2] 参见《证监会发布〈证券期货违法行为行政处罚办法〉》，载 http://www.csrc.gov.cn/csrc/c100028/c570930e312f24b06a6bb9322f0b26a4a/content.shtml，最后访问日期：2022年4月14日。

[3] 参见《证监会就〈期货公司子公司管理暂行办法（征求意见稿）〉公开征求意见》，载 http://www.csrc.gov.cn/csrc/c100028/c5429beb316fd44f0b470272b170d06b8/content.shtml，最后访问日期：2022年4月14日。

为规范；第六，强化母子公司业务协同，子公司可获母公司技术与资金支持。[1]

（五）证监会和司法部开展证券期货行业仲裁试点

2021 年 7 月 6 日，中共中央办公厅、国务院办公厅印发《关于依法从严打击证券违法活动的意见》，提出了"开展证券行业仲裁制度试点"的任务要求。对此，证监会会同司法部就证券期货行业仲裁试点进行充分研究与调研后，于 2021 年 10 月 15 日发布《关于依法开展证券期货行业仲裁试点的意见》（以下简称《试点意见》），支持、推动在京沪深三地仲裁机构内部试点组建证券期货仲裁院（中心）[2]，在依法组建的仲裁委员会内部设立证券期货仲裁院（中心），适用专门的仲裁规则，专门处理我国资本市场产生的证券期货纠纷。

《试点意见》明确，证券期货合同纠纷和其他财产权益纠纷可依《仲裁法》适用仲裁方式解决，其具体的规定有"三大亮点"：一是范围齐全，现有仲裁范围已经基本涵盖了证券期货所有市场参与主体所从事的证券期货交易行为；二是重点突出，除了目前证券期货市场常见的纠纷外，还把证券期货交易场所等自律组织与其市场参与人、客户之间的纠纷纳入仲裁范围；三是法理创新，《试点意见》将证券期货市场平等主体之间有关财产性权利的侵权纠纷纳入仲裁范围，对只能在有仲裁条款约定的当事人之间适用仲裁的仲裁理论进行了突破，将仲裁的可能性从"合同纠纷"扩展到"侵权纠纷"，从双方当事人的完全的意思自治延伸到多方当事人的"范示合同"遵从。[3]

（六）最高人民法院与证监会建立"总对总"在线诉调对接机制

证券期货多元化纠纷解决机制，是保护投资者权益的绿色通道，对于共建共治共享社会治理格局具有重要意义。[4]近年来，多元化纠纷解决机制在我国全面开花。在证券期货领域，2016 年最高人民法院与证监会在部分地区试点开展多元化纠纷解决机制建设，2020 年证监会制定《证券期货纠纷调解工作指引》；2020 年 3 月，最高人民法院与证监会开始推进调解平台与投资者网平台互联互通的证券期货纠纷在线诉调机制工作；2020 年 5 月 15 日，作为证监会批准设立的我国唯一跨区域、跨市场的全国性证券期货纠纷专业调解组织——中证资本市场法律服务中心正式成立。证券期货纠纷多元化解成效显著，仅 2020 年各调解组织共受理调解案件 6100 余件，调解成功 4900 余件，涉及金额超过 8 亿元。

基于上述试点与实践，2021 年 8 月 20 日，最高人民法院办公厅与中国证监会办公厅联合印发《关于建立"总对总"证券期货纠纷在线诉调对接机制的通知》，实现"人民法院调解平台"与"中国投资者网在线调解平台"系统对接，为证券期货纠纷当事人提供多

〔1〕参见杨美：《力促期货公司子公司本固枝荣》，载《期货日报》2021 年 7 月 12 日。

〔2〕参见《中国证监会和司法部发布〈关于依法开展证券期货行业仲裁试点的意见〉》，载：http：//www. csrc. gov. cn/csrc/c100028/c1492452/content. shtml，最后访问日期：2022 年 4 月 14 日。

〔3〕参见吴晓璐：《京沪深三地试点证券期货行业仲裁 六类案件适用度较高》，载《证券日报》2021 年 10 月 18 日。

〔4〕参见周芬棉：《化解证券期货纠纷有了绿色通道》，载《法治日报》2021 年 8 月 27 日。

元调解、司法确认、登记立案等一站式、全流程在线解纷服务。通知确立了依法公正、高效便民、调解自愿三项原则，并部署了六项主要工作内容：一是建立“总对总”在线诉调对接机制；二是明确各方职责分工；三是明确调解组织和调解员信息的采集和管理；四是明确特邀调解组织和调解员的确认；五是确定在线调解对接业务流程；六是强化在线音视频调解。

（七）中期协发布《期货公司居间人管理办法（试行）》

2021 年 9 月 10 日，中国期货业协会发布《期货公司居间人管理办法（试行）》（以下简称《居间人办法》）。《居间人办法》共 7 章 39 条从事前、事中、事后三个阶段厘清理顺期货居间人权责边界、压实期货公司管理责任、强化零容忍震慑，旨在通过规范期货公司、居间人、投资者三者之间的关系，厘清居间合作边界，为营造公开、公平、公正的营商环境提供制度保障，确保投资者保护工作有抓手，利益冲突防范能落地。[1]中期协表示[2]，《居间人办法》实施后，协会将坚持以市场为导向，以统一自律规则为基准，逐步建立起居间人自我约束、期货公司承担主体管理责任、地方协会参与纠纷调解、协会自律管理、行政监管坚守底线的“自下而上”的管理体系。

（八）中期协发布《期货风险管理公司风险控制指标管理办法（试行）》

近年来，期货风险管理公司数量逐年增加，各项业务规模增长迅速，已成为期货行业服务实体经济、尤其是中小微企业的重要载体。为引导风险管理公司充分发挥专业优势，更好地为市场提供风险管理服务，2021 年 12 月 24 日中国期货业协会发布实施《期货风险管理公司风险控制指标管理办法》（以下简称《风控办法》）及其配套规则，建立系统的、可量化的风控指标体系，实现对风险管理公司的资本约束和风险管理，提升风险监测监控能力。这标志着以净资本和流动性为核心的风险管理公司风控指标体系正式建立。

《风控办法》就期货公司风险管理公司的风险控制指标体系规定了 4 个监管指标和 13 个观测指标，监管指标标准分别为：净资本不得低于人民币 1 亿元、风险覆盖率不得低于 100%、净资本与净资产的比例不得低于 20%、流动性覆盖率不得低于 100%，各项风控指标的预警标准为规定标准的 120%。由此可见，《风控办法》既综合反映期货公司风险管理公司的整体风险情况，又体现不同的风险类型。风控指标的计算涵盖公司期现类业务、场外衍生品业务、做市业务，以及公司自有资金投资债券、股票和理财产品等可能面临的风险，对于未来的新产品、新业务也作了相应安排。

---

〔1〕 参见杨美：《期货公司居间人管理办法发布实施》，载《期货日报》2021 年 9 月 13 日。

〔2〕 参见《关于发布〈期货公司居间人管理办法（试行）〉的通知》，载 http：//www. cfachina. org//index/zygx/202109/t20210914_23581. html，最后访问日期：2022 年 4 月 19 日。

三、期货法律案例分析——黄某等人操纵“纤维板 1910 合约”价格案

2022 年 4 月 1 日，证监会公布了 2021 年证监稽查的 20 起典型违法案例[1]，其中涉及期货违法违规的案件是“黄某等人操纵‘纤维板 1910 合约’价格案”（以下简称本案）。该案是一起利用信息优势操纵期货合约价格的典型案件。

1. 基本案情。

黄某、蒋某和徐某（以下统称当事人）存在控制使用期货账户的情况。其中，黄某和蒋某控制使用常州某贸易公司的期货账户，徐某控制使用常州某装饰公司、徐某和汤某的期货账户。2019 年 9 月至 10 月，大商所纤维板指定交割仓库期货专员黄某利用提前获悉“纤维板 1910 合约”可交割仓单的关键信息，伙同他人共同操纵“纤维板 1910 合约”价格，非法获利 231 万元。证监会对此作出处罚决定，判定当事人的上述行为违反了《期货交易管理条例》第 39 条，构成《期货交易管理条例》第 70 条第 1 款规定的市场操纵行为。

2. 争议焦点。

第一，关于当事人是否具备信息优势。涉案期间，大商所的纤维板指定交割仓库共有 5 家，奔牛库是历史上交割量最大的交割仓库，纤维板交割量常年占 5 家仓库总交割量 90% 以上。黄某时任奔牛库期货专员，负责大商所电子仓单系统期货交割业务。黄某在 2019 年 9 月 25 日左右提前获悉奔牛库纤维板 1910 合约可交割仓单的关键信息，多次打听天津某物流公司纤维板交割预报数量，因此较普通投资者具有信息优势。当事人认为其交易并非依据信息优势参与纤维板 1910 合约交易。

第二，关于当事人是否具备持仓优势。2019 年 8 月 13 日大商所公布纤维板 1910 合约注册标准仓单为 48 手，之后无新增注册仓单。2019 年 10 月 9 日，纤维板 1910 合约共有 104 手多头头寸，其中当事人所控制的期货账户合计持有 102 手，显著大于 48 手可交割仓单数量，因此当事人具有持仓优势。

第三，关于当事人是否实施了共同操纵的行为。从事实看，当事人共同交流纤维板 1910 合约的仓单信息，沟通决策，商讨具体交易细节，联合交易纤维板 1910 合约。实控账户组具体交易情况与黄某聊天记录内容基本一致，交易行为具有一致性。

第四，关于当事人的操纵行为是否影响了期货交易价格。2019 年 9 月 26 日至 10 月 21 日，实控账户组的买持仓在纤维板 1910 合约的持仓占比从 53.91% 升至 100%，合约结算价从 62.5 元/手上涨至 111.85 元/手，涨幅为 78.96%。2019 年 10 月 14 日，纤维板 1910 合约与纤维板 1911 合约结算价偏离度为 40.01%，与现货价格最高偏离为 45.26%。涉案期间实

[1] 参见《2021 年证监稽查 20 起典型违法案例》，载 http：//www.csrc.gov.cn/csrc/c100028/c2265190/content.shtml，最后访问日期：2022 年 4 月 19 日。

控账户组操纵纤维板 1910 期货合约合计盈利 2, 312, 281. 87 元。据此，应当认为实控账户组的操纵影响了期货交易价格。

四、期货法研究综述

（一）期货法理论问题

1. 期货交易与赌博的法律关系辨析。

冯果、余猛[1]指出，期货交易与民事基本法律之间存在冲突，期货交易直接适用民事基本法律存在被认定为赌博的可能性，从而催生法律效力问题，加之历史上的错误认识支配和政治利益博弈使得期货交易是赌博的法理认知根深蒂固。为解决前述冲突，一是应当尽快出台期货法，从正面明确期货交易不是赌博行为，并衔接《民法典》第 11 条“其他法律对民事关系有特别规定的，依照其规定”，从而保障期货和其他衍生品的交易安全；二是应当拓展期货交易定义，综合考虑交易目的、经济功能、交易主体、交易方式、风险控制机制、结算交割方式等因素全面界定期货交易，准确区分期货交易与现货交易的买卖合同，避免形成虚假表示的外观导致错误适用民事基本法律所产生交易行为无效的后果。鉴于期货市场的高流动性和高波动性容易被滥用于赌博活动，一是应当在期货法中对期货品种上市的条件作原则规定，要求期货品种应具经济价值、符合社会公共利益，并在监管规则中规定具体的判断标准，禁止纯投机类金融衍生品，从源头杜绝期货交易用于赌博活动；二是应当严格禁止空盘对赌期货行情，从法律上将空盘对赌行为认定为赌博行为。

2. 期货法的域外适用。

季铄人、陈建伟[2]通过审视美国立法、行政、司法以及市场对《商品交易法》的域外适用博弈，指出法律域外适用作为国家综合实力竞争中常用的一种法律工具，其使用需要综合衡量本国经济实力、法律资源和政治环境。鉴于此，随着我国《期货和衍生品法》的立法进入关键期，期货立法需平衡市场开放与跨境管辖的关系，合理设置我国期货法律的域外适用效力，明确替代合规等柔性执法方式的适用条件，以吸引更多境外投资者参与我国期货市场，在提升期货市场国际化水平的基础上再系统构建期货法域外适用的体系。

（二）期货法律实务问题

1. 期货交易所和交割库在实物交割中的法律责任。

最高人民法院司法解释规定，在实物交割中期货交易所应就货物交付与交割仓库承担连

---

〔1〕 冯果、余猛：《期货交易与赌博的法律关系之辨》，载《中国法律评论》2021 年第 2 期。

〔2〕 季铄人、陈建伟：《美国期货法域外适用：沿革、博弈与启示——基于典型司法判例的考察》，载《多层次资本市场研究》2021 年第 3 期。

带责任。[1] 王艺璇认为，[2] 实物交割环节的核心风险——交易对手方违约的风险和仓储风险等与货物有关的风险——是否应由交易所承担以及如何承担，需要综合考量期货市场的整体运行直续、实物交割的制度功能、交易所的具体角色和市场参与者的个人利益。首先，作为标准仓单注册者，交易所的职责是对进入期货市场的标准仓单予以管控，目的在于降低交割风险。此时交易所履行形式审核义务，仅在其未履行或未适当履行前述形式审核义务、且未履行义务与标准仓单权利人遭受损失之间存在因果关系时，才就货物不符合仓单记载与交割仓库承担广义上的连带责任，责任范围是与其过失相应的部分责任。其次，作为实物交割组织者，交易所与交割仓库形成委托关系与自律管理关系，交易所的民事责任应取决于其是否履行或适当履行交易所的自律管理职责以及相应的因果关系，其承担责任的范围亦应与其过失相应。最后，作为实物交割参与者，交易所在单款交付中仍居于中央对手方地位，并在交割违约时，仅负责赔偿非违约方的损失而非实际履行。在货物出库环节，综合考量期货市场的整体利益和交易者的个人利益，交易所虽然是期货合约的主体，但不宜再因对货物缺陷承担责任。

2. 期货市场内幕交易与操纵的规制。

关于期货市场内幕交易的立法完善，鲍晓晔[3] 指出，结合期货法立法契机，中国应完善对期货内幕交易“精准打击”的规制立法，改变目前沿袭证券内幕交易规制立法的现状，明确界定证券和期货。通过期货法制定专门条款是克服期货内幕交易立法结构性缺陷的最佳途径。借鉴美国相关立法和监管的经验教训，一方面逐步扩大规制内幕交易在期货领域的适用范围，参考盗用理论校准归责标准，另一方面证券和期货两个不同市场应适用不同规则，明确期货内幕交易规制立法不会对交易者附加新的信息披露义务。

关于操纵理论与期货市场操纵，钟维（2021 年）[4] 提出，我国期货市场操纵的现行规制框架是一种以单一的价格操纵条款为核心的反操纵立法体系[5]。在价格操纵的规制框架之下，以人为价格为核心的构成要件的证明较为困难，且极易因为受到攻击而无法成立。近年来，美国通过《多德 - 弗兰克华尔街改革与消费者保护法》，在期货市场中增加了基于欺诈的反操纵条款，确立了欺诈操纵与价格操纵并存的二元规制体系，进而大大增强了监管机构的执法能力。与价格操纵相比，欺诈操纵虽然调整范围稍窄，但证明难度更低。在法律适用上，两种反操纵条款可以择一适用，也可以同时适用而提出两个并行诉求。为提升监管机构的执法能力，在我国期货市场操纵立法和执法中没有必要坚持单一的价格操纵规制框架，而应当建立欺诈操纵与

---

〔1〕《最高人民法院关于审理期货纠纷案件若干问题的规定》第 47 条第 1 款规定：“交割仓库不能在期货交易所交易规则规定的期限内，向标准仓单持有人交付符合期货合约要求的货物，造成标准仓单持有人损失的，交割仓库应当承担责任，期货交易所承担连带责任。”

〔2〕王艺璇：《论我国期货交易所在实物交割中的法律责任》，载《法律适用》2021 年第 12 期。

〔3〕鲍晓晔：《中国期货内幕交易规制立法现状与完善》，载《上海师范大学学报（哲学社会科学版）》2021 年第 6 期。

〔4〕钟维：《欺诈理论与期货市场操纵二元规制体系》，载《清华法学》2021 年第 3 期。

〔5〕钟维：《关于〈中华人民共和国期货法（草案）〉的修改建议》，载《金融法苑》2021 年第 1 期。

价格操纵并存的二元规制体系，从而降低操纵行为的认定难度和执法成本，同时提升监管效率。

关于人工智能时代期货市场操纵的刑法规制，刘宪权（2021 年）[1]认为，人工智能时代中，证券、期货交易场景的变革会引发传统刑事风险发生异变，以及滋生新型刑事风险。其中，传统刑事风险的异变是指人工智能技术潜在的技术风险和操作风险将加剧证券、期货市场中既存的刑事风险，进而衍生出证券、期货市场的系统性风险。新型刑事风险是指，如果交易前端的程序与算法在研发、应用过程中的瑕疵被滥用，那么这种技术优势的滥用以及由此呈现的信息不对称，很可能引起证券、期货市场的新型刑事风险。上述风险的根源，在于滥用技术优势影响证券、期货市场的交易价格、交易量等形式实现操纵进而非法谋利[2]。因此，有必要对人工智能时代操纵证券、期货市场罪的犯罪行为本质进行重新解读。宏观角度看，“操纵”的本质内涵是“非法控制”，“非法控制”的实现依赖于“滥用优势地位”的行为，而具有人工智能技术优势可以被认定为具备“优势地位”。具象角度看，操纵证券、期货市场犯罪行为，应当是以滥用优势地位影响金融商品的正常交易价格为目的，以独立或叠加操纵金融商品与资本市场为表现形式。《刑法》第 182 条采用“列举 + 兜底”模式规定了操纵证券、期货市场行为，有利于维护刑法条文的稳定性，且具有一定的灵活性，但是兜底条款本身具有一定的模糊性，并且相应的司法解释对该兜底条款进行了“双重兜底”[3]，使得《刑法》第 182 条存在“无限开放”的状态。为防范该类刑事风险，弥补刑事立法的疏漏，有必要基于刑法的谦抑性和滞后性完善相关前置法规定。就具体路径而言，应当完善相关前置法规定中的“静态”监管机制，一方面以行政许可的方式倒逼行业自律规范的完善，另一方面健全信息披露制度；同时应当完善相关前置法规定中的动态、穿透式、全过程监管机制。

3. 碳期货交易相关法律问题。

碳期货作为典型的跨期投资商品，具有管控交易风险、价格发现、套期保值等优势，能够以公开、连续、前瞻性的价格引导碳排放主体，经由任意性规范交易合约，利用未来碳排放配额交易收入，通过金融市场转变为当前的碳减排技术投资，实现绿色低碳转型。而金融监管服务将碳金融商品、投资服务作为规制对象，强制性规范作为其调整各方利益的工具之一，在确保企业可持续发展的同时，亦能为投资者获取稳定收益提供法律保障。吴青、王泊文（2021 年）[4]建议，在我国尚无应对气候变化专门立法的情形下，可遵循政策先行，立法逐步完善的思路，借由任意性规范与强制性规范的有机整合，构建兼具系统性、融合性、专业性的碳金融法律体系和裁判规则，以发挥碳期货商品的定价作用，推动尽快建立碳价格体系，有利于解决绿色溢价，推动实现碳达峰、碳中和目标。

---

[1] 刘宪权：《人工智能时代证券期货市场刑事风险的演变》，载《东方法学》2021 年第 2 期。

[2] 刘宪权：《操纵证券、期货市场罪司法解释的法理解读》，载《法商研究》2020 年第 1 期。

[3] 2019 年《关于办理操纵证券、期货市场刑事案件适用法律若干问题的解释》第 1 条第 7 项对刑法第 182 条“以其他方法操纵证券、期货市场”设置了“以其他方法操纵证券、期货市场”的兜底条款。

[4] 吴青、王泊文：《关于碳期货交易相关法律问题探析》，载《法律适用》2021 年第 11 期。

2021 年基金市场法制报告

张　敏　等*

一、基金市场在“起起落落”中稳健扩张

（一）业绩行情起起落落

2021 年的基金市场相较往年无疑是更为跌宕起伏的一年，从年初的投资大热，人人买“基”，到年末的连续走低，市场热度直线下降。基金市场可以说经历了一番过山车般的起起落落。

从各项指数来看，沪指全年累计上涨 4.80%，深成指上涨 2.67%。一个鲜明的对比是，以大盘股为主的沪深 300 指数累计跌 5.2%，上证 50 指数下跌 10.06%；不同于前者的风光不再，以小盘股为主的中证 500 和中证 1000 则分别上涨 15.58% 和 20.52%。这与 2021 年资本市场整体的结构性特点息息相关。基金市场作为资本市场的一部分，是依托于股票市场存在的，基金市场的晴雨很大程度上取决于股票市场的阴晴。一方面随着疫情防控常态化发展，经济运行趋势的稳中向好，政策上对险资、银行的“松绑”，以及国有资本的加速入场，A 股成交额再创历史新高，所以，募资市场也迎来了显著回暖，新募集总规模达到 2.21 万亿元人民币，同比上涨 84.5%，新募基金数量同比上涨 100.7%，人民币基金与外币基金均实现破纪录式增长。[1]但

---

* 张敏，华东政法大学经济法学院硕士生导师；参加写作的还有罗陈鑫、陈周洁、魏歆健、陈胤松，均为华东政法大学经济法学硕士研究生。本文系 2018 年度国家社会科学基金项目“资管业穿透式监管的基本矛盾与制度生成研究”（18BFX141）的阶段性成果。

〔1〕《2021 年度募资报告：募资进入 2 万亿时代》，载 https://www.sohu.com/a/522137176_121191338，最后访问日期：2022 年 2 月 20 日。

另一方面 2021 年的市场震荡明显，市场风格频繁切换与投资热点的多变，行业轮动迅速，导致了市场行情两极分化严重，没有整体上涨的情况，使得 2021 年对大多数投资者来说都是不赚钱或少赚钱的一年，市场整体表现无序，投资者热情前涨后跌。

公募基金领域，2021 年相较 2020 年反转效应明显，行情分化，既有新能源的持续上涨、净值翻倍，也有教育行业受政策影响的持续下跌、净值腰斩。食品饮料、医药、家电、消费者服务等 2020 年有所上涨的行业，在 2021 年均有所下跌，其中，消费者服务前后两年收益差距超过 100%。这种反差很大程度上因为消费者服务之前明显偏高的估值。行业反转直接使得部分特定行业风格的基金业绩一落千丈，很多 2020 年收益良好的基金在 2021 年均遭遇了滑铁卢。此外，2021 年年初发行的“日光基”“爆款基”等热门基金，同样大都表现不佳，多数呈亏损状态。从净值来看，2021 年全年增长率均值 6.06% 的公募基金虽然表现不如 2021 年亮眼，但依然跑赢了跌幅 5.20% 的沪深 300 指数 11.26 个百分点。就公募基金市场内部，不同类型的基金仍然差异明显，总体而言，权益型基金的表现依然远优于债券型基金和货币型基金，权益型产品仍然是投资者资产配置的重要选项。细分来看，混合型基金的平均净值增长率最大，为 8.69%，其次是股票型基金，平均净值增长率为 7.77%。而另类投资基金、货币市场型基金、国际（QDII）基金的平均净值增长率较低，分别为 -1.33%、2.19%、2.96%[1]。净值增长率 5.04% 的 FOF 基金在净值增长率高于货币型基金和债券型基金的同时，因为其多元资产配置的特点，兼顾了业绩与收益稳定性，在震荡的行情中走出了大年。另外，值得一提的是以 ESG[2] 为主题的基金表现良好，收益表现优于沪深 300 和中证 500。近年来，在我国“2030 年碳达峰、2060 年碳中和”目标提出的背景下，环保问题进一步受到重视和企业社会责任进一步得到强调，可以想见，ESG 投资将愈加受到投资者和市场的青睐。从行业配置来看，公募基金仍围绕制造业展开布局。制造业股票基金持股占比第一，达到 64.29%，且超配比例达到 7.34%。金融业为基金持股第二大行业，占比达到 7.56%，但整体处于低配状态。从重仓持股来看，公募基金重仓持股的行业分布和 2020 年较为接近，仍以食品饮料、医药生物、电子、电气设备和化工行业为主。这五个行业的占比分别为 8.34%、7.30%、6.76%、6.57% 和 4.11%。2021 年以来受白酒龙头大跌的影响，食品饮料的占比有所下降，由 2020 年年底的 10.39% 下降至 8.34%。[3] 总体来看，2021 年公募基金持仓风格受股票市场涨跌影响显著，与我国行业发展状况紧密关联。

私募基金领域，2021 年整体上仍然呈现为牛市，实现了三年连涨，但盈利幅度明显低于

---

〔1〕《2021 年公募基金盘点报告》，载 http://finance.china.com.cn/money/fund/20220210/5742469.shtml，最后访问日期：2022 年 4 月 12 日。

〔2〕 ESG 是英文 Environmental（环境）、Social（社会）和 Governance（公司治理）的缩写，是一种关注企业环境、社会、治理绩效而非财务绩效的投资理念和企业评价标准。

〔3〕 肖佳文、陈燃萍：《基金年报 2022 | 公募基金市场高速发展，权益配置吸引力进一步提升》，https://www.sohu.com/a/513892776_121118711?scm=1019.e000a.v1.0&spm=smpc.csrpage.news-list.13.1645342887521U6eDwzc，最后访问日期：2022 年 2 月 20 日。

过去两年，且波动幅度较大。2021 年私募全市场上涨 8.73%，股票多头策略全年上涨 9.53%；市场中性全年上涨 5.27%；债券策略全年上涨 5.56%；管理期货全年上涨 10.68%；套利策略全年上涨 7.63%；宏观策略上涨 7.71%，组合基金上涨 5.40%，多策略上涨 8.46%。[1] 从年度分布上来看，在第四季度之前，各策略呈现为涨多跌少的情况，9 月至年底，各策略呈现为震荡的态势。具体来看，因为 2021 年的股票市场整体缺乏持续性行情，全年以震荡和频繁切换的结构性行情为主，股票多头策略全年呈现震荡上行态势。债券策略则受固守产品、利率下调和地产行业暴雷影响，同样由上半年的稳健上行转入下半年的震荡走势。指数增强策略在震荡中依然保持了亮眼表现，平均业绩变现优于其他策略，超额 alpha 依旧存在。而受到策略拥挤叠加市场风格多变的影响，市场中性策略收益较 2020 年大幅收窄，超额表现明显减低。2021 年的商品市场经历了前所未见的波动，又频繁出现过山车行情，整体走势大起大落，同时由于期货市场的高波动和快节奏，2021 年管理期货策略表现不及 2020 年。对私募 FOF 来说，2021 年是艰难的一年，市场风格切换频繁，量化 CTA 失效、市场中性连月回撤、指增超额持续为负的各种意外应接不暇。[2] 总而言之，行业轮动节奏加快、程度加深是 2021 年私募基金市场的最好写照，这同时也是 2021 年资本市场的最佳写照，是后疫情时代行业结构调整、市场环境革新的背景下的必然结果。

（二）市场规模稳健扩张

虽然基金市场的业绩不如前两年那般高歌猛进，行情的不景气也让广大投资者不再踌躇满志，但基金市场的规模在业绩行情和投资者心情的起起落落中始终保持着稳健的扩张态势，不断刷新我国基金投资市场的各项记录。

1. 公募市场。虽然 A 股全年处于震荡状态之中，但在“资管新规”、“房住不炒”、大力发展多层次资本市场等大背景下，公募基金市场仍然实现了高速发展。截至 2021 年 12 月底，我国境内共有基金管理公司 137 家，管理的公募基金资产净值合计 25.56 万亿元，增幅超 20%，数量规模再创历史新高。新成立基金数量相比 2020 年实现突破性增长，但总发行份额反而少于 2020 年，推测是因为销售热度受股市震荡影响有所下降。

表 1　2020 年及 2021 年公募基金市场规模汇总

类别	基金数量（只）（2020/12/31）	基金数量（只）（2021/12/31）	基金份额（亿份）（2020/12/31）	基金份额（亿份）（2021/12/31）	净值（亿元）（2020/12/31）	净值（亿元）（2021/12/31）
封闭式基金	1143	1185	23,967.66	29,005.26	25,609.21	31,249.55

[1]《2021 年私募证券基金市场报告》，载 https://baijiahao.baidu.com/s?id=1724782421325336623&wfr=spider&for=pc，最后访问日期：2022 年 4 月 12 日。

[2]《2021 年中国私募证券基金年度报告》，载 https://zhuanlan.zhihu.com/p/459377477，最后访问日期：2022 年 2 月 20 日。

续表

类 别		基金数量（只）（2020/12/31）	基金数量（只）（2021/12/31）	基金份额（亿份）（2020/12/31）	基金份额（亿份）（2021/12/31）	净值（亿元）（2020/12/31）	净值（亿元）（2021/12/31）
开放式基金	股票型基金	1362	1772	12, 040. 64	15, 995. 96	20, 683. 12	25, 816. 73
	混合型基金	3195	3972	27, 847. 78	40, 870. 51	43, 600. 75	60, 511. 48
	货币型基金	332	333	80, 915. 99	94, 574. 47	80, 521. 47	94, 677. 67
	债券型基金	1471	1827	27, 660. 83	35, 593. 58	24, 660. 60	40, 985. 49
	QDII 型基金	168	199	1014. 21	1790. 27	1288. 94	2384. 13
合计		7913	9288	170, 346. 52	217, 830. 06	198, 914. 91	255, 625. 05

（数据来自中国证券投资基金业协会）

具体来看，2021 年新成立股票型基金 510 只，发行份额达 3955. 32 亿份；混合型基金 777 只，发行份额达 12, 992. 73 亿份；债券型基金 356 只，发行份额达 7932. 75 亿份；QDII 基金 31 只，发行份额达 776. 06 亿份。2021 年的公募基金市场在规模扩张上既延续了 2020 年的一些特点，也具有一些新的特点。首先，是权益型基金增量资金不断，继续维持发力状态，包括股票型基金和混合型基金在内的权益型基金在 2021 年虽然新发份额略低于 2020 年，但市场占比有小幅上涨，继续保持了增长态势，在 2021 年的前三个季度，混合型基金始终是新发主力。而货币型基金市场规模则伴随无风险利率趋势性下行，保持持续性回落。其次，FOF 型基金市场的占比进一步提高，规模与占比均实现了翻一番的向好结果。一方面，无风险收益率持续下跌、打破刚性兑付的背景下，居民对理财有了更多元化的需求；另一方面，单一资产的短期高波动性和长期不确定性已经无法满足投资者获取长期稳健收益的需求〔1〕，因此，收益表现良好和具有多元资产配置特点的 FOF“固收 +”产品越来越成为稳健投资者的优选。再次，新发基金头部效应的进一步显现，发行数量前十的基金公司共发行 597 只，占全部市场的 31. 72%。发行份额前十的基金公司共发行基金 1. 14 万亿份，占全部市场的 44. 95%。基金发行市场两极分化严重，少数头部基金公司牢牢把持了基金发行的优势地位，这很大程度上导致了募资端结构性募资难的问题，规模小的基金公司和发行规模小的基金在募资上将愈发处境艰难。最后，碳中和主题基金、公募 REITs、北京证券交易所主题基金、同业存单指数基金、双创 50 指数基金、MSCI A50 互联互通指数基金、指数增强 ETF 以及更多细分领域 ETF 等相继发行，进一步丰富了公募基金产品线，丰富了投资者的投资选择，同时对基金和资本市场发展、资源配置优化起到了重要作用，如公募 REITs 对于盘活存量资

〔1〕 肖佳文、陈燃萍：《基金年报 2022 丨 公募基金市场高速发展，权益配置吸引力进一步提升》，载 https：//www. sohu. com/a/513892776 _ 121118711? scm = 1019. e000a. v1. 0&spm = smpc. csrpage. news-list. 13. 1645342887521U6eDwzc，最后访问日期：2022 年 2 月 20 日。

产、提高资本利用效率起到了积极作用，北京证券交易所主题基金有利于更多优质公司获得融资，市场流动性大大增强等。

2. 私募市场。2021 年，私募基金管理规模再上新台阶。据中国基金业协会数据显示，截至 2021 年 12 月底，私募基金管理的总规模达到 19.76 万亿元，较 2020 年年底大增 3.79 万亿元，规模直逼 20 万亿元。同时，存续的私募基金管理人有 24,610 家，较去年年底的 24,561 家增加 49 家；管理基金数量 124,117 只，较 2020 年年底猛增 27,265 只。证券类私募依然飞速发展，截至 12 月末，管理规模从 2020 年年底的 3.77 万亿元增至 2021 年 12 月底的 6.12 万亿元，增长 2.35 万亿元，与开放式权益类公募基金差距进一步拉大；存续私募证券投资基金管理人有 9069 家，管理基金 7.68 万只；私募股权投资类私募稳步增长，截至 12 月末，管理规模合计约 10.51 万亿元，占私募总规模的 53.19%。2021 年证券类私募基金全年新增产品数量为 22,482 只，全年新增产品数量创出了历史新高，以股票类和混合类产品为主，销售渠道有多元化发展趋势。证券类私募管理的资产规模增速创 2015 年以来新高，其增速贡献主要来自于股票量化策略[1]，可以说，近年来股票策略的良好表现对行业规模的扩张一直功不可没，非股票策略规模持续下行。在结构性的行情下，百亿级私募也在进一步扩容，且管理规模占比过半，行业分化现象明显，更少的管理人在管理规模更大的私募基金，在投资端仍然是较少的大额项目获得较多的投资，在私募基金领域同样存在结构性的募资难问题。此外，受益于注册制改革，通过公开市场推出的比例有所上升，且退出项目回报倍数增幅明显。

在 2021 年市场结构性特点明显，股市持续震荡的背景下，基金市场的收益确实有了更多起落，表现不如前两年亮眼，但无论是公募基金还是私募基金的市场规模都仍然保持了稳步扩张，实现了高速发展。这一方面与我国居民财富管理需求的不断提高有关，权益配置不断成为资产配置的重要组成，另一方面也与我国金融市场、资本市场的不断完善有关，投资环境愈发良好，投资产品愈发丰富，投资前景愈发乐观。展望未来，我国基金市场仍然处于其高速成长期，将继续保持稳步发展的态势。

二、基金市场法律制度不断完善

（一）证监会加强行业监管

2021 年伊始，证监会就发布了《关于加强私募投资基金监管的若干规定》（以下简称《规定》），表明了其强监管的态度。该《规定》共 14 条，主要包括规范私募基金管理人名

[1]《2021 年中国私募证券基金年度报告》，载 https://zhuanlan.zhihu.com/p/459377477，最后访问日期：2022 年 2 月 20 日。

称、经营范围和业务范围，优化集团化私募基金管理人监管，重申并细化非公开募集和合格投资者要求，明确私募基金财产投资要求，强化私募基金管理人及从业人员等主体规范要求，明确法律责任和过渡期安排等六个方面的内容。根据《规定》，基金管理人从事私募基金业务必须在协会完成登记，在名称和经营范围中应当标明体现受托管理私募基金特点的字样，不得从事任何与基金管理相冲突或者无关的业务，要求基金管理人的股权结构清晰、稳定、明确，不得有代持、循环出资、交叉出资、层级过多、结构复杂等情形。此外，《规定》还明确了私募基金管理人、私募基金销售机构及其从业人员在私募基金募集过程中的禁止性行为，强调了对投资者数量和合格投资者的要求，规定了基金管理人禁止的资金挪用行为，进一步完善了对基金管理人忠实义务的具体要求。总的来说，该《规定》进一步重申和强化了私募基金行业执业的底线行为规范，对私募基金管理人提出了更为具体严格的规范要求，使监管有法可依，有利于私募基金行业的良性发展，有助于保护广大投资者的合法权益。

此外，证监会于 2021 年 7 月 6 日颁布了《证券期货违法行为行政处罚办法》（以下简称《处罚办法》）。该《处罚办法》的出台，是证监会为了履行其法定职责，实现维护市场秩序、保护投资者权益的目标的必然选择，是进一步加强资本市场法制体系建设的必然需求，是解决实践突出问题、切实提升执法效能的现实需要。《处罚办法》贯彻“建制度、不干预、零容忍”九字方针，坚持问题导向，适应实践需要，定位于程序规范，共 41 条，对行政处罚的立案、调查、审理、决定等各主要环节作了规定。《处罚办法》明确了立案程序和执法权限，规范了调查取证行为，完善了查审机制，探索了多样化、差异化的查审模式，明确了行刑衔接程序，落实了行政执法的三项制度，加强了对当事人的权利保障和对执法人员的监督。总的来说，该《处罚办法》对证券期货领域违法行为的行政执法提供了具体可行的实操规范，基金行业作为证券市场的重要组成部分之一，其间出现的违法行为，同样依照该法接受行政执法监管，这有助于惩处预防基金行业违法行为，净化市场环境，保障广大基金投资者的合法权益，促进基金市场健康持续发展。

（二）基金业协会落实行业自律

2021 年年初，中国证券投资基金业协会为进一步加强私募基金信息报送工作，优化行业服务，持续推动行业数据质量提升，发布了《关于加强私募基金信息报送自律管理与优化行业服务的通知》（以下简称《报送通知》）。《报送通知》主要包括以下内容：一是管理人应当及时准确报送信息，强化内控管理。管理人应当通过协会的资产管理业务综合报送平台（以下简称 AMBERS 系统）持续履行信息报送义务。二是协会将会发布信息报送常见问题示例说明。三是协会将通过 AMBERS 系统站内信、邮件（以管理人在系统中填报邮箱地址为准）等方式建立健全信息报送常态化核查机制。四是要求管理人提升信披备份系统投资者账户开通情况透明度。五是明确了对外公示的信息报送异常的具体情形。六是提供了系列信息报送便利措施以优化行业服务。该《报送通知》主要通知了基金业协会为优化行业服务需要而发布，有助于基金业协会更好提升其服务能力，优化其服务质量。

2021 年 2 月 8 日，中国证券投资基金业协会公布的《公开募集基础设施证券投资基金尽职调查工作指引（试行）》（以下简称《尽调工作指引》）是基金业协会为健全基础设施基金规则体系，规范基础设施基金业务的尽职调查工作，压实中介机构尽职调查责任，而制定的重要自律规范。《尽调工作指引》共 5 章 34 条，包括总则、对基础设施项目的尽职调查、对业务参与人的尽职调查、尽职调查的分工和要求以及附则五部分内容。主要内容包括：一是明确规则起草依据、尽职调查工作的实施主体和相关尽调标的的内涵以及尽职调查工作的原则。二是对基础设施项目的尽职调查工作内容作出具体要求，包括对项目公司的基本情况调查和对项目公司运营及财务会计情况调查。三是对业务参与人的尽职调查工作内容作出具体要求，包括对原始权益人、基础设施运营管理机构和其他对投资人收益有重大影响机构的尽职调查。四是明确了尽职调查的分工和要求。五是明确协会的自律管理职能。随后发布的《公开募集基础设施证券投资基金运营操作指引（试行）》（以下简称《运营操作指引》）则以信息披露为中心，制定了以反映基础设施项目实质和投资者保护为核心的运营操作要求，围绕基金托管人履责、基金财务报表编制相关要求、可供分配金额计算、基金相关信息披露要求等作出了相应的规定。《运营操作指引》细化了托管人职责要求，明确了财务报表编制要求，从保护投资者利益出发，秉承了“应分尽分”原则，明确了基金收益分配计算方法，明确了公募 REITs 相关信息披露要求。上述两个指引都是对《公开募集基础设施证券投资基金指引（试行）》的进一步延伸，完善了 REITs 这一创新金融工具的配套制度，是基金业协会对公募基金行业实施自律管理的重要举措，有助于 REITs 等新兴金融产品的健康发展，有助于实现国家聚焦基础设施投资的政策导向。

中国证券投资基金业协会于 2021 年 8 月 30 日第三次修订了《中国证券投资基金业协会会员管理办法》（以下简称《管理办法》），并于 12 月 7 日发布施行。《管理办法》主要对会员类型、会籍管理、日常管理、奖励与惩戒等方面的内容进行了修订，包括会员申请条件的变动，会员资格变更、终止情形的变动，建立会员联系制度，会员的禁止行为由 12 项列举缩减至以下 4 项等。对《管理办法》的这一修订适应了基金业协会会员管理的实际需要，有益于基金业协会更好履行其对会员的自律管理职能。

为切实维护投资者合法权益，规范投资基金业投诉处理工作，协会对《中国证券投资基金业协会投诉处理办法》（以下简称《投诉办法》）进行修改，并于 2021 年 12 月 30 日经协会第三届理事会审议通过并公布。本次修改后的《投诉办法》共分五章，主要修改内容如下：一是清晰界定投诉处理范畴，立足保护投资者根本宗旨。二是规范投诉处理工作流程，探索建立投诉转办制度。三是压实行业机构主体责任，明确投诉办理基本要求。四是强化自律管理程序衔接，丰富行业多元解纷机制。基金业协会还于同日修改通过了另一重要自律规范——《中国证券投资基金业协会投资基金纠纷调解规则》（以下简称《调解规则》）。修改后的《调解规则》共分五章，主要修改内容包括：一是规范调解工作程序，提升调解协议效力。《调解规则》进一步明确了调解委员会与调解工作部门的职责分工；明确了调解案件受理范围及不予受理情形；明确了调解协议效力确认途径，通过司法、公证、仲裁等方式提升调解协议效力，保障调解协议有效履行。二是丰富多元解纷手段，拓宽纠纷解决渠道。《调解规则》新增基金业协会与人民法院、仲裁机构、信访部门、公证机构以及投资者保护机构等建立沟通对接机制；进一步明确了纠纷调解方式，除基金业协会自行组织调解外，可以委托第三方专业机构调解，或者进行联合调解。三是引入小额速调机制，提高小额纠纷处理效率。《调解规则》中新增小额速调机制，行业机构可以基于自愿原则与基金业协会事先签订协议，承诺在一定金额内无条件接受基金业协会提出的调解建议方案，进一步提高纠纷解决效率。四是增加“示范判决 + 委托调解”，推动化解群体性纠纷。对于系列性或群体性纠纷，《调解规则》规定，人民法院作出生效示范判决后，基金业协会可以接受人民法院委托，参照生效判决文件进行集中调解，降低投资者维权成本，推动群体性纠纷及时化解。五是确立无争议事实记录，强化诉讼与非诉讼联动。《调解规则》规定，对于当事人未达成调解协议的，在征得当事人同意后，基金业协会可以书面形式将调解过程中当事人无争议事实进行记录，在诉讼过程中，除涉及国家利益、社会公共利益和他人合法权益的外，当事人无需对调解过程中确认的无争议事实举证[1]。《投诉办法》和《调解规则》的修改，适应了基金业协会对投资基金纠纷多元化处理的实际需求，有利于基金业协会更好履行其管理职责，更好维护广大基金投资者利益，促进基金行业繁荣发展。

（三）相关部门协调规范基金市场

国家市场监督管理总局在2021年年初发布了《关于做好私募基金管理人经营范围登记工作的通知》在登记管理层面加强了对私募基金管理人的监督，要求其统一使用“私募证券投资基金管理服务”或“私募股权投资基金管理、创业投资基金管理服务”的表述办理经营范围登记，且须在协会完成登记备案后方可从事经营活动。

为持续深入落实国务院“放管服”工作部署，进一步深化保险资金运用市场化改革，银保监会于2021年9月18日发布的《中国银保监会办公厅关于资产支持计划和保险私募基金登记有关事项的通知》指出，保险资产管理机构的下属机构发起设立保险私募基金，由中国保险资产管理业协会依据监管规定和登记规则办理登记。此外，银保监会还在2021年12月7日发布的《中国银保监会关于修改保险资金运用领域部分规范性文件的通知》中取消了“保险资金投资的股权投资基金，非保险类金融机构及其子公司不得实际控制该基金的管理运营，或者不得持有该基金的普通合伙权益”的限制性规定。取消了保险资金投资创业投资

---

〔1〕 杨春宝、孙瑱：《一文看遍私募基金行业2021年度监管政策》，载https：//www. sohu. com/a/516962221_812382，最后访问日期：2022年2月22日。

基金单只基金募集规模不得超过 5 亿元的限制性规定和保险资金设立的私募基金，发起人及其关联的保险机构出资或认缴金额不低于拟募集规模的 30% 的限制性规定。实现了险资的进一步“松绑”，有助于私募基金市场进一步发展，更好服务实体经济。

为贯彻中央经济工作会议精神，进一步加快推进基础设施 REITs 试点有关工作，推动盘活存量资产、形成投资良性循环，国家发展改革委及其办公厅先后发布了《国家发展改革委关于进一步做好基础设施领域不动产投资信托基金（REITs）试点工作的通知》和《国家发展改革委办公厅关于加快推进基础设施领域不动产投资信托基金（REITs）有关工作的通知》，要求各地发改委加强 REITs 的宣传工作，普及有关法规，不断提高各方面的积极性，严格把关、保障质量的同时做好服务工作，及时沟通以加快申报进度，用好回收资金以形成良性循环，加强与证监、行业管理、城乡规划、自然资源、生态环境、住房城乡建设、国资监管等部门的协调与合作，促进形成工作合力，最终实现促进基础设施 REITs 长期健康发展的目标。

三、强监管打击基金市场违法违规行为

（一）多家基金公司被取消会员资格

2021 年，中国证券投资基金协会（以下简称“中国基金业协会”）官网多次发布公告，对 30 家基金公司的违法违规行为进行处分，其中有多家基金公司被取消会员资格，这些基金公司包括：广东新价值投资有限公司、天首投资基金管理（北京）有限公司、浙江润升资产管理有限公司、北京天首投资管理有限公司、引领投资有限公司、龙树资本管理股份有限公司、北京中财嘉盈基金管理有限公司、中融景诚（北京）投资管理有限公司。根据中国基金业协会的处分决定披露，这些基金公司被取消会员资格的行为主要有以下几种类型：未按要求配合协会的自律管理工作，未于规定期限内向协会提交异常经营专项法律意见书；部分产品募集完毕后未按规定向协会备案；通过关联机构出具收购函和履约担保函的方式向投资者承诺本金不受损失或最低收益；向非合格投资者募集资金；未如实填写并及时更新私募基金管理人登记备案信息，且未及时向协会报告重大事项；不适当宣传；募集材料不规范，部分私募基金未通过问卷调查等形式对投资者的风险识别与风险承担能力进行评估；违反投资者适当性管理要求，未对私募基金进行风险评级并向风险识别能力和风险承担能力相匹配的投资者推介私募基金；收得的募集资金用处不当；未按规定进行信息披露。

（二）数家基金公司被暂停受理私募基金备案

据中国基金业协会官网披露，数家基金公司被暂停受理私募基金备案三个月或六个月不等。这些基金公司包括：安徽钜瑞资产管理有限公司（六个月）、上海朴道瑞富投资有限公司（三个月）、西藏昆仑鼎信投资管理有限公司（六个月）、中金创新（北京）资产管理有

限公司（三个月）、福建匹克投资管理有限公司（三个月）、北京天星资本股份有限公司（六个月）、新沃股权投资基金管理（天津）有限公司（三个月）、丰圣财富资产管理有限公司、圣商资本管理有限公司（三个月）、江苏悦达善达股权投资基金管理有限公司（三个月）、达仁投资管理集团股份有限公司（六个月）、深圳市元宋投资管理有限公司（十二个月）、上海亿舟资产管理有限公司（三个月）、深圳市瀚信资产管理有限公司（三个月）、弘森（天津）资产管理有限公司、宁波甬邦投资管理有限公司（三个月）、三度星和（北京）投资有限公司（六个月）、深圳市冠石资产管理有限公司（六个月）、武汉信用基金管理有限公司、义乌市高创投资管理有限公司（三个月）、浙江策信投资管理有限公司（三个月）。这些基金公司主要因为以下行为而受到处分：与投资者私下签订协议承诺保本；向不特定投资者公开宣传推介其管理的私募基金产品；违反投资者适当性管理要求。未对部分私募基金产品进行风险评级，未将部分投资者风险识别能力和风险承担能力与产品风险等级相匹配，并提出匹配意见；未更新相关管理人信息；高级管理人员违规兼职；未如实填报私募基金管理人登记信息；委托个人提供投资建议并由其直接执行投资指令；未妥善保存私募基金相关文件；未按规定签署账户监督协议；部分产品募集完毕后未按规定向协会备案；未按规定向投资者进行信息披露；委托不具备资质的机构募集私募基金；办公场所不具备独立性；内控不完善；未尽到基金管理人谨慎勤勉的义务；未向投资者披露关联交易；存在通过关联账户进行对倒的异常交易行为；违反合同约定变更合同重要内容。

（三）多名从业人员受到自律处分

根据中国基金业协会 2021 年的官方公告，协会对邱士杰、吴明、洪程、曾祥新、贺昌聪、程力、李祥、白利国、刘研、王骏十人进行了处分，处分内容主要包括加入黑名单，期限为三年，并取消基金从业资格或者公开谴责，要求参加强制培训。

（四）监管处罚典型案例

1. 江苏悦达善达股权投资基金管理有限公司违规案。

江苏悦达善达股权投资基金管理有限公司（以下简称悦达善达）属于江苏悦达集团有限公司（以下简称悦达集团）旗下私募股权、创业投资基金管理人，成立以来一共管理 18 只基金，目前正常运行的有 8 只，包括母基金、产业投资基金、创业投资基金、定增基金；延期清盘的基金有 3 只，全部为定增基金。由于悦达善达的违法违规行为，中基协对其下达了纪律处分决定书。[1]

经查证悦达善达存在以下违规事实：

一是委托不具备资质的机构募集私募基金。悦达善达与杭州绿城财富管理有限公司（以

---

〔1〕《基金业协会纪律处分剖析（一）：国有私募基金销售违规行为》，载 https：//www.sohu.com/a/491213901_121217938，最后访问日期：2022 年 4 月 12 日。

下简称绿城财富）签订了合作协议，由绿城财富为悦达善达定增基金九号募集优先级份额，但绿城财富并未取得基金销售业务资格且并非中基协的会员，不具备受私募基金管理人委托募集私募基金的条件。根据《私募投资基金管理人内部控制指引》第 17 条的规定，基金公司应当委托获得中国证监会基金销售业务资格且成为中国证券投资基金业协会会员的机构募集私募基金，以保障资金的安全，确保向合格投资者募集以及不变相进行公募。悦达善达与绿城财富虽然签订了私募基金的合作协议，但绿城财富并没有相应的资质，不符合中国基金业协会的自律规定。

二是未对私募基金进行风险评级。对私募基金进行风险评级是对投资者适当性原则的重要体现。悦达善达在中国基金业协会备案的 14 只私募基金仅在基金合同中将产品风险登记评定为“高风险”，未履行风险评级程序。根据《私募基金监管办法》第 17 条的规定，私募基金管理人自行销售或者委托销售机构销售私募基金，应当自行或者委托第三方机构对私募基金进行风险评级，向风险识别能力和风险承担能力相匹配的投资者推介私募基金。悦达善达未履行风险评级程序，未委托第三方机构进行评级，对私募基金的评级带有不妥当性，不能向投资者传递正确的风险评级，对投资者保护将造成不利影响。

三是未按规定及时办理私募基金备案手续。悦达善达管理的“江苏悦达善达紫荆沿海股权投资母基金二期（有限合伙）”未按规定及时办理私募基金备案手续。悦达善达的备案时间超过了中国基金业协会规定的时间，没有及时办理备案手续，对于中国基金业协会的后续跟进会造成很大的影响。

四是信息披露机制不健全，未按规定真实、准确、完整、及时地向投资者进行信息披露。悦达善达与绿城财富签订合作协议，约定由绿城财富对其推介申购“定增九号”基金份额的投资者履行信息披露义务，但并未在合作协议中要求绿城财富应当对投资者履行信息披露义务，与实际情况不符。基金管理人应当向投资者披露月度报告、季度报告和年度报告等重大事项信息，但“定增九号”部分投资者未收到或未及时收到有关定期报告。

五是办公场所不具备独立性。悦达善达与上海善达投资管理有限公司、宁波悦达善达投资管理有限公司三家机构的办公地址都相同，办公场所存在混同的问题。

根据相应法规，对悦达善达进行书面警示，要求其限期改正，暂停受理私募基金产品备案三个月。在中国基金业协会给出的处分中，该处分属于较轻的情况，悦达善达在进行改善之后，仍可继续进行基金业务。

2. 上海亿舟资产管理有限公司违规案。

上海亿舟资产管理有限公司（以下简称上海亿舟）成立于 2013 年 12 月，注册资本 2000 万元，2015 年 2 月完成备案登记，机构类型是私募股权、创业投资基金管理人。其违规行为主要是：

一是私募基金收益不与投资项目的收益情况挂钩，未按照投资标的的实际经营业绩或收益情况向投资者支付收益。上海亿舟管理的私募基金产品“亿舟合星并购股权投资私募基金”（以下简称亿舟合星）拟收购南安星合房地产开发有限公司全部股权，通过该公司受让某地块的土地使用权，进行后续开发并获取收益。该私募基金自成立日至清算前，未能取得投资标的权益，未获取实际投资运作收益。但 2021 年 3 月基金清算时，除向投资者支付本金外，还支付了一定的投资收益。以上行为违背了私募基金的投资本质，构成《关于加强私募投资基金监管的若干规定》第 9 条第 6 项的违规情形，即私募基金收益不与投资项目的资产、收益、风险等情况挂钩，包括不按照投资标的实际经营业绩或者收益情况向投资者分红、支付收益等。

二是未尽到基金管理人谨慎勤勉的义务。上海亿舟未按约定履行基金财产管理义务，且未妥善保管有关项目的内部控制资料。根据亿舟合星的基金合同约定，上海亿舟应当“按照诚实信用、勤勉尽责的原则履行受托人义务；以专业化的经营方式管理和运作基金财产”；亿舟合星的推介材料也说明上海亿舟“向项目公司派遣项目常驻的地产专业开发管理团队，包括不限于董事、财务总监、工程管理人员、成本管理人员，负责南安省新项目全面监管”。根据调查显示，上海亿舟将项目管理整体外包给第三方，未派遣人员履行相应的监管职责，也未掌握项目所涉及的项目管理、财务核算等内控文件，在协会现场检查期间，多数材料均向第三方机构临时调取获得。此外，上海亿舟正在运作的基金产品“亿舟资产—鼓利 3 号私募股权投资基金”（以下简称鼓利 3 号）仍由 2019 年已离职的基金经理进行管理，而未安排人员调整。

三是未向投资者披露关联交易。根据国家企业信用信息公示系统公示信息，2018 年 1 月至 2019 年 6 月上海亿舟持有上海正蕊商务咨询有限公司（以下简称上海正蕊）82.5% 的股权，并于 2018 年 6 月通过上海共乾收购上海正蕊持有的相关债权资产。上海亿舟未向投资者充分披露该笔关联交易事项。根据《私募投资基金信息披露管理办法》第 9 条第 8 项和第 18 条第 11 项的规定，信息披露人应当向投资者披露的信息包括可能存在的利益冲突，发生重大关联交易事项的，信息披露义务人应当按照基金合同的约定及时向投资者披露，上海亿舟未向投资者披露应当披露的事项，违反了相应的规定。

四是未向投资者披露可能影响其利益的重大事项。上海亿舟将亿舟合星投资标的的全部项目开发管理工作委托给第三方而未自行派遣相关监管人员，该事项未向投资者进行披露。基金合同约定的影响投资者利益的重大事项，信息披露义务人应当按照基金合同的约定及时向投资者披露，上海亿舟委托第三方而未有监督管理措施，违反了《私募投资基金信息披露管理办法》第 18 条第 14 项的规定。

五是未完整填报关联方信息。上海亿舟间接持有上海奕邈信息科技公司 100% 股权，但未在私募基金管理人登记备案系统中予以披露。

作出对上海亿舟进行书面警示，要求其限期改正并暂停受理其私募基金产品备案三个月的纪律处分。

3. 深圳市瀚信资产管理有限公司违规案。

深圳市瀚信资产管理有限公司（以下简称深圳瀚信）于 2021 年 12 月 3 日被中国基金业协会处以书面警示，要求其限期改正并暂停受理私募基金备案三个月的处分。

一是变相向投资者承诺本金不受损失。根据《私募基金监管办法》第 15 条的规定，私募基金管理人、私募基金销售机构不得向投资者承诺投资本金不受损失或者承诺最低收益。深圳瀚信管理的私募基金产品“瀚信九零 2 号私募证券投资基金”“瀚信九零 6 号私募证券投资基金”与投资者签订基金份额赎回协议、补充协议或基金份额继续持有协议等文件，承诺在投资者赎回基金份额时，基金份额净值低于 0.9 元的，由管理人以自有资金补足。深圳瀚信依照协议约定向投资者支付了差额款。深圳瀚信出资承担投资者部分本金损失的行为违背了私募基金受托理财的投资本质，属于变相向投资者承诺本金不受损失。该行为违背了不得向投资者承诺本金的规定，造成了不当的竞争，应当被禁止。多家基金公司在与投资者交易的过程中，也未能把握好应有的“尺度”，违规向投资者作出收益承诺和不受损失的承诺，例如，2021 年 2 月 18 日受处分的武汉信用基金管理有限公司和 2021 年 8 月 27 日受处分的北京天首投资管理有限公司。北京天首投资管理有限公司通过关联机构出具收购函和履约担保函的方式向投资者承诺本金不受损失或最低收益。

二是未妥善保存投资者适当性管理的相关资料文件。深圳瀚信在管产品“瀚信启航 1 号私募证券投资基金”“瀚信猎鹰 10 号私募证券投资基金”“瀚信 6 号福享证券投资基金”的投资者资产证明文件缺失。以上行为违反了《私募基金筹集办法》第 11 条的募集机构应当妥善保存投资者适当性管理以及其他与私募基金募集业务相关的记录及其他相关资料，保存期限自基金清算终止之日起不得少于 10 年，深圳瀚信未能将投资者资产证明文件妥善保存，造成了缺失。

三是未对管理的基金产品全面履行投资者回访程序。在协会检查期间，深圳瀚信未按要求提供在管产品的投资者回访相关的文件资料。根据北京市中闻（深圳）律师事务所出具的专项法律意见书，深圳瀚信也仅提供了部分投资者的回访资料。以上情况说明深圳瀚信未能对在管产品严格落实投资者回访程序要求并妥善保存资料。《私募基金募集办法》第 30 条的要求是募集机构应当在投资冷静期满后，指令本机构从事基金销售推介业务以外的人员以录音电话、电邮、信函等适当方式进行投资回访。回访过程不得出现诱导性陈述。募集机构在投资冷静期内进行的回访确认无效。深圳瀚信未能够履行投资者回访程序，违反了该规定。

四是未如实填报登记备案信息。深圳瀚信在管产品“洲明时代伯乐并购五号私募投资基金”“洲明时代伯乐并购六号私募投资基金”由第三方销售机构进行募集，而深圳瀚信在私募基金管理人登记备案系统的募集信息填报为“自行募集”。根据专项法律意见书，深圳瀚信近三年涉诉达 2 起，但未要求填报私募基金管理人登记备案系统的诚信信息。

五是未向投资者披露涉诉信息。深圳瀚信因在管产品近三年涉诉多起，部分产品因涉嫌保本纠纷，有关诉讼情况均未向投资者充分披露，信息披露不完整、准确。

4. 龙树资本管理股份有限公司被处罚案。

2021 年 8 月 16 日，中国证券监督管理委员会浙江证监局对龙树资本管理股份有限公司（以下简称龙树资本）作出行政监管措施决定，主要存在以下的违规情形：

一是募集材料不规范，部分私募基金未通过问卷调查等形式对投资者的风险识别与风险承担能力进行评估。

二是违反投资者适当性管理要求，未对私募基金进行风险评级并向风险识别能力和风险承担能力相匹配的投资者推介私募基金。

三是部分私募基金后续投资者的资金进入基金募集账户后，直接用于支付前期投资者的本金和收益；部分私募基金投向公司所管理的其他私募基金，相关交易定价缺乏合理依据，且资金最终用于支付相关基金前期投资者的本金和收益；部分私募基金投向公司所管理的其他私募基金，相关交易定价缺乏合理依据，且资金最终用于支付相关基金前期投资者的本金和收益；部分私募基金在开放申购、赎回或滚动发行时未进行合理估值，脱离对应标的资产的实际收益率进行分离定价。《私募基金监管办法》第 24 条规定，私募基金管理人、私募基金托管人应当按照合同约定，如实向投资者披露基金投资、资产负债、投资收益分配、基金承担的费用和业绩报酬、可能存在的利益冲突情况以及可能影响投资者合法权益的其他重大信息，不得隐瞒或者提供虚假信息。龙树资本没有交代相关定价信息，对于资金用途也有所违背，违反相应规定。

四是未按规定进行信息披露，部分私募基金未向投资者披露可能存在的利益冲突情况及可能影响投资者合法权益的重大信息。

五是部分私募基金未按规定向协会备案。

六是未及时向协会报送并更新管理人相关信息。

龙树资本向中国基金业协会提交了复核申请书，但未对申辩意见进行采纳，维持了原纪律处分决定，取消龙树资本的会员资格，暂停受理其私募基金备案。

四、金融司法聚焦基金市场热点

（一）私募资管业务中差额补足等增信措施的法律性质认定

在私募资管案件中，差额补足等增信措施的法律性质是案件审理中的焦点和难点。不同的法律定性将导致不同的法律效果，若差额补足协议被定性为担保合同和债务加入，则可能因未依照法律和公司章程规定履行内部决议程序而导致无效；若差额补足协议被定性为独立合同,则无须受制于《公司法》第16条的规定,差额补足义务人需按照承诺文件履行义务。[1] 最高人民法院评选的2021年度全国十大商事案件之一的招商银行股份有限公司与光大资本投资有限公司其他合同纠纷案[2],就为私募资管业务中差额补足等增信措施在实践中的认定原则提供了重要指引。

2016年2月,招商财富资产管理有限公司(以下简称招商财富公司)与光大资本投资有限公司(以下简称光大资本公司)等共同发起设立上海浸鑫基金,各方签订《合伙协议》。其中,招商财富公司认缴优先级有限合伙份额28亿元,光大资本公司认缴劣后级有限合伙份额6000万元。2016年4月,光大资本公司向招商银行股份有限公司(以下简称招商银行)出具《差额补足函》,载有“招商银行通过招商财富公司设立的专项资产管理计划,认购基金的优先级有限合伙份额28亿元;……我司同意在基金成立36个月之内,由暴风科技或我司指定的其他第三方以不少于[28亿元×(1+8.2%×资管计划存续天数/365)]的目标价格,受让基金持有的JINXIN HK LIMITED[浸辉(香港)投资管理有限公司]100%股权。若最终该等股权转让价格少于目标价格,我司将对目标价格与股权实际转让价格之间的差额无条件承担全额补足义务。届时,资管计划终止日,如果MPS公司股权没有完全处置,我司同意承担全额差额补足义务”。后因收购的MP&SILVA HOLDING S. A(以下简称MPS公司)濒临破产,上海浸鑫基金无法顺利退出,招商银行遂诉请光大资本公司履行差额补足义务。上海金融法院一审判决光大资本公司支付招商银行31亿余元及相应利息。光大资本公司提起上诉,2021年6月4日上海市高级人民法院二审驳回上诉,维持原判。

该案的争议焦点之一为《差额补足函》的法律性质。《全国法院民商事审判工作会议纪要》(以下简称《九民纪要》)第91条规定,信托合同之外的当事人提供第三方差额补足、代为履行到期回购义务、流动性支持等类似承诺文件作为增信措施,其内容符合法律关于保证的规定的,人民法院应当认定当事人之间成立保证合同关系。其内容不符合法律关于保证的规定的,依据承诺文件的具体内容确定相应的权利义务关系,并根据案件事实情况确定相应的民事责任。基于此,判决认为光大资本公司出具《差额补足函》的目的确系为招商银行投资资金的退出提供增信服务,但并非增信性质的文件均属于保证,增信文件是否构成保证仍需根据保证法律关系的构成要件进行具体判断。本案中,招商银行并非《合伙协议》及《回购协议》中的直接债权人,案涉《差额补足函》中承诺的补足义务与《回购协议》中承诺的回购债务也不具有同一性,因此《差额补足函》并非担保,而是招商银行和光大资本公司之间独立的合同关系。《差额补足函》系当事人的真实意思表示,且不违反法律、法规的强制性规定,应为合法有效。

---

[1] 最高人民法院:《2021年全国法院十大商事案件》,载https://www.court.gov.cn/zixun-xiangqing-344441.html,最后访问日期:2022年2月24日。

[2] (2020)沪民终567号。

（二）私募基金中保底承诺的效力认定

在私募基金的实际运作中，保底安排并不罕见，但在司法实践中对于保底条款的效力如何认定，尚未形成统一的意见。随着《关于规范金融机构资产管理业务的指导意见》（以下简称《资管新规》）、《九民纪要》等相关规则的出台和更新，该问题变得更加复杂。

例如，在杭州新鼎明影视投资管理股份有限公司、陈某合同纠纷[1]一案中，浙江省杭州市中级人民法院就认可了保底协议的效力。2017 年 8 月，景乃君作为委托人（基金份额持有人）与海宁新鼎明影视文化投资管理有限公司（以下简称海宁新鼎明）作为基金管理人签订“新鼎明影视拾号私募投资基金”基金合同。其中，方军为基金管理人的法定代表人，陈杰为基金管理人的总经理及基金财产投资经理。后新鼎明影视投资管理股份有限公司（以下简称新鼎明影视）、杭州新鼎明文化传媒有限公司（以下简称新鼎明文化）、方军、陈杰共同出具“新鼎明影视拾号承诺函”一份，《承诺函》载明：在基金到期或提前终止清算时，该基金的 A 类份额投资者如未能获得本金及年化 10% 的收益，则新鼎明影视、新鼎明文化及上述公司实际控制人方军、陈杰……受让 A 类份额投资者持有的上述基金的份额收益权并完成付款，受让价格为 A 类份额投资者从基金中“实际获得的资金”与“投资本金及该部分本金按投资期限及年化 10% 计算的收益的总金额”之间的差额。景乃君在取得《承诺函》的同时还取得了新鼎明影视与新鼎明文化的股东会决议各一份，均载明“……公司作为海宁新鼎明的关联公司，股东会同意以公司全部财产承担如下法律义务……”。

法院认为，新鼎明影视、新鼎明文化、方军、陈杰与景乃君之间的基金份额回购的合同关系已经成立且生效。新鼎明影视、新鼎明文化、方军、陈杰向景乃君出具《承诺函》，系其真实意思表示，内容不违反法律及行政法规的强制性规定，对各方均有法律约束力。

然而，在中天钢铁集团有限公司与三度星和（北京）投资有限公司证券投资基金交易纠纷一案中[2]，北京市高级人民法院则否认了保底条款的效力。2015 年 12 月 25 日，中天钢铁集团有限公司（以下简称中天钢铁公司）作为甲方（基金委托人）与乙方（基金管理人）三度星和（北京）投资有限公司（以下简称三度星和公司）签订《泽芯 8 号合同》。同月 27 日，中天钢铁公司作为甲方与乙方三度星和公司签订《泽芯 8 号补充协议》，协议载明“四、基金到期，乙方应于甲方办理全额赎回后 3 个工作日内将甲方本金及收益全额划入中信证券清算结算账户，如果乙方在指定期限没有完成全额划款，乙方向甲方进行赔偿，赔偿比例为甲方应收本金及利息总额的 10% ……六、乙方作为基金管理人，确保甲方投资本金及年化收益 8.5% 收益的安全，如果出现损失，由乙方予以无条件补足产……八、产品成立满一年，每一年度对应的分红日，基金资产的单位年化净值不少于 1.085 元，如有不足，由乙方予以

---

〔1〕（2020）浙 01 民终 9807 号。
〔2〕（2021）京民终 59 号。

无条件补足……”

上述合同条款的实质为保证中天钢铁公司的投资本金不受损失，同时保证其本息固定回报，属于保底条款。对此，法院认为，《泽芯 8 号合同》《泽芯 8 号补充协议》签订时，《私募投资基金监督管理暂行办法》已经施行，依据该办法第 15 条“私募基金管理人、私募基金销售机构不得向投资者承诺投资本金不受损失或者承诺最低收益”的规定，三度星和公司作为私募基金募集机构，不得向投资者承诺投资本金不受损失或者承诺最低收益。虽然违反规范性文件一般情况下不影响合同效力，但该规范性文件的内容涉及金融安全、市场秩序、国家宏观政策等公序良俗的，应当认定合同无效。

司法实践的分歧由此可见一斑，而分歧背后的根源其实在于法律法规等规范性文件之间所存在的冲突。我国《民法典》第 153 条规定，违反法律、行政法规的强制性规定的民事法律行为无效。但是，该强制性规定不导致该民事法律行为无效的除外。然而，我国现行有效的法律、行政法规并没有对私募基金保底作出禁止性规定，目前关于私募基金保底的禁止性规定主要集中在部门规章和行业自律规则中，如《私募投资基金监督管理暂行办法》第 15 条、《关于规范金融机构资产管理业务的指导意见》第 2 条及第 13 条、《关于加强私募投资基金监管的若干规定》第 6 条等。此外，根据《九民纪要》第 31 条规定，违反规章一般情况下不影响合同效力，但该规章的内容涉及金融安全、市场秩序、国家宏观政策等公序良俗的，应当认定合同无效。根据第 92 条规定，金融机构作为提供的含有保证本息固定回报、保证本金不受损失等保底或者刚兑条款，法院应当认定无效。但私募基金管理人是否属于金融机构的范畴，值得进一步讨论。

实务中，也有人提出按照保底人身份的不同区别保底条款的效力。对于管理人及其关联方提供的保底承诺，违反了投资的本质，破坏了风险收益规则。若认可其有效性，则意味着投资风险将由私募基金投资者转移至私募基金管理人，这不仅违反了我国资管行业禁止刚兑的基本原则，还造成了基金管理人的影子债务，不利于我国成熟投资者群体的建立和经济社会的稳定发展。对于劣后级投资人、被投标的企业或其实控人、关联方等其他主体提供的保底，在没有法律、行政法规、规章明确禁止的前提下，对合同效力的判定应采取审慎原则，尊重当事人的意思自治，以维护商事交易的稳定性和促进商事活动开展为基本准则。[1]

（三）合格投资者制度对合同效力的影响

《证券投资基金法》第 87 条规定，非公开募集基金应当向合格投资者募集。但实践中，非合格投资者直接签署基金合同，或通过基金份额代持、拆分基金份额等方式规避合格投资限制的情况较为常见。对于此类基金合同效力的认定，近年来不少法院根据以往的司法实

---

〔1〕 石育斌、赵海清等：《从近年司法案例看，私募基金保底条款，到底有效还是无效?!》，载 https://www.allbrightlaw.com/SH/CN/10475/c49f6499ad36508e.aspx，最后访问日期：2022 年 4 月 12 日。

践，特别是《九民纪要》第 30 条提出的对于效力性强制性规定从严把握的精神，在裁判时更加体现出风险自担和保护投资者利益之间的平衡。[1]

例如，在杨漪清与汤涌合同纠纷一案[2]中，龙腾基金为私募证券投资基金，其认购起点为 100 万元，为规避认购限制，杨漪清作为出资人与代持人汤涌签订《代持协议》，约定由杨漪清出资 20 万元认购龙腾基金，该认购资金交由代持人代为认购、持有。后汤涌将自己的 60 万元、杨漪清的 20 万元及其他被代持人的资金共 220 万元作为出资与中投公司签订了《龙腾影视新三板投资基金基金合同》。北京市第一中级人民法院认为，本案中，虽然杨漪清通过汤涌认购龙腾基金 20 万元，不符合合格投资者的要求，但《证券投资基金法》中上述规定属于管理性强制性规定，而非效力性强制性规定，《私募投资基金监督管理暂行办法》为部门规章，不属于法律、行政法规。因此，违反上述规定并不导致实际投资者委托名义投资者代为持有基金份额的协议无效。《代持协议》约定由汤涌代杨漪清购买并持有基金份额，该协议系双方真实意思表示，协议内容与双方签约目的一致，且不构成对金融安全、市场秩序、国家宏观政策等的损害或破坏，亦不违背社会公认的公序良俗，杨漪清关于该协议存在以合法形式掩盖非法目的情形的上诉主张不能成立。

又如，北京市高级人民法院在江苏壹泽资本投资管理有限公司等与达孜县鼎诚资本投资有限公司等合伙企业财产份额转让纠纷[3]一案中指出，因案涉鼎彝投资中心是备案登记的股权投资基金，转让鼎彝投资中心财产份额必然会导致鼎彝投资中心作为私募基金的投资者发生变化，但《私募投资基金监督管理暂行办法》中关于私募基金合格投资者的规定并非法律、行政法规强制性规定。监管部门制定有关合格投资者适当性管理的制度，其目的主要在于保护投资者利益，避免不具有风险识别能力和风险承受能力的投资者进行投资而受到损失。因此，即便如壹泽资本公司所称，稳嘉股权企业并非合格投资者，但由于稳嘉股权企业在明知自身并非合格投资者的情况下，仍然与中融信托公司签订《转让合同》，其损害的是自身利益，并未损害金融秩序与社会公共利益，《转让合同》的效力不受稳嘉股权企业是否为合格投资者的影响。

（四）卖方机构适当性义务履行的证明标准

根据《九民纪要》第 72 条、第 75 条及第 76 条，适当性义务是指卖方机构在向金融消费者推介、销售高风险等级金融产品，以及为金融消费者参与高风险等级投资活动提供服务的过程中，必须履行的了解客户、了解产品、将适当的产品（或者服务）销售（或者提供）给适合的金融消费者等义务。卖方机构应当就其是否履行了适当性义务的承担举证责任。告

---

〔1〕 王团团、李盛：《2020 ~2021 年契约型基金争议解决常见问题——司法裁判要旨纵览》，载 https：// view. inews. qq. com/a/20220209A02K3400，最后访问日期：2022 年 4 月 12 日。

〔2〕（2021）京 01 民终 1426 号。

〔3〕（2020）京民终 114 号。

知说明义务是适当性义务的一项重要内容，其履行是金融消费者能够真正了解投资风险和收益的关键。对于该项义务的履行，《九民纪要》明确指出法院应当根据产品、投资活动的风险和金融消费者的实际情况，综合理性人能够理解的客观标准和金融消费者能够理解的主观标准来确定，卖方机构不能简单地以金融消费者手写了诸如“本人明确知悉可能存在本金损失风险”等内容主张其已经履行。然而，具体到个案中，证明程度要求还是存在一定差异。

例如，在陈倚丹与上海国金理益财富基金销售有限公司财产损害赔偿纠纷一案中，上海金融法院认为“涉案《风险揭示书》已披露案涉基金的风险等级以及基金投资运作中可能存在的各类风险……上诉人还签署了《投资风险提示与确认函》，再次以书面签字确认的形式表示其已清楚该产品的投资风险，并自愿自行承担投资目标产品的收益和损失风险。而在被上诉人对上诉人所作的电话回访录音中，上诉人亦明确表示对涉案产品的投资风险已有认知……上诉人系具备一定经验的金融消费者，对系争产品发生亏损的风险亦应有所预期。”因而，法院认定基金销售机构已经履行了告知说明义务〔1〕。

在投资者对证据真实性不认可的情况下，法院对举证责任的证明程度要求可能会更高。在首建阳光资产管理（北京）有限公司与上海久富财富基金销售有限公司等缔约过失责任纠纷一案〔2〕中，尽管首建阳光公司提交了风险测评问卷、风险揭示函、合格投资者承诺书、回访录音、身份证和银行卡复印件、投资人基本信息表、确认函、资产证明、认购录音、《首建阳光沃峰创富私募股权投资基金基金合同》等证据，但郑俊涛并不认可其在《基金合同》上签字、不认可录音以及回访录音中的“郑俊涛”为其本人声音。由此，在投资者签字真实性明显存疑的情形下，北京市第三中级人民法院认为，经营机构向普通投资者提供相关服务时，应当履行特别的注意义务，进行告知、警示时应全过程录音或者录像，首建阳光公司作为专业的基金公司，应对其委托的销售机构上海久富公司提交的合同的真实性及合规性进行审查，现首建阳光公司并未提交郑俊涛当场签署合同的录像资料，亦未提供充足的证据证明认购录音与回访录音的真实性。在此情况下，一审法院认定首建阳光公司并未完成举证责任，该认定正确。

然而，在游玉兰与中信建投证券股份有限公司等委托理财合同纠纷一案中〔3〕，北京市东城区人民法院对认为风险提示义务的认定标准明显更为宽松，判决书指出，虽然游玉兰提出其只在《风险承受能力调查问卷》签字处签字，并未填写调查问卷内容，但是《风险承受能力调查问卷》的问卷声明中明确载明：（1）本人愿意接受此问卷调查，并已如实回答。（2）本人同意上述风险评估结果。游玉兰作为一个完全民事行为能力人，在《风险承受能力调查问卷》落款处单独签字时应注意问卷声明的内容及问卷的填写情况。此外，在基金合同

〔1〕（2021）沪 74 民终 1011 号。

〔2〕（2021）京 03 民终 10809 号。

〔3〕（2021）京 0101 民初 11954 号。

重要提示部分、风险揭示书部分合同前置专章专节对风险进行了提示和说明，且游玉兰亦在风险揭示书落款处单独签字。由此，法院认定米多公司已经履行了风险提示义务。

（五）管理人有效落实风控措施和底层追偿的义务

基金管理人的责任主要因管理人违反忠实义务、勤勉义务等义务产生，早前的司法实践对私募基金管理人责任是否尽责的判断主要围绕是否按约定进行投资、是否及时履行信息披露义务两大方面进行。近几年，对管理人尽责的要求也逐渐细化，法院开始关注管理人对基金风控措施的落实情况及基金到期后对底层资产的追索情况。[1]

例如，在吴冰与联储证券有限责任公司委托理财合同纠纷案[2]中，上海金融法院明确指出“本案中，融资人 A 公司及其保证人多次违反《回购合同》约定的事项主要体现于……明显违反了其在《回购合同》中的陈述和保证条款等。而联储证券公司作为专业的金融投资机构，在涉案‘聚诚 15 号’资管计划的风险控制上应当尽到专业审慎的注意义务，但该公司对上述事项却没有及时披露和控制相应风险，亦未采取积极有效的措施促使《回购合同》项下的义务得以履行，在维护投资者于《资管合同》项下的合法利益方面，存在一定的违约过错，应承担相应的责任。”

此后，在仲利娟与上海财通资产管理有限公司委托理财合同纠纷案[3]中，上海金融法院则以认可管理人行为的方式，提出谨慎管理的具体要求“本案中，财通公司作为专业机构，已就案涉 A 公司持有的 1.74 亿股阳光保险股权为系列资管计划设定了部分质押；而西藏 D 公司转让 A 公司股权并非资管计划管理人所能控制，相关股权转让并不影响 E 公司相应回购义务的履行，故不会造成涉案资管计划的风险显著增加；当 XX 集团及其关联公司和实际控制人涉嫌集资诈骗、非法吸收公众存款等犯罪而被公安机关立案侦查后，财通公司第一时间成立项目风险专项处置工作小组，及时向监管部门进行了沟通与汇报，并积极争取政府的支持；此外，财通公司还聘请律师事务所对相应底层资产采取了法律保全措施，并且多次向相关司法机关提出加快处置 XX 集团及其关联公司资产的申请。由此，导致系争资产无法变现的原因并非系由财通公司所致，一审法院综合评判财通公司的上述行为后认为，财通公司已经履行了相应的谨慎管理义务，符合法律规定。”

（六）私募股权投资基金份额的权利归属

对于私募股权投资基金份额的权利归属问题，上海金融法院在孙任靖与严琳案外人执行异议之诉一案[4]中所作的判决，具有重要参考意义，该案已被列入上海金融法院 2021 年度

---

〔1〕 王团团、李盛：《2020 ~2021 年契约型基金争议解决常见问题——司法裁判要旨纵览》，载 https：//view. inews. qq. com/a/20220209A02K3400，最后访问日期：2022 年 2 月 28 日。

〔2〕 （2021）沪 74 民终 519 号。

〔3〕 （2021）沪 74 民终 1377 号。

〔4〕 （2020）沪 74 民终 1025 号。

十大典型案例。

2016 年 7 月 8 日，李彩灵与滚石公司签订《滚石 3 号基金合同》，记载基金管理人为滚石公司，其义务包括建立并保存基金份额持有人名册，办理基金份额登记。合同附件一《投资人信息表》中记载基金投资者为李彩灵，认购/申购金额为 3300 万元。后李彩灵与孙任靖签订《基金份额转让协议》，转让其在该基金中享有的 700 万份股权基金份额及相关一切衍生权利。2018 年 6 月 25 日，严琳与李彩灵签订《借款协议》，约定李彩灵向严琳借款 3300 万元，以滚石 3 号基金股权为借款担保物。因李彩灵未履行上述还款义务，严琳诉至徐汇法院，双方达成的民事调解书中载明：李彩灵归还严琳借款本金 3000 万元及利息。后因李彩灵未履行上述支付义务，严琳申请执行。因徐汇法院查封了“滚石 3 号基金”股权，孙任靖对此提出案外人异议但被驳回。因此，孙任靖提出了本案执行异议之诉，请求确认滚石 3 号基金份额中有 700 万份股权基金份额属于孙任靖所有，不得执行属于孙任靖所有的基金份额及其相应财产收益。徐汇法院一审判决驳回孙任靖的诉讼请求，上海金融法院二审改判支持。

二审法院认为，对于基金份额所有权的归属，有登记的，应当按照登记机构的登记判断；无登记的，应当按照合同等证明财产权属或者权利人的证据判断。私募股权投资基金不同于证券投资基金，目前并无强制性法律规定要求其必须按照《证券投资基金法》的规定进行份额登记。当基金管理人或托管人所做的内部份额登记与实际情况不符的，不能作为认定基金份额权属的依据。此时应结合基金份额转让合同的签订、履行等事实，辅以合同当事人的陈述等证明材料，综合判断基金份额的所有权归属。

（七）清算程序与投资人损失的认定

在此前的投资人索赔纠纷中，法院通常以清算程序作为确定投资损失的前置要求，但近年司法实践中，即使损失尚未确定，在符合一定条件时投资者起诉要求赔偿损失也可获得法院的支持。

例如，在钜洲资产管理（上海）有限公司、上海钜派投资集团有限公司与周耀华其他合同纠纷案[1]中，上海金融法院就认为，私募基金管理人在投资管理过程中未体现专业、独立性，而由其实控人实际销售、管理、运作基金，因未尽适当性义务、忠诚勤勉义务造成投资者损失的，管理人及其实控人因违反监管规则和信义义务，应当承担连带赔偿责任。清算结果是认定投资损失的重要依据而非唯一依据，基金未投向约定标的，管理人亦未控制任何基金资产且资产追回期限不可预见，造成清算无法进行的，可以认定投资者损失已经固定。当事人的请求基础与法院认定的法律关系不一致，在充分保障当事人诉讼权利的情况下，人民法院根据自己认定的法律关系性质和民事行为效力进行裁判不违反处分原则。

---

〔1〕（2021）沪 74 民终 375 号。

该案也入选了上海金融法院 2021 年度十大典型案例，该案的重要意义之一在于明确基金清算不是认定损失的惟一依据。学理和实践在私募基金清算结束前能否确定投资损失的问题上有不同认识。主流观点认为，在基金清算结束前，投资者是否产生损失以及损失金额无法确定，因此应当驳回投资者赔偿损失的诉讼请求。但是，如果清算程序不能启动或者长期不能结束，投资者的利益将无法得到保护。本案判决，相较于传统立场承认了例外情形，既加大了投资者的保护力度，也有助于实质性解决纠纷。[1]

（八）基金市场犯罪案例

1. 金诚集团涉嫌非法吸收公众存款罪和集资诈骗罪。

2021 年 11 月，杭州市拱墅区人民法院对金诚集团集资诈骗案作出一审宣判。因人数众多，该案分三批审理，前两批各 11 人以涉嫌非法吸收公众存款罪被拱墅区检察院提起公诉，韦杰、徐黎云、蒋雪琦、傅康洲、吴昊天 5 人以涉嫌集资诈骗罪被提起公诉。其中，以非法吸收公众存款罪，判处胡瑜、徐恒超等 11 人 8 年、3 年 6 个月等不同期限的有期徒刑。

金诚集团成立于 2008 年，总部位于杭州。金诚集团以特色小镇为核心产品，旗下囊括金诚新城镇、金诚财富、金诚产业、金诚之星、有象文化、酒店、房地产、金诚金融、公众公司（金诚控股，1462. HK）9 个板块。此外，金城集团旗下拥有 1 家基金销售公司金观诚，同时拥有新余观悦、新余观复、金诚资管、杭州金转源、杭州金仲兴、杭州观复 6 家经备案的私募基金管理人。

早在 2018 年 6 月，浙江证监局开展私募专项检查，金诚集团旗下的 5 家私募公司拒绝配合检查工作，监管要求公司法定代表人到证监局接受监管谈话。随后，浙江证监局三次对旗下基金销售公司浙江金观诚财富管理有限公司（以下简称金观诚）下发责令改正并暂停办理基金销售相关业务的决定。中国基金业协会收到浙江证监局出具的《关于对浙江金观诚财富管理有限公司采取责令改正并暂停办理基金销售相关业务措施的决定》的行政监管措施决定书，暂停了金观诚的基金销售业务。在此期间，金诚集团旗下基金期限错配的风险开始显现。原本进入开放期的基金停止赎回，开始出现展期兑付的情况；同时因信用问题，公司无法在正常的金融体系获得授信贷款，至此金诚集团真正陷入流动性困局。

根据法院调查显示，韦杰等人以金诚集团为平台共计向不特定公众（包括 100 余家公司）募集资金 450 余亿元，造成损失 160 余亿元。募集所得资金除少部分用于项目外，主要用于还本付息、支付公司运营成本及购置房产、奢侈品等用途。据相关新闻报道，金诚集团在短短的一年时间之内，与政府签订了 3900 亿元的合作协议。金诚集团主要以特色小镇为核心产品，致力于打造“人、产业、城市”三位一体、高度融合发展的全生态城市系统。截

---

[1] 《上海金融法院 2021 年度典型案例》，载 https：//www. chinalawinfo. com/News/NewsFullText. aspx? NewsId =118271，最后访问日期：2022 年 4 月 12 日。

至 2017 年 9 月，金诚集团拥有特色小镇项目 59 个，政府项目签约量超过 5700 亿元。这些数据仅仅次于中国建筑集团、中国交通建设集团，在国内排行第三，但在实质上与金诚集团本身的体量不匹配。金诚集团旗下 7 家私募机构先后发行了超过 350 只各种类型的私募产品，主要通过投入 PPP 项目，但大多数 PPP 项目均停留在框架协议或口头约定层面，并未正式立项，也未开始动工。金诚集团通过这些虚空的项目进行宣传，并以 PPP 项目名义发行基金，募集大量非法资金。截至 2018 年 9 月 30 日，集团总资产合计 202.08 亿元，总负债合计 103.08 亿元，所有者权益合计 98.99 亿元。尽管在 2019 年 1 月 31 日，金诚集团召开了投资人代表沟通会，公司董事长韦杰在会上表示，金诚集团的总负债是 103 亿元，存续的基金规模是 157 亿元，他承诺都会负责到底。但数个月之后，董事长的承诺并未兑现，并且东窗事发，公安机关对相关人员立案侦查，2021 年杭州市拱墅区人民法院对其进行了一审审理。[1]

2. 上海全泉投资股份有限公司涉嫌非法吸收公众存款罪。

2021 年 12 月 25 日，上海市公安局浦东分局根据投资人报案，对上海全泉投资股份有限公司（以下简称上海全泉投资）以涉嫌非法吸收公众存款罪立案侦查。2022 年 3 月 2 日，上海市公安局浦东分局发布了关于上海全泉投资的警情通报，已对全泉投资实际控制人由某林依法执行逮捕。

根据警方的调查显示，上海全泉投资主要存在以下的犯罪行为：自 2015 年 7 月起，上海全泉投资在未经国家有关部门批准的情况下，通过在上海、北京、广东、辽宁等地设立分支机构，以投资证券为名，以承诺支付 12% 至 24% 不等的高额收益为饵，向社会不特定公众非法募集资金。集资款被用于公司运营，还本付息，偿还债务等。公安机关告诫本案非法集资行为人自通报发布之日起，立即前往上海市公安局浦东分局全额退缴所获佣金、提成、返点等非法所得，或将非法所得依法退还至公安机关指定的退款账户。

根据中国基金业协会的备案信息显示，上海全泉投资股份有限公司成立于 2015 年 7 月 7 日，2015 年 8 月 26 日在协会登记，注册资本 3000 万元，实缴资本 3000 万元，机构类型为私募证券投资基金管理人，法定代表人为由某林，共有 14 名全职员工，其中高管 4 名。上海全泉投资在协会合计备案 14 只产品，目前大部分都已经清算，8 只产品提前清算。

在之前私募基金管控不严格的情况下，部分非法集资的机构通过承诺高收益、高利润，吸引投资者投入大量资金，而后又将取得的资金挪作他用或者转移、非法占有等，导致投资者后续很难收回本金及收益。这种行为严重扰乱了金融市场的运行，损害投资者的权益，破坏金融秩序，增加犯罪风险。相关监管部门应当严厉打击非法吸收公众存款的犯罪行为。[2]

---

〔1〕《金诚集团非吸案一审宣判：27 人获刑，实际未兑付 172 亿元》，载 https://xw.qq.com/amphtml/20211111A043DF00? ivk_sa =1023197a，最后访问日期：2022 年 4 月 12 日。

〔2〕 杨建：《私募涉嫌非法吸收公众存款罪被立案侦查：上海全泉投资实控人被依法逮捕，警方告诫涉案人立即退赃！》，载 http://www.nbd.com.cn/articles/2022-03-03/2149272.html，最后访问日期：2022 年 4 月 12 日。

五、基金市场法学研究谋新篇

（一）基金法论坛

2021 年 1 月 8 日，由《财经》杂志主办、华夏基金战略支持、社会价值投资联盟（以下简称社投盟）提供研究支持，以“百年变局中的义利共创”为主题的 2021《财经》可持续发展高峰论坛在北京举办。会议上，中国证券投资基金业协会党委委员、副秘书长黄丽萍提出，绿色可持续发展必须以人为本，因地制宜、因时制宜，多元探索。发展绿色投资更要注重具体实践，具体到基金行业来看，目前投资端仍缺少有效识别、评价绿色标的的信息和方法，绿色资产估值和投资组合构建仍缺少清晰、稳定的标准，基金管理人主动参与被投企业绿色治理的方式方法还不成熟，绿色战略管理、绿色投研风控、绿色人才培养机制都在健全过程中，绿色投资制度建设亟待加强。特别是在绿色投资起步阶段，影响绿色投资估值的正面负面因素多且不确定性高，明显增加了长期价值研判的技术难度。因此，应当重视 ESG 应用中的伦理建设，ESG 本身是一个价值体系，将这个价值体系运用于特定对象时，应当重视价值运用的合理性、适当性，以及利益相关方的价值协调。对投资机构来说，ESG 投资首先要关注 ESG 指标的科学性，即是否真实反映 ESG 价值观；同时还要关注将 ESG 指标应用于特定对象时是否公平、公允。下一步，委员会将积极加强基础研究，服务资产端环境治理；适时完善绿色投资指引，规范绿色投研制度、绿色投资方法和绿色产品发行；持续推动绿色资产估值方法、绿色投资组合比较基准，完善市场环境，吸引更多资金尤其是长期资金进入绿色投资领域。[1]

2021 年 4 月 26 日，中国证券投资基金业协会第二届理事会第八次会议在北京召开。会议强调，2021 年是实施“十四五”规划、开启全面建设社会主义现代化国家新征程的开局之年，协会工作要立足新发展阶段、贯彻新发展理念，服务于构建新发展格局。在提高直接融资比重、服务实体经济方面，既需要大力发展公募基金、私募证券基金特别是权益类基金，在二级市场实现融资端和投资端的平衡，更需要大力发展私募股权基金。在强化科技战略支撑、优化调整经济结构方面，需要私募股权、创投基金投早、投小、投科技，大力提供创新资本。在拓宽居民收入渠道、健全养老服务体系方面，需要更好发挥基金的财富管理功能和作用。在实现碳达峰、碳中和等绿色发展目标方面，需要基金开展 ESG 投资，引导资金资源投向绿色环保领域。要坚决贯彻落实党中央国务院决策部署和证监会工作要求，立足资本市场和行业发展新形势、新局面，以深化投资端改革、畅通直接融资渠道为核心，推进破

---

〔1〕 黄丽萍：《优化投资伦理 推动绿色发展——中国证券投资基金业协会党委委员、副秘书长黄丽萍在〈财经〉可持续发展高峰论坛上的致辞》，载 https：//www. amac. org. cn/aboutassociation/gyxh_xhdt/xhdt_xhyw/202112/t20211228_13223. html，最后访问日期：2022 年 3 月 3 日。

解一批限制行业发展的体制机制性难题，更好服务资本市场发展大局。[1]

2021 年 10 月 13 日，全球资产管理高峰论坛在上海召开。会上提出，我国资本市场积极落实“建制度、不干预、零容忍”九字方针，坚持“四个敬畏、一个合力”，积极推进资本市场注册制改革，持续优化市场生态，供给侧结构性改革和对外开放取得显著进展，为未来发展营造了战略空间。从融资端看，注册制试点扩大到创业板，新三板设立精选层，地方股权市场探索新举措，提高上市公司质量行动计划落地，ABS 市场稳健发展，基础资产证券化不断扩大，多层次资本市场改革正从增量向存量纵深推进。从投资端看，权益类基金迅速增长，首批公募 REITs 成功发行，创投基金反向挂钩政策进一步完善，陆港 ETF 互通产品推出，QFII、RQFII 投资额度取消，第一家外商独资基金管理公司成立，资本市场买方力量更加多元，机构化、专业化程度明显提高。基金业协会将积极加强基础研究和制度引导，推动资产端完善 ESG 信息披露标准、提升信息披露质量；适时完善绿色投资指引，规范 ESG 投研制度、投资方法和产品发行；探索碳基金、ESG 基金备案绿色通道；推动优化税收政策，鼓励股权创投基金以碳中和为目标加大对绿色技术、绿色产业投资，推动绿色投融资数字基础设施和数字标准建设。[2]

2021 年 11 月 16 日，中国证券投资基金业协会绿色与可持续投资委员会成立会议暨第一次工作会议通过线上方式顺利召开。会上指出，绿色、可持续投资是一项系统工程，涉及多学科、多部门、多领域。在企业层面要兼顾大、中、小，既要推动大型企业率先引领，也要推动中小企业积极探索；在行业层面要创新与转型并重，既要在增量上推动绿色新兴行业创新发展，也要在存量上推动传统行业尤其是高污染、高耗能行业转型升级；在经济与社会方面要协调效率与公平，既要加快实现绿色转型，也要稳中求进，兼顾就业、民生、区域平衡等社会目标。协会成立绿色与可持续投资委员会，就是为了立足长远发展，凝聚各方力量，帮助基金行业更好把握绿色可持续发展规律，优化投研方法，创新投资工具，完善行业规范，推动基金行业更有效地服务于绿色和可持续发展。可持续投资的落地既涉及理念认同，又涉及投资目标、投资逻辑在 ESG 视角下的展开，离不开 ESG 评价指标构建、ESG 数据收集和分析运用。委员会推进绿色可持续投资事业时，应坚守服务和推动实体经济可持续发展的初心，坚持理论与实践并进，积极开展国际合作。[3]

2021 年 11 月 27 日，中国证券投资基金业协会金融科技专业委员会工作会议就《私募投

---

〔1〕《中国证券投资基金业协会第二届理事会第八次会议成功召开》，载 https：//www. amac. org. cn/aboutassociation/gyxh_xhdt/xhdt_xhyw/202104/t20210427_11407. html，最后访问日期：2022 年 3 月 3 日。

〔2〕黄丽萍：《协会党委委员、副秘书长黄丽萍在全球资产管理高峰论坛上的讲话》，载 https：//www. amac. org. cn/aboutassociation/gyxh_xhdt/xhdt_xhyw/202110/t20211014_12998. html，最后访问日期：2022 年 3 月 3 日。

〔3〕《中国证券投资基金业协会绿色与可持续投资委员会成立会议暨第一次工作会议顺利召开》，载 https：//www. amac. org. cn/aboutassociation/gyxh_xhdt/xhdt_xhyw/202111/t20211116_13060. html，最后访问日期：2022 年 3 月 3 日。

资基金电子合同业务管理办法（试行)》（征求意见稿）展开深入探讨。会议认为，推动基金电子合同业务发展是大势所趋，尤其是疫情带来了更多更强的行业需求，出台自律规则对推动电子合同业务发展具有重大意义。参会代表围绕相关市场主体之间的法律关系、办法的适用范围、电子合同业务服务机构的展业条件、数据存储与安全等问题发表了意见或建议。会议指出，基金行业要高度重视金融科技的发展。党的十九届五中全会审议通过的“十四五”规划建议明确提出要“构建金融有效支持实体经济的体制机制，提升金融科技水平，增强金融普惠性”，要“完善现代金融监管体系，提高金融监管透明度和法治化水平”。基金行业应当重视科技赋能，着眼于经济发展的大局，发挥自身在资产管理方面的专业优势，为实现国家中长期目标贡献力量。[1]

（二）学术研究成果

1. 学术论文。

由政府主导设立的政策性纾困基金可帮扶化解民营企业的流动性危机，减少因破产而浪费的社会成本，避免社会资源的无序错配。然而，面对基金被误投至非适格主体、基金被内部人侵蚀、基金难正常退出等风险，理应发挥规制功效的法律规范却遭遇着大范围供给不足的窘境。方乐在法经济学视阈下对风险滋生的动因进行探寻，其认为上述风险产生的根源在于公益性风险转嫁行为的不良激励，且多重代理关系中高额代理成本进一步放大了风险显现的可能。为回应针对性规制风险的法治诉求，地方政府不仅需要配套法律规范，更应在规制框架上做出合理设计。一方面，面对公益性风险转嫁，应当借鉴风险救助基金规范等范本，建构明确的对象筛选机制和基金退出机制；另一方面，面对高额代理成本，围绕基金管理人实施激励相容机制，不仅需要正向革新绩效激励因素，同时也需要从反面划定法律责任并落实监督机制。[2]

合伙型私募基金作为有限合伙企业和证券投资基金的二次制度嫁接，同时受到《合伙企业法》和《证券投资基金法》的规制。因二法的调整对象、设计理念和法律规范有一定的差异，致使有限合伙人是否享有退伙财产请求权、退伙财产请求权的法律性质和实现途径在这两部法律的框架下存在同案不同判现象。刘俊海认为，从合伙企业法角度看，其一，退伙财产请求权体现为抽象意义上的期待权与具体意义上的债权，尚未转化为债权的退伙财产请求权并不具有可诉可裁可执行性。其二，退伙财产请求权的义务主体是合伙企业，而非普通合伙人。普通合伙人的执行事务合伙人地位并不为其创设退伙财产给付之债及其对该债务的无限连带责任。其三，普通合伙人连带责任旨在维护合伙企业外部交易安全，而非担保内部退伙财产之债。其四，《合伙企业法》第 51 条所规定的退伙结算程序规则应为效力性规范，而

---

〔1〕《中国证券投资基金业协会金融科技专业委员会工作会议顺利召开》，载 https：//www. amac. org. cn/aboutassociation/gyxh_xhdt/xhdt_xhyw/202011/t20201127_10394. html，最后访问日期：2022 年 3 月 3 日。

〔2〕 方乐：《后疫情时代下政策性纾困基金法治化研究》，载《金融与经济》2021 年第 12 期。

非任意性或倡导性规范。退伙结算制度的核心是尊重全体合伙人的意思自治，确保合伙人协同参与。其五，退伙财产之债不属于普通合伙人承担无限连带责任的合伙企业债务。从证券投资基金法角度看，封闭式合伙型私募基金及其普通合伙人均不对有限合伙人承担保本保息保收益的退伙财产给付之债。开放式合伙型私募基金投资人享有退伙财产请求权，但不得强制基金管理人（普通合伙人）以固有财产对基金债务承担连带责任。合伙型私募基金的本质是基金产品而非企业主体，裁判基金退伙财产之争应基于特别规定优先适用的原则，优先适用我国《证券投资基金法》。〔1〕

在我国，随着私募基金规模的扩大，以合法的私募形式来实施非法集资犯罪行为，即"伪私募"行为，成为了引发刑民交叉案件的"重灾区"。"伪私募"所具有的公开性、社会性、非法性与利诱性触及非法集资犯罪的特征。对于"伪私募"行为涉嫌非法集资犯罪后的程序处理，在实践中主要碰到了三个方面的难题。其一，鉴于涉众型融资行为的复杂性和刑事司法政策的考量，不同司法机关对于涉众型融资行为是否构成犯罪容易产生不同的判断；其二，私募基金违法公开募集资金的行为具有隐秘性和复杂性，基金管理人与担保方的共同犯罪问题会影响诉讼程序的进行；其三，仅依靠刑事程序并不能解决投资人、融资人和中介机构三者间的纠纷，投资人的实体权利实现与民事程序的处理紧密交织。关于上述问题，齐晓丹认为，应当结合政府监管部门的监督指导和司法机关的司法保障。政府监管部门应当充分履行监管职能，充分发挥事前防范和化解金融风险的功能。司法机关对于涉私募基金纠纷中发现的问题及时向监管机关反馈，以便于进一步强化监管职能。在司法机关内部，法院在民事审判的过程中发现金融纠纷涉嫌非法集资犯罪的，应当及时移交侦查机关。侦查机关立案侦查和检察机关提起公诉的过程中，也需要注意打击刑事犯罪在追赃挽损方面与民事程序的互补性。考虑伪私募的复杂性，相关部门也应当加强沟通协调，以实现政治效果、法律效果和社会效果的统一。〔2〕

私募基金不在指定公开场所进行交易，具有市场波动大、预期收益高、风险等级高等特点。因此其面向的购买主体主要为具有较好投资经验和风险识别能力的高净值人群。但近年来基金热度高涨，国家整治基金产品所形成的市场真空，私募基金市场客群下沉进入非专业投资者领域。许多投资者并不具备风险识别和承受能力却盲目购买私募基金，其高收益预期的落空甚至本金的亏损引发了大量讼争。针对这一问题，林鸿以一起私募基金保底协议案例为分析样本，深入分析金融消费者"适当性义务"内涵。其认为，"适当性义务"应当分解为更具有操作性的"告知说明义务"和"适当推荐义务"，细化金融产品销售行为的合规审

〔1〕 刘俊海：《论合伙型私募基金有限合伙人的退伙财产请求权——合伙企业法和投资基金法的不同维度》，载《政治与法律》2021 年第 6 期。

〔2〕 齐晓丹：《私募基金涉刑民交叉若干法律适用问题辨析——以私募基金违法公开募集为视角》，载《法律适用》2021 年第 9 期。

查标准。“告知说明义务”要求告知应当采用“具体实质”的标准，详细告知与收益率相关的各项风险。“适当推荐义务”要求以“风险匹配”为核心，以“了解客户、产品”为前提。金融产品销售机构或金融服务提供者，如果未尽前述义务，导致金融消费者参与高风险投资活动遭受损失的，应当承担损害赔偿责任。〔1〕

现行规范中的风险补偿基金，从厘定补偿范围和最大限度保障知识产权实现条件入手，其本质是具有政策性特点和赋予平台双重法律地位，这样的设计应予坚持。补偿规则是风险补偿基金的核心规则，但我国的风险补偿基金补偿规则仍有不足：其一，补偿范围界定不准确，包括对被担保债权理论性质定性不够清晰、缺乏认定质权人获取补偿的正当性标准；其二，平台功能设计不到位，包括平台的受托评估人法律定位不牢固、平台的义务内容不明确、协助处置质物的法律定位不清晰，缺乏归责机制。针对这一问题，李莉采用规范分析、政策价值、案例研究和比较研究的方法，提出相应的完善建议。其认为，在宏观上，凸显补偿范围的非金钱债权属性，明确平台兼具评估受托人和中介人的法律地位；在微观上，确定补偿范围是评估价格与清算价格的差价。若无法确定，再适用法定赔偿额度。具体而言，应当删除基金管理人在贷款之初对补偿范围的认定权、稳固平台是唯一的受托评估人的法律地位、补充平台的忠实义务、扩充勤勉尽责义务内容，同时加强对平台的监管。〔2〕

私募基金保底条款的现行规范由于位阶效力和规范对象等原因，在适用上存在争议。刘静认为，《九民纪要》的出台为私募保底条款的司法认定提供了新思路。传统观点上的私募保底条款违反民法公平原则存在逻辑不足，保底条款无效的根本原因在于其可能带来系统负外部性。具体表现为：其一，私募保底条款所体现的只盈不亏违反了投资收益不确定性的基本市场逻辑；其二，私募保底有损其他委托人的利益；其三，司法实践表明保底条款难以起到所谓的激励和制约受托人的作用，反而会助长非理性之风，引发当事人之间的矛盾和纠纷。因此，对于类似私募保底条款的金融创新，司法不可僵化应对，亦不可依附于监管，而是应从已有的法理本源上对行为进行价值判断，在合法性和违法性基础上统一司法裁判。〔3〕

郭雳对金融危机后美国私募基金监管的制度更新与观念迭代进行研究。其认为，2008 年金融危机之前，美国法上的私募基金监管框架主要着眼于对投资者的保护和防范系统性风险。保护投资者重在规范基金与其投资者的关系，而防范系统性风险着眼于基金在金融市场上产生的外部影响。证券法以信息披露和保障投资者有效决策为核心，故在投资者能够有效地获得信息并作出投资决策时会放松监管要求。因此，以合格投资者和非公开发行为核心的私募制度，以及基金法下相应的私募豁免对待制度，使私募基金在相当长的时期内摆脱了监

---

〔1〕 林鸿：《私募基金销售中业务员私下承诺保本协议效力问题研究》，载《法律适用》2021 年第 3 期。

〔2〕 李莉：《知识产权质押风险补偿基金中补偿规则的法律完善——以珠海市规范性文件为例的分析》，载《重庆大学学报（社会科学版）》2021 年第 2 期。

〔3〕 刘静：《我国私募保底条款规范路径的完善——兼论〈九民纪要〉对私募保底条款认定的影响》，载《金融理论与实践》2021 年第 4 期。

管的视线。2008年金融危机以来，多德－弗兰克法案建立了对私募基金管理人监管的新框架，进一步强化对行业信息的收集，其具体机制呈现出基于防范系统性风险而实施差异化监管的特征。同时，投资者及市场各方的正当权益也随着对私募基金管理人监管的加强而获得更有效的保护。[1]

洪艳蓉认为，REITs是我国实现盘活基础设施存量资产，引流资本市场长效基金补足基础设施投资短板的重要金融创新，这一过程必将促使基础设施的融资及运营从传统模式走向市场化运营管理，也会督促资产方改变生产经营模式，建立更开放、透明和市场化的行为激励约束机制。也因此，不应仅把REITs作为一项公众资金参与基础设施的投资工具，依托《证券投资基金法》以基金管理人为核心构建相应环节的行为规范，还应把REITs视为一项基础设施资产进行市场化融资的法律途径，直面深度涉入REITs的资产方潜在的多重身份及其可能的权利滥用问题，回归REITs作为基础设施IPO融资工具的经济实质，从法律层面提供有效的监管及救济机制[2]。

2. 专著成果。

曹泉伟、陈卓所著的《中国私募基金研究报告2021》系统地分析了我国私募基金行业自1999年至2020年的发展概况，探讨主动管理的股票型私募基金能否战胜被动管理的指数型基金及主动管理的股票型公募基金，深入评估私募基金经理的选股能力和择时能力以及基金业绩的持续性。此外，该书编制道口私募基金系列指数，评估不同投资策略下的私募基金的整体收益和风险情况，并且构建私募基金风险因子，对私募基金的业绩进行归因分析，挖掘不同策略私募基金的收益来源。全书通过定性和定量分析，力求以客观、独立、深入、科学的方法，研究我国私募基金行业的重大问题，为关注私募基金行业的各界人士提供参考[3]。

〔1〕 郭雳：《金融危机后美国私募基金监管的制度更新与观念迭代》，载《比较法研究》2021年第6期。
〔2〕 洪艳蓉：《基础设施REITs融资中资产方的身份转换与权利限制》，载《中国法律评论》2021年第4期。
〔3〕 曹泉伟、陈卓：《中国私募基金研究报告2021》，经济科学出版社2021年版。

2021 年保险市场法制报告

孙宏涛　池大磊　陈　泽　张嘉业*

一、2021 年中国保险市场概览及大事件

2021 年全行业原保费收入 4.49 万亿元，同比略降 0.79%。其中，人身险公司原保费收入 31,224 亿元，同比下降 1.42%；财险公司原保费收入 13,676 亿元，同比增长 0.68%。保险业共计赔付支出 1.56 万亿元，同比增长 12.24%；保险业资产总额为 24.89 万亿元，同比增长 6.82%。

2021 年人身险业务累计实现原保险保费收入 3.32 万亿元，同比减少 0.3%。其中，寿险业务保费收入为 2.36 万亿元，同比减少 1.71%；健康险业务保险收入为 0.84 万亿元，同比增长 3.36%。2021 年全年，人身险公司原保险保费收入总计 31,224 亿元，同比下降 1.42%，从具体险种来看，寿险原保费收入 23,572 亿元，同比下降 1.71%；健康险 7069 亿元，同比上升 0.14%；意外险 583 亿元，同比下降 7.9%。

2021 年财产险业务累计实现原保险保费收入 1.17 万亿元，同比减少 2.16%。财险业务中，车险业务原保险保费收入为 0.78 万亿元，同比减少 5.73%。2021 年，财险公司原保费收入 13,676 亿元，同比微增 0.68%，增速逐月恢复。从具体险种来看，非车险方面，责任保险、农业保险、健康险、意外险的高速增长，持续拉动财险恢复发展态势。企业财产保险原保费收入 520 亿元，同比上升 6.12%；

---

* 孙宏涛，华东政法大学经济法学院教授；池大磊、张嘉业，经济法学院硕士生；陈泽，经济法学院学生。

家庭财产保险 98 亿元，同比上升 7.69%；工程保险 144 亿元，同比上升 4.35%；责任保险 1018 亿元，同比上升 12.99%；保证保险 521 亿元，同比下降 24.38%；农业保险 976 亿元，同比上升 19.75%；健康险 1378 亿元，同比上升 23.7%；意外险 627 亿元，同比上升 15.9%。车险方面，去年财险公司机动车辆保险实现原保险保费收入 7773 亿元，同比下降 5.72%，降幅逐渐收窄。单月来看，2020 年 12 月，车险保费收入 822 亿元，是车险综改周年后第三个单月实现正增长。[1]

（一）专属商业养老保险试点加快

2021 年 12 月 17 日，中央全面深化改革委员会第二十三次会议审议通过《关于推动个人养老金发展的意见》。会议强调，要推动发展适合中国国情、政府政策支持、个人自愿参加、市场化运营的个人养老金，与基本养老保险、企业（职业）年金相衔接，实现养老保险补充功能。

2021 年 6 月 1 日，中国人寿、太平人寿、人保寿险等几家人身险公司在浙江省（含宁波市）和重庆市开展专属商业养老保险试点。截至 10 月底，专属商业养老保险累计保费收入约 2 亿元，承保人数超过 1.7 万人。其中，网约车司机约 5600 人。2021 年 9 月，国民养老保险股份有限公司获银保监会批复筹建，该公司注册资本高达 111.5 亿元，17 位发起人包含 10 家银行理财子公司。至此，我国已有 10 家养老险公司。[2]

商业养老保险如何参与国家多层次、多支柱养老保险体系建设，成为保险业“十四五”期间的一项重要工作，也是完善和深化保险业改革的一项重要工作。为此，银保监会积极统筹顶层设计，创新商业养老保险的新模式，加大对商业养老保险业务发展的推动力度，稳步推动商业养老保险改革发展，服务人民群众多样化养老需求，《关于开展专属商业养老保险试点的通知》《关于规范和促进养老保险机构发展的通知》等文件的下发以及国民养老保险股份有限公司的筹建等，正在开启商业养老保险发展的新时代。[3]

（二）保险业积极服务乡村振兴

2021 年 4 月，银保监会发布《关于 2021 年银行业保险业高质量服务乡村振兴的通知》，要求保险业扩大三大主粮作物完全成本和收入保险试点范围，鼓励发展地方优势特色农产品保险。2021 年 6 月，财政部、农业农村部、银保监会发布《关于扩大三大粮食作物完全成本保险和种植收入保险实施范围的通知》，通过扩大三大粮食作物完全成本保险和种植收入保险实施范围，进一步增强农业保险产品吸引力，助力健全符合我国农业发展特点的支持保护政策体系和农村金融服务体系，稳定种粮农民收益，支持现代农业发展，保障国家粮食安全。

---

〔1〕 罗葛妹：《保险业 2021 年数据回望》，载《国际金融报》2022 年 1 月 31 日。

〔2〕《本报评出 2021 年中国保险十大新闻》，载《金融时报》2022 年 1 月 5 日。

〔3〕 朱艳霞：《2021 年中国保险业十大新闻》，载《中国银行保险报》2022 年 1 月 4 日。

2021 年 12 月，中国保险行业协会发布的《保险业服务乡村振兴蓝皮书（2021）》（以下简称《蓝皮书》）指出，在服务乡村振兴方面，保险业将充分发挥资源配置、杠杆调节、社会治理、精准滴灌、风险保障等方面的独特优势，在产业兴旺、生态宜居、乡风文明、有效治理、生活富裕等方面提供助力。《蓝皮书》同时指出，保险业要聚焦专业建设、创新发展、科技赋能三大核心，努力加强自身能力建设，推动实现产业有支持、民生有保障、生态有涵养的乡村振兴目标。[1]

2021 年前 11 个月，农业保险累计实现保费收入 923 亿元，为农业生产提供风险保障 4.29 万亿元。[2]

（三）加大绿色保险力度

"十四五"时期是落实"双碳"目标的关键期、窗口期，发展绿色金融成为金融行业的主旋律。过去一年，保险业在绿色领域持续护航，在"双碳"发展中承担着重要角色。根据行业统计数据披露，截至 2021 年年末，保险资金投资绿色发展相关产业规模超过万亿元。

2021 年 2 月，国务院发布《关于加快建立健全绿色低碳循环发展经济体系的指导意见》，提出发展绿色信贷和绿色直接融资，加大对金融机构绿色金融业绩评价考核力度；发展绿色保险、发挥保险费率调节机制作用。

2021 年 4 月，全国首单林业碳汇指数保险在福建省龙岩市新罗区试点，随后在广东、广西等地推广。该产品根据碳汇损失计量提供保障，以保险力量助力国家实现"双碳"目标。2021 年 6 月，国内保险资管行业编制的第一只 ESG 债券指数发布，为投资者践行 ESG 投资理念提供有效的市场价格走势信息。[3]

2021 年 5 月，中国保险资产管理业协会发布《助推实现"碳达峰、碳中和"目标倡议书》，倡议保险资管行业将绿色标准纳入现有投资流程，逐步形成绿色投资考核和激励机制。多家头部险企将 ESG（环境、社会和治理）理念纳入中长期发展规划、制定绿色投资指导方案。截至 2021 年 8 月底，保险资金实体投资项目中涉及绿色产业的债权投资计划登记（注册）规模达 10,601.76 亿元；保险资金以股权投资计划形式进行绿色投资的登记（注册）规模为 114 亿元。[4]

保险业可以通过负债与资产端的绿色转型，助力实现"双碳"目标。在负债端，保险业可以发挥风险补偿和防灾减损等功能，支持绿色发展与可再生能源开发。比如，森林碳汇保险就可以支持林业灾后减损与固碳能力修复，促进生态修复与植树造林，增加碳汇，中和碳排放。再如，保险可支持新能源汽车、光伏、风电等可再生能源的开发。但在新兴能源领

---

〔1〕 周子勋：《保险业乡村振兴》，载《中国经济时报》2021 年 12 月 30 日。
〔2〕《本报评出 2021 年中国保险十大新闻》，载《金融时报》2022 年 1 月 5 日。
〔3〕 朱艳霞：《2021 年中国保险业十大新闻》，载《中国银行保险报》2022 年 1 月 4 日。
〔4〕《本报评出 2021 年中国保险十大新闻》，载《金融时报》2022 年 1 月 5 日。

域，行业承保经验有限，需要不断探索与试错，同时，积极借鉴国际经验，与国际保险和再保险业合作，逐渐形成可持续的商业模式。

（四）巨灾经济补偿能力明显提升

2021 年 7 月，河南省遭遇极端强降雨并引发洪灾，多地受灾严重。截至 2021 年 12 月 1 日，保险业共接到报案 52.88 万件，已赔付案件 50.1 万件，支付赔款 97.04 亿元，整体件数结案率已达 94.7%。

2021 年，我国多地遭遇强暴雨等天气，造成重大人员伤亡和财产损失，保险业构建快速理赔通道，在云南、青海地震，河南强降雨，湖北十堰燃气爆炸，贵州牂牁河翻船，山西洪涝灾害，河北通勤班车落水等重大灾害事故处置中，发挥了越来越重要的经济补偿与灾后协调作用。[1]

近年来，保险业始终把“防范化解重大风险”作为发展的重要任务，积极推进巨灾保险制度建设，助力国家建设多层次巨灾风险分散机制。2008 年汶川大地震直接经济损失 8451 亿元，其中保险赔付占比为 0.2%；2021 年河南暴雨保险赔付比例达到了 11%，保险业开始在防灾减损中发挥重要作用。瑞士再保险公布的数据显示，2020 年自然灾害和人为灾难造成的全球经济损失为 2020 亿美元，其中保险业承担了 890 亿美元经济损失，占比 44.06%。因此，中国保险业需要进一步统筹规划巨灾保险制度，进一步提高保险在防灾减损中的作用。[2]

（五）外资保险中介准入条件放宽

2021 年 12 月 17 日，银保监会发布《关于明确保险中介市场对外开放有关措施的通知》，大幅取消外资保险经纪公司的准入限制，不再要求股东经营年限、总资产等条件；允许外国保险集团公司、境内外资保险集团公司投资设立的保险中介机构经营相关保险中介业务。

此前，银保监会还发布了《关于修改〈中华人民共和国外资保险公司管理条例实施细则〉的决定》，进一步明确外国保险集团公司和境外金融机构投资外资保险公司的准入标准，取消外资股比的限制性规定。

2021 年，保险业多项扩大对外开放政策成果落地：首家由合资寿险公司开设的养老保险公司恒安标准养老获批开业；2020 年首家获批的外资独资人身险公司友邦人寿，四川分公司正式开业、湖北分公司获准开业；完成股权转让后，中德安联人寿、汇丰人寿相继成为合资转外资独资的人寿保险公司。[3]

保险业是我国金融业中开放时间最早、力度最大、步伐最快的行业，其作为一种“舶来品”，在我国发展的历史还较短，与世界成熟经济体相比，保险在国民经济中的渗透度还存

---

〔1〕《本报评出 2021 年中国保险十大新闻》，载《金融时报》2022 年 1 月 5 日。
〔2〕朱艳霞：《2021 年中国保险业十大新闻》，载《中国银行保险报》2022 年 1 月 4 日。
〔3〕《本报评出 2021 年中国保险十大新闻》，载《金融时报》2022 年 1 月 5 日。

在较大差距，但在对外开放战略的加持下，我国保险业发展水平与世界的差距正在不断缩小，开放成效显著。

（六）新能源汽车专属保险上线

2021年12月14日，中国保险行业协会发布《新能源汽车商业保险专属条款（试行）》，主险包括新能源汽车损失保险、新能源汽车第三者责任保险、新能源汽车车上人员责任保险共三个独立的险种。备受消费者关注的“三电”，即电池及储能系统、电机及驱动系统、其他控制系统，纳入保障范围。13个附加险除了包含普通商业车险条款外，还根据新能源汽车特点增加了外部电网故障损失险、自用充电桩损失保险、自用充电桩责任保险等。同日，中国精算师协会发布《新能源汽车商业保险基准纯风险保费表（试行）》，为新能源汽车保险产品开发和定价提供了依据。2021年12月27日，新能源汽车专属保险正式上线销售。[1]

新能源汽车是陆地交通的发展方向。保险业积极了解新能源汽车的风险，支持新能源汽车产业链的发展，研发新能源汽车专属保险产品，开展新能源汽车延保试点，助推新能源汽车行业发展；做好充电站（桩）风险管理，助力新能源汽车基础设施建设。目前保险行业已开发了护航低碳交通发展的保险保障产品。[2]发展新能源汽车是我国从汽车大国迈向汽车强国、应对气候变化、推动绿色发展的战略举措。发展新能源汽车面临诸多新的风险，离不开保险的支持。

（七）惠民保快速增长

2021年6月30日，上海首款城市定制型商业医疗保险“沪惠保”关闭投保通道，参保人数累计超739万人，创下惠民保单个项目首年参保人数之最。

2021年，多地推出的惠民保都由当地医疗保障局、银保监分局共同指导，并建立“共保体”这一风险共担模式。在多方共同推动下，惠民保延续井喷式增长，截至2021年10月，共有58家保险机构在27个省参与了超过100个的城市定制型医疗保险项目，总参保人数超过7000万人，保费超过80亿元。

在发展全面提速的同时，2021年6月，银保监会发布《关于规范保险公司城市定制型商业医疗保险业务的通知》（以下简称《通知》），要求保险公司遵循商业保险经营规律和市场化原则，强调压实保险公司业务主体责任，规范产品经营，助力惠民保可持续发展，切实提高人民群众的医疗保障水平。[3]

在“惠民保”方面，《通知》针对部分承保公司缺乏数据基础、风控能力不足、服务参差不齐等问题，对“惠民保”的保障方案制定、经营风险、业务和服务可持续性以及市场秩

---

〔1〕《本报评出2021年中国保险十大新闻》，载《金融时报》2022年1月5日。

〔2〕贾志莲、邱剑：《“双碳”催生保险新机遇》，载中国银行保险报网，http://www.cbimc.cn/content/2022-04/26/content_460439.html，最后访问日期：2022年4月30日。

〔3〕《本报评出2021年中国保险十大新闻》，载《金融时报》2022年1月5日。

序等提出了明确要求，目的是在保护消费者合法权益的前提下，促进保险业更好参与多层次医疗保障体系建设。[1]

（八）人身险增加特定人群保障

2021 年 10 月，银保监会发布《关于进一步丰富人身保险产品供给的指导意见》，提出保险机构应多领域丰富产品供给，加大普惠保险发展力度，服务养老保险体系建设，满足人民健康保障需求，提高老年人、儿童保障水平，加大新产业新业态从业人员、各种灵活就业人员等特定人群保障力度。

4 月 25 日，银保监会向各人身保险公司下发《关于进一步丰富人身保险产品供给情况的通报》，从普惠保险、承保新市民群体、服务养老保险体系建设等方面介绍了丰富人身保险产品供给的有关情况，包括加大普惠保险发展力度、积极承保新市民群体、服务养老保险体系、建设提高老年人、儿童保障水平、加大特定人群保障力度等内容。[2]

在推动人身保险行业转型发展的同时，人身险市场成为 2021 年银保监会强化监管的重点领域：2021 年 1 月，编制人身险产品“负面清单”（2021 版）；2021 年 4 月，启动人身险市场乱象治理专项工作；2021 年 8 月，对人身险产品监管中发现的典型问题进行了通报；2021 年 10 月，发布《关于进一步规范保险机构互联网人身保险业务有关事项的通知》，完善互联网人身保险业务相关监管规则。

（九）保险代理人大幅清虚

2021 年以来，作为寿险销售主力军的代理人数量出现大幅下降。同时，新单保费和新业务价值连续负增长，寿险业艰难前行。转型大势下，各公司一方面淘汰落后“产能”，另一方面稳定绩优人群、推动高产能建设，并通过科技赋能等方式探索传统营销模式转型。此外，独立个人保险代理人发展提速，2021 年 7 月，全国首份独立个人保险代理人办事指引《深圳独立个人保险代理人登记注册事项工作指引》出台，随后，大家保险、信泰人寿的两位独立代理人分别完成专属代理店的注册。独立代理人和传统代理人同时发力，推动寿险业高质量发展。

近两年保险代理人数量骤降，原因：一是保险代理人队伍大幅清虚；二是存在新冠肺炎疫情的冲击和影响；三是随着人均 GDP 超过 1 万美元，人们预期收入门槛进一步提高，“产能”不高的代理人自动“脱落”；四是人口红利消失，劳动年龄人口和就业人口持续减少，可供补充的新增代理人来源减少；五是年轻消费者具有新型的消费习惯，传统销售方式效果

[1] 朱艳霞：《“奋进新征程，建功新时代”商业健康险改革持续深化》，载中国银行保险报网，http://www.cbimc.cn/content/2022-03/31/content_459175.html，最后访问日期：2022 年 4 月 30 日。

[2] 朱艳霞：《人身保险产品供给质量稳步提升》，载中国银行保险报网，http://www.cbimc.cn/content/2022-04/26/content_460422.html，最后访问日期：2022 年 4 月 30 日。

减弱；六是前一阶段保险业透支发展之后有一个调整的过程。[1]

二、2021 年保险监管新规述评

银保监会制定了《中国银保监会 2021 年规章立法工作计划》（以下简称《立法计划》），对全年的规章立法工作进行了总体部署。

（一）保险机构治理体系升级

2021 年，银保监会陆续发布了《保险中介机构信息化工作监管办法》《保险公司偿付能力管理规定》《中国银保监会关于修改〈中华人民共和国外资保险公司管理条例实施细则〉的决定》《再保险业务管理规定》《保险公司分支机构市场准入管理办法》《保险集团公司监督管理办法》《中国银保监会办公厅关于明确保险中介市场对外开放有关措施的通知》等文件，在保险公司、保险中介机构、保险集团公司、外资保险公司监管等方面持续深化公司治理体系等改革。

如《保险集团公司监督管理办法》[2]规定，加强保险集团公司治理监管，要求保险集团公司具有简明、清晰、可穿透的股权结构，与下属成员公司股权控制层级合理，强化保险集团公司对整个集团公司治理的主体责任。强化保险集团风险管理，增设“风险管理”章节，要求保险集团公司整合集团风险管理资源，建立与集团战略目标、组织架构、业务模式等相适应的全面风险管理体系，新增完善了风险偏好体系、风险管理信息系统、集中度风险管理、防火墙设置、关联交易管理、对外担保管理以及压力测试体系等具体监管要求。完善非保险子公司监管，明确保险集团可投资非保险子公司的范围和相关条件，完善内部管控机制、禁止行为、外包管理、信息报送等规定。系统完善集团监管，强调并表监管“以控制为基础，兼顾风险相关性”，完善并表监管范围；提高保险集团公司信息披露、危机应对和处置能力等方面的要求；明确外资保险集团公司监管适用办法。

（二）险资运用市场化改革深化

2021 年，保险资金运用监管法规体系不断完善。银保监会发布了《关于资产支持计划和保险私募基金登记有关事项的通知》《关于保险资金投资公开募集基础设施证券投资基金有关事项的通知》《关于调整保险资金投资债券信用评级要求等有关事项的通知》《关于保险资金参与证券出借业务有关事项的通知》等文件，旨在进一步激发市场主体活力，提升保险资金服务实体经济质效，有效防范相关领域风险。

---

[1] 朱艳霞：《2021 年中国保险业十大新闻》，载《中国银行保险报》2022 年 1 月 4 日。

[2] 《中国银保监会发布〈保险集团公司监督管理办法〉》，载中国银行保险监督管理委员会网，http://www.cbirc.gov.cn/cn/view/pages/ItemDetail.html?docId=1021150&itemId=915，最后访问日期：2022 年 4 月 30 日。

2021 年 11 月，发布了《中国银保监会办公厅关于保险资金投资公开募集基础设施证券投资基金有关事项的通知》，鼓励了险资投资基础设施领域，丰富了险资运用方式。而《中国银保监会办公厅关于调整保险资金投资债券信用评级要求等有关事项的通知》的发布，有助于规范保险资金债券投资行为，防范资金运用风险。12 月，《中国银保监会办公厅关于保险资金参与证券出借业务有关事项的通知》下发，致力于规范保险资金参与证券出借业务行为，将进一步深化保险资金运用市场化改革。

特别是 2021 年 12 月 17 日，《中国银保监会关于修改保险资金运用领域部分规范性文件的通知》对现行保险资金运用领域规范性文件进行了清理，对 14 个规范性文件予以修改，提升保险资金服务实体经济质效。监管机构指出，此次修改有利于增强市场主体的投资自主权，为多层次资本市场提供长期资金来源，同时引导保险资金加大标准化产品投资，防范投资风险。[1]

（三）完善互联网保险监管促发展

2021 年 2 月 1 日，《互联网保险业务监管办法》正式实施。作为相关配套规范性文件，2021 年 10 月，银保监会发布《关于进一步规范保险机构互联网人身保险业务有关事项的通知》，旨在进一步强化对互联网人身保险消费者的保护。

在经营主体方面，对保险机构技术能力、运营能力和服务能力提出明确要求，重点解决消费者反映突出的找不到退保页面、找不到投诉入口、退市产品查不到保单、买的快退的慢等服务问题。在产品开发方面，从源头上规范了首月“0”元、长险短做等销售误导问题以及退保高扣费、健康告知晦涩难懂等投诉集中问题。在改进监管方面，加大信息披露力度、引入社会监督，重点监管互联网人身保险产品定价科学性。不符合有关条件的主体和产品自 2022 年 1 月 1 日起不得通过互联网渠道经营。[2]

2022 年 3 月 21 日，中国保险行业协会对外发布《2021 年度人身险公司互联网保险业务经营情况分析报告》，报告显示，2021 年互联网人身保险业务累计实现规模保费 2916.7 亿元，同比增长 38.2%。

2021 年，互联网健康保险继续保持增长态势，实现连续 7 年稳定增长，且在互联网人身保险中的占比不断提升。其中，费用报销型医疗保险累计实现规模保费 347.8 亿元，同比增长 51.8%，占互联网健康保险总规模保费的 63.1%；重大疾病保险实现规模保费 120.7 亿元，同比增长 38%，占比为 21.9%。2021 年，互联网人身保险业务仍然呈现与渠道合作为主、保险公司官网自营为辅的经营模式。据统计，58 家保险公司通过渠道开展业务，52 家保险公司采取官网自营和渠道合作“双管齐下”的模式，两家保险公司仅通过公司官网开展经营。[3]

---

[1] 宋占军、康代波、周程：《保险业于变局中再出发》，载《金融博览（财富）》2022 年第 1 期。

[2] 《本报评出 2021 年中国保险十大新闻》，载《金融时报》2022 年 1 月 5 日。

[3] 房文彬：《互联网人身险保费同比增 38.2%》，载中国银行保险报网，http://www.cbimc.cn/content/2022-03/23/content_458725.html，最后访问日期：2022 年 4 月 30 日。

（四）加强意外伤害保险监管

为深化保险业供给侧结构性改革，更好保护保险消费者合法权益，推动意外险高质量发展，落实《关于加快推进意外险改革的意见》提出的改革任务，银保监会发布《意外伤害保险业务监管办法》[1]，要求建立与赔付情况挂钩的产品定价调节机制，完善意外险费率市场化形成机制。通过完善精算制度、建立定价回溯与调整机制、规范费率浮动等，进一步保护消费者权益。要按产品披露意外险相关信息，进一步强化信息披露力度。引导降低意外险佣金费用水平，进一步规范意外险市场秩序。明确意外险经营管理的“负面清单”，强化监管问责力度。综合意外险市场销售经营过程中存在的不规范问题，列明九类禁止性行为，包括强制搭售、捆绑销售等。与此同时，对负面清单中的行为，强化监管问责。

（五）出台大病保险业务管理新规

大病保险原有监管制度分别印发于2013年和2016年，对规范大病保险业务、推动业务平稳健康运行发挥了重要作用。保险公司通过承办大病保险，积累了经营管理经验，专业能力不断增强。监管部门将2013年印发的《保险公司城乡居民大病保险业务管理暂行办法》和2016年印发的大病保险五项制度进行了整合，形成《保险公司城乡居民大病保险业务管理办法》[2]，构建起一个覆盖大病保险承办全流程、全环节的监管体系，即事前的经营条件管理，事中的投标管理、服务规范、财务管理、清算管理、风险调节管理，事后的市场退出管理。修改后的制度将“目标导向”和“问题导向”相结合，根据政策要求和行业实际情况对近几年日常监管和现场检查中发现的问题予以规范。

三、2021年中国保险市场监管实践

（一）保险监管工作概述

2021年3月，中国银保监会发布《中国银保监会2021年法治政府建设年度报告》[3]，报告提到，2021年银保监会开展保险业监管法规全面清理工作，废止保险业规章、规范性文件118件，宣布规范性文件失效14件。发布公司治理准则、董事监事履职评价、大股东行为

〔1〕《中国银保监会办公厅关于印发意外伤害保险业务监管办法的通知》，载中国银行保险监督管理委员会网，http：//www. cbirc. gov. cn/cn/view/pages/ItemDetail. html? docId = 1012238&itemId = 928，最后访问日期：2022年4月30日。

〔2〕《中国银保监会关于印发保险公司城乡居民大病保险业务管理办法的通知》，载中国银行保险监督管理委员会网，http：//www. cbirc. gov. cn/cn/view/pages/ItemDetail. html? docId =985144&itemId =928，最后访问日期：2022年4月30日。

〔3〕《银保监会召开2022年工作会议》，载中国银行保险监督管理委员会网，http：//www. cbirc. gov. cn/cn/view/pages/ItemDetail. html? docId =1034725&itemId =915&generaltype =0，最后访问日期：2022年4月30日。

监管、绩效薪酬追索扣回等监管规定。

在银保监会年初召开的 2021 年工作会议以及 7 月的全系统 2021 年年中工作座谈会暨纪检监察工作（电视电话）座谈会上均强调“深入整治保险市场乱象”[1]。

具体监管内容方面，2021 年 1 月，银保监会发布《关于规范短期健康保险业务有关问题的通知》，意在解决短期健康险市场存在的部分产品保额虚高、部分公司把短期健康险当作长期健康险销售、核保理赔不规范、无序竞争等问题。2021 年 5 月，银保监会对参与长护险试点的保险公司，在专业服务能力、项目投标管理、经营风险管控、信息系统建设、护理机构管理等方面提出明确要求，全面规范保险公司参与长护险试点的经营服务行为。2021 年 12 月，银保监会发文对银行保险机构监管评估情况进行汇总梳理，指出部分银行保险机构存在股东行为不合规不审慎，股东违规干预经营，甚至肆意侵占公司利益，关联交易管理存在缺陷，存在违规利益输送等问题。

2021 年，全年处罚银行保险机构 3870 家次，处罚责任人员 6005 人次，罚没 26.99 亿元。在银保监会披露的 38 封罚单中，共有 14 张罚单指向保险业。梳理罚单来看，股权结构、险资配置以及经营合规性等均为监管重点，年内在针对保险公司董监高任职资格、派出机构、互联网保险业务、偿付能力等领域超 50 份监管文件下发的背景下，监管篱笆进一步扎牢，既往问题被一一揪出。从处罚力度来看，2021 年出现百万罚单 10 张，其中华安财险及三名相关责任人领走最大额 255 万元罚单，分支机构停新、相关责任人撤职、禁业的处罚也屡见不鲜。

（二）保险监管处罚典型案例

1. 珠江人寿保险股份有限公司（银保监罚决字〔2021〕3 号）。[2]

经查，珠江人寿保险股份有限公司存在以下违法行为：（1）项目子公司融资借款超过监管比例规定；（2）保险资金违规用于缴纳项目竞拍保证金；（3）关联方长期占用保险资金。

银保监会决定作出如下处罚：

（1）子公司融资借款超过监管比例规定的行为，违反了《保险法》第 106 条的规定。根据该法第 164 条，对珠江人寿罚款 30 万元；根据该法第 171 条，对胡国萍警告并罚款 10 万元，对张丽贤警告并罚款 10 万元。

（2）保险资金违规用于缴纳项目竞拍保证金、资金用途与约定用途不一致行为，违反《保险法》第 106 条的规定。根据该法第 164 条，对珠江人寿罚款 30 万元；根据该法第 171 条，对胡国萍警告并罚款 7 万元，对张丽贤警告并罚款 7 万元。

（3）关联方长期占用保险资金的行为，违反了《保险法》第 106 条的规定。根据该法第

〔1〕 钱林浩：《保险监管延续从严态势整治市场乱象》，载《金融时报》2021 年 12 月 1 日。

〔2〕 中国银行保险监督管理委员会：行政处罚决定书（银保监罚决字〔2021〕3 号）。

164条，对珠江人寿罚款30万元；根据该法第171条，对黎红卫警告并罚款7万元，对廖方和警告并罚款7万元。

2. 众安在线财产保险股份有限公司（银保监罚决字〔2021〕33号）[1]。

经查，众安财险保险股份有限公司存在以下违法行为：（1）自营网络平台宣传销售页面欺骗投保人；（2）第三方平台宣传销售页面欺骗投保人；（3）未按照规定使用经批准或者备案的保险条款、保险费率；（4）编制或者提供虚假报告、报表、文件、资料。

银保监会决定作出如下处罚：

（1）自营网络平台宣传销售页面欺骗投保人的行为，违反《保险法》第116条的规定，根据《保险法》第161条，对众安财险罚款30万元。

（2）第三方平台宣传销售页面欺骗投保人的行为，违反《保险法》第116条的规定，根据《保险法》第161条，对众安财险罚款30万元。

（3）欺骗投保人的行为，根据《保险法》第171条，分别对陈劲、姜兴、刘海姣警告并罚款10万元。

（4）未按照规定使用经批准或者备案的保险条款、保险费率的行为，违反《保险法》第135条的规定，根据《保险法》第170条，对众安财险罚款35万元；根据《保险法》第171条，对刘海姣警告并罚款7万元。

（5）编制或者提供虚假报告、报表、文件、资料的行为，违反《保险法》第86条的规定，根据《保险法》第170条，对众安财险罚款50万元；根据《保险法》第171条，分别对姜兴、刘海姣警告并罚款10万元。

3. 众惠财产相互保险社（银保监罚决字〔2021〕10号）[2]。

经查，众惠相互保险社存在以下违法行为：（1）向监管部门报送虚假材料；（2）财务负责人未取得任职资格但实际履职。

银保监会决定作出如下处罚：

（1）向监管部门提供虚假材料的行为，违反了《保险法》第86条的规定。根据该法第170条，对众惠相互罚款50万元；根据该法第171条，对李静警告并罚款10万元。

（2）财务负责人未取得任职资格但实际履职的行为，违反了《相互保险组织监管试行办法》（保监发〔2015〕11号）第13条和《保险法》第81条的规定。根据《保险法》第167条，对众惠相互罚款4万元；根据该法第171条，对俞伟警告并罚款2万元，对杨沛栋警告并罚款1万元。

---

〔1〕 中国银行保险监督管理委员会：行政处罚决定书（银保监罚决字〔2021〕33号）。

〔2〕 中国银行保险监督管理委员会：行政处罚决定书（银保监罚决字〔2021〕10号）。

四、2021 年保险司法典型案件

（一）上海骏丰嘉陆房地产开发有限公司与中国太平洋财产保险股份有限公司上海分公司财产保险合同纠纷［（2020）沪 74 民终 1162 号］[1]

上海骏丰嘉陆房地产开发有限公司在国务院有关部委取消了物业保修金制度后，为取回物业保修金，按照上海市嘉定区房管局的要求向太平洋财产保险股份有限公司上海分公司购买了 IDI 保险（建设工程质量保证保险）。双方在保险合同中约定：保险合同成立后，投保人可要求解除本保险合同。投保人要求解除本保险合同的，应当向保险人提出书面申请，保险人在收到投保人交纳物业保修金的书面证明之后，本保险合同自保险人收到书面申请时终止。骏丰公司在上海市嘉定区房管局退还了相应物业保修金后，拒绝向保险公司支付剩余保费，经太保财险上海分公司催款，骏丰公司不愿支付剩余保险费，并提出解除保险合同。太保财险上海分公司催讨无着，诉至法院。

法院认为：建筑工程质量潜在缺陷保险为公益保险，格式保险条款约定了投保人在一定条件下有合同解除权。然在涉案保险合同约定的解除条件因政策原因无法成就时，对格式条款应从保险性质、保险条款体系设定、保险条款相对应的政策规定及沿革、当事人真实意思等出发，通过合同的整体解释、目的解释、诚实信用原则解释等合同解释方法，探求合同条款的真实意思。基于建筑工程质量潜在缺陷保险的政策性属性，在保险条款约定的合同解除条件因客观原因无法成就时，不能认定开发商投保人享有合同的任意解除权。[2]

（二）中国人寿财产保险股份有限公司北京市分公司与中国人民财产保险股份有限公司辽宁省分公司营业部纠纷［（2021）京 74 民终 534 号］[3]

2017 年 5 月，人寿保险公司承保了某手机公司手机屏碎保障责任保险。后人寿保险公司与人民保险公司签订《共保协议》，约定对上述保险进行按 50% 比例共同保险。人寿保险公司向某手机公司赔付保险赔款后向人民保险公司主张分摊损失，双方产生争议，诉至法院。一审法院未认定本案再保险性质，而按实收保费的 90% 确定双方的分摊比例。北京金融法院认定本案系再保险纠纷，适用“共命运”原则及其除外条款进行改判。

再保险发端于域外金融市场，在我国发展时间不长，但作为“保险的保险”，其在保险业发挥经济“减震器”和社会“稳定器”作用的过程中扮演着重要角色。本案典型意义

---

〔1〕 参见 https://wenshu.court.gov.cn/website/wenshu/181107ANFZ0BXSK4/index.html?docId=4f5356584ffc401191b1ad12010f227，最后访问日期：2022 年 4 月 30 日。

〔2〕 参见 https://mp.weixin.qq.com/s/NvT0xeBg8CV-kYfDCtHeEg，最后访问日期：2022 年 4 月 30 日。

〔3〕 参见 https://wenshu.court.gov.cn/website/wenshu/181107ANFZ0BXSK4/index.html?docId=091a8df0446f4ed28a5002008ec790cb，最后访问日期：2022 年 4 月 30 日。

在于以穿透式审判思维，厘清名为“共同保险”实为“再保险”的合同性质，明确共同保险与再保险的区分因素，从金融安全、市场秩序、国家宏观政策等角度考察合同效力，准确适用再保险“共命运”原则及其除外条款进行裁判，加大对金融领域改革创新的司法服务和保障，有助于提升再保险行业规范化水平，防范再保险领域金融风险，促进金融业高质量发展。[1]

（三）何冬如、光大永明人寿保险有限公司人身保险合同纠纷［（2021）湘 01 民终 12392 号］[2]

本案属于通过信息网络订立的保险合同引起的纠纷，一审法院与二审法院对于保险人的提示及明确说明义务的认定出现了不同的观点。

一审法院认为：不管在何种网络平台购买相关人身保险产品，均需按网络平台要求，由投保人回答保险人告知和询问的相关事项，投保人通过选择“是”或者“否”来作答，而相关保险条款会在网络平台中提示投保人阅读并予以确认，结合何冬如通过网络购买多家保险公司的重大疾病保险的情况以及光大保险公司提交的对何冬如的电话回访记录，可以证实光大保险公司对相关免责条款尽到了提示说明义务。

而二审法院认为：司法实践中，存在以下两种情况均被认为保险人未履行提示及明确说明义务：第一，部分保险人所设计的投保程序中，在投保人填写相关信息后，并未主动弹出保险条款的页面，而是出现载有：“本人已详细阅读投保须知和保险条款，对各项保险责任和除外责任均已了解并同意”等类似内容的投保人声明页，引导投保人直接点击同意进入下一步。投保人如要阅读保险条款，需要点击该页面所链接的保险条款。这种情况因需要投保人主动点击才会出现保险格式条款，实际上类似于保险人根据投保人的请求才提供格式条款，不符合《保险法》第 17 条的规定。第二，部分保险人所设计的网页虽会主动弹出保险格式条款，但其网页所载的格式条款的所有内容在形式上完全一致，并未采用特殊字体、颜色或符号等特别标识对免除保险人责任的条款进行提示，亦不应认定保险人尽到提示义务。此外，依照《最高人民法院关于适用〈中华人民共和国保险法〉若干问题的解释（二）》第 13 条第 1 款关于保险人履行提示和明确说明义务的举证责任的规定，保险人还应提供诸如投保及承保时的全流程操作页面录屏等可回溯资料以证明自身已确实履行提示及明确说明义务。本案中，涉案保险合同系通过信息网络订立，并不能认定光大保险公司在保险合同订立时就保险条款及免责条款尽到了提示说明义务。

随着新冠肺炎疫情防控常态化，越来越多的保险合同会通过信息网络订立，本案对认定保险人是否履行提示及明确说明义务具有重要参考价值。

---

〔1〕 参见 https：//bjfc. bjcourt. gov. cn/cac/1648002325433. html，最后访问日期：2022 年 4 月 30 日。
〔2〕 参见 https：//wenshu. court. gov. cn/website/wenshu/181107ANFZ0BXSK4/index. html? docId = 5994b253053c431，最后访问日期：2022 年 4 月 30 日。

（四）中国平安财产保险股份有限公司大庆支公司、台河市天宇选煤有限责任公司财产损失保险合同纠纷［（2021）黑 09 民终 1 号］[1]

七台河市天宇选煤有限责任公司（以下简称天宇公司）用于运输的货车在中国平安财产保险股份有限公司大庆支公司（以下简称大庆平安保险公司）投保交强险和商业险。该货车发生交通事故后，天宇公司多次催促大庆平安保险公司对事故车辆核定损失并支付维修款，但大庆平安保险公司拖延定损且逾期支付维修款，进而导致天宇公司产生车辆停运损失。

法院审理认为，被保险人系营运车辆的经营者，《保险法》对保险人理赔核定期限作了明确规定，约束保险人及时履行相应义务。保险人怠于履行法定定损、理赔的义务及延期支付维修款，造成被保险人损失，应当承担民事赔偿责任。

本案法律适用规则的确立，一是有利于引导保险公司诚实履约，保险标的遭受意外事故后，应依据事实、保险合同约定与《保险法》等法律规定，及时主动核定、通知与支付保险金，杜绝拖延理赔，甚至动辄将保险纠纷推诿给法院或仲裁机构裁判，这不仅增加了社会运行成本，也大大降低了保险公司的社会信誉，牺牲了整个行业的长远利益。全体保险公司应以本案为鉴，吸取教训，提高整个行业的自律和专业服务质量，规范保险公司有序经营，促进保险事业健康发展；二是充分发挥保险在分散被保险人风险、恢复其生产经营或提供其生活保障方面的积极作用，充分发挥保险“救危济困”的保障作用；三是引导保险公司践行《公司法》规定的公司社会责任，通过合同约定，向被保险人提供比法定义务更有效的理赔水平，将谋求保险公司长远利益与促进国家实体经济发展有效结合起来，为新时代发展提供有效保障。[2]

五、2021 年保险法制理论综述

（一）重要学术活动

1. 中国法学会保险法学研究会 2021 年年会成功召开[3]。

中国法学会保险法学研究会 2021 年年会于 10 月 16 日至 17 日在对外经济贸易大学成功举办。来自保险法学界及实务界的近 200 名专家、学者通过线上线下相结合的方式参会。本次年会以“保险法与国家治理体系现代化：使命、创新与发展”为主题。主旨演讲分别就总括意外保险中的保险利益问题、保险公司治理中的董事地位、人身保险权益分割论、保险数

〔1〕 参见 https：//wenshu. court. gov. cn/website/wenshu/181107ANFZ0BXSK4/index. html? docId = 05b2cbd4356e46fb9fc0acc30031d76d，最后访问日期：2022 年 4 月 30 日。

〔2〕 参见 https：//www. court. gov. cn/zixun-xiangqing –344441. html，最后访问日期：2022 年 4 月 30 日。

〔3〕 参见 https：//www. chinalaw. org. cn/portal/article/index/id/30349. html，最后访问日期：2022 年 4 月 30 日。https：//baijiahao. baidu. com/s? id = 1714207865746041302&wfr = spider&for = pc，最后访问日期：2022 年 4 月 30 日。

字化、城市定制型商业医疗保险等问题展开发言讨论。年会还分别以“数字化时代保险监管法治变革与消费者权益保护”“国家治理现代化与保险制度”“保险合同法律问题研究”为题进行分论坛研讨。年会主题演讲阶段多位教授作专题演讲。

2. 2021 中国寿险业转型发展峰会召开[1]。

2021 年 9 月 15 日，由《中国银行保险报》主办的 2021 中国寿险业转型发展峰会在贵州遵义举办。来自中国人寿、平安人寿、太平洋寿险、太平人寿、友邦保险等近百家寿险机构的高管出席本次峰会，共同探讨“新格局下寿险业高质量发展之道”。峰会上，多位寿险机构高管表示，面对寿险业外部环境的变化，寿险机构要主动转型，回归保障本源，提升代理人素质，发挥科技力量，打造生态圈，从而实现以客户为中心；要有战略定力，把握长期主义原则，持续提升寿险业经营管理能力。

（二）重要论述

1. 保险法基础理论研究。

沈小军主张为避免保险人信息提供义务的立法目的落空，投保人的弃权行为应受到适当限制，不得以格式条款的形式作出。信息提供义务取代明确说明义务后，保险条款的规制应着重实质的公平性检验，淡化提示义务的要求，只要投保人在正常浏览时不至忽视条款的内容即可。[2]

夏庆锋主张将侵权近因理论代入保险关系中以分配社会责任和赔偿义务虽能实现个案的解决或对弱势群体的救济，但在处理私法主体作为当事人的合同关系时却是一种不具有正当性的错误行为。对保险近因的确定是当事人自由意愿的外向表现，是一种内在的公正价值需求的有体化，应以当事人的合理期望为前提并注重因果关系的直接性特征。[3]

潘艳红主张民法典的颁布，对保险法治文明的进步具有重要的推进作用。在民法典的背景下，保险法作为一部独立的部门法，其立法完善的科学走向、法律解释以及法律适用的问题路径，均应与民法典的内在价值以及基本原则保持一致。同时，保险法具体制度的解释、适用及完善，更应该遵从保险原理和保险惯例，以保持部门法存在以及法律适用的科学逻辑。[4]

孙宏涛、韩枫主张保险公司非现场监管是指监管机构通过收集保险公司和保险行业的公司治理、偿付能力、经营管理，以及业务、财务数据等各类信息，持续监测、分析保险公司业务运营、提供风险保障和服务实体经济情况，对保险公司和保险行业的整体风险状况进行

---

〔1〕 参见 http：//www. cbimc. cn/content/2021 －09/15/content_450469. html，最后访问日期：2022 年 4 月 30 日。

〔2〕 沈小军：《从明确说明义务到信息提供义务——保险消费者自主决定权保障制度再造》，载《法商研究》2021 年第 2 期。

〔3〕 夏庆锋：《〈民法典〉视阈下保险赔偿的近因认定》，载《当代法学》2021 年第 3 期。

〔4〕 潘艳红：《民法典与我国保险法中投保人如实告知义务的解释和适用》，载《中国保险》2021 年第10 期。

评估，并采取针对性监管措施的持续性监管过程。非现场监管一直是保险监管的重要手段，其与现场监管相辅相成，有利于提升监管效能，防范保险公司和保险业系统性风险。非现场监管一直是保险监管的重要手段，其与现场监管相辅相成，有利于提升监管效能，防范保险公司和保险业系统性风险。[1]

李伟群、方乐认为，为了加强海外投资政治风险的防范，建议针对现行海外投资保险法律制度的不足，以成文形式摒弃有限理性对制度设计的侵扰，一是借由特别条例的出台，优化海外投资保险的申请条件、保险范围、保险人等保险要素设计；二是在采纳混合模式的基础上，升级双边投资协定中的代位条款。[2]

2. 财产保险和人身保险研究。

马宁主张当被保险人违反安全维护义务而保险事故尚未发生时，保险人有权要求增加保费或解除合同，但必须满足催告被保险人履行安全维护义务的前置条件，而保险人合同解除权的行使无须设定主观要件与因果关系要件。若保险事故已经发生，则应严格限制保险责任的免除，设定包含故意和重大过失的主观要件与因果关系要件，并在重大过失情况下适当引入比例责任。[3]

何丽新、陈诺主张投保人解除利他保险合同前，应履行通知被保险人或受益人的义务，以满足被保险人或受益人对解除合同的知情权，从而保障被保险人或受益人“赎买权”。同时，投保人解除权的限制不仅仅包括对其积极解除合同行为的限制，还应当包括对其特定情形下消极不解除合同行为的限制，全面衡平利他保险合同下投保人、被保险人和受益人三方利益。[4]

3. 社会保险研究。

王天玉认为现行模式悖离了基本养老保险的内在法理，未构建起代际契约下的“法定之债”，职工与社保经办机构之间的关系不符合保险法律关系。个人账户的改革应当坚持共济性的方向，沿用“统账结合”的结构，但将个人账户与个人保费分离，个人保费存入社保统筹基金。个人账户是个人缴费记录的抽象记载，表征个人对社会共同体的贡献，以薪点形式记载。薪点是职工缴费的年度工资除以当年全国职工平均工资的数值，个人账户就是历年薪点的累加，作为计算养老金的主要依据。[5]

郑尚元指出从2015 年1 月开始，国家机关、事业单位在其工作人员收入中开始代扣养老

---

〔1〕 孙宏涛、韩枫：《应加强对保险公司数据跨境流动的非现场监管》，载《民主与法制时报》2021 年 12 月 2 日。

〔2〕 李伟群、方乐：《双循环新发展格局下海外投资政治风险及防范——以海外投资保险制度为切入口》，载《南方金融》2021 年第 9 期。

〔3〕 马宁：《保险法安全维护义务的体系定位与规则重塑》，载《法学研究》2021 年第 6 期。

〔4〕 何丽新、陈诺：《利他保险合同下任意解除权的利益失衡与解决路径》，载《政法论坛》2021 年第 1 期。

〔5〕 王天玉：《职工基本养老保险“统账结合”的法理困境与制度重构》，载《中外法学》2021 年第 4 期。

保险费，机关事业单位工作人员缴纳的养老保险费将形成相应的养老保险基金。该基金将成为日后达到退休年龄的退休公务人员，甚至包括已经退休人员养老金发放的资金来源。公务人员参加社会养老保险，这关切每位公务人员切身利益的基本经济制度，尚未立法。不论从公务人员工资中“扣钱”，还是对公务人员予以相应的养老给付——支付养老金，皆须依据法律规定执行。公务人员参加养老保险，履行缴费义务及享受养老保险给付，亟待法制之实现。〔1〕

4. 保险立法研究。

初北平、史强认为海上保赔保险的法律特性与国内一般相互保险在具体制度层面有明显的差异。因此，船东互保协会在主体性质界定和监管层面应与一般相互保险组织加以区分，而其与会员订立的海上保赔保险合同更具海上保险合同的特征，应在《海商法》修改中明确适用或参照适用《海商法》关于海上保险合同的规定〔2〕。

张力毅认为由于交强险片面强调社会救济功能的实现以致于过分偏离了责任保险的轨道，加之诸多不合理的规则设计，产生了一系列的问题，其实并未真正实现保护受害人的目标。因此在立法论上有必要在《民法典》施行之际对交强险的立法模式加以修正，使其尽可能地回归责任保险的框架，也可更好地应对自动驾驶汽车时代的到来。〔3〕

周玉华认为《民法典》的颁布实施对《保险法》有重要影响。《民法典》与《保险法》属于一般法和特别法的关系。保险活动不仅要符合《保险法》的规定，也要满足《民法典》的要求，但是《保险法》有其特殊规则，有些地方不能适用《民法典》规定。〔4〕

---

〔1〕 郑尚元：《论我国公务人员养老保险法制之建构》，载《行政法学研究》2021年第3期。

〔2〕 初北平、史强：《海洋重大风险应对中的保赔保险立法审视：国际统一与本土差异》，载《山东大学学报》2021年第3期。

〔3〕 张力毅：《比较、定位与出路：论我国交强险的立法模式——写在〈交强险条例〉出台15周年之际》，载《保险研究》2021年第1期。

〔4〕 周玉华：《〈民法典〉实施背景下〈保险法〉修订的若干疑难问题研究》，载《法学评论》2021年第6期。

2021 年上海国际金融中心法治环境报告

吴 弘 王靖喆 何雯忻 *

2021 年是“十四五”规划开局之年，也是上海国际金融中心在 2020 年基本建成后、向更高目标发展的起步年。尽管受到新冠肺炎疫情冲击、世界经济衰退影响、地域竞争变局困扰，但我国金融业发展稳中有进，市场持续保持活力，上海作为中国金融市场的领头雁，金融改革与创新走在前列，不断拓展金融国际化路径。同时，继续完善金融立法与执法，持续优化上海国际金融中心的法治环境。

一、国家金融法制持续完善、巩固金融中心环境基础

2021 年，我国金融改革开放持续深化。9 月，银保监会办公厅印发《中国银保监会办公厅关于资产支持计划和保险私募基金登记有关事项的通知》，将资产支持计划和保险私募基金由注册制改为登记制，深化保险资金运用市场化改革，提高服务实体经济质效。11 月，银保监会印发《中国银保监会关于银行业保险业支持高水平科技自立自强的指导意见》，深入贯彻党中央、国务院关于完善金融支持创新体系的决策部署，推动银行业保险业优化科技金融服务，支持高水平科技自立自强，提出要完善科技金融服务体系，创新科技金融产品和服务等。

银保监会出台《中国银保监会关于修改〈中华人民共和国外资保险公司管理条例实施细则〉的决定》《中国银保监会办公厅关于境内保险公司在香港市场发行巨灾债券有关事项的通知》《中国银保监会办公厅关于明确保险中介市场对外开放有关措施的通知》，进一步扩大保险业对外开放。中国人民银行发布《关于开展

---

* 吴弘，华东政法大学经济法学院教授；王靖喆、何雯忻，华东政法大学经济法学硕士研究生。

内地与香港债券市场互联互通南向合作的通知》，规范开展内地与香港债券市场互联互通南向合作，便利境内债券市场机构投资者有序配置全球债券，推动我国债券市场稳步实现高水平双向开放。另外，中国国债正式纳入富时世界国债指数（WGBI），纳入过程将分步骤在36个月内完成，届时中国国债占WGBI的权重将达5.25%。至此，我国国债已被全球三大主流债券指数悉数纳入。

乡村振兴战略是党的十九大提出的一项重大战略，是关系全面建设社会主义现代化国家的全局性、历史性任务。2021年2月21日，《中共中央、国务院关于全面推进乡村振兴加快农业农村现代化的意见》，文件指出要坚持把解决好“三农”问题作为全党工作重中之重，把全面推进乡村振兴作为实现中华民族伟大复兴的一项重大任务。6月1日《乡村振兴促进法》正式实施，为金融资本助力乡村振兴提供法律保障。在乡村振兴战略指导下，2021年我国出台多项金融政策支持乡村振兴。4月2日，中国银保监会办公厅发布《关于2021年银行业保险业高质量服务乡村振兴的通知》（银保监办发〔2021〕44号），提出银行业保险业服务乡村振兴应当优化“三农”金融服务体系和机制、强化关键领域金融补给、创新涉农金融产品和服务方式等八项具体要求，助力乡村实体经济建设。5月18日，为切实做好新型农业经营主体金融服务工作，中国人民银行、中央农办、农业农村部、财政部、银保监会、证监会联合发布《关于金融支持新型农业经营主体发展的意见》（银发〔2021〕133号），提出增强新型农业经营主体金融承载力、创新新型农业经营主体专属金融产品和服务等十二项意见。不久，中国人民银行、中国银行保险监督管理委员会制定了《金融机构服务乡村振兴考核评估办法》（公告〔2021〕第7号），力图把更多金融资源配置到农村经济社会发展的重点领域和薄弱环节，更好满足乡村振兴多样化金融需求。

小微企业、个体工商户是“十四五”时期经济社会发展开好局、起好步的关键一环。按照中央经济工作会议关于继续做好“六稳”“六保”工作、强化普惠金融服务、增加小微企业和个体工商户活力的决策部署，中国银保监会办公厅4月发布《关于2021年进一步推动小微企业金融服务高质量发展的通知》，提出以信贷投放为抓手，确保稳定高效的增量金融供给；以支持创新为出发点，全面优化金融供给结构；做优机制体制和专业能力，实现敢贷愿贷、能贷会贷；多措并举盘活存量信贷资源，提高金融供给效率等要求。6月24日，人民银行、银保监会、发展改革委、市场监管总局联合发布《关于降低小微企业和个体工商户支付手续费的通知》，进一步引导支付行业向实体经济让利，降低市场主体经营成本，优化实体经济发展环境。《中国人民银行关于深入开展中小微企业金融服务能力提升工程的通知》，要求加大对中小微企业的信贷投放，优化对个体工商户的信贷产品服务，扩大普惠金融服务覆盖面，强调各银行业金融机构要将贷款市场报价利率内嵌到内部定价和传导相关环节，提升贷款差异化、精细化定价水平，强化负债成本管控能力等。随后，中国人民银行新增3000亿元支小再贷款额度，加大对中小微企业纾困帮扶力度，有效调动了地方法人银行的积极性，撬动小微企业贷款较快增长。国务院办公厅印发《关于印发加强信用信息共享应用促进中小微企业融资实施方案的通知》，小微企业融资呈现“量增、面扩、价降”的态势，企业融资便利性得到较大幅度提升，实现了对实体经济的精准滴灌。

我国绿色金融在 2021 年发展迅猛，出台了一系列政策法规。4 月，中国人民银行、发展改革委、证监会出台《关于印发〈绿色债券支持项目目录（2021 年版）〉的通知》（银发〔2021〕96 号），更新绿色债券支持项目，统一绿色债券支持标准。7 月，中国人民银行再次发布绿色金融标准，包括《金融机构环境信息披露指南》和《环境权益融资工具》两项行业标准，填补了相关领域绿色金融行业标准的空白，助推完善绿色金融体系。5 月，为提升金融支持绿色低碳高质量发展的能力，优化绿色金融激励约束机制，中国人民银行发布了《关于印发〈银行业金融机构绿色金融评价方案〉的通知》，要求人民银行分支机构结合实际制定辖区内银行业金融机构（法人）绿色金融评价实施细则并做好评价工作，积极探索拓展评价结果应用，着力提升银行业金融机构绿色金融绩效。

证券方面，2021 年 1 月，证监会发布《公开募集证券投资基金运作指引第 3 号——指数基金指引》，强化管理人专业胜任能力和指数质量要求，聚焦投资者保护与风险防控，强化产品规范运作。《证券市场资信评级业务管理办法》将原证券评级业务行政许可改为备案管理，鼓励优质机构开展证券业务评级业务，不断提升评级质量和执业能力，促进市场高质量发展。5 月，证监会发布《关于完善全国中小企业股份转让系统终止挂牌制度的指导意见》，建立常态化、市场化的退出机制，形成“有进有出”的市场生态，明确新三板终止挂牌制度建设基本原则，健全主动终止挂牌制度等。7 月，证监会发布《关于注册制下督促证券公司从事投行业务归位尽责的指导意见》，要求建立健全监管工作机制，完善制度规则，全面强化立体追责，强化机构内部控制和激励约束机制等。10 月 30 日，证监会发布《北京证券交易所向不特定合格投资者公开发行股票注册管理办法（试行）》，11 月 15 日北京证券交易所正式开市，81 家中小企业成为首批上市公司，这是我国资本市场改革发展的又一标志性事件，为创新型中小企业提供了进入资本市场的新通道，有力地支撑了国家创新引领战略，对于促进多层次资本市场高质量发展。11 月，国务院发布《证券期货行政执法当事人承诺制度实施办法》，确立了以当事人承诺制度为核心的“行政和解”。

商业银行方面，中国银保监会办公厅、中国人民银行办公厅 2021 年 1 月 13 日联合发布《关于规范商业银行通过互联网开展个人存款业务有关事项的通知》，强调商业银行应当强化互联网渠道存款销售管理、采取有效技术手段维护金融安全等。1 月 28 日中国银保监会办公厅、中国人民银行办公厅印发《关于简化提取已故存款人小额存款相关事宜的通知》，规定了符合条件的已故存款人的继承人申请提取小额存款的手续。3 月 12 日，中国人民银行发布《中国人民银行公告〔2021〕第 3 号》，规定所有贷款产品均应明示贷款年化利率，以实现维护贷款市场竞争秩序，保护金融消费者合法权益等。9 月，中国人民银行等联合发布《关于进一步防范和处置虚拟货币交易炒作风险的通知》，明确虚拟货币和相关业务活动本质属性、建立健全应对虚拟货币交易炒作风险的工作机制、加强虚拟货币交易炒作风险监测预警等，维护金融经济秩序，打击赌博、非法集资、诈骗、传销、洗钱等违法犯罪活动，保障人民群众财产安全。

外汇方面，2021 年 1 月 2 日，国家外汇管理局发布《国家外汇管理局关于修订〈银行间外汇市场做市商指引〉的通知》，进一步优化银行间外汇市场做市商管理。发布《国家外汇管理局行政许可实施办法》，落实国务院深化“放管服”改革要求，规范外汇管理行政许可行为。11 月，《国家外汇管理局关于印发〈外汇市场交易行为规范指引的通知〉》（汇发〔2021〕34 号），规范外汇市场发展，促进外汇市场诚信、公平、有序、高效运行，维护外汇市场参与者合法权益。

为促进企业跨境融资控制跨境融资风险，2021 年 1 月 7 日，中国人民银行、国家外汇管理局发布《关于调整企业跨境融资宏观审慎调节参数的通知》，下调企业的跨境融资宏观审慎调节参数。1 月 20 日，中国人民银行、国家外汇管理局制定了《银行跨境业务反洗钱和反恐怖融资工作指引（试行）》，规定对境内外机构、个人发生的跨境本外币收支活动和境内外汇经营活动，银行负有客户尽职调查义务、业务风险识别与尽职审查义务、并明确银行的报告制度和资料留存要求以及银行内部控制要求等。

二、上海持续优化营商环境、保障金融中心深化建设

2021 年 4 月，《中共中央、国务院关于支持浦东新区高水平改革开放打造社会主义现代化建设引领区的意见》印发，要求深入推进高水平制度型开放，增创国际合作和竞争新优势，增强全球资源配置能力，服务构建新发展格局等任务要求，“到 2035 年，浦东现代化经济体系全面构建，现代化城区全面建成，现代化治理全面实现，城市发展能级和国际竞争力跃居世界前列。到 2050 年，浦东建设成为在全球具有强大吸引力、创造力、竞争力、影响力的城市重要承载区，城市治理能力和治理成效的全球典范，社会主义现代化强国的璀璨明珠。”上海市人民代表大会常务委员会出台《关于加强浦东新区高水平改革开放法治保障制定浦东新区法规的决定》，上海市人民政府发布《关于加强浦东新区高水平改革开放法治保障的决定》等，落实国家对浦东改革开放的战略部署。此后，陆续推出《上海市浦东新区深化“一业一证”改革规定》《上海市浦东新区市场主体退出若干规定》《上海市浦东新区建立高水平知识产权保护制度若干规定》等规范，为建设浦东社会主义现代化引领区提供法治保障。

2021 年，《上海市加强改革系统集成持续深化国际一流营商环境建设行动方案》《上海市人民政府关于印发〈上海市营商环境创新试点实施方案〉的通知》《上海市人民政府办公

厅关于进一步落实优化营商环境重点任务举措的通知》接连出台，着力打造市场化、法治化、国际化一流营商环境，并发布《市场监管领域轻微违法违规经营行为免罚清单（二）》等一系列配套文件。新修订的《上海市优化营商环境条例》实施生效，持续优化营商环境，激发市场主体活力，着力打造全球化经济中心城市。

2021 年，上海市人民政府印发《上海市人民政府关于我市促进综合保税区高质量发展的实施意见》，陆续推出《上海市人民政府关于印发〈中国（上海）自由贸易试验区临港新片区发展“十四五”规划〉的通知》《上海市人民政府关于印发〈上海国际金融中心建设“十四五”规划〉的通知》《上海市人民政府关于印发〈虹桥国际开放枢纽中央商务区“十四五”规划〉的通知》，结合“十四五”规划，全面推动上海深化开放，为上海国际金融中心高水平建设奠定基础。

上海精准实施金融监管，为金融安全保驾护航。5 月，上海银保监局发布《上海银保监局关于印发〈上海保险专业中介机构合规管理暂行办法〉的通知》，明确规定了董事会/执行董事和总经理的合规职责，合规部门、岗位分类设置要求，强调合规管理的三道防线与外部监督，加强上海辖内保险专业中介机构治理结构合规管理。10 月底，《上海银保监局关于印发〈中国（上海）自由贸易试验区及临港新片区银行业机构和高管准入管理实施细则（2021 年）〉的通知》发布，简化区内机构准入方式、简化区内高管准入方式，深化简政放权，激发市场主体活力，深化行政审批制度改革，加快银行业监管职能转变，积极探索监管模式创新。随后，银保监局发布《上海银保监局关于印发〈上海银行保险机构从业人员监管信息管理办法〉的通知》，明确上海银行保险机构从业人员监管信息报送、信息管理及信息使用等工作要求，强化从业人员行为管理。市政府办公厅发布《上海市人民政府办公厅关于印发〈上海市市场监管现代化“十四五”规划〉的通知》，强调大监管协同体系，推进长三角一体化监管，服务上海重大战略实施。

2021 年，上海新增持牌金融机构 58 家，金融市场交易总额突破 2500 万亿元、增长 10.4%。国际贸易中心能级大幅提升，口岸贸易总额保持世界城市首位，亚太示范电子口岸网络拓展至 24 个成员口岸，千亿级大宗商品交易平台达到 7 家。

三、规划与政策规范明确目标、国际金融中心建设再出发

（一）国际金融中心建设再出发

2020 年后，上海国际金融中心建设向提升能级发展。2022 年 3 月 24 日，“第 31 期全球金融中心指数报告（GFCI 31）”发布，从营商环境、人力资本、基础设施、金融业发展水平、声誉等方面对全球主要金融中心进行了评价和排名，上海位居第四，顶级金融中心格局相对稳定。

7 月 28 日，上海市人民政府发布《上海市人民政府关于印发〈上海国际金融中心建设“十四五”规划〉的通知》，提出“到 2025 年，上海国际金融中心能级显著提升，服务全国经济高质量发展作用进一步凸显，人民币金融资产配置和风险管理中心地位更加巩固，全球资源配置功能明显增强，为到 2035 年建成具有全球重要影响力的国际金融中心奠定坚实基础”的总体目标。具体要完善金融服务体系，增强对科技创新和实体经济的服务能力，深化金融改革创新，完善金融市场体系、产品体系、机构体系、基础设施体系，扩大金融高水平开放，强化全球资源配置功能等。

上海市人民政府办公厅印发《关于加快推进上海全球资产管理中心建设的若干意见》的通知，强调发挥金融市场基础作用，增强全球资源配置能力，扩大行业对外开放，提升资产管理国际化水平等多项重点任务，加大开放力度，对标国际，提高资金供给效率，支持经济高质量发展。众多知名金融机构在沪布局，发挥聚集效应，提升金融市场国际化水平。

银保监会和上海市政府联合发布《关于推进上海国际再保险中心建设的指导意见》，明确推进上海再保险市场的战略部署，坚持服务实体经济，坚持高水平对外开放，加强改革系统集成。同天，上海保险交易所数字化再保险登记清结算平台向全球发布，填补了全球再保险基础设施空白。

上海市人民政府办公厅发布《关于印发〈上海加快打造国际绿色金融枢纽服务碳达峰碳中和目标的实施意见〉的通知》，提出要加强绿色金融市场体系建设，创新绿色金融产品业务，健全绿色金融组织机构体系，营造良好绿色金融发展环境等，助力实现双碳目标。

（二）自贸区临港新片区金融再创新

中国（上海）自由贸易试验区建设是国家战略，是深化改革、扩大开放、顺应全球经贸发展新趋势的重大举措，重在提升软实力。

2021 年 12 月，国家外汇管理局印发了《关于在上海自由贸易试验区临港新片区等部分区域开展跨境贸易投资高水平开放试点的通知》（汇发〔2021〕35 号）。国家外汇管理局上海市分局于 2022 年 1 月 29 日发布了试点实施细则，推动试点落地生效。2021 年，上海银保监局发布《中国（上海）自由贸易试验区及临港新片区银行业机构和高管准入管理实施细则（2021 年）》《中国（上海）自由贸易试验区及临港新片区保险分支机构设立、迁址、撤销事后报告管理办法》等，进一步简化行政许可审批流程，持续激发市场主体活力，优化市场准入服务，着力打造“透明、便捷、服务、高效”的市场准入环境。

2021 年年内，中国（上海）自由贸易试验区临港新片区管理委员会发布《临港新片区企业研发创新机构认定管理办法》和《临港新片区企业研发创新机构专项奖励实施细则》，分别明确临港新片区企业研发创新机构认定、调整、撤销等一系列制度，落实创新驱动发展战略；明确企业研发创新机构专项奖励的对象、资金来源及使用原则、奖励额度及程序等，鼓励企业加强自主创新能力建设，加大研发投入、增强创新活力，加快建设具有全球影响力的科技创新中心。

7 月 27 日，上海市发展和改革委员会发布《关于印发〈中国（上海）自由贸易试验区临港新片区企业投资项目承诺制改革试点实施方案〉的通知》，强化市场主体责任持续优化政务服务，深入推进投融资体制改革，在临港新片区试点企业投资项目承诺制，探索构建政府定标准、企业做承诺、过程强监管、失信严惩戒的管理模式，切实落实企业投资主体地位，优化政务服务，创新和加强事中事后监管，形成可复制、可推广的改革经验，不断完善市场化法治化国际化营商环境，推动经济高质量发展。

（三）金融科技中心建设与科创金融再升级

上海致力于培育一批创新性强、应用性广、示范性好的金融科技创新项目，助力上海打造金融科技的创新应用和产业集聚高地，探索“金融新基建”上海模式。12 月，证监会发布《关于开展资本市场金融科技创新试点（上海）工作的通知》，探索建立统筹协调、科学有效的资本市场金融科技监管体制机制，综合运用专家评估、信息披露、社会监督、行业监管等手段，开展资本市场金融科技创新试点，打造包容审慎的金融科技监管环境，促进形成资本市场金融科技健康发展的良好生态。11 月，出台《关于落实〈外滩金融集聚带关于加快推进金融科技发展的实施意见〉的实施细则（试行）》，推动金融科技产业聚集、金融科技产业创新与应用，完善金融科技产业发展环境。

上海抓住科技发展机遇，2021 年出台一系列政策文件，加快国际科创中心建设和金融服务科创中心。市委、市政府 2020 年年底发布了《关于全面推进上海城市数字化转型的意见》，要求科学有序全面推进城市数字化转型等，巩固提升城市能级和核心竞争力，构筑上海未来新的战略优势。11 月 25 日，上海市十五届人大常委会第三十七次会议通过《上海市数据条例》。7 月，上海市经济信息化委、市场监管局《关于印发〈关于推进本市新一代人工智能标准体系建设的指导意见〉的通知》出台，打造人工智能“上海高地”，提出统筹人工智能标准化体系、加快重点领域标准研制等任务要求，力争到 2023 年基本建成具有上海特色、国内领先的新一代人工智能标准体系，人工智能标准化各项工作全面实施，成为具有国际影响力的新一代人工智能标准化发展高地。9 月，上海市科学技术委员会、上海市地方金融监督管理局、中国银保监会上海监管局联合发布《关于试点科创助力贷工作的通知》，持续优化科技金融生态，发挥金融在科技创新发展过程中的助推作用。12 月，中国银保监会上海监管局、上海市科学技术委员会发布《关于进一步做好科技型中小微企业贷款履约保证保险工作的意见》，提出保险公司提升保险管理水平、加大对科技型中小微企业保险支持力度、优化保险承保流程、完善考核评价机制、加强沟通配合等要求，缓解中小微企业融资难、融资贵的问题，推动上海市科技型中小微企业贷款履约保证保险高质量发展。

四、提升金融司法保障、健全纠纷解决机制

（一）金融审判工作成绩斐然

2021 年，上海金融法院共受理各类金融案件 9146 件，审结 9149 件，同比分别上升 41.08% 和 40.54%，涉案标的额 2880.50 亿元人民币，案件结收比 100.03%。其中多起案例入选《最高人民法院公报》、全国法院十大商事、行政执行等典型案例。1 月 11 日，上海金融法院正式发布《关于证券纠纷示范判决机制的规定》2.0 版，对 2019 年 1 月出台的全国首个关于证券纠纷示范判决机制的规定进行全面升级。2021 年 4 月 20 日，上海金融法院与中国证监会上海监管局签署《关于完善资本市场法治建设的合作意见》，就进一步加强与完善资本市场的法治建设达成合作。4 月 22 日，最高人民发布关于《修改〈关于上海金融法院案件管辖的规定〉的决定》（法释〔2021〕9 号），增加了上海金融法院对跨境证券纠纷以及新类型金融纠纷的管辖权，为上海金融法院聚焦建设国际一流金融法院目标，立足金融改革开放前沿的区位优势，不断提升国际金融中心的制度性开放水平和规则竞争力，服务和保障国家金融战略实施提供有力支持。上海金融法院拟定中英文版本《跨境金融交易管辖权和法律适用示范条款》，扩大了我国对国际金融交易规则的解释权和话语权。

4 月 17 日，《上海市高级人民法院关于群体性金融纠纷示范判决机制的规定》，明确法院在处理群体性金融纠纷中，可选取具有共通事实和法律争点的案件先行审理、先行判决，通过发挥示范案件的引领作用，妥善化解平行案件的纠纷解决机制。

5 月 31 日，上海市高级人民法院发布中英文版《2020 年度上海法院金融商事审判情况通报》《2020 年度上海法院金融商事审判十大案例》《2016 ~ 2020 年上海法院涉地方金融组织纠纷案件审判情况通报》等上海法院金融商事审判白皮书。目前上海法院受理的金融商事案件数量有所下降，一年共受理一审金融商事案件 179,258 件，同比下降 6.91%；标的额人民币 1806.04 亿元，同比下降 18.58%。

2021 年 9 月 26 日，上海市浦东新区人民法院发布《涉自贸试验区金融借款纠纷审判白皮书》，内容包括关于金融审判服务保障引领区建设若干意见，以及通报 2018 年至 2020 年涉自贸试验区金融借款纠纷审判情况。

11 月 4 日下午，上海金融法院与南京中院、杭州中院、合肥中院、苏州中院共同签署了《长三角区域金融司法合作协议》，建设金融司法协作机制、疑难案件共同研商机制、类案问题合作研究机制、金融审判经验交流机制以及金融法官培训交流机制，为长三角一体化高质量发展提供优质的金融司法服务和保障。

（二）严厉打击金融犯罪

上海市人民检察院与上海市公安局、上海市高级人民法院、中国人民银行上海总部、上海海关缉私局、上海海警局于 2020 年年末签订了《反洗钱专项工作制度合作备忘录》，建立

健全预防打击洗钱违法犯罪的八项工作合作机制。

5 月 13 日，上海市人民检察院发布《2020 年度上海金融检察白皮书》和《2020 年度上海检察机关惩治金融犯罪典型案例》，金融犯罪案件呈现以下特点：非法集资案件多年来首次下降但总量仍占比较重；证券期货领域频现新型案件，罪名呈多元化态势；洗钱犯罪多发，掩饰、隐瞒资金手段方法不断翻新；非法经营金融业务类案件上升，金融犯罪黑灰产业链分工更趋细化。

7 月 22 日，上海市检察院发布《上海市检察机关服务保障浦东新区高水平改革开放打造社会主义现代化建设引领区的实施意见》，涵盖 5 个方面，共 19 项举措，建立和完善与支持浦东先行先试相适应的检察保障体系。依法加大对影响和破坏浦东发展稳定的各类刑事犯罪打击惩治力度，不断完善与更大力度改革相匹配的检察环节风险防控体系，全面维护国家政治安全、经济安全、金融安全、网络安全、数据安全。

2021 年 7 月 30 日，上海市检察院召开全市反洗钱专项工作推进会，强调强化多方协作联动，依法严惩洗钱犯罪，切实维护金融安全和经济社会秩序，为上海建设国际金融中心保驾护航。10 月 21 日，市检察院召开洗钱犯罪司法实务疑难问题研讨会，围绕“上游犯罪所得及其收益的范围”“上游犯罪共犯和洗钱罪的区分”“自洗钱入罪对共同犯罪认定的影响”等反洗钱犯罪工作中的疑难问题进行了研讨。2021 年，上海市检察院完善对洗钱上游犯罪案件同步审查、“一案双查”机制，对洗钱犯罪批捕 18 人、起诉 40 人，并就办理的全国首例利用虚拟货币洗钱犯罪案件，向国际组织介绍中国经验。

（三）完善金融纠纷多元化解机制

上海市金融消费纠纷调解中心不断创新多元解纷工作模式，提升金融纠纷调解服务的时效性。2021 年，调解中心累计完成调解 5516 件，同比增长 64.76%；成功 3537 件，同比增长 42.56%，调解成功率为 64.12%；调解案件涉及金融机构约 80 家，涵盖银行、保险、期货、消费金融、融资租赁、第三方支付公司等多种类型金融机构；协议金额超过 8.7 亿元。2020 年以来，调解中心全面推进调解流程线上化，所有案件均通过调解网进行受理、分配和结案，减少了线下纸质流转的时间；同时，对于异地的纠纷调解，能快速地通过视频进行调解，并在线签署调解文书，提升了案件处理效率。

五、深入研讨金融法治、学术理论联系实际

（一）论坛研讨金融中心热点

2021 年 6 月 10 日，第十三届陆家嘴论坛在上海举办，主题为“全球大变局下的中国金融改革与开放”。本届论坛聚焦金融支持碳达峰碳中和、科技创新、人民群众“美好生活”、金融业对外开放等重大议题，贯彻金融系统新发展理念，助力加快构建新发展格局，支持经济高质量发展，为促进全球经济复苏和金融稳定、推动中国金融改革开放提出了具有启迪意

义的思路和建议。

6 月 28 日，“上海资产管理法治论坛——资管争端的法律实务”成功举办，论坛围绕私募基金典型法律争议焦点、民法典时代对资管行业影响、债券市场风险处置和应对以及金融争端解决法律机制四个议题展开讨论，促进了监管部门、仲裁机构与实务届、学术界的交流，为资管行业的法治化发展助力，也为上海打造全球资管中心的目标助力。

7 月 21 日，上海金融法院举行涉外金融司法研讨会，发布《上海金融法院涉外、涉港澳台金融案件审判指南》及典型案例，为金融法官审理涉外、涉港澳台金融案件提供指引，为涉外、涉港澳台金融纠纷解决提供明确预期。会上上海金融法院还与华东政法大学签署《外国法查明合作协议》，并通过上海高院合作设立国际金融法律专家名册，聘请 15 位境内外金融法律专家，为涉外金融审判提供专业支持，有力地提升了金融审判专业化、国际化水平。

7 月 9 日，由上海市人民检察院第四检察部、上海市第一中级人民法院刑事审判庭、华东政法大学金融监管与刑事治理研究中心等联合举办的“第二届防范化解金融风险刑事实务论坛”在市检察院第二分院举行，论坛以“涉虚拟货币相关犯罪法律适用问题”为主题，围绕金融司法统一标准为金融监管建言献策。

10 月 14 日，第十八届长三角法学论坛暨首届长三角 G60 科创走廊营商环境法治论坛在上海市松江区举行，会议强调，为长三角高质量一体化发展提供法治保障。主论坛中，11 位专家学者从营商环境优化、科创产业法治保障、长三角法治协同等不同视角，分享了最新的研究成果，视角新颖、阐释深入，为长三角 G60 科创走廊法治化营商环境的构建和优化提出丰富意见和建议。

12 月 11 日，第六届中国金融法论坛在线上成功举办，本次论坛以“新发展格局下的金融法治”为主题，讨论在以国内大循环为主体、国内国际双循环相互促进的新发展格局下，金融法治面向实体经济、数字经济和金融科技，有效金融防范风险的理论与实践。分论坛包含了以“资产管理司法实务问题研讨”的长三角金融庭长论坛，以及以“新时代期货法立法与期货市场高质量发展”为主题的期货与衍生品法律论坛。

12 月 25 日，上海国际金融中心发展论坛在沪召开。与会嘉宾围绕“新发展格局中的上海国际金融中心建设”论坛主题展开思想碰撞，在沟通中凝聚共识。来自监管层、金融机构等专家学者围绕大力发展绿色金融、推进国际板建设、积极争取国际碳定价权、加快上海国际再保险中心建设等话题为上海国际金融中心进一步发展建言献策。论坛上，由中国人民银行上海总部与上海交通大学上海高级金融学院课题组联合编制的白皮书——《国际金融中心发展报告 2021》正式面向全球重磅发布。

（二）学术成果为金融中心献策

关于上海国际金融中心建设，蒋硕亮教授认为，新发展格局下，建设上海自贸区是打造中国经济“升级版”的重大国家发展战略。上海自贸区通过改革创新来建设国际化的市场经济体系，也必然会对原有重审批、轻服务和监管的政府职能带来极大挑战。为有效应对挑战，加快政府职能转变成为试验区建设的首要任务。在高水平服务型政府理论指导下，上海自贸区政府在依法行政、服务行政、事中事后监管、协同治理等层面进行转变政府职能的先行先试，实现了政府职能方向、职能重心、职权职责范围、职能实现方式等的调整和转变。梳理上海自贸区政府职能转变的新特点，有利于自贸区经验的借鉴和推广[1]。徐义国等学者认为，2020 年上海已基本建成与人民币国际化相适应的国际金融中心。从标金市场着眼，远东国际金融中心的演进脉络对上海国际金融中心建设有以下启示性贡献：第一，黄金市场的发展助力人民币国际化的同时也会引领人民币国际化，二者呈显著的“共生关系”；第二，应完善黄金交易的市场、机构与产品体系，在扩大现货交易对外开放成果的同时试点衍生品交易的对外开放；第三，应积极优化监管机制及风控体系，推行属地监管或统一监管，择机合并上海黄金交易所和上海期货交易所的黄金业务，注重把握对外开放进程中的主动权。[2]宾辉认为，作为全球金融中心，上海在碳金融领域进行了有益探索。随着全国碳交易市场的正式启动，站在新的起点上，上海应深入思考总结前期建设国际碳金融中心的经验教训，加快国际碳金融中心的建设步伐。对此，立足全球碳交易市场，逐步建设统一的碳金融市场；推进碳金融产品创新，强化碳金融市场功能；加大合格碳金融机构培育力度，提升金融机构在碳市场的参与度；加快构建国际碳金融中心支持体系[3]。

关于金融监管，袁康认为，金融科技的创新应用在为金融市场带来巨大机遇的同时也存在未知的技术风险。将技术规则法律化并完善技术风险规制，按照制度理性与技术理性相统一的逻辑对金融科技的技术风险进行法律治理，能够为金融科技的有效应用提供法律保障。在我国金融科技快速发展的背景下，需要充分把握技术风险的技术实质，按照“技术中立”和“业务实质”原则，协调创新激励和风险防控的目标，建立金融科技应用主体的安全优先、风险评估和系统弹性规则，加强对技术风险的评估评级和日常监管，发挥自律规则和技术标准的自律约束，明确应用主体的责任豁免、归责原则和责任分担，系统构建强化行为约束、明确法律责任、完善金融监管的技术风险法律治理框架[4]。沈艳等学者发现，金融科技新业态具有颠覆性创新特征，采用传统金融监管框架可能会抑制创新，而金融科技监管沙盒是帮助平衡金融科技创新与风险的有效手段。建议参考我国香港的沙盒模式，设立由国务院金融稳定发展委员会牵头、中国人民银行负责，协调银保监会与证监会具体执行的分业沙盒监管框架。[5]

---

〔1〕 蒋硕亮：《加快政府职能转变：上海自贸区的探索与创新》，载《苏州大学学报（哲学社会科学版）》2021 年第 6 期。

〔2〕 徐义国、王增武：《从远东中心到全球中心：上海国际金融中心的演进与跃迁——发展标金市场的历史智慧与现实选择》，载《河北经贸大学学报》2021 年第 1 期。

〔3〕 宾辉：《上海加快建设国际碳金融中心》，载《中国金融》2021 年第 18 期。

〔4〕 袁康：《金融科技的技术风险及其法律治理》，载《法学评论》2021 年第 1 期。

〔5〕 沈艳、龚强：《中国金融科技监管沙盒机制设计研究》，载《金融论坛》2021 年第 1 期。

编后记

《金融法律评论》2022 年上半年卷（第十四卷）与读者见面了。秉持应用理论研究特色，紧密联系金融市场法制最新实践，回应金融法治前沿热点问题，本卷集中反映半年多来主要的金融立法新情况和金融法理新探索。

2021 年 12 月 31 日，中国人民银行发布《地方金融监督管理条例（草案征求意见稿）》，并向社会公开征求意见，得到各界积极响应。大家纷纷结合各地相关地方立法，对统一立法提出意见建议，本卷选发了其中部分稿件。上海法学会金融法研究会等还召开立法研讨会，围绕地方金融监管条例草案的完善展开了热烈研讨，许多观点可供立法机关、研究机构参考。

2022 年 1 月，最高人民法院颁布最新修订的《关于审理证券市场虚假陈述侵权民事赔偿案件的若干规定》，事涉司法热点问题，引起法律法学界高度关注，纷纷就理解与适用发表意见。本卷选载了部分有关行为认定、重大性标准、过错程度、因果关系、损失确定，以及中介机构勤勉尽责标准、责任承担等焦点问题的文章。另也就上海市法学会金融法研究会主办的“《新虚假陈述司法解释》理解与应用研讨会”上热烈讨论的观点作综述报道。

2022 年 4 月 6 日，中国人民银行发布《金融稳定法（草案征求意见稿）》向社会公开征求意见。上海市法学会金融法研究会主办的“《金融稳定法（草案征求意见稿）》立法研讨会”，于 4 月 27 日线上线下成功举行，得到全国金融法理论界与实务界的专家、学者的鼎力支持。与会者围绕金融稳定法的出台背景与重要意义、立法存在的不足及其完善展开了热烈研讨。本卷分享研讨综述和一些作者提供的专稿，为金融稳定法的立法优化献计献策。

2022 年 6 月，上海市人大常委会表决通过了《上海市浦东新区绿色金融发展若干规定》，本卷分享了作为该地方立法过程中基础工作的立法调研成果和相关研讨会的理论综述。

年度金融法制报告继续刊出。

《金融法律评论》受上海市高水平地方高校（学科）建设项目资助，希望广大读者作者一如既往地支持帮助我们，共同为推进金融市场及金融法制建设而努力。

编　者

2022 年 7 月 10 日